상징형식의 철학

제2권: 신화적 사유

대우고전총서
Daewoo Classical Library

036

상징형식의 철학

제2권: 신화적 사유

Philosophie der Symbolischen Formen,
Zweiter Teil: das Mythische Denken

에른스트 카시러 | 박찬국 옮김

아카넷

일러두기

본문에서 [   ] 안의 주는 역자가 독자들의 이해를 돕기 위해 삽입한 것임을 밝혀둔다.

차례

· · · · · · · · · · · · · · · · ·

『상징형식의 철학』의 두 번째 권인 이 책에서 시도하려는 '신화적 의식 비판'은 오늘날의 비판적이고 학적인 철학의 상황에 비추어 보자면, 분명 모험이자 역설로 보일 것이다. 왜냐하면 칸트 이래로 비판이라는 표현 속에는 '철학적인 물음이 의거하는 어떤 사실이 이미 존재한다'는 전제가 포함되기 때문이다. 철학은 그러한 사실이 갖는 특유한 의미나 타당성을 창출하지 않고 이미 존재하는 것으로서 발견하며, 그후에 그것을 '가능하게 하는 조건들'을 탐구한다. 그러나 신화세계는 이론적 인식세계나 예술세계 혹은 윤리적 의식세계와 어떠한 방식으로든 비교될 수 있는 '사실'인가? 신화세계는 원래부터 가상의 영역에 속하는 것이 아닌가? 본질에 대한 학으로서의 철학은 오히려 가상을 멀리해야만 하고, 가상에 빠지기보다는 오히려 가상으로부터 자신을 갈수록 더 명료하면서도 첨예하게 분리해야만 하지 않을까? 사실상 학적인 철학의 역사 전체는 가상으로부터 자신을 분리하고 해방하려는 계속적인 투쟁으로 고찰될 수 있다. 이러한 투쟁의 형식들은 이론적인 자기의식이 도달한 그때그때의 단계에 따라 변화되지만, 그것의 근본 방향과 일반적인 경향은 명료하면서도 뚜렷하게 드러난다. [가상에 대한 철학의] 대립은 무엇보다도 철학적 관념론에서 비로소 그 전체상이 선명하게 나타난다. 관념론이 자신의 본질을 제대로 파악하고 **존재**에 대한 사상이야말로 자신의 근본문제이자 근원적인 문제라는 것을 의식하게 되는 순간, 신화의 세계는 비존재의 영역으로 떨어지게 된다. 그리고 비존재의 영역 앞에는 옛날부터[파르메니데스 이래로] '순수한 사유에게는 비존재자에 접촉하거나 관계하는 것이 금지돼 있다(ἀλλὰ σὺ τῆσδ᾽ ἀφ᾽ ὁδοῦ διζήσιος εἶργε νόημα)'라는 말이 경고의 표지로서 세워져 있다.[1] 철학은 경험적 지각의 세계와 관련해서는 이 경고를 오래전에 무시해버렸지만 신화의 세계와 관련해서는 변함없이 받아들이고 있는 것 같다. 적어도 사상(思想)이 자신의 고유한 제국과 법칙성을 갖게 되자마자 신화의 세계는 극복되고 잊혀져버린 것 같다. 19세기 초 낭만주의가 [신화라는] 이 몰락한 세계를 다시 발견하고 셸링이 이 세계에 철학체계 내의 확고한 지위를 인정하려고 한 이후 하나의 전환이 일어난 듯도 했다. 그러

---

1) [역주] 파르메니데스는 불변의 영원한 일자로서의 존재만이 존재한다고 보면서, 경험적으로 지각되는 생성과 변화 그리고 다양성의 세계는 가상으로서 비존재의 영역에 속한다고 본다. 이에 대해서 그후의 철학, 특히 근대철학부터는 경험적인 지각의 세계를 실재하는 세계로 보았다.

나 신화나 비교신화의 근본물음들에 대한 관심이 새롭게 일어났음에도, 신화의 **형식**에 대한 체계적인 분석보다는 신화의 **소재**에 대한 연구가 훨씬 더 활발하게 이루어졌다. 체계적인 종교학·종교사·민족학이 이 영역에서 수행한 작업 덕분에 신화의 소재는 오늘날 매우 풍부하게 존재한다. 그러나 이렇게 다양하고 이질적인 소재들의 **통일성**이라는 체계적인 문제는 오늘날 전혀 제기되지 않거나, 제기되더라도 그 문제를 발달심리학과 일반적인 민족심리학의 방법으로 해결하려는 시도로만 국한되고 있다. [다시 말해서] 신화의 기원을 '인간 본성'의 특정한 소질에 입각하여 설명했을 때, 그리고 신화가 인간 본성이라는 근원적인 맹아로부터 전개되면서 따르는 심리적 규칙을 드러냈을 때, 신화는 '파악된' 것으로 간주된다. 이러한 방식의 설명이나 추론은 논리학과 윤리학 그리고 미학에서도 매우 자주 시도되었지만, 이에 대해 이 학문들은 항상 거듭하여 자신의 체계적인 고유 권리를 주장해왔다. 논리학·윤리학·미학이 이렇게 자신을 주장할 수 있었던 것은 이 학문들이 모든 심리학적 해소에 저항하는 자립적 원리인 '객관적인 타당성'에 호소하고 의거할 수 있었기 때문이다. 이에 반해 신화에는 객관적 타당성이 결여되어 있는 것으로 보이기 때문에, 신화는 심리학뿐 아니라 심지어 심리학주의에[2] 의해 설명되고 심리학과 심리학주의의 희생물이 되어버린 것처럼 보인다. 여기[심리학과 심리학주의]에서 신화의 발생조건들을 통찰한다는 것은 자립적 존재로서의 신화를 부정하는 것과 동일한 의미로 보였다. [달리 말해 심리학과 심리학주의에서] 신화의 내용을 이해한다는 것은 신화가 객관적으로는 허망한 것이라는 사실을 입증하는 것, [세계 도처에서] 보편적으로 나타나지만 그럼에도 신화는 전적으로 '주관적인' 환상에서 비롯된다는 사실을 통찰하는 것이나 다름 없게 여겨졌다.

이러한 '환상설(Illusionismus)'은 신화적 표상에 관한 이론에서뿐 아니라 미학과 예술이론의 정초를 위한 시도에서도 항상 거듭해서 나타나지만, 정신적 표현형식들의 **체계**라는 관점에서 고찰해보면 그러한 설은 지극히 중대한 문제와 위험을 포함한다. 정신적 표현형식들의 전체가 진정 체계적으로 통일되어 있다면, 이러한 체계적인 통일과 함께 어떤 형식의 운명은 다른 모든 형식들의 운명과 긴밀히 결부되어 있기 때문이다. 따라서 어떤 형식에 대한 모든 부정은 직접적으로나 간접적으로 다른 형식들에까지 적용될 수밖에 없으며, 전체가 단순한 집적이 아니라 정신적–유기적인 통일체로서 여겨지는 한 개별적인 부분에 대한 어떠한 파괴도 전체를 위협

---

2) [역주] 심리학주의(Psychologismus)란 일반적으로 논리학의 법칙을 심리학의 법칙으로 환원할 수 있다고 보는 관점을 가리키는데, 더 나아가 논리학의 법칙뿐 아니라 인식현상과 도덕현상, 예술현상과 종교현상과 같은 다양한 문화적 현상까지도 심리학적인 법칙으로부터 설명하려는 철학적 태도를 포괄한다. 예를 들어 신화와 종교와 관련해 심리학주의는 신 관념의 기원을 인간이 자연에 대해서 느끼는 무력감이나 공포감을 극복하기 위해서 만들어낸 환상에서 찾는다. 논리학상의 심리학주의에 대해 결정적인 비판을 가한 사람은 후설이다.

하게 된다. 정신문화의 근본형식들이 신화적 의식에서 발생했다는 사실을 염두에 둔다면, 신화가 정신적 표현형식들의 전체에서 그리고 이 전체에 대해서 결정적인 의의를 갖는다는 사실은 즉시 분명해진다. 정신문화의 근본형식 중 처음부터 자립적인 존재와 명료하게 한정된 고유의 형태를 갖는 것은 결코 없으며, 각각은 신화의 어떤 형태 안에 위장되거나 감싸진 채로 나타나기 때문이다. '객관적인 정신'의[3] 거의 모든 영역에서 객관적 정신이 신화적 정신과 근원적으로 융합하며 구체적으로 통일되어 있음을 입증할 수 있다. 예술의 형성물과 인식의 형성물 그리고 윤리 · 법 · 언어 · 기술의 내용들 모두가 이 점에서 신화와 근본적으로 연관되어 있음을 지시하고 있다. '언어의 근원'에 대한 물음은 '신화의 근원'에 대한 물음과 뗄 수 없게 얽혀 있고 양자는 서로 결합되어 있으며 서로 의존하고 있다. 이에 못지않게 예술의 시원, 문자의 시원, 법률과 학문의 시원이라는 문제도 모두 신화적 의식이라는 직접적이고 분화되지 않은 통일성이 근거하고 있는 단계로까지 소급될 수 있다. 이와 같이 신화 속에 포함된 상태로부터 인식의 이론적인 근본 개념, 즉 공간과 시간 그리고 수의 개념, 또는 소유권 개념과 같

3) [역주] 객관적 정신이란 헤겔이 처음으로 사용한 용어로 각 개인의 주관적 정신을 넘어 특정한 시대나 사회를 규정하는 법 · 도덕 · 윤리 등에 실현된 절대적인 이념 내지 정신을 가리킨다. 헤겔 이후의 문화철학이나 정신과학에서는 객관적 정신에 대해, 어떤 문화를 규정하면서 이 문화에 속하는 작품 및 제도에 '객관화된' 전체적인 정신으로 이해하고는 한다.

은 법적·공동체적인 개념, 더 나아가 경제·예술·기술의 개별적인 형성물들이 극히 점진적으로 분리되어 나오는 것이다. 그리고 사람들이 이러한 발생적인 연관을 **한낱** 발생적인 것으로 고찰하고 받아들이는 한, 그러한 연관의 본래적인 의미와 깊이는 파악할 수 없다. 정신의 삶이 일반적으로 그러하듯이, 여기서도 생성은 존재로 거슬러올라가도록 지시한다. 존재 없이는 생성은 파악되지 못하며, 생성에 담긴 특유한 '진리' 역시 인식될 수 없다. 현대 과학의 형태를 취하면서 이러한 연관에 대해 알려주는 것은 바로 심리학이다. 발생적인 문제들은 결코 순수하게 그 자체만으로는 해결될 수 없고 '구조의 문제'와 극히 긴밀하게 결부되고 철저하게 연관지어질 때만 해결될 수 있다는 통찰이 심리학에서 갈수록 더 힘을 얻고 있기 때문이다. 정신의 개별적인 특수 형성물들이 보편적이고 무차별적인 신화적 의식에서 생긴다는 것은 이러한 근원적인 근거[신화적 의식] 자체가 파악되지 않은 수수께끼로 남아 있을 경우, 즉 신화적 의식에서 정신적 **형성작용**의 고유한 방식이 인식되지 못하고 오히려 신화적 의식이 단지 무정형의 혼돈으로 받아들여질 경우에는 진정으로 이해될 수 없다.

이와 같은 사실이 고려될 때 신화의 문제는 모든 심리학적 내지 심리학주의적인 협소한 틀에서 벗어나 헤겔이 '정신현상학'이라고 불렀던 일반적인 문제 영역에 편입된다. 신화가 정신현상학이라는 보편적 과제와 내적이고 필연적인 관계를 맺고 있다는 것은 정신현상학이라는 개념에 대한 헤겔의 고유한 이해와 규정으로부터 이미 간접적으로 알아차릴 수 있다. 『정신현상학』 서문에는 이렇게 쓰여 있다. "자신을 전개하면서 자신이 정신임을 알게 되는 정신이 바로 학이다. 학이야말로 정신이 자신을 완전히 실현한 상태이자 정신이 자신의 고유한 터전에 건립하는 왕국이다. (…) 철학의 시원은 의식이 정신의 고유한 터전에 존재할 것을 전제하거나 요구한다. 그러나 정신의 고유한 터전은 생성하는 운동을 통해서만 완성되고 투명해진다. 이러한 터전은 단순한 직접성이라는 방식을 갖는 보편적인 것으로서의 정신성이다. (…) 학은 자기의식으로 하여금 이러한 에테르[정신이 완성되고 투명해지는 상태]로 자신을 고양시켜 학과 함께 그리고 학 안에서 살 수 있게 되기를, 그리고 실제로도 살기를 요구한다. 역으로 개인은 학이 적어도 이러한 상태[정신이 완성되고 투명해지는 상태]에 이르는 사다리를 건네주도록, 또한 개인에게 개인 자체 내에 이러한 상태가 있음을 제시하도록 요구할 권리를 갖는다. (…) 대상적 사물들이 자기 자신에 대립하고 자기 자신은 대상적 사물들에 대립한다고 생각하는 의식의 상태가 학에게는 **다른 것**으로서 간주될 (…) 경우, 역으로 의식에게는 학의 터전은 아득하게 멀리 있는 피안이 되어 의식은 더 이상 학의 터전 속에서 자신을 갖지 못하게 된다. 이 두 부분들의 어느 쪽도 다른 쪽에게는 진리의 전도된 모습으로 나타난다. (…) 학은 그 자체로는 어떠한 것이든 간에 직접적인 자기의식[감각적 의식]에 대한 관계에서는 자신에 대해 전도된 것으로서 나타난다. 또는 직접적인 자기의식은 자기 자신에 대한 확신 속에 자신의 현실성의 원리를 갖고 있기 때문에 학의 외부에 독자적으로 존재하게 됨으로써 학은 비현실성이라는 형식을 갖게 된다. 따라서 학은 직접적 자기의식이라는 터전을 자기 자신과 결합해야 하거나 또는 오히려 그러한 터전이 학 자체에 귀속되어 있음을 그리고 어떻게 귀속되어 있는지를 보여주어야만 한다. 직접적인 자기의식이라는 현실성을 결여할 경우, 학은 즉자(卽自, Ansich, 자기 자신에 머물러 있음)로서의 내용일 뿐이며 아직은 내적인 것으로 머무른다. 또한 정신적인 실체로 존재할 뿐 정신으로서는 존재하지 않는 목적에 불과하다. 이렇게 자기 자신에 머물러 있는 학은 자신을 외화해야 하며 자신에 대해서 반성적으로(für sich) 되어야만 한다. 이는 자기 자신에 머물러 있는 학이 자기의식을 자신과 하나인 것으로서 정립해야 함을 의미한다. (…) 지(知, Das Wissen)가 우선적으로 존재하는 방식인 **직접적인 정신**은 아직은 정신을 결여한 것, 즉 **감각적인 의식**이다. 본래적인 지가 되거나 학의 순수한 개념 자체인 학의 터전을 산출하기 위해서는 지는 긴 도정을 통과해야만 한다." '학'과 감각적 의식의 관계를 특징짓고 있는 헤겔의 이 글은 인식과 신화적 의식의 관계에 대해서도 전적으로 그리고 분명하게 타당하다. 왜냐하면 학의 생성을 위한 참된 출발점, 직접성에서의 학의 시원은 감성적인 것의 영역보다는 신화적인 직관의 영역에 존재하기 때문이다.

흔히 감각적 의식이라고 불리는 것, 즉 '지각세계' — 이것은 더 나아가 명료하게 분리된 개별적인 지각권역들, 색이나 음과 같은 감각적인 요소들로 구분되는데 — 의 존재는 그 자체로 이미 추상의 산물이자, '주어진' 것에 대한 이론적 가공의 산물이다. 이러한 추상으로까지 자신을 고양시키기 전까지 자기의식은 신화적 의식의 형성물들 속에 있으며 이러한 형성물들 속에서 산다. 자기의식은 '사물'과 '속성'으로 이루어진 세계에서보다는 오히려 신화적인 활력(Potenz)과 힘, 악령이나 신으로 이루어진 세계에서 살고 있는 것이다. 따라서 헤겔이 요구하는 것처럼 '학'이 자연적인 의식[감성적인 지각]에게 학 자체로 이끄는 사다리를 제공해야 한다면, 학은 이러한 사다리를 한 단계 더 낮은 곳[감성적인 지각이 아니라 신화적 의식]에 세워야 한다. 시간적인 의미에서가 아니라 이념적인 의미로 이해될 경우, 학의 '생성'은 학이 신화적 직접성의 영역으로부터 출현하고 부각되어 나오는 모습이 제시되고 이러한 운동의 방향과 법칙이 알려지게 될 때에야 비로소 완전히 통찰될 수 있다.

그리고 여기서 문제가 되고 있는 것은 단지 철학적 체계 구성의 요구가 아니라 인식 자체의 요구다. 인식은 신화를 단지 인식의 경계 밖으로 추방함으로써 신화를 지배하게 되는 것은 아니기 때문이다. 오히려 인식에게 중요한 것은, 신화의 특유한 내용과 특수한 본질을 파악했을 경우에만 인식이 신화를 진정으로 극복할 수 있다는 점이다. 신화의 특유한 내용과 특수한 본질을 파악하려는 정신적 작업이 완수되지 않는 한, 이론적 인식이 승리했다고 항상 믿었던 그 싸움이 끊임없이 반복될 것이다. 인식은 자신이 최종적으로 패퇴시킨 것처럼 보였던 적을 자기 자신의 중심에서 다시 발견하게 되는 것이다. '실증주의'의 인식론이야말로 이러한 사태에 대한 뚜렷한 증거를 제공한다. 여기서는 순전히 사실적인 것, 즉 사실적으로 주어진 것을 신화적이거나 형이상학적인 정신에 의한 모든 '주관적인' 부가물로부터 분리하는 일이 고찰의 본래 목적이다. [실증주의에서] 학은 신화적이거나 형이상학적인 모든 구성 부분들을 자신에게서 제거함으로써 비로소 자신의 고유한 형식에 도달하게 된다. 그런데 콩트 학설의 전개과정은 그 학설이 시작될 때 이미 넘어섰다고 생각했던 바로 저 계기와 동기가 그 학설 자체 내에 살아 있으며 작용하고 있다는 사실을 보여준다. 신화적인 모든 것을 학의 원시시대(Urzeit)나 선사시대(Vorzeit)로 추방하는 것으로부터 시작했던 콩트의 체계 자체가 일종의 신화적-종교적 상부구조와 함께 종결된다.[4] 따라서 이론적 인식의 의식과 신화적 의식 사이에는—콩트의 3단계 법칙이 말하는 의미의—선명한 **시간적** 중단에 의해 양자가 서로 분리된다는 의미의 단절은 전혀 존재하지 않는다는 사실이 드러난다. 학은 오랜 세월에 걸쳐 태고의 신화적

---

4) [역주] 콩트는 말년에 클로틸드 드 보 부인을 만나 열렬히 사랑했는데, 그녀가 죽은 후 점차 신비주의적 경향으로 기울어 종국에는 인간성을 숭배하는 인류교를 제창했다. 그는 자신을 대주교로, 클로틸드 드 보를 성녀로 여겼다.

유산을 보존하면서 이것에 단지 다른 형식을 각인할 뿐이다. 이론적 자연과학과 관련지어 말하자면, 수세기 동안 계속되어 오면서 오늘날에도 아직 종결되지 않은 투쟁, 즉 힘의 개념을 모든 신화적 구성 부분들에서 분리해 순수한 함수 개념으로 전환하기 위하여 수행된 투쟁을 상기하는 것만으로도 충분하다. 그리고 이 경우 문제가 되는 것은 개별적인 근본 개념의 **내용**을 확정할 때 매번 거듭하여 출현하는 대립뿐 아니라 이론적 인식의 고유한 형식에까지 깊숙이 작용하는 갈등이다. 이론적 인식의 고유한 형식 내부에서 신화(Mythos)와 이성(Logos)이 서로 분명하게 구별되지 않는다는 것은 무엇보다도 신화가 오늘날 순수한 **방법론**의 영역에서조차 다시 거주권이나 시민권을 요구하고 있다는 사정이 잘 보여준다. 신화와 **역사**는 결코 논리적으로 명료하게 분리될 수 없고, 오히려 모든 역사학적 이해는 순전히 신화적 요소들에 의해 규정되어 있으며 그 요소들에 구속되어 있다는 견해가 이미 공공연하게 주장되고 있다. 이러한 견해가 정당하다면, 역사학 자체뿐 아니라 역사를 자신의 기초 가운데 하나로 삼으면서 역사에 의거하는 정신과학의 체계 전체가 학의 영역에서 벗어나 신화 영역에 속하게 될 것이다. 신화가 이렇게 학의 영역 안으로 침입하고 개입하는 것을 성공적으로 막기 위해서는, 미리 신화의 고유한 영역 내에서 신화의 정신이 무엇이며 무엇을 할 수 있는지를 인식해야만 한다. 신화의 진정한 극복은 신화를 인식하고 인정하는 것에 입각해야만 한다. 즉 신화의 정신적 구조에 대한 분석에 의해서만 한편으로 신화의 독특한 의미가, 다른 한편으로 그것의 한계가 규정될 수 있는 것이다.

연구가 진척되어가면서 이러한 일반적 과제가 선명하게 규정될수록, 나는 내 연구가 봉착하고 있는 난관들을 절감했다. 제1권이 다루는 언어철학의 문제에 비해 여기에는 잘 닦인 안정된 길은 커녕 어느 정도라도 확실하게 경계 지어진 길조차 없었다. 언어에 대한 체계적인 고찰의 경우 내용적으로는 아니더라도 방법적으로 도처에서 빌헬름 폰 훔볼트의 기초적 연구에 의거할 수 있었던 반면, 신화적 사유의 영역에는 그러한 종류의 방법적 '해결의 실마리'가 전혀 존재하지 않았다. 지난 수십 년 동안의 연구로 축적된 풍부한 자료도 이러한 어려움은 완화해주지 못했다. 풍부한 자료는 오히려 신화적인 것의 '내적인 형식'에 대한 체계적인 통찰이 결여되어 있다는 현실을 더욱 선명하게 드러냈을 뿐이다. 이 연구가 신화적인 것의 '내적인 형식'을 통찰하도록 이끄는 길을 걸었기를 희망한다. 그러나 나는 이 연구가 이러한 길을 제대로 다 통과했다고 믿지는 않는다. 이 연구는 하나의 시작일 뿐 결코 종결된 것이 아니다. 여기서 시도된 문제제기가 체계적인 철학에 의해서뿐 아니라 개별 분과 학문들, 특히 종교사와 민족학에 의해 수용되고 계속해서 천착되어야만 비로소 이 연구가 원래 추구했던 목표가 연구의 계속적인 진척과 함께 제대로 실현되리라고 희망할 수 있을 것이다.

내가 함부르크로 초빙되어 **바르부르크 도서관**을 가까이에서 이용하게 되었을 때, 이 제2권의 구상과 준비 작업은 이미 상당히 진척되어 있었다. 이 도서관에는 신화연구 및 일반 연구사와 관련하여 풍부하면서도 다른 곳과 비교할 수 없을 정도로 충실하고 특색 있는 자료들이 소장되어 있었다. 그뿐 아니라 이 자료들은 분류와 정리 면에서, 즉 바르부르크가 그 자료들에 부여한 정신적인 각인 면에서 내 연구의 근본 문제와 극히 가깝게 닿아 있는 통일적이고 중심적인 문제에 연관되어 있는 듯했다. 이러한 일치에 고무되어 나는 이미 밝기 시작한 길을 계속해서 걸을 수 있었다. 이 책이 수행하려고 하는 체계적인 과제가 정신과학들 자체의 구체적 연구로부터, 그리고 정신과학들을 역사적으로 기초 잡고 심화하기 위한 노력으로부터 생겨난 경향 및 요구와 내적으로 연관되어 있다는 사실도 이러한 사정과 함께 분명해진 것 같았다. 바르부르크 도서관을 이용할 때마다 항상 프리츠 작슬(Fritz Saxl)이 전문적인 지식과 함께 나를 친절하게 안내했다. 나의 연구에 대한 그의 적극적인 도움과 참여가 없었더라면, 자료를 입수하고 천착하는 데 수반되는 많은 곤란을 극복하는 것은 거의 불가능했을 것이다. 이 책을 출간하면서 이 자리를 빌려 진심으로 감사드린다.

함부르크, 1924년 12월
에른스트 카시러

'신화철학'이라는 문제

I

    신화적 의식의 **내용**에 대한 철학적 고찰과 신화적 의식의 내용을 이론적으로 파악하고 해석하려는 시도들의 기원은 학적인 철학이 맨 처음 시작되는 시점으로까지 거슬러 올라간다. 철학은 다른 위대한 문화영역들보다 먼저 신화와 신화의 형성물에 관심을 가졌다. 이는 역사적으로도 체계적으로도 납득할 만한 일이다. 신화적인 사유와 대결함으로써 비로소 철학은 자신의 고유한 개념을 선명하게 형성하고 자신의 고유한 과제를 명료하게 의식할 수 있었기 때문이다. 어디든 철학이 자신을 이론적인 세계고찰과 세계설명으로서 구성하려고 시도하는 곳에서는, 철학은 자신이 직접적으로 나타나는 현실 자체보다는 오히려 현실에 대한 신화적인 파악 및 변형과 대면하고 있다는 사실을 깨닫게 된다. 철학은 '자연'을, 발전되고 도야된 경험의식을 통해 뒤늦게야 철학에 주어지는 저 형태로―여기서도 철학적 반성 자체가 결정적으로 함께 영향을 미친다―발견하는 것이 아니다. 존재의 모든 형태는 우선 신화적 의식과 신화적 상상의 분위기에 둘러싸여 나타난다. 이러한 신화적 상상의 분위기를 통해 존재의 모든 형태들은 비로소 자신의 형식과 색깔을 갖게 되고 특수하게 규정된다. 세계가 경험적인 '사물들'의 전체로서, 경험적인 '속성들'의 복합체로서 의식되기 오래 전에, 세계는 신화적인 힘들과 작용들의 전체로서 의식된다. 그리고 철학적인 관점과 독자적인 철학적 사유방식조차도 신화라는 그것의 정신적인 원근거와 지반으로부터 세계개념을 직접적으로 분리시킬 수는 없다. 철학적 사유의 시작은, 근원의 문제에 대한 신화적 이해와 고유한 철학적 이해 사이에서 중간적인 태도를, 즉 이를테면 미결정(未決定)의 태도를 오랫동안 유지한다. 근원의 문제와 관련해 초기 그리스 철학이 창조한 개념, 즉 ἀρχή(아르케)라는 개념에는 이러한 이중적인 관계가 의미심장하면서도 명료하게 나타나 있다. 아르케라는 개념은 신화와 철학 사이의 경계선에 해당하지만, 이 경계선은 자신을 통해서 나누어진 두 영역에 그 자체로서 참여한다. 그 개념은 시원에 대한 신화적인 개념과 '원리'에 대한 철학적 개념 사이의 이행점이자 무차별점이다. 철학의 방법적 자기성찰이 진보할수록 그리고 그것이 엘레아학파 이래 갈수록 더 첨예하게 '비판'으로, 즉 존재개념 자체 내에서의 κρίσις(크리시스, 위기=분리)를 향해서 나아갈수록, 이제 막 생겨나면서 자신을 자율적인 형성물로서 주장하는 로고스의 새로운 세계는 물론 그만큼 더 명료하게 신화적인 힘과 신화적인 신들의 형태로부터 분리된다. 그러나 양자가 더 이상 직접적으로 **나란히** 존속할 수 없을 경우, 하나[신화적 사유]를 다른 하나[철학적 사유]의 전단계로서 주장하고 정당화하려는 시도가 이루어지게 된다. 여기서 고대 학문의 확고한 교양자산(Bildungsbestand)에 속하는 '우의(寓意, Allegorie)적인' 신화 해석이 싹튼다. 철학적 사유가 점진적으로 획득하는 새로운 존재 개념 및 세계 개념에 대해 신화에서 하나의 본질적인 의미, 즉 단지 간접적인 것이라도 하나의 '진리'가 인정되려면, 이것은 오로지 신화가 바로 이러한 세계 개념[철학적 사유의 세계 개념]을 위한 암시이자 준비로서 인식되는 것에 의해서만 가능한 듯하다. 신화적인 형상의 내용 속에는 반성이 끄집어내고 신화적 형상의 본래적인 핵심으로서 발견해야만 하는 합리적인 인식 내용이 포함되며 은닉되어 있다는 것이다. 그리하여 특히 5세기 이래로, 즉 그리스적인 '계몽'의 세기 이래로 줄곧 이러한 우의적 방법에 의해 신화가 해석되었다. 신화 해석의 이러한 방법을 통해, 소피스트는 자신들이 새로 기초를 놓은 '학식'의 힘을 즐겨 행사하고 시험해보았다. 신화는 통속철학의 개념어로 치환되는 식으로, 즉 어떤 진리—이러한 진리가 사변적인 것이든 자연과학적인 것이든 윤리적인 것이든 간에—의 외피로서[우의적인 표현으로서] 이해되는 식으로, 개념적으로 파악되고 '설명된다'.

신화적인 것의 독자적인 형성력이 아직도 직접적으로 살아 있고 작용하고 있는 저 그리스 사상가[플라톤]가 신화적인 형상세계의 완전한 수평화로 이끄는 이러한 견해에 가장 첨예하게 저항했던 것은 우연이 아니다. 플라톤은 소피스트의 철학과 수사학에서 행해진 신화 해석 시도를 비웃고 자신의 우월함을 확신하면서 그러한 시도에 대립각을 세운다. 그러한 시도들은 플라톤에게는 재치 있는 유희이자 ἄγροικος σοφία(아그로이코스 소피아, 서투르면서도 억지스러운 지혜, 『파이드로스』 229D)나 다름 없다. 괴테가 한때 플라톤 자연관의 '단순성'을 찬양하면서 그것을 근대 자연학설의 한없는 다양성·분산성·복잡함에 대립시킨 적은 있지만, 신화와 플라톤의 관계에서도 동일한 근본 특징이 드러난다. 플라톤의 시선은 신화적인 세계를 고찰할 때도 [신화적 세계가 비롯된] 다양한 특별한 동기들에 머물지 않고, 신화적 세계를 그 자체로 완결된 전체로서 보기 때문이다. 그는 신화적 세계의 전체를 순수한 인식의 전체와 비교·대조하면서, 양자를 서로에 입각해서 상관(相關)적으로 평가한다. 신화의 철학적 '구원'은 동시에 신화의 철학적 지양을 의미하는데, 이러한 구원은 [플라톤에게는] 이제 신화가 인식 자체의 한 형식이자 단계로 파악됨으로써 가능해진다. 더 나아가 신화의 철학적 구원은 신화가 대상들의 특정한 영역에 필연적으로 귀속되고 그러한 영역의 적합한 표현으로서 그 영역에 상응하는 인식의 한 형식이자 단계라고 파악됨으로써 가능해진다. 따라서 플라톤에게조차 신화는 특정한 개념 내용을 숨기고 있다. 신화는 생성의 세계를 표현할 수 있는 유일한 개념어이기 때문이다. 결코 존재하지 않고 항상 생성하는 것, 논리적인 인식과 수학적인 인식의 형상물처럼 동일한 규정성 내에 머무르지 않는 것에 대해서는 신화적 표현 이외의 다른 표현이 있을 수 없다. 따라서 신화의 단순한 '개연성'이 엄밀한 과학의 '진리'와 첨예하게 구별되는 그만큼, 다른 한편으로는 이러한 구별에 의해서 우리가 현상들의 경험적인 '현실', 즉 '자연'의 현실이라고 부르곤 하는 저 세계와 신화의 세계 사이에 가장 가까운 방법적 연관이 성립한다. 따라서 플라톤에게서 신화의 의의는 [철학적 해석을 위한] 단순한 소재를 넘어서게 된다. 신화는 세계를 파악하는, 나름대로 필연적이고 특정한 **기능**으로서 사유되는 것이다. 그래서 플라톤 철학이 구축되는 과정에서 신화가 진정으로 창조적이며 생산적이고 형성적인 동기로서 작용했다는 사실이 상세하게 입증될 수 있었다. 플라톤이 쟁취했던 신화에 대한 보다 깊은 견해는 물론 그리스 사상이 전개되는 과정에서 지속적으로 주장되거나 관철되지는 않았다. 신플라톤주의와 마찬가지로 스토아학파는 사변적─우의적인 신화 해석이라는 낡은 길로 다시 방향을 전환하고 만다. 그리고 그들을 통해 이러한 해석은 중세와 르네상스로 계승된다. 플라톤의 학설을 처음으로 르네상스에 전달했던 바로 저 사상가, 즉 플레톤(Georgios Gemistos Plethon)이 이러한 사유 방향의 전형적인 예로 간주될 수 있다. 플레톤에게서 이데아

설의 서술은 신들에 대한 신화적–우의적인 교설의 서술로—양자
가 하나의 불가분리의 전체로 용해되는 방식으로—이행한다.

　신플라톤주의적인 사변에서는 신화의 형태를 객관화하는 '실체
화'가 이루어졌는데, 이에 비해 근대철학에서는 갈수록 더 분명하
게 '주관적인 것'으로의 전환이 일어나게 된다. [근대철학에서] 신
화는 그 안에서 **정신**의 근원적인 방향, 즉 **의식**이 자신을 형태화
하는 자립적인 방식이 표현되고 있는 것으로서 철학의 문제가 되
는 것이다. 이러한 관점에서 볼 때 근대 언어철학의 창시자인 비코
(Giamvatista Vico)는 근본적으로 새로운 철학, 즉 신화철학의 창시
자이기도 했다. 정신의 진정하고 참된 통일 개념은 언어, 예술, 신
화의 삼자에서 표현된다.[1] 비코의 이러한 사상은 낭만주의 철학에
의해 정신과학의 기초가 다져진 뒤 비로소 완전히 체계적으로 규
정되고 명료해진다. 낭만주의 시와 낭만주의 철학은 서로가 서로
에게 길을 마련해준다. 셸링이 20대 때 확립했던 객관적 정신의 체
계에 대한 최초의 구상에서 '이성의 일신론'과 '상상력의 다신론'의
결합, 즉 '이성의 신화학'을 요구한 것은 횔덜린의 정신적인 자극
에 따랐기 때문이다.[2] 그러나 이러한 요구를 수행하기 위해서 [셸

---

1)　제1권, 91쪽 이하[『상징형식의 철학 I: 언어』(박찬국 옮김, 아카넷 2011), 181쪽
　　이하] 참조.
2)　이에 대한 상세한 내용은, 나의 논문 "Hölderin und der deutsche Idealismus"
　　(in: *Idee und Gestalt*, 2판, Berlin 1924, 115쪽 이하)를 참조할 것.

링의] 절대적 관념론의 철학은 다른 경우에도 그런 것처럼 여기서도 칸트의 비판적 학설이 형성한 개념수단에 의존하게 된다. 칸트가 이론적 · 윤리적 · 미학적 판단과 관련해서 제기했던 '근원'에 대한 비판적인 물음은 셸링에 의해 신화와 신화적 의식의 영역으로 옮겨졌다. 칸트가 그랬듯 이러한 물음은 심리적 발생에 대해서가 아니라 순수한 구조 및 내용에 대해서 제기된다. 이제 신화는 인식, 윤리, 예술과 마찬가지로 자립적이고 자기완결적인 '세계'로서 나타난다. 신화의 세계는 더 이상 외부에서 가져온 낯선 가치척도와 현실척도에 입각해 평가되어서는 안 되며 그것에 내재된 구조적 법칙에 의해 파악되어야만 한다. 신화의 세계를 단지 간접적인 것, 즉 다른 것을 감싼 외피만을 보는 방식으로 '이해가능한' 것으로 만들려는 모든 시도는 이제는 이론(異論)의 여지가 없는 결정적인 증명에 의해서 배격된다. 언어철학에서의 헤르더와 마찬가지로 셸링은 신화철학에서 우의의 원리를 극복한다. 헤르더와 마찬가지로 그는 우의를 통한 표면적인 설명으로부터 상징적 표현의 근본문제로 거슬러올라간다. 셸링은 신화세계에 대한 우의적인 해석을 자의적(自意的, tautegorisch) 해석, 즉 신화적인 형태들을 정신의 자율적 형성물로 간주하는 해석으로 대체한다.[3] 이 경우 정신의 자

---

3) [역주] 우의(Allegorie)가 자신이 직접적으로 말하는 것과는 다른 의미를 포함하는 표현방식인 반면, 자의(自意, Tautegorie)는 자신이 의미하려는 것을 직접적으로 말하는 표현방식이다.

율적 형성물들은 그 자체로부터, 즉 의미와 형태를 부여하는 특수한 원리로부터 파악되어야만 한다. 이러한 특수한 원리는—셸링이 『신화철학』 서론에 해당하는 강의들에서 상세하게 서술한 것처럼—신화를 역사로 변화시키는 에우헤메로스설의 해석에 의해서도,[4] 신화를 자연에 대한 원시적인 설명으로 간주하는 물리학적인 해석에 의해서도 동일한 방식으로 무시된다. 이러한 해석들은 신화적인 것이 의식에 대해서 갖는 특유한 실재성을 설명하지 못하며 오히려 신화적인 것을 증발시키고 부인한다. 그러나 진정한 사변의 길은 그렇게 [신화를] 해소시키는 고찰의 방향과는 전적으로 대립한다. 진정한 사변은 분석적으로 해체하려고 하지 않고 종합적으로 이해하려고 하며, 정신과 생의 궁극적인 사실로 되돌아가려고 한다. 신화도 그렇게 전적으로 실증적인 것으로서 파악하는 것이 중요하다. 신화의 세계가 결코 순전히 '꾸며낸' 또는 '고안된' 세계가 아니라 독자적인 방식의 **필연성**을 지니며, 따라서—관념론적인 철학의 대상 개념에 입각하여 말하자면—독자적인 방식의 **실재성**을 갖는다는 사실을 통찰하는 것에서부터 신화에 대한 철학적 이해는 출발한다. 이성은 신화가 갖는 독자적인 필연성이 입증될 수 있을 때만 입지(立地)를 가지며 그와 함께 철학도 입지를 가질

---

4) [역주] 그리스 철학자 에우헤메로스(Euhemeros)가 창시한 에우헤메로스설(Euhemerismus)은 종교 및 신화에서 신들은 위대한 왕·영웅·현인을 신격화한 것이라고 주장한다.

수 있다. 단순히 자의적인 것, 명백히 우발적이고 우연한 것은 이성과 철학에게는 **물음**의 대상이 될 수 없을 것이다. 왜냐하면 명백히 공허한 것, 즉 그 자체 내에 아무런 본질적인 진리도 갖지 않는 영역에서는 본질에 대한 학설인 철학이 발붙일 곳을 발견할 수 없기 때문이다. 물론 언뜻 보기에는 진리와 신화만큼 서로 다른 것은 없는 듯 보이며, 바로 그 때문에 철학과 신화만큼 서로 대립된 것은 없는 듯 보인다. "그러나 바로 [신화와 철학의] 이러한 대립 자체에, 바로 이렇게 비이성으로 보이는 것에서 이성을, 무의미하게 보이는 것에서 의미를 발견해야 한다는 요구와 과제가 존재한다. 그리고 이러한 요구와 과제는 이제까지 시도되었던 것처럼 자의적인 구별에 입각해 수행되어서는 안 된다. 사람들이 이성적이거나 유의미한 것이라고 믿었던 어떤 것을 본질적인 것으로 간주하고, 나머지는 단순히 우연적인 것, 즉 비유나 왜곡에 속하는 것으로 보는 구별 말이다. 오히려 형식조차 필연적인 것으로, 그리고 그런 한 이성적인 것으로 드러내는 것을 목표로 삼아야 한다."[5]

셸링 철학의 전체적인 구상에 따라 이러한 근본적인 목표는 주관과 객관의 이중적인 방향에서, 즉 한편으로는 자기의식과 관련하여 다른 한편으로는 절대자와 관련하여 구현되어야만 한다. 자기의식과 아울러 신화적인 것이 자기의식에서 경험되는 형식에 관

---

5) Schelling, *Einleitung in die Philosophie der Mythologie*, S. W. (제2부) I, 220쪽 이하. 특히 I, 194쪽 이하를 참조할 것.

해 말하자면, 이러한 형식은—보다 자세하게 고찰하면—이미 그 자체로 신화를 한낱 '허구'로 보는 모든 이론을 배제하기에 충분하다. 왜냐하면 이러한 종류의 이론은 이미, 자신이 설명하려고 하는 현상 가운데 순수하게 **사실적인 내용**을 놓치고 있기 때문이다. 여기서 파악되어야 하는 본래적인 현상은 신화적인 **표상 내용** 자체가 아니라 이것이 인간의 의식에 대해 갖는 **의미**이며 이것이 인간의 의식에 행사하는 정신적인 힘이다. 신화의 소재적인 내용이 아니라 신화가 체험되고—객관적으로 현존하고 현실적인 어떤 것처럼—**신봉되는** 심도가 문제다. 신화적 의식의 이러한 근원적 사실을 제대로 고려할 경우, 신화의 궁극적인 뿌리를—시적인 것이든 철학적인 것이든—허구에서 찾으려는 모든 시도는 좌절한다. 그러한 방식으로 신화적인 것의 순수하게 이론적이고 지적인 내용이 파악될 수 있다고 하더라도, 그러한 방식을 통해서는 이를테면 신화적인 의식의 역동적인 힘, 즉 신화적 의식이 인간 정신의 역사에서 지속적으로 보여주는 비길 데 없는 힘은 전혀 설명되지 않은 채로 남게 될 것이기 때문이다. 신화와 역사의 관계에서 신화는 전적으로 일차적인 것, 역사는 부차적이고 파생적인 것이다. 어떤 민족의 역사에 의해서 그 민족의 신화가 규정되는 것이 아니고 거꾸로 그 민족의 신화에 의해서 그 민족의 역사가 규정된다. 혹은—우리는 차라리 이렇게 말할 수 있는데—그 민족의 신화는 **규정하는** 것이 아니라 그 자체가 그 민족의 운명**이며** 그 민족에게 처음부터 드리워진 숙명**이다**. 인도인, 그리스인 등이 신봉했던 신들에 대한 설과 함께 그들의 역사 전체가 이미 주어졌다. 따라서 개별 민족에게도 전체로서의 인류에게도 특정한 신화적 표상을 받아들이거나 거부할 수 있는 자유로운 선택권, liberum arbitrium indifferentiae[무차별적인 임의의 자유]는 없다. 그와 관련해서는 오히려 도처에서 엄격한 필연성이 지배하고 있다. 이러한 필연성은 의식과 대립되는 **실재적인** 힘이다. 즉 의식이 더 이상 마음대로 할 수 없는 힘이며 신화를 통해 의식을 장악해버린 힘이다. 신화는 본래 그 어떤 허구와도 무관한 것을 통해서, 아니 허구와는 공식적으로 그리고 본질적으로 대립되는 것을 통해서 생긴다. 즉 신화는 (의식에게는) 필연적인 과정, 다시 말해 그 근원이 초역사적인 것 안에 존재하며 의식이 개별적 계기들에 대해서는 저항할 수도 있겠지만 전체에 대해서는 저지할 수도 없고 철회하는 것은 더욱 불가능한 과정을 통해서 생긴다. 우리는 여기서 개인에 의한 것이든 민족에 의한 것이든 허구를 꾸며낼 시간도, 작위적인 비유를 만들어내거나 곡해할 시간도 존재하지 않는 영역 안으로 복귀하게 된다. 한 민족에게 그 민족의 신화가 무엇을 의미하는지, 신화가 그 민족에 대해서 어떠한 내적 힘을 발휘하며 그 민족의 어떠한 실재성을 증언하는지를 이해하는 사람에게는, 신화를 개인들이 고안한 것으로 보는 것은 한 민족의 **언어**가 그 민족에 속하는 개인들의 노력으로 생겼다고 보는 것처럼 터무니없을 것이다. 따라서 셸링에 따르면 사변적

인 철학적 고찰에 의해서 비로소 신화의 생명의 참된 근거가 파악
되지만, 그러한 고찰은 이러한 근거를 단지 제시할 수 있을 뿐이
다. 사변적인 철학적 고찰 속에서 그러한 근거에는 '설명할' 것이
전혀 존재하지 않는다. 셸링은 창작자·시인·일반적인 개인 대신
우선적으로 인간의 의식 자체를 내세우면서 인간의 의식을 신화의
자리로서, 다시 말해 sujectum agens[신화의 수행 주체]로서 입증
했다는 것을 자신의 특유한 공적이라 주장한다. 물론 신화는 의식
의 **바깥에서는** 어떠한 실재성을 가지고 있지 않다. 그러나 신화가
의식의 규정 내에서만, 따라서 표상 속에서만 진행될지라도 이러
한 진행, 즉 표상의 연속 자체는 다시 그 자체로 단순히 **표상된** 것
으로서만 존재할 수는 없다. 표상의 연속 자체는 의식 내에서 실제
로 일어난 것임이 틀림없다. 신화는 단순히 순차적으로 연이어 표
상된 신들에 대한 설이 아니며, 연속적인 다신론으로 성립된다. 연
속적인 다신론은 인류의 의식이 연이어 이러한 다신론의 모든 계
기에 실제로 머물렀다고 가정할 경우에만 설명될 수 있다. "차례로
등장하는 신들이 실제로 의식을 연이어 장악했다. 신들의 이야기
로서의 신화는 오직 생(生) 자체에서만 생겨날 수 있었으며, 신화는
체험되고 경험된 것이었음이 틀림없다."[6]

이와 함께 신화가 특유하고 근원적인 **생의 형식**으로서 입증된다

---

6) *Philosophie der Mythologie*, 위의 책 I, 124쪽 이하. 특히 I, 56쪽 이하, I, 192쪽
이하를 참조할 것.

면, 신화는 단순히 일면적인 주관성에서 비롯된 것으로 보이는 모든 가상에서도 벗어난다. '생'은 셸링의 근본 사상에 따르면 단순히 주관적인 것도 단순히 객관적인 것도 아니며 양자 사이의 정확한 경계선상에 서 있기 때문이다. '생'은 주관적인 것과 객관적인 것 사이의 무차별성(Indifferenz)이다. 우리가 이러한 사실을 신화에 적용한다면, 인간의 의식에서 일어나는 신화적 표상의 운동과 전개에는—이러한 운동이 내적인 **진리**를 가지려면—객관적인 생기(Geschehen)가, 즉 절대자 자체 내에서의 필연적인 전개가 상응해야만 한다. 신화적인 과정은 신들의 발생 과정(ein theogonische Prozeß)이다. 즉 신 자체가 **생성되는** 과정이며 신이 자신을 참된 신으로서 단계적으로 산출해나가는 과정인 것이다. 이러한 산출의 개별 단계는 필연적인 통과점으로서 파악될 수 있는 한에서 자신의 고유한 의의를 갖는다. 그러나 개별 단계들 모두의 완전한 의미와 본래적인 목표는 전체 속에서야 비로소, 즉 모든 계기들을 통과하며 끊임없이 진행되는 신화적인 운동의 전체적 연관 속에서야 비로소 드러난다. 이러한 운동 연관 전체 안에서는 모든 특수하고 조건 지어진 개별 단계조차 필연적인 것으로 나타나며, 그리고 필연적인 것이기 때문에 정당한 것으로 나타난다. 신화적 과정은 자신을 재생하고 이를 통해 자신을 실현하는 진리의 과정이다. "따라서 물론 개별적인 계기에 진리는 없다. 왜냐하면 개별적인 계기에 이미 진리가 존재한다면 다음 계기로의 어떠한 진전도 어떠한 과

정도 필요하지 않을 것이기 때문이다. 그러나 진리는 과정 자체 속에서 자신을 산출한다. 진리는 과정 속에—자신을 산출하는 것으로서—존재하고 진리야말로 과정의 목적이며, 따라서 완결된 것으로서의 과정의 **전체**가 진리를 포함하고 있다."

보다 상세하게 고찰해보면, 셸링은 이것이 다음과 같이 진행된다고 보았다. 즉 단지 존재할 뿐 그 자체로서 알려져 있지는 않은 하나의 신에서 출발해 다수의 신으로 나아가고 이 다수의 신으로부터, 다시 말해 다수의 신과의 대립으로부터 비로소 참된 하나의 신, 즉 존재할 뿐 아니라 그 자체로 인식된 하나의 신이 획득된다는 것이다. 우리가 거슬러 올라갈 수 있는 인간 최초의 의식은 이미 필연적으로 동시에 신적인 의식으로서, 즉 신에 대한 의식으로서 사유되어야만 한다. 인간의 의식은 그것의 참되고 특수한 의미에 입각해서 보면 신을 자신 바깥에 갖지 않으며 신에 대한 관계를 자체 안에 포함하고 있다. 그러나 의식은 인식이나 의지 또는 자의적이고 자유로운 작용에 의해서가 아니라 본성적으로 [신에 대한 관계를] 포함하는 것이다. "원초의 인간은 actu[현실적으로]가 아니고 natura sua[자연적인 본성으로부터] 신을 정립하는 자다. 그리고 더 나아가 (…) 원초의 의식은 신을 그의 진리와 그의 절대적인 통일성에서 정립하는 자일 뿐이다." 그러나 이것은 일신교라 하더라도 단지 **상대적인** 일신교일 뿐이다. 여기서 정립되는 신은 자체 내에 아직 어떠한 내적인 구별도 존재하지 않으며 아직 비교되거나 대립될 수 있는 것이 전혀 없다는 추상적인 의미에서만 **유일한 신**이다. 따라서 다신교로 진행하면서 비로소 이 신에 대한 '타자'가 나타나게 된다. 이제 종교적 의식은 자체 안에서 일종의 분열, 분화, 내적인 '변화'를 경험한다. 신들의 다수성은 [종교적 의식 자체 안에서 일어나는] 이러한 분열, 분화, 내적인 변화에 대한 형상적─대상적인 표현이다. 다른 한편으로 이러한 진행을 통해 이제 비로소 상대적인 일자(一者)로부터 이것에서 본래 숭배되고 있던 절대적인 일자로 자신을 고양할 수 있는 길이 열린다. 의식에 대해서 참된 신, 즉 상주(常住)하는 일자이자 영원한 것 자체가, 의식에게 상대적인 일자가 되고 한갓 일시적으로 영원한 것이 되는 근원적인 신(Urgott)으로부터 구별되려면 의식은 우선 이러한 분리를, 즉 다신교의 '위기'를 통과해야만 했다. 두 번째 신이 없이는, 즉 다신교로 이끌리지 않았다면 본래적인 일신교로의 어떠한 진행도 일어날 수 없었을 것이다. 원시시대의 인간에게 신은 아직 어떠한 교의나 지식에 의해 매개되지 않았다. "신에 대한 관계는 **실재적인** 것이었으며 이 때문에 오직 **현실성에서의** 신과의 관계일 수 있었을 뿐이며 본질에서의 신, 따라서 참된 신에 대한 관계일 수는 없었다. 왜냐하면 현실적인 신이 곧바로 **참된 신**이기도 한 것은 아니기 때문이다. (…) 선사시대의 신은 현실적이고 실재적인 신이다. 그리고 이렇게 현실적이고 실재적 신 안에 참된 신도 **존재하지만 참된 신 자체로서는** 알려져 있지 않다. 따라서 인류는 **자신이 알지 못했던 것, 즉**

자신이 이념적(자유로운) 관계를 갖지 못하고 단지 실재적인 관계만을 가졌던 것을 숭배하는 셈이다." 신에 대한 이념적이고 자유로운 관계를 산출하는 것, 즉 존재하는 단일성을 인식된 단일성으로 변화시키는 것이 이제 신화적 과정 전체, 그러니까 진정으로 '신들이 발생하는' 과정의 의미와 내용임이 밝혀진다. 이 점에서 다시 인간의 의식이 신에 대해서 갖는 **실재적인** 관계가 드러난다. 이에 반해 이제까지의 모든 철학은 단지 '이성종교', 오직 신에 대한 '이성적인' 관계에 대해서만 알았다. 그리고 모든 종교적인 전개를 오직 **이념** 내에서의, 즉 표상과 사상 내에서의 전개로만 간주했다. 그런데 이제 인간의 의식이 신에 대해서 갖는 실재적인 관계가 드러남으로써 설명의 원환이 완결되었으며, 신화적인 것 내에서의 주관성과 객관성 사이에 올바른 관계가 성립하게 되었다. "인간이 신화적인 과정에서 관계하는 것은 사물들이 아니다. 그것은 다음과 같은 힘들, **인간의 의식 내부에서 떠오르면서** 인간의 의식을 움직이는 **힘들**이다. 신화를 성립시키는 신들의 발생 과정은 의식 속에서 일어나고 표상의 산출을 통해 입증되는 한 **주관적인** 과정이다. 표상의 원인과 대상들은 **실제로** 그 자체로 신들을 발생시키는 힘이다. 이 힘들을 통해 의식은 근원적으로 신을 정립하는 의식으로서 존재하게 된다. 신들의 발생 과정의 내용은 단순히 **표상된** 활력(活力)들(die Potenzen)이 아니라, 의식을 창조하고―의식은 자연의 최후의 것이기 때문에―자연을 창조하는 힘이기도 하며 따라서 현실적인 힘이기도 한 활력들 그 자체다. 신화적인 과정은 **자연의 객체들**(Naturobjekte)과 관계하는 것이 아니라 창조하는 순수한 활력들과 관계한다. 의식 자체는 이러한 활력들의 근원적인 산물이다. 여기서 설명은 완전히 객관적인 것 안으로 돌파해 들어가며 전적으로 객관적인 것이 된다."[7]

사실상 여기서 셸링의 철학적 체계 일반이 알고 있는 '객관성'의 최고 개념과 최고 형식이 획득된다. 신화는 절대자의 자기전개 과정에 속하는 필연적인 과정으로 파악됨으로써 자신의 '본질적인' 진리에 도달했다. 신화가 소박실재론적인 세계관이 말하는 의미의 '사물들'과 전혀 무관하다는 사실, 즉 신화는 오직 **정신**의 현실이자 정신에서 표현되는 활력이라는 사실을 근거로 신화의 객관성과 본질성 그리고 진리에 대한 이의가 결코 성립할 수는 없다. 왜냐하면 **자연**조차 신화의 진리와 다른 진리를 갖지 않으며 또한 신화의 진리보다 더 높은 진리를 갖고 있지 않기 때문이다. 자연도 정신의 발전과 자기전개의 한 단계에 지나지 않으며, 자연**철학**의 과제는 자연을 정신의 자기전개의 한 단계로서 이해하고 해명하는 데 있다. 우리가 자연이라고 부르는 것은—[셸링의]『초월론적 철학의 체계』에서 이미 표현되어 있는 것처럼—은밀하면서도 경이로운 글자들 안에 감춰진 하나의 시다. 그러나 그러한 수수께끼가 밝혀진

---

7) *Philosophie der Mythologie*, 207쪽 이하, 특히 175쪽 이하와 185쪽 이하를 참조할 것.

다고 해도, 우리가 그 수수께끼에서 인식하게 되는 것은 완전히 기만당한 채 자기 자신을 찾아가면서도 자기 자신으로부터 도피하는 정신의 오디세이일 것이다. 자연의 이러한 비밀스러운 글자들은 신화와 신화의 필연적인 발전 단계에 대한 고찰을 통해 새로운 측면에서 해명된다. 우리는 감각세계에서는 '정신의 오디세이'의 궁극적 목표를 반쯤 투명한 안개를 통해서만 본다. 그러나 신화에서 '정신의 오디세이'는—정신에 의해 아직은 완전히 관통되어 있지 않을지라도—정신과 직접적으로 친숙한 형태로 나타나는 단계에 도달한다. 신화는 신에 대한 순수한 의식의 오디세이이며 신에 대한 이러한 의식은 자신을 전개하는 과정에서 자아의식에 의해서와 마찬가지로 자연의식과 세계의식에 의해 제약되고 매개된다. 자연에서 주재(主宰)하는 내적 법칙과 전적으로 유사하면서도 이것보다 더 높은 종류의 필연성을 갖는 내적 법칙이 자아의식에서 자신을 드러낸다. 우주는 정신, 즉 주관성으로부터만 이해되고 해석될 수 있기 때문에 역으로 외관상 한낱 주관적인 것에 불과한 듯 보이는 신화적인 것의 내용도 직접적으로 우주적인 의미를 갖는다. "신화는 자연의 영향에 의해서 발생하는 것이 아니다. 인간의 내적인 것은 신화가 발생하는 과정을 통해 오히려 자연의 영향에서 **벗어나** 있다. 신화가 발생하는 과정은 **동일한 법칙에 따라** 근원적으로 자연이 통과했던 것과 같은 동일한 단계들을 통과한다. (…) 신화가 발생하는 과정은 단순히 종교적 의미뿐 아니라 **보편적** 의미를 지닌다. 왜냐하면 여기서 반복되는 것은 보편적 과정이기 때문이다. 이와 함께 그러한 과정에서 신화가 갖고 있는 진리 또한 아무것도 배제하지 않는 보편적 진리다. 우리는 통상적으로 행해지는 것처럼 신화의 **역사학적** 진리를 부정할 수는 없다. 신화가 발생하는 과정은 그 자체로 참된 역사이며 현실적인 과정이기 때문이다. 마찬가지로 우리는 신화로부터 자연적인 진리를 배제할 수도 없다. 자연은 보편적인 과정에서와 마찬가지로 신화적인 과정에서도 반드시 통과해야 하는 것이기 때문이다."[8]

셸링 관념론의 설명방식이 갖는 특징적인 장점과 한계가 여기서 명료하게 드러난다. 절대자의 단일성이라는 개념이야말로 인간의 의식에도 자신의 절대적인 단일성을 비로소 참으로 그리고 결정적으로 확신시키는 것이다. 이는 절대자의 단일성이라는 개념이 인간의 의식 내에서 정신적 행위의 특수한 수행, 특수한 방향으로서 나타나는 모든 것을 하나의 공통된 궁극적 근원으로부터 끌어내기 때문이다. 그러나 동시에 절대적인 단일성이라는 개념은 구체적·개별적인 많은 구별들이 궁극적으로는 그것에 의해 흡수되고 알 수 없게 되어버린다는 위험도 자체 내에 포함하고 있다. 이와 같이 셸링에게는 신화가 제2의 '자연'이 될 수 있는데, 이는 자연의 순수하게 **경험적인** 의미와 진리가 자연의 정신적인 의미로,

---

8) *Philosophie der Mythologie*, 9번째 강의, 216쪽.

즉 절대자의 자기개시(開示)라는 자연의 기능으로 지양됨으로써 그 전에 자연 자체가 일종의 신화로 변화되었기 때문이다. 만약 사람들이 이 최초의 걸음을 딛기를 거부한다면 이와 함께 두 번째 걸음도 포기해야 하고, 따라서 신화적인 것의 고유한 본질성과 진리 그리고 독자적인 '객관성'으로 이끌 수 있는 어떠한 길도 남지 않을 것이다. 또는 셸링의 『신화철학』이 제기했던 **물음**을 그 자체로서 견지하지만 동시에 그러한 물음을 절대자의 철학이라는 지반으로부터 비판적 철학의 지반으로 옮길 수 있는 수단과 가능성이 존재할 것인가? 그러한 물음에는 형이상학의 문제뿐 아니라 그 자체가 비판적−초월론적으로 해결될 수 있는 '초월론적'인 문제도 포함된 것은 아닐까? 사람들이 '초월론적'이라는 개념을 엄밀하게 칸트가 말한 의미로 받아들인다면, 그런 종류의 물음을 제기하는 것 자체가 역설적이다. 칸트의 초월론적인 문제 설정은 **경험**을 가능하게 하는 조건과 연관되며 이러한 조건에 한정된다는 것이 분명하기 때문이다. 그러나 다음과 같은 경험, 즉 신화의 세계가 그것에 의해 자신을 보증할 수 있고 자기 자신에 대해 어떤 종류의 객관적 진리 내지 대상적 타당성을 입증할 수 있는 '경험'이라는 것이 제시될 수 있을 것인가? 신화 일반과 관련해 그러한 경험이 입증될 수 있다고 해도, 그러한 경험은 어떻든 그것의 **심리학적인** 진리와 심리학적 필연성 내에서만 발견될 수 있는 듯하다. 신화가 정신의 특정한 발전 단계에서 비교적 서로 일치하는 형태로 **발생한다**는 필연성이야말로 객관적으로 파악 가능한 신화의 유일한 **내용**을 형성하는 것 같다. 사실상 독일의 사변적인 관념론의 시대 이후에 신화의 문제는 오직 이러한 의미에서만 제기되고 이러한 길을 통해서만 해결을 시도해왔다. 이제는 신화의 궁극적이고 절대적인 근거에 대한 통찰 대신 신화가 성립하게 되는 자연적인 원인에 대한 통찰이, 형이상학의 방법론 대신 **민족심리학**의 방법론이 들어서게되었다. 신화의 세계와 그것을 설명하기 위한 참된 길은 셸링과 헤겔의 변증법적 발전 개념이 경험적인 발전 개념에 의해 결정적으로 대체된 후에야 비로소 열리는 듯했다. 이제는 신화의 세계가 단순한 '표상'의 총체였다는 사실에 의문의 여지가 없다는 것이다. 그리고 이러한 표상은 그것이 표상 형성 일반의 보편적 법칙으로부터, 즉 연상과 재생의 기본적 법칙으로부터 해명될 때만 이해 가능한 것으로 간주되었다. 이제 신화는 [독일의 사변적 관념론이 말하는 것과는] 전적으로 다른 의미에서 정신의 '자연적 형식'으로서 나타나게 되었으며 신화를 이해하기 위해서는 경험적 자연과학과 경험적 심리학의 방법만이 필요한 것으로 간주되었다.

그러나 신화적인 것의 세계를 절대자의 본질로부터 해명하는 것도 아니고 또한 그것을 단순히 경험적-심리학적 힘들의 작용으로 해소하는 것도 아닌, 신화적인 것에 대한 제3의 '형식규정'을 생각할 수도 있다. 만약 이러한 규정이 신화의 수행 주체가 인간의 의식 이외의 어디서도 발견될 수 없다고 본다는 점에서 셸링 및 심리학의 방법론과 일치할 경우, 우리는 반드시 의식 자체를 단지 경험적−심리학적인 개념에 의거하여 파악하거나 형이상학적인 개념에 따라서 파악해야만 하는가? 아니면 이 두 고찰방식 이외에 의식에 대한 비판적인 분석형식이 존재하는가? 근대의 인식비판, 즉 인식의 법칙과 원리에 대한 분석은 형이상학의 전제로부터도 심리학주의의 전제로부터도 갈수록 보다 분명하게 해방되었다. 인식비판의 영역에서 행해져온 심리학주의와 순수논리학 사이의 투쟁은 오늘날에는 결정적으로 결론이 난 듯하며, 이러한 투쟁이 이제까지와 동일한 모습으로 재현되지는 않으리라고 감히 예언해도 될 것이다. 그러나 논리학에 대해 타당한 것은 그에 못지않게 정신의 모든 자립적인 영역과 근원적인 근본 기능에 대해서도 타당하다. 그것들 모두에서 그것들의 순수한 내용을 규정하는 것, 즉 그것들이 무엇을 의미하고 무엇으로 존재하는지를 규정하는 것은 그것들의 경험적인 생성과 심리학적 발생 조건을 탐구하는 것과는 무관하다. 학문의 '존재' 및 학문의 진리의 내용과 원리에 대해서는 순수하게 객관적으로―즉 개개의 진리와 특수한 인식이 경험적 인식에서 어떠한 시간적 순서로 나타나는지에 대해서는 반성하지 않고―물을 수 있고 또한 그렇게 묻지 않으면 안 되는 것과 마찬가지로, 동일한 물음은 정신의 모든 형식에 대해서도 제기되어야만 한다. 정신의 모든 형식의 '본질'에 대한 물음은 여기서도 이를 경험적−발생적인 물음으로 전환하는 것을 통해 해소할 수 없다. 정신의 모든 형식의 본질에 통일성이 존재한다고 전제하는 것은 인식에 대해서와 마찬가지로 예술과 신화에 대해서도 특수한 것의 모든 형태화(Gestaltung)를 제약하는 의식의 일반적인 법칙이 존재한다고 상정하는 것이다. 비판철학의 근본적인 견해에 따르면 자연의 통일성은 우리가 현상에 통일성을 투입함으로써만 성립한다. 즉 우리가 그러한 통일성을 사유형식의 통일성으로서 개별 현상들로부터 얻는 것이 아니라 오히려 그러한 개별 현상에서 표현하고 산출한다는 사실은 문화의 통일성에 대해서도 그리고 문화의 모든 근원적인 방향에 대해서도 타당하다. 문화의 통일성의 경우에도 통일성을 현상들에 입각하여 사실로서 제시하는 것으로는 충분하지 않으며 정신이 갖는 특정한 '구조형식'의 통일성으로부터 해명해야만 한다. 따라서 여기서도 비판적 분석 방법은 인식이론에서와 마찬가지로 형이상학적—연역적 방법과 심리학적—귀납적 방법 사이에서 성립한다. 비판적 분석 방법은 심리학적—귀납적 방법과 마찬가지로 항상 '주어진 것'으로부터, 즉 경험적으로 확정되고 확인된 문화의식의 사실로부터 출발해야만 한다. 그러나 그 방법은 단순히 주어진 것으로서의 사실에 머물 수 없다. 비판적 분석의 방법은 사실의 현실성으로부터 거슬러올라가 '사실의 가능성의 조건들'을 묻는다. 비판적 분석 방법은 그러한 조건들에서 일정한 단계적 구조, 해당 영역의 구조법칙들이 갖는 상하질서, 개별적인 형성 계기들의 연관과 상호 규정을 드러내려고 한다. 이러한 의미에서 신화적 의식의 '형식'에 대해 묻는 것은, 그것의 궁극적인 형이상학적 근거를 묻는 것이 아니며 또한 그것의 심리적·역사적·사회적 원인을 탐색하는 것도 아니다. 오히려 그러한 물음에 의해 제기되는 것은 정신의 모든 특수한 형성물을 이것들의 모든 차이와 엄청난 경험적인 다양성 속에서 궁극적으로 지배하고 있는 정신적 **원리**의 통일성에 대한 물음이다.[9]

이와 함께 신화의 '주체'에 대한 물음도 새로운 방향을 취하게 된다. 이러한 물음에 대해서는 형이상학과 심리학에 의해 서로 대립되는 방향에서 답이 주어진다. 형이상학은 '신들의 생성

---

9) 후설의 **현상학**이 정신의 '구조형식들'이 갖는 차이에 비로소 다시 예리하게 주목하면서 이것들에 대한 고찰을 위해 심리학적 문제 설정이나 방법론과는 다른 새로운 길을 제시한 것은 후설 현상학의 근본적인 공적 가운데 하나다. 특히 심리적인 '작용'과 이러한 작용에서 지향되는 '대상'을 예리하게 구별한 것이 여기서는 결정적이다. 후설 자신이 『논리 연구』로부터 『순수현상학과 현상학적 철학을 위한 구상』에 이르기까지 걸었던 길에서, 그가 파악하고 있는 현상학의 과제는 인식의 분석에 그치지 않고, 현상학에서는 전적으로 상이한 대상 영역들의 구조가 순전히 그러한 대상 영역들이 '의미하는' 바에 따라—그러한 대상들의 '현실성'을 고려하지 않고—탐구되어야만 한다는 사실이 갈수록 더 분명하게 나타난다. 그러한 [현상학적] 탐구는 신화적인 '세계'조차 자신의 권역 안으로 끌어들여서 신화적 세계의 독자적인 '내용'을 다양한 민족학적·민족심리학적인 경험으로부터 귀납적으로 끌어내지 않고 순수하게 '이념화하는(idealisieren)' 분석을 통해 파악해야 한다. 그러나 이러한 방향에서의 시도는 내가 보는 한에서는, 현상학 자체에 의해서도 구체적인 신화연구에 의해서도 이제까지 행해지지 않았다. 구체적인 신화연구에서는 거의 이론의 여지없이 발생적-심리학적 방향의 문제 설정이 지배하고 있다.

계통(Theogonie)'이라는 기반 위에, 심리학은 '인간의 생성계통 (Anthropogonie)'이라는 기반 위에 서 있다. 전자에서 신화적 과정은 '절대적 과정'의 특수한 예로서, 즉 '절대적 과정'의 특정하고 필연적인 한 단계로 해석되는 방식으로 설명된다. 후자에서는 신화적 통각이 표상 형성의 보편적 요인과 보편적 규칙으로부터 연역됨으로써 설명된다. 그러나 이와 함께 근본적으로, 셸링의 『신화철학』이 원리적으로 이미 극복한 저 '우의적인' 신화 해석이 다시 돌아오는 것이 아닌가? 그 어느 경우에도 신화는 신화의 실제나 신화가 의미하는 것과는 **다른** 어떤 것에 결부되고 환원됨으로써 '파악'되는 것은 아닌가? 셸링은 이렇게 말하고 있다. "신화가 그것의 진리에서, 즉 참으로 인식될 때는 그것의 과정이 인식될 때뿐이다. 그러나 신화에서 단지 특별한 방식으로 반복되는 과정은 일반적이고 **절대적인** 과정이다. 따라서 참된 신화학은 신화에서 절대적인 과정을 제시하는 학문이다. 그러나 절대적인 과정을 제시하는 것은 철학의 일이다. 따라서 참된 신화학은 신화철학이다." (『전집』 제2부 제1권, 209쪽 이하) 민족심리학은 절대적인 것의 이러한 동일성 대신 인간 본성의 동일성을 확신하면서 이러한 인간 본성의 동일성이야말로 항상 그리고 필연적으로 신화의 동일한 '기본적 관념'을 산출한다고 본다. 그러나 민족심리학이 이러한 방식으로 인간 본성의 불변성과 통일성에서 출발하면서 이것을 모든 설명 시도의 전제로 격상시킬 경우, 민족심리학도 궁극적으로는

'petitio principii(선결문제 요구의 오류)'에 빠지게 된다. 왜냐하면 민족심리학은 정신의 통일성을 분석에 의해 드러내고 분석의 결과로서 확보하는 대신 그것을 오히려 그 자체로 존립하고 그 자체로 확실하게 주어진 것으로 취급하기 때문이다. 그러나 인식에서와 마찬가지로 신화에서도 확실한 체계적 통일성은 처음에 존재하는 것이 아니라 종국에 존재한다. 그러한 체계적 통일성은 고찰의 출발점이 아니라 고찰의 목표를 의미한다. 이 때문에 비판적인 고찰방식의 한계 내에서는 미리 존재하는 혹은 전제된 형이상학적 **기체**나 심리학적 **기체**의 통일성으로부터 **기능**의 통일성으로 추론해나갈 수는 없으며 또한 기능의 통일성을 기체의 통일성으로부터 기초 지을 수는 없고 오직 기능 자체로부터 출발해야만 한다. 개별 주제들의 온갖 변화에도 비교적 동일하게 존재하는 '내적인 형식'이 발견될 경우 우리는 이러한 내적인 형식으로부터 **소급하여** 정신의 실체적 통일성을 추론해내지 않는다. 오히려 우리는 정신의 실체적 통일성이야말로 바로 '내적인 형식'에 의해 구성되고 특징지어지는 것으로 생각한다. 달리 말해, 이러한 통일성은 **근거**가 아니라 이러한 내적 형식이 갖는 규정성에 대한 다른 **표현**으로 나타날 뿐이다. 이러한 규정성은 순수하게 내재적인 것이기 때문에 내재적인 의미에서 파악되어야만 하며, 우리는 초월적 근거든 경험적 근거든 그것의 근거에 대한 물음에 답할 필요는 없다. 따라서 신화의 기능과 관련해서도 신화의 순수한 본질 규정—소크라테스가 말하는 의미의 τί ἔστι(티 에스티, 무엇인가)—이 문제가 되며 신화의 이러한 순수한 형식이 언어적인 기능, 미적인 기능, 논리적—개념적 기능과 비교될 수 있게 된다. 셸링에게 신화가 철학적인 진리를 갖는 것은, 신화에서는 인간의 의식이 신에 대해서 갖는 한낱 사유된 관계가 아니라 **실재적인** 관계가 표현되고 있기 때문이다. 여기서는 절대자, 즉 신 자체가 '자신 안에 존재함(In-sich-Sein)'이라는 첫 번째 활력으로부터 '자신 밖에 존재함(Außer-sich-Sein)'이라는 활력으로 이행하고, 다시 이러한 활력을 통과하면서 완성된 '자기 자신에 존재함(Bei-sich-Sein)'으로 이행하기 때문이다. 이것과 정반대의 관점, 즉 포이어바흐와 그의 후계자들이 대표하는 '인간의 생성계통'의 견해에서는 역으로 **인간 본성**의 경험적—실재적인 통일성이 출발점이 되며 이것이 신화적인 과정에 대한 근원적인 인과적 결정 요인이 된다. 신화 과정이 극히 다양한 조건 아래서, 극히 다양한 시간적·공간적 위치로부터 발생하면서도 본질적으로 동일한 방식으로 전개되는 것을 설명하는 것은 인간 본성이 갖는 경험적—실재적인 통일성인 것이다. 이에 반해 신화적 의식에 대한 비판적인 현상학은 형이상학적인 근원 사실로서의 신성으로부터도, 경험적인 근원 사실로서의 인간성으로부터도 출발하는 것을 허용할 수 없다. 신화적 의식의 비판적 현상학은 문화 과정의 주체, 즉 '정신'을 단지 있는 그대로, 즉 정신의 다양한 형태화 방식과 관련하여 파악하고 그러한 형태화 방식 각각이 따르는 내재적 규범을 규정하려고 한다. [정신의] 이러한 활동 전체에서 비로소 이념적 존재로서의 '인간성'도, 구체적·역사적 존재로서의 '인간성'도 구성된다. 또한 이러한 활동 전체에서 비로소 '주관'과 '객관', '자아'와 '세계'의 점진적인 분리도 일어나며 이러한 분리 과정에 의해 의식은 몽롱하게 있던 상태, 즉 단순한 존재와 감각인상과 정동(情動)에 사로잡혀 있던 상태에서 벗어나 자신을 문화의식으로 형성해간다.

이렇게 문제를 설정하는 입장에서 보면 더 이상 의문의 여지없이 신화의 상대적 '진리성'이 인정될 수 있다. 이제 신화의 진리성은 신화가 초월적 과정의 표현이나 반영이라는 식으로는 정초될 수 없으며 또한 신화의 경험적 생성 과정에는 항상 동일하게 존재하는 특정한 정신적 힘들이 작용하고 있다는 사실에 의해서도 정초될 수 없다. 신화의 '객관성'은 사물처럼 규정되어서는 안 되고 기능적으로 규정되어야만 한다. 이것[사물처럼 규정되어서는 안 되고 기능적으로 규정되어야 한다는 것]은 비판적 입장에서 보면 모든 종류의 정신적 객관성에 대해서도 타당하다. 즉 신화의 객관성은 신화의 **배후에** 존재하는 형이상학적 존재 안에 있는 것도 아니며 경험적−심리학적 존재 안에 있는 것도 아니다. 신화의 객관성은 신화가 그것 자체로 존재하는 것 안에 그리고 신화가 성취하는 것 안에, 다시 말해서 신화가 수행하는 객관화의 양식과 형식 안에 존재한다. 신화가 '객관적'인 것은 또한 의식이 감성적 인상에 수동적으로 사로잡혀 있던 상태로부터 해방되어 어떤 정신적인 원리에 의해 형성된 고유한 '세계'를 창조하는 것으로 나아가는 것을 가능하게 하는 규정 요인 중 하나인 한에서다. 이러한 의미에서 문제를 파악하면 신화적 세계의 '비실재성'이라는 것으로부터 신화의 의의와 진리를 부정하기 위해서 도출될 수 있는 이의(異議)들은 사라지게 된다. 물론 신화적 세계는 '단순한 표상'으로 이루어진 세계이며 이러한 세계로 남아 있다. 그러나 인식의 세계 역시 내용과 단순한 **소재**는 '단순한 표상'으로 이루어져 있다. 과학적인 개념도 우리의 표상 배후에서 표상의 절대적 근원상(根源像), 초월적인 대상을 포착함으로써가 아니라 표상 자체 내에서 또한 표상 자체에 입각해서 표상의 질서와 계기(繼起)를 **규정하는** 어떤 규칙을 발견함으로써 획득할 수 있다. 우리가 표상의 우연성을 제거해 표상에서 어떤 보편적인 것, 어떤 객관적–필연적인 법칙을 드러내면 표상은 우리에게 대상적인 **성격**을 갖게 된다. 따라서 신화와 관련해서도 객관성에 대한 물음은 우리가 신화에서도 내재적인 규칙, 즉 고유한 '필연성'을 인식할 수 있는가를 탐구하는 방식으로만 제기될 수 있다. 물론 신화에서 보이는 객관성은 항상 보다 낮은 단계의 객관성에 지나지 않는 것처럼 보일 수 있다. 그 규칙은 본래의 진리인 과학적 진리 앞에서, 즉 순수한 인식에서 획득되는 것과 같은 자연 개념과 대상 개념 앞에서 사라지도록 정해진 것 아닌가? 과학적 통찰이 처음으로 대두되면서 신화적인 꿈의 세계와 주술적 세계는 영구히 사라지고 무(無) 안으로 침몰해버린 것처럼 보인다. 그러나 이러한 관계조차, 만약 우리가 신화의 내용과 [과학적] 인식의 궁극적 세계상을 비교하지 않고 신화적 세계 구성의 **과정**과 과학적 자연 개념의 논리적 **생성 과정**을 대조해보면 다르게 나타나게 된다. 그러한 과정과 발생에는 개별적인 단계와 국면이 존재하지만, 이것들 내에서는 객관화의 여러 단계와 영역이 아직 선명한 경계선에 의해 나누어지지 않고 있다. 사실 우리가 직접 경험하는 세계―우리가 의식적인 반성, 즉 비판적-학문적인 반성의 영역 바깥에 존재하는 한 항상 그 안에서 살고 존재하는 세계―도 또한 이러한 의식적인 반성의 입장에서 보면 단지 신화적인 것으로 간주될 수밖에 없는 많은 특징을 포함한다. 특히 원인이라는 개념이나 '힘'이라는 보편적 개념은 그러한 개념들이 수학적-논리적 관계 개념으로 해소될 때까지는 '작용을 가함'이라는 신화적 직관의 영역을 통과하지 않을 수 없다. 그래서 우리 지각세계의 형성에까지 이르는 삶의 모든 장면에서, 즉 우리가 소박한 태도로 참된 '현실'이라고 부르는 영역에까지 이르는 모든 장면에서, 신화의 근본적이고 근원적인 주제들이 독특한 방식으로 존속한다는 사실이 드러난다. 이들 주제들에 대상들이 직접 대응하는 것은 아니지만 그 주제들 안에서 정신적 형성작용의 특정한 양식, 즉 우연적이지 않은 필연적인 양식이 나타나고 있는 한 그러한 주제들은 '대상성' 일반으로 나아가는 도상에 있다. 따라서 신화의 객관성은 주로 사물의 실

52

재성, 즉 소박실재론과 독단론에서 말하는 '현실성'과 가장 멀리 떨어진 듯 보이는 것에 존재한다. 신화의 객관성은 신화가 [신화 이전에 이미] 주어진 존재에 대한 모사가 아니라 형성작용 자체에 고유한 전형적 방식이라는 사실에 근거한다. 즉 신화에 의해서 의식은 감각인상을 단지 수용하는 상태에서 벗어나게 되고 이러한 상태와 대립하게 되는 것이다.

물론 이러한 사실을 입증하기 위해 위에서 내려다보는 방식으로, 즉 그 구조를 순수하게 구성하려는 방식을 취해서는 안 된다. 그러한 입증은 신화적 의식의 사실들, 다시 말해 비교신화학과 비교종교사의 경험적 자료를 필요로 한다. '신화철학'이라는 문제는 이러한 자료, 특히 19세기 후반 이후 점점 더 풍부하게 발굴된 자료 덕분에 현저하게 확대되었다. 주로 크로이처(Creuzer)의 『고대 민족들의 상징표현과 신화(Symbolik und Mythologie der alten Völker)』에 의거했던 셸링은 모든 신화는 본질적으로 신들에 대한 설이고 역사라 보았다. 그에게는 신에 대한 개념과 인식이야말로 모든 신화적 사유의 시작이며 신화적 사유의 참된 출발점이 되는 notiia instia(타고난 지식)인 것이다. 그는 인류의 종교적 발전이 신 개념의 단일성으로부터가 아니라 전적으로 부분적이며 아마도 처음에는 지역적으로 나타났을 다수의 표상에서 시작되었다고 보는 사람들과 이른바 주물숭배(呪物崇拜, Fetischismus)나 자연의 신격화—이것은 개념과 유(類)가 아니라 개별적인 자연물들, 예를 들어 이 나무라든가 이 강을 신격화하는 것이지만—에서 출발했다고 보는 사람들에 대해 격렬하게 반대한다. "그렇지 않다. 인류는 그렇게 보잘것없는 상태에서 출발하지 않았다. 역사의 당당한 진행은 전적으로 다른 출발점을 가지고 있다. 인류의 의식의 기조(基調)를 형성하고 있던 것은 항상 저 위대한 일자(一者), 아직 자신에 필적하는 것을 알지 못한 채 하늘과 대지를, 즉 만물을 가득 채운 일자였다."[10] 현대의 민족학적 연구 또한—앤드류 랑(Andrew Lang)과 빌헬름 슈미트(W. Schmidt)의 이론에서—셸링의 이러한 '근원적 일신교(Urmonotheismus)'라는 근본 명제를 갱신하고 이 명제를 풍부한 경험적 자료로 뒷받침하려 했다.[11] 그러나 민족학 연구가 진척되면 될수록 신화적 의식의 형태들을 순수하게 하나의 통일성으로 환원하고, 공통의 뿌리로서의 그러한 통일성으로부터 발생론적으로 도출할 수 없다는 사실이 더욱더 분명해졌다. 타일러(Tylor)의 기초적인 업적 이래로 오랫동안 신화 해석의 전체를 지배해온 애니미즘 이론은 이러한 뿌리를 원초적인 신관에서가 아니라 원시적인 영혼관에서 발견했다고 믿었지만 오늘날에는 이러한 설명방식도 점차 배척받게 되었으며 [그렇지 않을 경우에는] 적어도 이러한 설명방

---

10) *Philosophie der Mythologie*, 8번째 강의, 위의 책, I, 178.

11) 이러한 자료의 종합과 앤드류 랑의 이론에 대해 제기된 반론의 검토는 P. W. Schmitt: *Der Ursprung der Gottesidee*, Münster 1892에서 볼 수 있다. 또한 P. W. Schmidt: *Die Stellung der Pygmäenvölker in der Entwicklungsgeschichte des Menschen*, Stuttgart 1910도 참조할 것.

식만이 타당하다든가 보편타당한 설명이라는 생각은 흔들리게 되었다. 신화의 근본을 이루는 직관은 분명한 신 개념도 영혼 개념도 인격 개념도 알지 못한 채 아직 전적으로 미분화된 주술적 작용에 대한 직관에서 출발한다는 사실, 즉 사물에 내재한 주술적 힘의 실체에 대한 직관에서 출발한다는 사실이 갈수록 더 분명하게 드러났다. 신화적 사유 내부의 독특한 '성층구조(成層構造)'—즉 신화적 사유를 구성하는 요소들 간의 상하질서—가 여기서 드러난다. 이러한 성층구조는 이것을 근거로 하여 **시간상** 신화의 최초 요소들은 무엇이고 신화의 경험적 **출발점들**은 무엇인지를 묻는 물음에 답하려 하지 않는 사람들에게도 순수하게 현상학적인 의미에서 중요하다.[12] 이와 함께 우리는 고찰의 방향은 다를지라도 셸링이 자신의 신화철학의 기본적 요청으로서 제기했던 것과 동일한 요구를 충족시켜야 한다. 이는 신화적 사유의 진행과정에서 어떠한 계기도—비록 비현실적이고 환상적이며 자의적인 것으로 보일지라도—한낱 사소한 것으로 간주해서는 안 되며 그것이 신화적 사유 전체에서 어떠한 위치를 갖는지를 확정해야 한다는 요구다. 그러

---

12) 이른바 전(前)애니미즘(Präanimusmus) 이론에 대해서는 K. Th. Preuß(*Ursprung der Religion und Kunst*, Globus 1904 f., Bd. 86/87)에 실린 논문들과 Vierkandt, *Die Anfänge der Religion und Zauberei*(Globus 1907, Bd. 92) 외에 특히 Marter의 "Pre-Animistic religion"과 From Spell to Prayer(*Folk Lore* 1900과 1904; 단행본 *The threshold of religion*, London 1909에 수록)을 참조할 것.

한 위치를 통해서 그 계기는 자신의 이념적 의미를 부여받게 된다. 신화적 사유 전체는 인류가 특수한 자기의식과 대상의식을 갖게 되는 길 가운데 하나를 보여주는 한, 고유한 내적 '진리'를 포함한다.

Ⅱ

근래에는 순수하게 경험적인 연구와 경험적인 비교신화학의 내부에서도 단순히 신화적 사유와 표상의 범위를 정하려고 할 뿐 아니라 신화적 사유를 명확한 독자적인 특징을 갖는 하나의 통일적 의식형식으로서 기술하려는 노력이 갈수록 뚜렷하게 나타나고 있다. 이러한 노력에서는 자연과학과 언어학 등 다른 영역에서도 문제 설정의 어떤 전환, 즉 '실증주의'로부터 '관념론'으로의 회귀로 이끌었던 것과 동일한 철학적 경향이 나타난다. 물리학에서 '물리학적 세계상의 통일성'에 대한 물음이 물리학의 일반적 원리론을 갱신하고 심화의 길로 이끌었던 것과 마찬가지로, 민족학 내부에서도 '일반적인 신화학'에 대한 물음이 다름 아닌 개별 신화에 대한 연구 자체에 의해 최근 10년 동안 점점 더 분명하게 제기되었다. 여기서도 개별 학파 및 방향 사이의 갈등에서 벗어나는 길은 결국 연구의 통일적 노선과 확고하고 명확한 목표점으로 거슬러올라가 성찰하는 것 이외에는 존재하지 않는 듯 보였다. 사람들이 아직 이러한 기본석 노선을 단순히 신화학 **대상들**에게서 간취할 수 있다고 믿고 이 대상들을 분류하는 것을 출발점으로 삼는 한, 이러한 방법으로 기본적 견해들 사이의 갈등은 극복될 수 없다는 사실도 곧 드러났다. 사실 지구 전역에 퍼져 있는 신화의 기본적인 주제들, 즉 직접적인 공간적−시간적인 연관이나 직접적인 차용관계가 완전히 결여되어 있는 경우에도 서로 간에 친족성이 드러나는 기본적인 주제들을 분류하고 개관하는 일이 가능해졌다. 그러나 이러한 주제들에서 선별을 시도하고 그중 어떤 것들을 참으로 근원적인 것으로 내세우면서 이것들을 다른 파생적인 주제들과 구별하자마자 견해들 사이의 갈등이 다시 극히 첨예한 형태로 나타났다. 민족심리학과 협조하여 다양하게 변화하는 현상들에서 보편적으로 타당한 것을 찾아내고 모든 개별 신화의 근저에 있는 원리를 결정하는 것이야말로 민족학의 과제라고 천명되었다.[13] 그러나 이러한 원리의 통일성은 사람들이 그것을 확보했다고 믿자마자 곧 풍부하고 다양한 구체적 대상들 안으로 다시 사라지고 말았다. 자연신화 외에도 영혼신화가 존재하며, 자연신화는 다시 여러 방향으로 분화된다. 사람들은 이러한 방향들 각각에서 특정한 자연사물이 모든 신화 형성의 핵이자 근원의 역할을 하고 있다는 사실을 단호하면서도 집요하게 입증하려 노력했다. 사람들은 개개의 신화는—그것이 학문적으로 '설명 가능'한 것이라고 한다면—어떠한 자연적 존재 혹은 사건과 분명하게 결부되어 있어야만 한다는 것에서 출발했다. 오직 이러한 방식으로만 자의적으로 공상하는 것이 제어되고 탐구가 엄밀하게 '객관적인' 궤도 위에서 행해질 수 있

---

13) 특히 Paul Ehrenreich, *Die Allgemeine Mythologie und ihre ethnologischen Grundlagen*, Leipzig 1910; H. Leßmann, *Aufgaben und Ziele der vergleichenden Mythenforschung*, Leipzig 1908을 참조할 것.

기 때문이다.[14] 그러나 이렇게 엄밀하게 객관적인 것으로 여겨지는 방식에 입각한 가설의 구성은 결국 공상 못지않게 자의적이라는 사실이 입증되었다. 오래된 형식의 폭풍과 뇌우 신화에 천체 신화가 대조되고, 이러한 천체 신화 자체도 곧 다시 여러 형식의 태양 신화·달의 신화·별의 신화로 나뉘어졌다. 이러한 형식들은 각각 다른 것들을 배척하면서 자신을 설명의 유일한 원리로서 구성하고 자신이 유일한 원리라고 주장하지만, 그렇게 주장하면 할수록 주어진 대상들의 특정 영역과 결부되는 것으로는 그러한 설명이 추구하는 객관적인 일의성을 결코 보증할 수 없다는 사실이 점점 명백해졌다.

[그 다음에] 신화 형성의 통일성을 자연적인 통일성이 아니라 정신의 통일성으로서 규정하려 함으로써—즉 어떤 대상 영역의 통일성으로서가 아니라 어떤 역사적 문화권의 통일성으로서 파악하려 함으로써—신화 형성의 궁극적 통일성으로 육박할 다른 길이 열리는 듯했다. 그러한 역사적 문화권을 신화의 위대한 근본 주제의 공통적인 근원으로서 입증하고, 이러한 문화권을 중심으로 신화의 근본 주제가 지구 전역에 걸쳐 점차 퍼져 나갔다는 사실을 입증할 수 있을 경우 이와 함께 근본 주제의 내적 연관과 체계적인 정합성도 설명될 수 있다고 여겨졌다. 이러한 연관은 파생적이고 간접적

---

14) 이러한 원칙은 신화에 대한 모든 설명이 '요청하는 것'으로, 예를 들면 에렌라이히(Ehrenreich, 위의 책 41쪽, 192쪽 이하, 213쪽)에 의해 설정되었다.

인 형식들에서는 아직 불명확하게 나타날지라도, 궁극적인 역사적 원천과 비교적 단순한 발생조건으로까지 거슬러 올라가면 즉각 다시 명확하게 드러날 것이 틀림없다는 것이었다. 이 경우 보다 오래된 이론들—예를 들면 벤파이(Benfey)의 설화 이론(Märchentheorie)과 같은—은 신화의 가장 중요한 주제들의 고향을 인도라 여겼지만, 신화 형성의 역사적 연관과 역사적 통일성이 정확하게 증명될수 있었던 것은 **바빌로니아** 문화의 내용이 점차 해명되었기 때문인 것으로 보인다. 이제 신화의 근원적·통일적 구조에 대한 물음도 문화 발상지에 대한 탐구로 해결될 수 있는 것으로 보였다. '**범(汎)바빌론주의**(Panbabylonismus)' 이론에 의하면, 신화가 단지 원시적인 주술적 표상이나 꿈 체험 혹은 영혼 신앙이나 그 외의 미신에서 생긴 것에 지나지 않는다면 신화는 결코 수미일관된 '세계관'으로까지는 전개될 수 없었을 것이다. 수미일관된 세계관으로의 길은 오히려 질서 있는 전체로서의 세계에 대한 어떤 특정한 개념 내지 **사상**이 선행하는 곳에서만 주어졌다. 이러한 사상적·역사적 방향 설정으로부터 신화를 단순히 공상의 소산으로서가 아니라 그 자체로 완결되고 이해될 수 있는 체계로서 파악할 가능성이 비로소 열린 듯했다. 범바빌론주의 이론의 **경험적** 기초에 대해 여기서 상세하게 다룰 필요는 없다.[15] 그럼에도 범바빌론주의 이론은 순수

15) '범바빌론주의'의 기본 테제를 정초하는 것에 관해서는 특히 Hugo Winckler, *Himmelsbild und Weltenbild der Babylonier als Grundlage der Weltanschauung*

하게 **방법론적인** 의미에서 주목할 만한 가치가 있는데, 잘 검토해 보면 그것은 **신화**의 사실적이고 역사적인 근원에 대한 단순한 경험적 주장이 아니라 신화**연구**의 방향과 목표에 대한 일종의 선험적 주장이라는 것이 입증되기 때문이다. 모든 신화가 천체의 근원에 관한 것이고 궁극적으로는 '역(曆)의 신화(Kalendermyth)'임이 틀림없다는 사실은 범바빌론주의 신봉자들에 의해 방법상의 근본적인 요청이자 신화의 미궁을 통과할 수 있게 해주는 유일한 '아드리아드네의 실'로 간주되었다. 이러한 일반적 요청이 경험적 전승과 경험적 실증을 결여한 부분을 채우는 데 기여한 것은 틀림없다. 하지만 동시에 그것은 신화적 의식의 통일성이라는 근본 문제가 순수하게 경험적 고찰, 즉 역사적-객관적 고찰이라는 방법으로는 결코 해결될 수 없다는 사실도 더욱 분명하게 보여주었다.

따라서 기본적인 신화적 형성물에서 실제로 보이는 통일성은―비록 그렇게 통일되어 있다는 사실에 전혀 의문의 여지가 없다 하더라도―그것이 신화적 상상물과 신화적 사유의 보다 깊은

und Mythologie aller Völker(Der alte Orient III, 2, 3, Leipzig 1901), *Die Weltanschauung des alten Orients, Der alte Orient und die Bibel*(Ex oriente lux I/ II), Leipzig 1905 f.; *Die babylonische Geisteskultur*, Leipzig 1907와 A. Jeremias, *Handbuch der altorientalischen Geisteskultur*, Leipzig 1913을 참조할 것. '범바빌론주의'에 대한 비판에 관해서는 B. M. Jastrow jr., *Religious belief and practice in Babylonia and Assyria*, New York und London 1911, 413쪽 이하와 Bezold, *Astronomie, Himmelsschau und Astrallehre bei den Babyloniern*(Heidelberger Akademievortrag 1911)을 볼 것.

심층의 **구조형식**으로까지 소급되지 않는 한 단순한 수수께끼로 남을 수밖에 없다는 사실이 보다 분명하게 통찰되었다. 그러나 사람들이 순수하게 기술(記述)적인 고찰 태도를 견지하려 했으므로 이러한 구조형식을 드러내는 것은 결국 바스티안(Bastian)의 '민족들의 사상(die Völkergedanken)' 개념 말고는 제시되지 않았다. 원리적으로 고찰해보면 '민족들의 사상' 개념은 물음의 방향이 단지 신화의 내용과 대상이 아니라 신화적인 것의 **기능** 자체라는 점에서, 순전히 대상들로만 향하는 설명형식들에 비해 결정적인 장점을 가지고 있다. 비록 그러한 기능이 아무리 다양한 조건 아래서 수행되고 아무리 다양한 대상들을 자신의 권역 안으로 끌어들인다 해도 그 기능의 기본적 방향은 항상 동일한 것으로 입증되어야 한다. 따라서 여기서 탐구되는 통일성은 처음부터 이를테면 외부에서 내부로, 사물의 현실성으로부터 정신의 현실성으로 옮겨진다. 그러나 이러한 이념성[정신의 현실성]조차 심리학적으로만 파악되고 심리학의 범주에 의해 파악되는 한 일의적으로 특징 지어지지 않는다. 신화를 인류의 정신적인 전(全) 자산이라고 말하고 이것의 통일성이 궁극적으로는 인간 '영혼'의 통일성과 그의 행위의 동질성에 의해 설명된다고 해도, 인간 영혼의 통일성 자체는 곧 다시 다수의 다양한 활력과 '능력'으로 해체되고 만다. 신화적 세계의 구성에서 이러한 활력 가운데 어떤 것이 결정적인 역할을 하는가라는 물음이 제기되자마자 다시 여러 설명방식 사이의 경쟁과 갈등이 생겨나는 것이다. 신화는 궁극적으로는 주관적 공상의 유희에서 비롯되는가, 아니면 각각의 개별적 경우에서 하나의 '실재적인 직관'으로 소급될 수 있는가? 신화는 **인식**의 원시적 형태를 보여주는가 그리고 그런 한에서 본질적으로 **지성**의 소산인가, 아니면 근본적 표현 면에서 **정동**과 의지의 영역에 속하는 것인가? 이러한 물음에 대해 어떤 답변을 제시하느냐에 따라 학문적인 신화 연구와 신화 해석에 전적으로 상이한 길들이 열릴 것으로 보인다. 이제까지는 이론들이 신화 형성에서 어떠한 대상 영역을 결정적인 것으로 보는가에 따라서 구별되었지만, 이제 이론들은 신화를 영혼의 근본적인 힘 가운데 어떤 것으로 환원하는가에 따라 구별된다. 여기서도 또한 원칙적으로 가능한 여러 설명방식들이 끊임없이 갱신되고 일종의 순환 속에서 서로 뒤를 잇는 것 같다. 오랫동안 극복된 것으로 간주되었던 순수하게 '지적인 신화학'의 방식, 즉 신화의 핵심은 현상들에 대한 합리적 해석에서 찾아야 한다는 견해도 최근 다시금 보다 강력하게 대두되었다. 셸링이 신화적 형상의 '자의적(自意的, tautegorisch)' 해석을 요구했던 것에 대해, 이제 다시 '우의와 우의적인 해석법(Allegorese)'에 대한 일종의 명예회복이 시도되었다.[16] 이 모든 것에서, 신화의 **통일성**에 대한 물음이 항상 어떤 **개별적인 것에** 몰입하면서 그것에 만족하게 될 위험에 노출된

---

16) Fritz Langer, *Intellektualmythologie. Betrachtungen über das Wesen des Mythos und der mythischen Methode*, Leipzig 1916, 특히 10~12장을 참조할 것.

다는 사실이 드러난다. 이 개별적인 것이 자연의 개별 대상 영역으로서 간주되든 역사 내에서의 특정한 개별 문화권으로 간주되든, 혹은 심리적으로 특수한 개별적 근본 힘으로 간주되든 원리상으로는 모두 동일하다. 왜냐하면 이 모든 경우에서, 추구된 통일성은 요소들 안으로 그릇되게 투입될 뿐, 이러한 요소들로부터 하나의 새로운 정신적 전체를 낳는, 즉 상징적 '의미'의 세계를 낳는 특징적인 형식 내에서 통일성이 구해지고 있지는 않기 때문이다. 비판적 인식론은 인식이라는 것을—인식이 향하는 대상이 무한히 다양하고 인식이 실제로 수행될 때 인식이 의거하는 심리적 힘이 매우 다양하더라도—하나의 이념적 전체로 간주하면서 인식을 구성하는 일반 조건들을 탐색하지만, 이와 동일한 고찰 방법은 '의미'라는 모든 정신적 통일체에 대해서도 적용될 수 있다. 이러한 정신적 통일체는 궁극적으로는 발생적-인과적 시점(視點)에서가 아니고 **목적론적** 시점에서—즉 의식이 정신적인 현실을 구성할 때 향하는 목표로서—확인되고 확정되어야 한다. 그러한 목표를 지향하면서 생겨나고 궁극적으로는 완결된 형성물로서 우리 앞에 나타나는 것은 우리가 그것의 발생 양식을 통찰하는지 그리고 어떠한 방식으로 생각하는지에 상관없이 어떤 자족적인 '존재'와 자율적인 의미를 갖는다. 따라서 신화가 사물이나 사건의 개별 영역에 한정되지 않고 존재의 전체를 포괄하고 관통한다 할지라도, 그리고 극히 다양한 정신적 힘들을 자신의 기관(器官)으로서 사용할지라도 신화

64

또한 의식의 어떤 통일적인 '시점(視點)'을 표현하며, 이러한 시점으로 볼 때 '자연'과 '영혼', '외적' 존재와 '내적' 존재가 새로운 형태로 나타나게 된다. 시점의 이러한 '양상(Modalität)'을 포착하고 시점의 조건을 이해하는 것이 중요하다.[17] 민족학이든 비교신화학이든 종교사든, 경험과학은 그 고찰 범위를 확대하면 할수록 신화 형성의 '평행성(Gleichläufigkeit)'을 드러내지만, 그것은 **문제**를 제기하는 데 그칠 뿐이다.[18] 그러나 이 경우에도 중요한 것은 이러한 경험적 **규칙성**의 이면을 파고들면서 이것이 의거한 정신의 근원적 **법칙성**을 우선적으로 탐구하는 것이다. 인식에서도 단순한 '지각의 광상

---

17) '양태'의 개념에 대해서는 제1권 29쪽 이하『상징형식의 철학 I: 언어』, 박찬국 옮김, 아카넷 2011, 68쪽 이하를 볼 것.

18) 내가 아는 한 비뇰리(Vignoli)야말로 이러한 '평행성'에 포함된 **문제**를 순수한 '실증주의'의 입장에서 가장 예리하게 지적한다(*Mito e scienza*, 1879, 독일어 번역본은 *Mythos und Wissenschaft*, Leipzig 1880). 비뇰리는 엄격하게 경험주의적인 근본 입장을 취하고 있음에도 신화를 '지성의 자발적이고 필연적인 기능', 정신의 '타고난' 활동으로 보면서, 그 근원을 동물의 사고 활동으로까지 거슬러 올라가면서 추적한다. 동물의 사고에서 이미 대상화에의 경향 및 감각적 인상의 '실체화(Entifikation)'와 '인격화(Personifikation)'에의 경향이 보이며, 이러한 경향이 개별적인 것에서 보편적인 것으로, 단독적인 것에서 유형적인 것으로 향함으로써 그러한 대상화에의 경향으로부터 신화적인 형상들의 세계가 전개된다. 이러한 의미에서 신화에는 고유한 '초월론적 원리'가 인정된다. — 이러한 특유의 형성 법칙은 정신이 경험적인 정밀과학으로 나아갈 때도 완전히 사라지지 않고 엄밀한 과학의 형성과 나란히 자신을 주장한다. "왜냐하면 신화가 진보하고 발전하는 과정에서 순수한 사유가 행하는 것은 과학을 성립시키고 가능하게 하는 것과 전적으로 동일한 지성 활동이기 때문이다."(위의 책, 99쪽 이하)

곡(Rhapsodie)'이 사유의 일정한 형식 법칙들에 의해 지식의 체계로 변형되는 것과 마찬가지로, 무한히 다양한 형태를 갖는 신화의 세계가 자의적인 표상과 서로 아무런 관련이 없는 착상들을 단순히 모으는 것이 아니라 하나의 특징적인 정신적 **형성체**로 총괄하는 것을 가능하게 하는 저 형식적 통일성의 성질이 탐구될 수 있으며 또한 탐구되어야 한다. 여기서도 사실들에 대한 지식이 늘어나더라도 동시에—개별적인 주제들을 단순히 모아놓는 것이 아니라 그것들 사이에 존재하는 체계적인 분절화와 그것들에 형식을 부여하는 계기들의 일정한 상하질서를 드러냄으로써—원리적인 인식을 심화시키는 데까지 이르지 않는다면, 이러한 지식은 전적으로 비생산적인 것으로 남는다.

이러한 측면에서 볼 때 신화를 '상징형식'의 전체적 체계 안에 포함시키는 시도가 직접적으로 유익하다는 것은 분명하지만, 그러한 시도에는 모종의 위험도 물론 존재하는 것 같다. 신화적 형식과 그 외의 정신적 근본 형식들의 비교가 신화의 본래적 내용을 순전히 내용적인 의미로 받아들이면서 한낱 **내용상의** 일치 또는 **내용상의** 관계에 근거하여 시도되자마자, 그러한 비교는 신화형식의 본래적인 내용을 수평화할 우려가 있기 때문이다. 실제로 신화를 다른 정신적 형식들 가운데 어떤 것에—인식형식이든 예술이든 언어든 간에—**환원함**으로써 '이해할 수 있는' 것으로 만들려는 시도가 없었던 것은 아니다. 셸링이 언어와 신화의 연관을 규정하면서 언어를 '퇴색해버린 신화'로 보았던 것에 반해[19] 후대의 비교신화학적 연구 방향은 거꾸로 언어를 일차적 형성물로, 신화를 이차적 형성물로 입증하려 했다. 예를 들어 막스 뮐러는 단어(Wort)와 그것의 다의성을 신화적 개념 형성의 최초 원인으로서 입증하는 방식으로 신화와 언어를 결부시키려 했다. 그는 **은유**를 양자의 연결고리로 본다. 은유는 언어 자체의 본질과 기능에 뿌리박고 있으면서 **표상작용** 자체에도 신화의 형성물들로 이끄는 저 방향을 부여한다는 것이다. "신화는 불가피한 것이다. 우리가 언어에서 사상(思想)의 외적 형식을 인식한다면 신화는 언어에 내재하는 필연성이기 때문이다. 신화는 (…) 언어가 사상에 던지는 어두운 그늘이며, 언어와 사상이 완전히 일치하지 않는 한―이러한 일치는 결코 존재할 수 없지만―이러한 그늘은 결코 소멸하지 않을 것이다. 신화라는 말이 갖는 최고의 의미에서 신화는 언어에 의해 사상으로 행사되는 힘이며 더 나아가 이러한 사실은 정신 활동의 모든 가능한 영역에 대해서도 타당하다." 여기서는 동일한 어근으로부터 '파생되었다'는 사실, 즉 동일한 단어가 전혀 다른 표상 형성물들에 대해서 사용되고 있다는 사실이 신화 해석의 열쇠가 된다. 언어가 갖는 이중적 의미야 말로 모든 신화적 의미의 원천과 근원이다. ―따라서 궁극적으로 신화 자체는 '언어의 병'에서 비롯되는 일종의 정

---

19) *Philosophie der Mythologie*, 세 번째 강의, 위의 책, 52쪽 참조.

신병이다. 월계수를 지칭하는 그리스어 δάφνη(다프네)는 아침노을을 의미하는 산스크리트어의 어근 Ahana로까지 거슬러 올라간다. 아폴론으로부터 도망치던 중에 월계수로 변하는 다프네에 대한 신화는 그 핵심을 보면 자신의 신부인 아침노을(Morgenröte)을 쫓아가는 태양신을 표현하는 것이며 아침노을은 이 태양신을 피하여 결국에는 자신의 어머니인 대지의 품에서 구원을 얻는다. ―그리스어에서 인간과 돌을 가리키는 표현(λαοί[라오이]와 λᾶας[라-아스])은 서로 음이 유사하기 때문에, 그리스 신화에서는 데우칼리온(Deukalion)과 퓌라(Pyrrha)에 대한 유명한 이야기에서 보는 것처럼 인간은 돌에서 만들어진다.[20] 물론 언어에 입각하여 신화적인 주제에 대해 '설명하는 것'이 항상 그렇게 소박한 형태로 행해지지는 않지만 전체적으로도 그리고 개별적으로도 언어야말로 신화를 형성하는 본래의 수단이라는 사실을 증명하려는 시도는 여전히 매력적으로 여겨진다.[21] 사실상 비교신화학도 비교종교사도 매번 'numina(신성)=nomina(이름)'이라는 등식을 극히 다양한 각도에서 입증하는 듯한 사실들에 주목할 수밖에 없다. 이러한 등식의 근저에 있는 사상은 우제너(Usener)에 의해 전적으로 새로운 깊이를 얻

---

20) F. Max Müller, *Über die Philosophie der Mythologie*(Max Müller, *Einleitung in die vergleichenden Religionswissenschaften*, 2판, Straßburg 1876이라는 독일어 번역본에 부록으로 인쇄되어 있다) 참조.

21) 막스 뮐러의 근본 테제는 약간 변형된 형태로, 최근에 예를 들면 브린턴에 의해 다시 받아들여졌다. Brinton, *The Religions of Primitive Peoples*, 115쪽 이하 참조.

었고 풍부한 결실을 낳았다. 그 경우 '신들의 이름'에 대한 분석과 비판은—올바르게 행해질 경우—종교적 **개념 형성** 과정을 이해하는 길을 개시할 수 있는 정신적 도구로서 입증된다. 이와 함께 언어적인 것과 신화적인 것이 불가분하게 결합되고 서로 연관된 일반적 **의미론**을 수립할 가능성이 열린다. 우제너의 이론에 의해 언어학과 종교사가 철학적 의미에서 달성한 진보는 이 경우에도 또한 개별 신화들의 단순한 내용이 아니라 전체로서의 신화와 언어, 즉 자체적인 법칙을 갖는 정신적 형식들로서의 신화와 언어에 대해 묻고 있다는 점에 있다. 우제너에게는 신화학이란 신화에 대한 이론(로고스) 또는 '종교적 표상의 형태들에 대한 이론'이다. 신화학이 추구하는 것은 다름 아니라 '신화적 표상작용의 필연성과 법칙성을 드러내고 이를 통해 민족 종교의 신화적 형성물뿐 아니라 일신론적 종교의 표상형식도 이해 가능한 것으로 만드는 것'이다. 신들의 본질을 그 이름과 이름의 역사에서 읽어내는 방법이 어디까지 나아갈 수 있는지 또한 이러한 방법이 신화적 세계의 구조에 얼마나 밝은 빛을 던질 수 있는지에 대해서는 우제너의 『신들의 이름』이 경탄할 만한 예를 제공하고 있다. 이 책에서는 그리스 신들의 형상의 의미와 생성이 문헌학과 언어사로부터 개별적으로 해명되고 있을 뿐 아니라, 동시에 신화적 표상작용과 언어적 표상작용 자체에 보이는 일정한 일반적·유형적 순서를 드러내며 그에 따라 양자의 전개가 보이는 상호적 대응관계를 밝히려는 시도가 이루어진다.[22] 다른 한편으로 신화가 세계**인식**의 최초의 시작과 최초의 시도를 포함하기 때문에, 더 나아가 신화는 **미적 공상의** 아마도 가장 초기의 소산이면서 가장 보편적인 소산이기 때문에, 우리는 신화에서 다시 정신 '자체의' 저 직접적인 통일성—정신의 모든 특수한 형식들은 단지 이러한 통일성의 단편들일 뿐이며 개별적인 표현일 뿐이다—을 보게 된다는 것이다. 이 경우에도 우리의 일반적인 과제가 요구하는 것은 여러 대립이 해소되고 서로에게로 이행하는 근원의 통일성 대신 오히려 특수한 형식들의 보존을 목표로 하는, 즉 그것들의 명확한 규정과 한정을 목표로 하는 비판적이고 초월론적인 개념의 통일성을 탐색하는 것이다. 이러한 특수화의 원리는 의미의 문제를 표시의 문제와 결부할 경우, 즉 여러 정신적 표현형식에서 '대상'이 '상'과, '내용'이 '기호'와 결부되면서 동시에 양자가 서로 분리되어 각자 독자적인 것으로 유지되는 방식에 대해 반성해보면 명확해진다.

이렇게 말하는 이유는 물론 이 경우에도 그러한 특수한 형식들이 서로 일치하는 근본 요인 중 하나는 기호가 갖는 능동적인 힘, 즉 창조적 힘이 언어와 신화 그리고 세계와 세계의 연관에 대한 이론적인 기본 개념들의 형성뿐 아니라 예술적 조형에서도 똑같이

---

22) Usener, *Götternamen, Versuch einer Lehre von der religiösen Begriffsbildung*, Bonn 1896을 볼 것. 자세한 것은 졸저 *Sprache und Mythos, Ein Beitrag zum Problem der Götternamen*, Leipzig 1924를 볼 것.

입증되는 데 있다는 사실이 드러나기 때문이다. 훔볼트가 언어에 대해서 말하고 있는 것, 즉 인간이 자기 자신과 자신 안팎으로 작용하는 자연 **사이에** 언어를 두고 자신을 음(音)들의 세계로 둘러싸는 것은 대상 세계를 자신 안에 수용하여 가공하기 위해서라는 사실은 신화적 상상과 미적 상상의 형성물에도 해당된다. 이러한 형성물들은 외부로부터 정신에 가해지는 인상들에 대한 반응이라기보다는 오히려 진정한 정신적 활동이다. 신화의 최초의 표현들, 즉 어떤 의미에서 '가장 원시적인' 표현들에서 이미 분명해진 점은 그러한 표현들에서 문제가 되는 것이 존재의 단순한 반영이 아니라 특유의 형성과 표현이라는 사실이다. 여기서도 또한 '주관'과 '객관', '안'과 '밖'이라는 두 개의 세계 사이에 어떤 새로운 중간 영역이 점점 더 다양한 형태로 더욱 풍부하게 출현하게 됨으로써 양자 사이에 처음 존재했던 긴장관계가 어떤 식으로 점차 해소되는지를 추적할 수 있다. 정신을 둘러싸면서 지배하는 사물의 세계에 대해 정신은 자신의 자립적인 상의 세계를 대립시키며, '인상'의 힘과 '표현'으로 향하는 활동적인 힘은 갈수록 더 명료하고 의식적으로 대립하게 된다. 이러한 창조는 물론 그 자체로는 아직 자유로운 정신적 행위라는 성격을 띠지는 않고 자연적 필연성이라는 성격, 어떤 특정한 심리적 '메커니즘'이라는 성격을 띤다. 이러한 단계에서는 자립적이고 자기의식적인 자아, 자신의 산물 안에서 자유롭게 살고 있는 자아가 아직 존재하지 않는다. 여기서 우리는 '자아'

와 '세계'를 서로 구별하도록 규정된 정신적 활동의 **문턱**에 서 있기 때문에, 기호라는 새로운 세계는 의식 자체에 대해 전적으로 '객관적인' 현실로서 나타날 수밖에 없다. 신화의 모든 시작, 특히 모든 주술적인 세계파악은 기호의 객관적 존재와 객관적인 힘에 대한 이러한 신앙에 의해 지배된다. 언어에 의한 주술, 상(像)에 의한 주술, 문자에 의한 주술이 주술적 활동과 주술적 세계관의 기본적 부분을 형성한다. 신화적 의식의 전체 구조를 염두에 둘 경우 우리는 이 점에서 특유한 역설을 볼 수 있게 된다. 일반적으로 지배적인 견해에 따를 때 신화의 근본 충동이란 생명 부여의 충동, 즉 존재의 모든 요소들을 구체적—직관적으로 포착해서 표현하려는 충동일 것인데, 도대체 어떻게 이러한 충동은 바로 '가장 비현실적이고' 가장 생명을 결여하는 것으로 특별히 강하게 향하게 되는가? 도대체 어떻게 언어와 상 그리고 기호라는 그림자의 영역이 신화적 의식에 대해 그렇게 실질적 힘을 갖게 되는가? 보편 개념이 무에 불과하고 감각과 직접적 충동 그리고 감성적 지각과 직관이 모든 것인 것처럼 보이는 세계에서, 도대체 어떻게 '추상적인 것'에 대한 신앙과 상징의 숭배가 생겨나게 되었는가?

이러한 물음에 대한 답은, 이 물음이 그러한 방식으로 제기되는 한 그릇된 방식으로 제기된 것이라는 사실을 인식할 때에야 비로소 발견될 수 있다. 그 물음은 우리가 사유에 의한 고찰의 단계·반성의 단계·학문적 인식의 단계에서 설정할 뿐 아니라 필연적으로 설정할 수밖에 없는 구별을 이러한 구별에 선행하면서 이러한 구별과는 무관한 정신생활 영역[신화 영역]에 끌어들이는 이상, 그릇된 방식으로 제기된 것이다. 신화의 세계가 '구체적인' 것은 이 세계가 단지 감성적−대상적인 내용에만 관계하고 한낱 '추상적인' 것에 불과한 모든 계기들, 즉 단지 의미와 기호에 지나지 않는 모든 것을 배제하고 거부하기 때문은 아니다. 오히려 사물적인 계기(Dingmoment)와 의미 계기 양자가 그 세계에서는 분화되지 않은 채로 용해되어 하나의 직접적인 통일을 형성하는 방식으로 '유착되기(konkrezieren)' 때문에 신화의 세계는 구체적인(konkret) 것이다. 신화 또한 [정신의] **형태화작용의** 근원적인 한 방식으로서 감성적−수동적인 인상의 세계에 대해 처음부터 특정한 장벽을 세우고 있다. 신화도 예술이나 인식과 마찬가지로 어떤 구별의 과정에서, 즉 직접적 '현실' 내지 '단적으로 주어진 것'으로부터 분리되는 과정에서 생긴다. 그러나 이런 의미에서 신화가 주어진 것을 넘어서는 첫걸음을 의미한다 해도, 신화는 자신이 산출한 것과 함께 곧 다시 주어져 있음의 형식 안으로 후퇴하고 만다. 신화는 정신적으로는 사물의 세계를 넘어서지만, 신화가 사물의 세계 대신에 정립하는 형태 및 형상은 다른 형식의 존재(Dasein)와 구속력을 갖게 된다. 정신을 사물의 속박으로부터 해방시키는 것으로 보였던 것이 이제 정신을 새롭게 속박하는 것이 된다. 여기서 정신이 경험하는 힘은 단순히 자연적인 것이 아니고 그 자체가 이미 어떤 정신적인 힘이기 때문에 그러한 속박은 그만큼 끊어버리기 힘든 것이 된다. **그러한** 강제는 물론 자체 내에 이미 장차 자신을 부정하게 될 내재적 조건을 포함한다. 즉 그러한 강제는 **주술적-신화적** 세계관의 단계에서 진정으로 **종교적인** 세계관으로 진전할 때 사실상 실현되는 정신적인 해방의 가능성을 포함하고 있다. 이 연구가 진행되면서 상세하게 입증되겠지만, 이러한 이행의 조건이 되는 것은 정신이 '상'과 '기호'의 세계에 대해 어떤 새롭고 자유로운 관계를 맺게 된다는 것, 즉 정신이 아직 상과 기호 안에서 직접 살고 그것들을 직접 사용하면서도 동시에 이전과는 다른 방식으로 그것들을 통찰하고 그럼으로써 그것들을 넘어서게 된다는 것이다.

신화를 상징적 표현의 다른 영역들과 비교해보면 정신이 스스로 창조한 자기 고유의 형상세계를 통해 경험하게 되는 속박과 해방이라는, 이러한 근본 관계가 보여주는 동일한 변증법이 신화의 경우에 훨씬 더 큰 정도로 또한 훨씬 더 명료하게 우리 앞에 나타나게 된다. 언어의 경우에도 처음에는 단어와 그것의 의미, '표상'의 사태 내용과 단순한 기호의 내용을 서로 구별하는 명확한 경계선이 존재하지 않으며 오히려 양자는 직접적으로 섞여 있으며 서로에게 이행한다. 단어를 단지 관습적인 기호, 단순한 flatus vocis[소리로 나타나는 바람]으로 보는 '유명론적인' 견해는 뒤늦게야 나타난 반성의 소산이며, '자연스럽고' 직접적인 언어의식의 표현은 아니다. 이렇게 자연스럽고 직접적인 언어의식에게는, 사물의 '본질'

은 단어에 의해 단순히 간접적으로 지칭되는 것이 아니라 어떠한 방식으로든 단어에 포함되며 그 안에 현재한다. 이름과 사태가 완전히 '유착된' 이러한 단계가 '자연민족'의 언어의식과 유아의 언어의식에 존재한다는 것은 극히 의미심장한 예들로 입증될 수 있다. ―이에 대해서는 이름과 관련된 다양한 형식의 터부[23]를 생각해보는 것으로 충분하다. ―그러나 언어의 정신적 발달이 진행됨에 따라 이 점과 관련해서 갈수록 더 명확하고 의식적인 분리가 추진된다. 언어는 처음에는 이를테면 신화의 세계에 파묻혀 있었고 그 세계에 직접 밀착한 것으로 나타난다. 따라서 언어의 세계는 처음에는 신화의 세계와 마찬가지로 언어와 본질, 즉 '의미하는 것'과 '의미되는 것'의 동일성을 고집한다. 그러나 언어에서 자립적인 **사유의** 근본 형식, 로고스의 본래적인 힘이 출현함에 따라 [양자는] 점점 더 명확하게 분리된다. 모든 단순한 자연적 존재와 자연적 활동에 대립되는 형태로, 언어가 순수하게 **이념적인** 기능, 즉 '의미부여'의 기능을 갖춘 독자적이고 독특한 것으로서 출현한다. 그리고 우리는 예술과 함께 이러한 '분리'의 새로운 단계로 이끌리게 된다. 예술에서도 처음부터 '이념적인 것'과 '실재적인 것'의 날카로우면서도 명확한 구별은 존재하지 않았다. '형성물(Gebilde)'은 조형이라는 창조적 과정의 소산으로서, 즉 '생산적 상상력'의 순수한

---

23) [역주] 오늘날까지 우리나라에서는 아직 부모님을 이름으로 불러서는 안 된다는 터부가 존재한다.

창작으로서 추구되지 않았으며 이러한 것으로서 의식되지도 않았다. 오히려 조형예술의 시작은 조형 활동 자체가 아직 주술적 표상권에 직접 뿌리박고 있고 일정한 주술적 **목적**을 지닌 영역, 따라서 상 자체가 아직 자립적 의미, 즉 순수하게 '미적인' 의미를 가지고 있지 않은 영역으로까지 거슬러올라갈 수 있는 것 같다. 그럼에도 정신적 표현형식의 단계적 전개에서 보이는 참으로 예술적인 형성작용의 최초 활동에서조차 이미 어떤 전적으로 새로운 단서, 어떤 새로운 '원리'가 나타난다. 정신이 단순한 사태와 사물의 세계에 대치(對峙)시키는 형상세계가 여기서 처음으로 순수하게 **내재적인** 타당성과 진리를 획득하기 때문이다. 이러한 형상세계는 어떤 다른 것을 겨냥하거나 지시하지 않는다. 그러한 형상세계는 단지 단적으로 '존재하는' 것이며 자체 내에 존립한다. 신화적 의식이 머무르는 **효력**의 영역과 언어기호가 머무르는 **의미**의 영역으로부터 우리는 이제 이를테면 상의 순수한 '존재'만, 즉 상에 내재한 본질만이 포착되는 영역으로 이행하게 된다. 이와 함께 상의 세계는 자신의 고유한 중심에 의거하는 자기완결적인 우주로까지 형성된다. 이제 비로소 정신도 이러한 세계에 대해 참으로 자유로운 관계를 맺을 수 있게 된다. 미적 세계는 사물적 관점, 즉 '실재론적' 관점을 척도로 하면 '가상'의 세계가 된다. 그러나 바로 이러한 가상은 주술적-신화적 직관도 그 안에서 움직이고 있는 직접적 현실, 즉 존재와 작용의 세계에 대한 관계를 방기함으로써 '진리'로 향하는 전적으로 새로운 걸음을 포함하게 된다. 따라서 신화와 언어와 예술의 관계에서는, 구체적인 역사 현상으로서의 그 형성물들이 서로에게 아무리 직접적으로 침투하더라도 체계적이고 단계적인 일정한 전개, 즉 어떤 이념적 진보가 나타난다고 말할 수 있다. 이러한 진보의 목표는 정신이 자기 자신의 형성물, 자기 자신이 창조한 상징들 안에서 존재하고 산다는 것뿐 아니라 이것들을 그 본질에 있어서 파악하는 데 있다. 그렇다면, 이러한 문제에 대해서도 헤겔이 『정신현상학』의 일관된 주제라고 불렀던 것의 타당성이 입증된다. 즉 발전의 목표는 정신적 존재가 한낱 실체로서뿐 아니라 '똑같은 정도로 주체로서' 파악되고 표현되는 데 있다는 것이다. 바로 **이러한** 점에서 '신화철학'에서 생긴 문제는 철학 및 순수인식의 논리학에서 생긴 문제와 다시 직접적으로 연결된다. 과학이 정신 생활의 다른 단계와 구별되는 것은 과학이 기호와 상징에 의한 어떠한 매개도 필요로 하지 않고 숨김없는 진리, 즉 '물 자체'의 진리와 대면하기 때문이 아니라 자신이 사용하는 상징을 다른 단계들과는 달리 그리고 이러한 단계들보다도 훨씬 더 깊이 그 자체로서 인식하고 이해하기 때문이다. 그리고 과학에 의해서도 이러한 일은 단번에 수행될 수 있는 것이 아니다. 오히려 과학에서도 정신이 자기 자신의 창조물에 대해 갖게 되는 전형적인 근본 관계가 새로운 차원에서 반복된다. 여기[과학]서도 이러한 창조물들에 대한 자유는 끊임없는 비판적 노력으로 획득되고 확보되어야만 한다. 인식 내부에서도 가설과 '정초(Grundlegung)'의 **사용**이 가설과 정초의 고유한 기능을 인식하는 것보다 정초**로서** 선행한다.[24] 이러한 인식이 획득되지 않는 한, 인식 또한 자신의 고유한 원리를 사물적인 형식, 즉 반쯤 신화적인 형식으로만 표현할 수 있고 직관할 수 있는 것이다.

신화가 정신적 형식들의 체계 내에서 점하는 위치를 잠정적으로 드러내고 한정하기 위한 일반적 고찰은 여기서 끝맺기로 한다. 이제부터는 '실재성'에 대한 신화적 개념과 객관성에 대한 독자적인 신화적 의식이 갖는 특수한 성격을 보다 선명하게 포착하려고 할 것이다.

---

24) [역주] 과학도 가설과 정초를 정신에 의해 창조된 것으로 보지 않고 실재를 단순히 반영하는 것으로 보며, 가설과 정초가 정신에 의해 창조된 것으로 인식하는 일은 추후에야 이루어진다는 것.

제1부
사유형식으로서의 신화

제1장
신화적 대상의식의 성격과 근본 방향

    비판철학의 가장 중요하고 본질적인 통찰에 의하면, 대상은 완성되고 고정된 형태로, 즉 존재하는 그대로 의식에 '주어지는' 것이 아니다. 대상에 대한 표상의 관계는 의식의 자립적이고 자발적인 작용을 전제한다. 대상은 [의식의] 종합적인 통일에 앞서거나 이것의 외부에 존재하는 것이 아니라 오히려 종합적 통일에 의해 비로소 구성되는 것이며, 대상이란 외부로부터 의식에 나타나면서 자신을 의식에 새기는 형식이 아니라 의식의 기본 수단인 직관과 순수사유의 조건들의 힘을 빌려 수행되는 형성작용의 소산이다. '상징형식의 철학'은 비판주의의 이러한 근본 사상, 칸트의 '코페르니쿠스적 전회'가 의거하는 이러한 원리를 수용하면서 확장하려고 한다. '상징형식의 철학'은 대상의식의 범주를 단순히 이론적-지적 영역에서만 찾지 않는다. '상징형식의 철학'은 대상의식의 범주들이 다양한 인상의 혼돈으로부터 하나의 우주(Kosmos), 즉 어떤 특징을 갖는 전형적인 '세계상'이 형성되는 곳이면 어디서든지

작용하고 있음이 틀림없다는 생각에서 출발한다. 이러한 세계상들은 모두 단순한 '인상들'을 나름대로 명확하고 형태를 갖춘 '표상'으로 객관화하고 변형하는 독특한 작용에 의해서만 형성된다. 그러나 이와 같이 객관화의 **목표**가 우리의 경험 및 과학적 세계상의 이론적 대상의식에 선행하는 단계들로까지 소급될 수 있는 경우, 이러한 단계들에까지 내려가면 객관화 과정의 **길**과 **수단**은 변화하게 된다. [따라서] 이러한 길의 **방향**이 인식되고 일반적으로 드러나기 전에는 그 길의 특수한 전개와 개개의 단계, 그것이 정지하는 지점과 전환하는 지점도 전혀 명료하게 밝혀지지 않을 것이다. 이러한 방향은 결코 '일의적이지도' 유일하지도 않다는 것, 다양한 감각인상이 정신적인 통일체로 종합되는 방식과 경향 자체가 다시 가장 다양한 의미의 뉘앙스를 보여줄 수 있다는 것을 드러낸 것이 이제까지 우리의 전체적인 연구 성과였다. 이러한 성과는 이제 신화적 사유에서 일어나는 객관화 과정과 이론적 사유 및 순수한 경험적 사유에서 일어나는 객관화 과정의 대립에 주목할 경우 극히 명료하게 입증될 것이다.

경험적 사유의 논리적 형식이 가장 선명하게 드러나는 것은 우리가 경험적 사유를 그것의 최고 산물인 과학의 형태와 구조, 특히 '정밀한' 자연과학의 정초에 입각해 고찰할 경우일 것이다. 그러나 '정밀한' 자연과학의 정초에서 최고로 완전한 형태로 **수행되고 있는** 것은 경험적 판단(das empirische Urteil)이라는 가장 단순한 작용, 즉 일정한 지각 내용들을 경험적으로 비교하고 질서를 부여하는 작용에 이미 **소질로서 숨어 있었던** 것이다. 과학의 발달은 칸트의 말을 빌리면, '모든 지각의 가능성'의 근저에 놓인 원리들을 충분히 실현하면서 전개하며 일관된 논리적 규정성을 갖도록 하는 것에 지나지 않는다. 사실 우리가 지각의 세계라고 부르는 것도 결코 단순한 것이거나 처음부터 자명하게 주어진 것은 아니다. 어떤 종류의 이론적 근본 작용을 통과하고 이것에 의해 파악되며 '이해되고' 규정되는 한에서만, 지각의 세계는 '존재하는' 것이다. 이러한 일반적인 근본 관계는 우리가 지각 세계에 대한 직관의 원형인 지각세계의 **공간적** 형태화로부터 시작할 때 아마도 가장 명확하게 드러날 것이다. 함께 있음과 곁에 있음, 서로 분리되어 있음과 나란히 있음이라는 공간적 관계들은 '단순한' 감각, 즉 감각적 '소재'와 함께 직접적으로 주어진 것이 아니다. 그러한 감각적 소재에게는 공간 안에서 질서가 부여되며, 공간적 관계들은 경험적 사유의 극히 복잡하고도 철저하게 **간접적인** 소산이다. 공간 안에 있는 사물이 일정한 크기를 가지며 일정한 위치와 일정한 거리에 있다고 우리가 말할 경우에, 우리는 감성적인 지각에 단순히 주어진 것을 언표하는 것이 아니라 이렇게 주어진 것을 하나의 관계적 연관·체계적 연관 안에 위치시키는 것이다. 그리고 이러한 연관은 결국은 순수한 **판단 연관으로서** 드러난다. 공간 내에서의 모든 구분은 판단에서의 구분을 전제한다. 위치·크기·거리의 모든 차이를 파악하고 정립하는 것은, 개별적 감각인상들이 판단에 의해 여러 가지로 평가되고 그것들에 다양한 **의미**가 주어짐으로써 비로소 가능해진다. 공간 문제에 대한 인식비판적 분석과 심리학적 분석은 이러한 사태를 모든 측면에서 조명하고 그것의 근본 특성을 드러냈다. 그러한 사태를 표현하기 위해서 헬름홀츠처럼 '무의식적 추론'이란 개념을 선택하든, 아니면 사실상 어떤 종류의 위험과 애매함을 포함하므로 이러한 표현을 버리든 간에, 다음 한 가지 사실은 '초월론적' 고찰과 생리학적 · 심리학적 고찰의 공통적인 결과로서 인정되지 않으면 안 된다. 즉 지각세계의 공간적 질서는 전체로서도 개별적으로도 동일화 · 구별 · 비교 · 배열이라는 작용에서 유래하며, 이것들은 그 근본 형식만을 고려해서 보면 순수하게 지적인 작용이라는 것이다. 인상들이 이러한 지적 작용에 의해 분절되고 여러 의미**층**에 귀속됨으로써 비로소 우리에게는 이를테면 이러한 이론적 의미의 성층화(成層化)의 직관적 반영으로서 공간 '내에서의' 구별이 생긴다. 생리학적 광학(光學, Optik)이 상세하게 알려주는 인상들의 이렇듯 다양한 '성층화' 자체도 그 근저에 다시 어떤 일반적인 원리, 즉 일관되게 사용되는 척도가 존재하지 않는다면 가능하지 않을 것이다. 직접적인 감각인상의 세계로부터 매개된 직관적 '표상'의 세계로의, 특히 공간적 '표상'의 세계로의 이행은 항상 동일하게 흘러가는 인상들의 계열 가운데 이러한 인상들이 귀속되어 있으며 이것들이 재현될 때 따르는 불변적인 **관계**들이 자립적인 것으로서 부각되는 것, 그리고 바로 이를 통해 이러한 불변적 관계들이 순간순간 변화하는 불안정한 감각 내용과 독자적인 방식으로 구별되는 것에 의거한다. 이제 이러한 불변적인 관계들이 확고한 구조가 되고, 이를테면 '객관성'의 확고한 틀이 된다. 인식론적 회의와 의문에 부딪쳐본 적이 없는 소박한 사유는 순진하게 '사물들'과 그것들의 성질이 갖는 불변적 성격에 대해 말하곤 한다. 하지만 비판적 고찰에게는 불변적 사물과 성질에 대한 이러한 주장도 그것의 기원과 궁극적인 논리적 근거로까지 소급해 올라가면 앞에서 서술한 관계에 대한 확신으로, 특히 불변적인 양적 관계와 수적인 관계에 대한 확신으로 해소되고 만다. 경험 대상들의 존재는 이러한 관계에 의존하며 이러한 관계에 의해 구성된다. 이와 동시에 개개의 경험적인 '사물'과 특정한 경험적 사건을 '파악'하는 일은 모두 어떤 **평가** 작용을 포함한다는 사실도 분명해진다. 경험적인 '현실'과 '객관적인' 것의 확고한 핵심은 흐르는 것과 지속적인 것, 변화하는 것과 동일하게 머무르는 것, 변동하는 것과 움직이지 않는 것이 갈수록 더 선명하고 명료하게 구별됨으로써 두드러진다. 개별적인 감각인상도 그것이 있는 그대로, 그것이 직접 주어지는 그대로 단순히 받아들여지는 것은 아니다. 개별 감각인상과 관련해서는 그것이 경험의 **전체** 내에서 어느 정도로 자신을 입증하고 이러한 경험 전체에 대해 어느 정도까지 자신을 주장하는가라는 물음이 제기될 수 있다. 감각인상이 이러한 물음, 이러한 비판적 검증을 견뎌낼 때에야 비로소 그것은 현실의 영역, 즉 객관적 현실의 영역에 수용될 수 있는 것으로 간주된다. 이러한 검증과 확인은 경험적 사유와 경험적 인식의 어떠한 단계에서도 결코 종결되지 않고 항상 새롭게 시도될 수 있으며 시도되어야만 한다. 우리 경험 내의 불변적인 것은 항상 단지 상대적으로 불변적인 것으로서 입증되며, 이것은 다시 다른 보다 확고한 것에 의해 지탱되고 정초될 필요가 있는 것으로 입증된다. 단지 '주관적인 것'에 불과한 것과 '객관적인 것'의 경계선은 처음부터 움직일 수 없는 것으로서 정해진 것이 아니다. 오히려 그러한 경계선은 경험과 그것의 이론적 정초가 진전해가는 과정에서 비로소 형성되고 규정된다. 끊임없이 갱신되는 정신의 작업에 의해 우리가 객관적 존재라고 부르는 것의 윤곽이 항상 변화되며 다른 새로운 형태로 다시 회복된다. 정신의 이러한 작업은 본질적으로 **비판적인** 성격을 띤다. 이제까지 확고한 것·타당한 것·'객관적—현실적인' 것으로 간주되었던 요소들이 끊임없이 배제되는데, 그 이유는 이 요소들이 경험 전체의 통일성에 모순 없이 편입되지 않거나, 적어도 경험 전체의 통일성에 비추어 상대적이고 한정된 의미밖에 갖지 못하며 결코 절대적인 의미를 갖지 못한다는 사실이 분명해졌기 때문이다. **개별적인** 경험적 현상과 이것에 귀속되어야 하는 '존재'의 진리 기준으로서 항상 거듭해서 사용되는 것은 현상 **일반**의 질서와 법칙성이다. 여기서, 즉 경험세계의 연관을 이론적으로 구축하는 과정에서 모든 특수한 것은 간접적으로든 직접적으로든 보편적인 것에 연관되며 보편적인 것에 의해 측정된다. '대상에 대한 표상의 관계'는 궁극적으로는 표상을 하나의 포괄적인 체계적 전체 안에 편입시키면서 표상에 일의적으로 명확한 위치를 지정하는 것을 의미하며 근본적으로 이러한 것 이외의 것이 아니다. 따라서 개별적인 것의 이해와 단순한 파악조차 이러한 사유형식에서는 이미 법칙 개념의 상(相) 아래(sub specie)에서 일어난다. 존재하는 것은 개별적인 것, 특수한 존재, 구체적이고 특수한 사건이다. 그러나 이러한 것들의 존립은 우리가 그것들을 일반적 법칙의 특수한 사례 또는 보다 정확히 말해서 보편적 법칙들의 어떤 총체, 즉 체계의 특수한 예로서 사유할 수 있으며 또한 사유하지 않을 수 없다는 사실에 의해 확증되고 보증된다. 이러한 세계상의 객관성은 그 세계상의 완결된 통일성의 표현이며, 우리가 모든 개별적인 것 안에서 그리고 이것들과 함께 전체의 형식을 함께 사유하며 개별적인 것을 이를테면 이러한 전체적인 형식의 특수한 표현, 즉 '대표적인 예'로 간주한다는 사실의 표현이다.

이론적인 경험적 사유에 부과된 이러한 **과제**로부터, 이론적인 경험적 사유가 과제를 달성하기 위해 점진적으로 이용하지 않으면 안 되는 사상적 **수단**도 생긴다. 이 과제의 목표가 가장 보편적이며 최고 수준의 종합을 이루는 것이고, 모든 개별적인 것을 경험의 일관된 통일성으로 종합하는 것이라면, 이러한 목표를 달성할 수 있는 유일한 방법은 오히려 외관상으로는 정반대로 보일 수 있는 길을 지시한다. 내용들은 이러한 방식으로 배치되기 전에, 즉 체계적인 전체의 형식 안으로 들어가기 전에 자체 내에서 변형을 겪지 않으면 안 된다. 내용들은 더 이상 직접적인 감각인상 내에서는 포착될 수 없고 단지 이론적 사유 내에서만 정립될 수 있는 궁극적인 '요소들'로 환원되고 이러한 요소들로 해소되지 않으면 안 된다. 이러한 종류의 요소들을 정립하지 않는다면 경험과 과학의 법칙적 사유는 이를테면 그것들이 결부될 수 있는 기체를 결여하게 될 것이다. 왜냐하면 지각 자체의 미분화된 내용과 형상은 이러한 경험과 과학의 법칙적 사유에 아무런 발판도 지주(支柱)도 제공하지 않기 때문이다. 지각 자체의 미분화된 내용과 형상은 어떠한 일관되고 확고한 질서에 편입될 수 없으며 진정으로 **일의적인** 명확성이라는 성격도 갖지 못한다. 직접적으로 파악될 경우 그것들은 오히려 단지 덧없이 흘러가는 것이며, 이런 것들 자체에서 참으로 선명하고 정확한 '경계들'을 구별하려는 모든 시도에 저항한다. 이러한 '경계들'은 현상의 직접적 존재와 직접적 상태로부터 출발하여 그 자신은 더 이상 현상하지 않고 오히려 현상의 '근거'로 사유되는 다른 것으로 소급해갈 때 비로소 규정될 수 있다. 예를 들어 우리가 아직도 단순하게 운동의 주체를 지각될 수 있는 구체적 대상들의 영역에서 찾는 한, 참으로 '정밀한' 운동 법칙의 정식화는 이루어질 수 없다. 사유가 구체적 대상들의 영역을 넘어 운동의 '참된' 주체로서의 원자를 정립하는 데까지 이행한 뒤에야 비로소, 이러한 새로운 이념적 요소들에 의거하여 운동 현상을 수학적으로 파악하는 것이 가능하게 된다. 이것과 마찬가지로, 이론적인 경험적 사유가 추구하는 **종합**은 일반적으로 그것에 대응하는 **분석**을 전제하며 이러한 분석에 기초해서만 구축될 수 있다. 여기서 결합은 분리를 전제하고, 분리는 결합을 가능하게 하며 준비하는 것을 목표로 한다. 이런 의미에서 모든 경험적 사유는 그 자체로 변증법적이다. 이 경우 우리는 변증법이라는 개념을 플라톤에 의해 주어진 역사적 근원적 의미에 따라 받아들이고 있으며, 그 개념으로 결합과 분리, 즉 시나고게(συναγωγή)와 디아이레시스(διαίρεσις)의 통일을 염두에 두고 있다. 여기에 존재하는 것으로 보이는 논리적 순환은 경험적 사유 자체의 끊임없는 순환의 표현이다. 즉 경험적 사유는 특수한 내용들을 그 구성 요소들로 분해하고, 그러한 내용들을 다시 전제로서의 그 요소들로부터 '발생적으로' 산출한다. 경험적 사유는 이런 방식, 즉 항상 분석적이면서 동시에 종합적이고 전진하면서 동시에 후퇴하는 방식으로 이루어질 수밖에 없다.

이러한 두 가지 근본 방법의 상호작용과 상호 연관에 의해 비로소 인식의 세계는 자신의 특징적인 형식을 갖게 된다. 인식의 세계를 감각인상들의 세계로부터 구별하는 것은 인식의 세계를 구성하는 소재가 아니라 이러한 소재가 편입되는 새로운 질서다. 이러한 질서형식은 직접적인 지각에서는 아직 미분화된 채 병존하던 것이 점차 더욱더 명확하고 선명하게 분리될 것을 요구하며, 직접적 지각에서는 단순히 공존하던 것이 상하질서―'근거'와 '귀결'의 체계―에 의해 개편될 것을 요구한다. 근거와 귀결이라는 이 범주들에서 사유는 참으로 유효한 분리의 수단을 발견한다. 이러한 수단에 의해 비로소 사유가 감각적인 자료들에 적용하려고 하는 새로운 양식의 결합작용도 가능해진다. 감성적인 세계관이 '사물들'의 평화적 공존, 즉 '사물들의 집적'만을 보는 곳에서 경험적―이론적 사유는 오히려 '조건들'의 상호 침투와 복합체를 통찰한다. 그리고 조건들의 이러한 계층적 구조 내에서 각각의 특수한 내용에 일정한 위치가 할당된다. 감각적 파악은 개별 내용들이 '무엇인지'를 확인하는 것에 만족하는 반면, 이제 이러한 단순한 '무엇임'은 '…때문에'라는 형식으로 변화된다. 그리고 내용들의 단순한 공존이나 잇달아 일어남, 시간과 공간 내에 함께 주어져 있음은 내용들 간의 이념적인 의존관계(서로가 서로의 근거가 됨)에 의해 대체된다. 이와 동시에, 반성을 거치지 않은 맨 처음 사물관의 단순함과 이를테면 소박함은 객관 개념의 의미 자체 내에서 특별하게 섬세해지고 세분화된다. 이론적인 세계관과 그것의 인식 이상(理想)이 염두에 둔 '객관적인' 것이란 이제는 감각의 증언에 의해 단순히 '거기에 있는 것'으로서, 단순히 '그렇게 있는 것'으로서 우리 앞에 제시되는 모든 것이 아니며, 자체 내에 불변성의 보증, 지속적이며 일관된 규정성의 보증을 포함한 것이다. 이러한 규정성은―감각에 의한 착각이 입증할 수 있는 것처럼―지각에 그것의 직접적인 성질로서 속하는 것은 아니기 때문에, 지각은 처음에는 객관성의 중심을 차지하는 것 같았지만 갈수록 더 주변부로 옮겨지게 된다. 이제 어떤 경험 요소의 객관적 의미는 그 경험 요소가 개체로서의 자신을 의식에 드러내는 감각적 힘이 아니라 자신 안에 전체의 형식과 법칙성을 표현하고 반영하는 명확성에 좌우된다. 그러나 이러한 전체의 형식은 단번에 나타나는 것이 아니라 하나씩 하나씩 단계를 밟는 식으로 형성되기 때문에, 이로부터 경험적 진리 개념 자체의 분화와 계층화도 생기게 된다. 단순한 감각적 가상과 객관에 대한 경험적 진리는 물론 서로 구별되지만, 이러한 경험적 진리도 직접 파악될 수 있는 것은 아니고 이론이 발전하고 과학적인 법칙적 사유가 발전하는 가운데 비로소 쟁취될 수 있다. 바로 이 때문에 이러한 경험적 진리 자체도 절대적 성격을 갖지 못하고 상대적인 성격만을 지닌다. 이러한 진리는 그것이 획득될 수 있는 일반적인 조건연관과 이러한 조건연관이 근거하는 전제들, '가정들'과 생사를 함께 하기 때문이다. 따라서 불변적인 것은 변화하는 것과, 객관적인 것은 주관적인 것과, 진리는 가상과 항상 거듭해서 구별된다. 그리고 이러한 운동 속에서 비로소 사유는 경험적인 것의 확실성과 본래의 논리적 성격을 드러낸다. 경험적인 객관의 긍정적 존재는 이를테면 이중 부정에 의해 획득된다. 즉 한편으로는 경험적 객관을 '절대자'와 구별하여, 다른 한편으로는 그것을 감각적 가상과 구별하여 획득하는 것이다. 경험적 객관은 '현상'으로서의 객관이지만 현상은 '가상'이 아니다. 경험적 객관이 가상이 아닌 것은, 그것이 인식의 필연적 법칙을 **근거로 삼고 있기** 때문이며 충분히 근거 지어진 현상(phaenomenon bene fundatum)이기 때문이다. 또한 객관성이라는 일반적인 **개념**도 그리고 그것의 개별적인 구체적 실현도, 양자가 이론적 사유의 영역에서 형성되는 방식에서는 경험적 요소들을 **분리**하는 정신 작용의 발전, 즉 '우연적인 것'과 '본질적인 것', 변화하는 것과 불변적인 것, 우연적인 것과 필연적인 것을 더욱더 명확히 구별하는 정신의 비판적 작업에 근거한다는 사실이 드러난다.

아무리 '원시적이고' 무반성적인 단계의 경험적 의식일지라도 이러한 근본 성격이 명확하게 인식될 수 없는 의식은 결코 존재하지 않는다. 물론 사람들은 인식론적 고찰을 수행할 때 순수한 직접성의 상태, 즉 단순히 주어져 있음의 상태를 모든 경험적 인식의 시작으로 본다. 그러면서 이러한 상태에서는 인상들이 단순한 감각적 상태로 수용되고 '체험될' 뿐, 어떠한 종류의 형식 부여 작용도 사유에 의한 가공도 행해지지 않는다고 생각한다. 따라서 여기서는 모든 내용이 아직 이를테면 동일 평면상에 있고 그저 단순하게 '거기에 있다'는 성격, 즉 자체 내에 아직 분열도 분화도 일어나지 않은 성격을 띠는 것으로 여겨진다. 이 경우 사람들이 너무 쉽게 잊어버리는 사실은, 여기서 전제되고 있는 '경험적 의식'의 단적으로 '소박한' 단계라는 것 자체가 전혀 사실이 아니며 이론적인 구성물이라는 것이다. 즉 그러한 '소박한' 단계는 궁극적으로는 인식비판적 반성이 만들어낸 한계 개념에 지나지 않는다. 경험적 지각의식이 아직 추상적인 과학적 인식으로까지 전개되지 않은 경우에도 거기에는 이미 구별과 분리가 잠재적으로 포함되어 있으며 이러한 구별과 분리는 추상적인 과학적 인식을 통해 명확한 논리적 형식으로 나타난다. 이러한 사실은 이미 **공간의식**의 예에서 드러났다. 그러나 공간에 대해 타당한 것은 다른 질서형식, 즉 '경험의 대상'을 구성하고 그 근거가 되는 다른 질서형식들에 대해서도 못지않게 타당하다. 왜냐하면 어떠한 단순한 '지각(Wahrnehmung)'이라도 이미 '참으로 간주하는 작용(Für-Wahr-nehmen)'을 포함하고 있고, 따라서 객관성의 일정한 규범과 척도를 포함하고 있기 때문이다. 지각을 상세하게 고찰해보면, 그것은 이미 의식이 '인상들'의 혼란한 덩어리에 대해서 수행하는 선택과 구별의 과정인 것이다. 매순간 몰려드는 이러한 인상들 가운데 어떤 특성들은 되풀이해 나타나는 '전형적인' 것으로서 파악되어야 하며, 단순히 우연적이고 일시적인 다른 특성들과 대치(對峙)되어야 한다. 어떤 계기들은 강조되어야 하고 이에 대해 다른 계기들은 '비본질적인' 것으로서 배제되어야 한다. 우리가 모든 측면으로부터 몰려드는 지각의 소재를 '선택'하는 일을 근거로, 이 소재에 일정한 형식을 부여하고 그와 함께 일정한 '대상'을 형성하는 모든 가능성이 생겨난다. 아울러 지각 일반을 객관과 관계 맺게 할 가능성도 생겨난다. 따라서 지각의 대상의식과 과학적 경험의 대상의식은 원리적으로 서로 구별되지 않는다. 양자 사이에는 정도의 차이가 있을 뿐이다. 지각의 대상의식 안에 이미 존재하며 작용하는 타당성의 구별 (Geltungsunterschiede)이 과학적 경험의 대상의식 속에서 인식의 형식으로까지 높아진다. 즉 개념과 판단 내에 고정된다.[1]

  신화적 의식에서 나타나는 다른 종류의 대상과 대상의식에 주목하면, 우리는 '직접적인 것'을 향해 한걸음 더 나아가게 된다. 신화조차 의식에게 전적으로 객관적인 것으로서, 명백히 객관적인 것으로서 나타나는 순수한 형태의 세계에서 살고 있다. [신화적 의식과] 이러한 세계와의 관계는 경험적·개념적 지식의 출발점이 되는 저 결정적인 '분리(Krisis)'를 전혀 보여주지 않는다. 신화의 내용들이 대상적으로 파악되고 '현실적인 내용'으로서 의식에 주어진 경우에도, 현실성의 이러한 형식은 그 자체로 아직 전적으로 동질적이며 분화되지 않은 상태다. 인식이 자신의 객관 개념에서 형성하는 의미와 가치의 뉘앙스 그리고 여러 대상 영역을 엄밀하게 구별하고 '진리'의 세계와 '가상'의 세계를 구분하는 의미와 가치의 뉘앙스가 여기[신화적 의식]서는 아직 완전히 결여되어 있다. 신화는 오직 자신의 객관이 현전하는 상태에서만, 어떤 순간에 이러한 객관이 의

---

[1] 이러한 인식이론적 예비 고찰에 대한 자세한 정초는 나의 책 *Substanzbegriff und Funktionsbegriff*(특히 4장과 6장)의 보다 자세한 서술을 참조할 것.

식을 강력하게 장악하고 점유하는 상태에서만 살고 있다. 신화는 그 순간을 넘어서 확장하고 그 순간의 전후를 고려하며 그것을 하나의 특수한 것으로서 현실 요소의 전체와 관계 맺을 가능성이 전혀 없다. 현재 주어진 특수한 것을 모두 다른 특수한 것과 결부시키고 다른 것과 함께 계열화하면서, 이러한 방식으로 현재 주어진 특수한 것을 궁극적으로는 사건의 보편적인 **법칙성**에 편입되는 단순한 계기에 지나지 않는다고 보는 사유의 변증법적 운동은 신화에는 존재하지 않는다. 존재하는 것은 인상 자체와 이러한 인상의 그때마다의 '현존'에 대한 단순한 헌신일 뿐이다. 의식은 단순히 거기에 존재하는 것으로서의 인상에 사로잡혀 있다. 의식은 지금 여기에 주어진 것을 수정하거나 비판하고, 지금 주어져 있지 않은 과거의 것과 미래의 것에 비추어 지금 주어져 있는 것을 **측정함**으로써 그것의 객관성을 제한하려는 충동도 가능성도 갖지 못한다. 이러한 간접적인 척도가 결여되어 있고 모든 존재, 모든 '진리', 모든 현실이 내용의 단순한 현재로 해소된다면, 일반적으로 현상하는 모든 것이 단지 하나의 차원 속으로 집결되고 마는 것은 필연적인 일이다. 여기에는 실재의 여러 **단계**도 존재하지 않으며 객관적 확실성의 서로 구별되는 단계도 존재하지 않는다. 이러한 방식으로 생기는 실재상에는 이를테면 심층 차원이 결여되어 있다. 또한 경험과학적 개념에서 '근거'와 '근거지어진 것'의 분리라는, 극히 특징적인 방식으로 수행되는 전경과 배경의 구별이 결여되어 있다.

여기서 우리는 신화적 사유의 근본 특징 중 하나를 우선 극히 일반적으로 제시했다. 이것만으로도 이미 이러한 특징의 단순하면서도 필연적인 귀결로서 간주될 수 있는 그 외의 많은 특징들도 규정된 셈이다. 즉 신화의 현상학이라는 특수한 학문의 특색이 이미 대략적으로 제시되었다고 볼 수 있다. 실제로 신화적 의식의 **사실들**을 대강 살펴보는 것만으로도, 이러한 의식에는 경험적 개념 및 경험과학적 사유가 전적으로 필연적인 것으로 간주하는 명확한 경계선이 결여되어 있다는 사실을 알게 된다. 여기서는 무엇보다 단순히 '표상되었을 뿐인 것'과 '현실적인' 지각 사이의, 소원과 성취 사이의, 상(像)과 사물 사이의 모든 확고한 구별이 결여되어 있다. 이 점은 **꿈의 체험이** 신화적 의식의 발생과 구성에 결정적인 의미를 갖고 있다는 점에서 가장 명백히 드러난다. 물론 신화의 내용 전체를 근본적으로 이러한 [꿈의 체험이라는] 원천으로부터 도출해내려고 하면서, 신화가 일차적으로 꿈의 경험과 깨어 있을 때의 경험의 '혼동' 및 혼합에 의해 생긴다고 보는 애니미즘 이론은—특히 타일러가 제시한 형태로는—일면적이며 불충분하다.[2] 그러나 신화적 사유와 신화적 '경험'에서는 꿈의 세계와 객관적 '현실'의 세계가 끊

---

[2] 원시적인 '영혼 개념'의 내용도 전체적으로 또는 현저한 특징만이라도 꿈의 체험으로부터는 결코 연역될 수 없고 설명될 수 없다는 사실은 최근 Walter F. Otto, *Die Manen oder Von den Urformen des Totenglaubens*, Berlin 1923, 특히 67쪽 이하에서 올바르게 강조되었다.

임없이 서로 이행하고 있다는 사실을 고려할 경우에야 비로소 신화의 특정한 기초 개념들이 갖는 특유한 구조가 이해될 수 있고 통찰될 수 있다는 것은 의심할 여지가 없다. 순수하게 실천적인 의미에서도, 즉 인간이 단순한 표상을 통해서가 아니라 행위와 행동을 통해 현실에 대해 취하는 태도에서도 특정한 꿈의 경험들은 깨어 있을 때 체험되는 것들과 동일한 정도의 힘과 의미를 가지며, 따라서 간접적으로 동일한 정도의 '진리'를 갖는다. 많은 '자연민족'의 생활과 활동 전체는 세부에 이르기까지 그들의 꿈에 의해 규정되고 이끌려지고 있다.[3] 꿈과 각성 상태 사이에 확고한 구별이 없는 것과 마찬가지로, 신화적 사유에서는 생의 영역과 죽음의 영역도 선명하게 구별되지 않는다. 이 두 가지는 존재와 비존재 같은 것이 아니고, 동일한 존재의 동종의 동질적 부분들이다. 신화적 사유에는 생에서 죽음으로, 죽음에서 생으로의 이행이 일어나는 명확히 한정된 특정한 순간은 없다. 신화적 사유는 탄생을 귀환으로 생각하는 것과 마찬가지로 죽음을 영속이라고 여긴다. 신화의 '영혼불멸설'은 모두 이런 의미에서 적극적-교의적 의미를 갖지 않고 소극적 의미만 갖는다. 미분화되고 무반성적인 의식은 분리하는 것을 거부한다. 사실 분리라는 것은 체험 내용 자체에 직접적이

---

3) 이에 대해서는 현재 Lévy-Bruhl, *La mentalité primitive*, Paris 1922에 수집되어 있는 풍부한 자료를 참조할 것. 또한 Brinton, *Religions of primitive peoples*, 65쪽 이하도 볼 것.

고 확실하게 포함된 것이 아니라, 궁극적으로 생의 경험적 **조건들**을 성찰하는 것에 의해서만—따라서 **인과적 분석의** 특정한 형식에 의해서만—요구된다. 만약 모든 '현실'이 단지 직접적 인상에 주어지는 것으로 간주된다면, 그리고 표상 생활·감정 생활·의지 생활에 행사하는 힘에 의해 현실의 존재가 충분히 믿을 만한 것으로 간주된다면, 죽은 자는 그의 이제까지의 현상형식이 변화되었더라도, 즉 감성적—물질적인 존재 대신에 육신을 갖지 않는 한낱 그림자 같은 존재로 나타난다 하더라도 '존재한다'. 사랑과 공포 등의 감정을 느끼면서 살아 있는 자가 꿈에서는 죽은 자와 **관계**하고 있다는 사실은, 여기—'현실적으로 존재한다는 것'과 '현실적으로 작용하고 있다는 것'이 하나로 간주되고 있는 곳—서는 죽은 자의 **영속**이라고밖에 표현되거나 '설명될' 수 없다. 보다 발전된 경험적 사유가 생과 사의 현상들 사이에서 그리고 이러한 현상들의 경험적 전제들 사이에서 수행하는 분석적 분리 대신, 우리는 여기서는 오히려 '현재 존재한다는 것'에 대한 미분화된 직관에 우리 자신을 내맡기고 있다. 이러한 직관에 따르면, **육체적** 존재조차 죽는 순간에 갑자기 파괴되지 않으며 단지 그 무대를 바꿀 뿐이다. 죽은 자에 대한 숭배는 모두 본질적으로 죽은 자 또한 자신의 존재를 보존하기 위해 물리적 수단—식량과 옷과 소유물—을 끊임없이 필요로 한다는 믿음에서 온다. 따라서 **사유**의 단계, 즉 형이상학의 단계에서 사유는 죽음 후에도 영혼이 영속한다는 것을 '증명'하려고 노력해야 하지만, 인간 정신사의 자연적 진행 과정에서는 오히려 정반대의 일이 벌어진다. 여기에서 '증명'되어야만 하는 것, 이론적으로 인식되어야만 하는 것, 즉 진보하는 반성이 직접적인 경험 내용 안으로 투입하는 경계선을 통해 비로소 서서히 드러나고 확인되어야 하는 것은 불사성이 아니라 가사성(Sterblichkeit, 可死性)이다.

만약 신화적 의식의 내용을 밖으로부터 반성할 뿐 아니라 내부로부터도 이해하려 한다면, 우리는 경험적 사유 및 비판적 지성이 구별하는 객관화의 여러 단계 전체가 갖는 이러한 특징적 상호 침투, 이러한 미분화 상태를 끊임없이 주목해야 한다. 우리는 신화적 의식의 이러한 내용을 보통 '상징적(symbolisch)'인 것으로 파악하는데, 이것은 이러한 내용의 배후에서 그 내용에 의해 간접적으로 암시되는 은닉된 다른 의미가 탐색되고 있기 때문이다. 신화는 이러한 방식으로 신비(Mysterium)가 된다. 신화의 본래적 의미와 깊이는 신화가 자신의 고유한 형태를 통해 드러내는 것이 아니라 은폐하는 것에 존재한다. 신화적 의식은 암호 같은 것으로서, 그것을 푸는 열쇠를 갖고 있는 자에게만 이해되거나 해독될 수 있다. 그 사람에게는 이러한 신화적 의식의 특수한 내용이란 근본적으로는 그 내용에 포함되어 있지 않은 '다른 것'을 보여주기 위한 관습적 기호다. 이로부터 신화 해석의 여러 양식과 방향이 생긴다. 신화 해석은 이론적 의미 내용이든 도덕적 의미 내용이든 신화가 자신 안에 은닉하고 있는 의미 내용을 밝혀내려고 하는 시도다.[4] 중세 철학은 이러한 해석에서 세 가지 단계, 즉 우의적 의미 (sensus allegorius) · 정신적 의미(sensus anagogicus) · 신비적 의미 (sensus mysticus)를 구별했다. 그리고 낭만주의는 신화에 대한 '우의적' 파악을 순수하게 '자의적(自意的, tautegorisch)'인 파악으로 대체하려 하면서 신화라는 근본 현상을 다른 것과의 관계로부터가 아니라 그 자체로 이해하려고 큰 노력을 기울였다. 하지만 낭만주의조차 이러한 종류의 '우의적 해석(Allegorese)'을 **원리적으로는** 극복하지 못했다. 크로이처의『고대 민족의 상징과 신화』나 괴레스의『아시아 세계의 신화의 역사』는 둘 다 신화를 우의적−상징적 언어로 보았으며, 구상적인(bildhaft) 표현을 통해 드러나는 은밀하고 보다 깊은 의미와 순수하게 이념적인 내용이 그 언어에 내장돼 있다고 보았다. 신화 자체로 눈을 돌려 신화 자체가 무엇이고 자신을 어떻게 **이해하고 있는지에** 주목한다면, 이념적인 것과 현실적인 것의 이러한 **분리**, 직접적인 존재의 세계와 간접적인 의미의 세계의 이러한 구분, '상'과 '사물'의 이러한 대립이야말로 신화와 거리가 먼 것이라는 사실을 깨달을 것이다. 그러한 분리 · 구분 · 대립은 신화 속에서 살지도 존재하지도 않으면서 신화를 자신 앞에

---

4) 신화 해석의 **역사**에 대해서는 Otto Gruppe, *Geschichte der klassischen Mythologie und Religionsgeschichte während des Mittelalters im Abendland und während der Neuzeit*(*Supplement zu Roschers Lexikon der griechschen und römischen Mythologie*), Leipzig 1921을 참조.

두고 반성할 뿐인 관찰자가 신화 안에 투입하는 것이다. 우리가 단순한 '표현'의 관계밖에 보지 않는 곳에서도, 신화 속에서는—신화가 자신의 근본 형식과 근원 형식으로부터 아직 벗어나지 않고 자신의 근원성으로부터 아직 등을 돌리지 않은 한—오히려 실재적인 **동일성**의 관계가 성립한다. '형상'은 '사물'을 표현하지 않고 형상 자체가 바로 사물이다. 형상은 사물을 단지 대신하지 않고 사물과 동일하게 작용하는 것이며, 따라서 직접 현전하는 사물을 대체한다. 그러므로 '이념적인 것'이라는 범주가 결여되어 있다는 것이야말로 신화적 사유의 특징이다. 또한 신화적 사유에 순수한 의미 같은 것이 나타날 때는 이것을 파악하기 위해 그 의미 자체를 그대로 하나의 사물적인 것, 하나의 존재하는 것으로 치환하지 않으면 안 된다는 것도 신화적 사유의 특징이다. 이러한 근본 관계는 신화적 사유가 아무리 다양하더라도 모든 신화적 사유에서 반복해서 나타나는데, 이는 단순한 사유에서보다 신화적 **행위**에서 훨씬 더 분명하게 나타난다. 모든 신화적 행위에서 참된 실체변화(Transsubstantiation)—신화적 행위의 주체가 그 행위에 의해서 표현되는 신이나 악령으로 변화되는 것—가 이루어지는 순간이 존재한다. 이러한 근본 특성은 주술적 세계관의 가장 원시적인 표현으로부터 종교적 정신의 최고 표현에 이르기까지 추적될 수 있다. **신화와 의례**의 관계에서 의례가 선행하고 신화가 나중에 온다는 것이 강조되었는데, 이러한 견해는 분명히 옳다. 의례 행위를 단순한 표상 내용으로서의 신앙 행위로부터 설명해서는 안 된다. 오히려 정반대가 타당하다. 즉 신화에서 이론적 표상의 세계에 속하는 부분, 즉 단순한 보고나 믿어지는 이야기에 해당하는 것은 인간의 행위·감정·의지 안에 직접 살아 있는 것에 대한 간접적인 해석으로 이해하지 않으면 안 된다. 이렇게 파악될 경우, 모든 의례는 근원적으로는 결코 한낱 '우의적'·모사적·표현적 의미를 갖지 않고 전적으로 **실재적인** 의미를 갖는 것이 된다. 즉 의례는 작용의 실재성 안에, 이러한 실재성의 불가결한 구성 부분을 형성하는 방식으로 편입되어 있는 것이다. 의례를 올바르게 수행하는 것에 인간의 생의 존속뿐 아니라 세계의 존속 자체가 달려 있다는 신앙은 다양한 문화형식에서 극히 다양한 형태를 취하지만 일관되게 나타난다. 프로이스(Preuß)는 코라-인디언(Cora-Indianer, 멕시코 서부에 살았던 아메리카 인디언 부족)과 우이토토-인디언(Uitoto-Indianer, 남미의 콜롬비아 지역에 살았던 아메리카 인디언 부족)에 대해, 그들에게는 신성한 제례, 즉 축제와 노래의 수행이 경작 노동 전체의 결과보다 더 중요한 것으로 여겨지는데, 이는 그들에게 번식과 성장 전체가 신성한 제례에 달려 있기 때문이라고 보고하고 있다. 제사는 인간이 세계를 정신적으로보다는 오히려 물리적으로 지배하기 위한 진정한 도구다. 이 세계의 창시자 내지 창조자는 인간에 대한 주요한 배려로 인간에게 자연의 힘을 지배할 수 있는 여러 형식의 제사를 주었다. 자연은 규칙적인 진행에도 불구하고 의식(儀

式) 없이는 아무것도 제공하지 않기 때문이다.[5] 존재가 주술적−신화적 행위로 이렇게 이행하고 화(化)하는 것과, 이러한 행위가 존재에 직접적으로 다시 작용한다는 것은 주관적인 의미에서도 객관적인 의미에서도 타당하다. 신화의 드라마를 연기하는 무용수의 동작은 단순한 볼거리나 연기가 아니다. 무용수는 신으로 **존재하며** 신이 **된다**. 특히 신의 죽음과 재생을 기리는 모든 초목 숭배 제례(Vegetationsritus)[6]에서는 항상 반복해서 이러한 동일성, 이러한 실재적 동일화의 근본 감정이 표현된다. 이러한 제의에서 이뤄지는 것은, 다른 많은 비의(秘儀)적 제사에서와 마찬가지로 어떤 사건을 모방하는 표현이 아니라 사건 자체이며 사건의 직접적인 수행이다. 제의는 행해진 것(δρώμενον, 드로메논)이며 철저하게 작용력을 갖기 때문에 실재적이고 현실적인 사건인 것이다.[7] 모든 연극 예술

---

5) Preuß, *Ursprünge der Religion und Kunst*, Globus 87권(1905), 336쪽; *Die Nayarit−Expedition*, Leipzig 1912, I, LXVIII쪽과 LXXXIX쪽 이하, *Religion und Mythologie der Uitoto*, Göttingen und Leipzig 1921, I, 123쪽 이하와 논문 Die höchste Gottheit bei den kulturarmen Völkern, *Psychologische Forschung* II권(1922), 165쪽을 참조.

6) [역주] 매년 피고 지는 식물 및 이 식물의 신성을 숭배하는 신앙.

7) 고대의 비의(秘儀)에 대해서는 특히 Reitzen, *Die hellenistischen Mysterien-religionen* 2판, Leipzig 1920과 우제너에 의한 결정적인 논증 Usener, *Heilige Handlung*(Kleine Schriften, IV, 424)을 참조. 클레멘스가 쓴 책의 한 곳에서만 신화적 의식(儀式)이 드라마(Drama)라고 불리고 있으며, 보통은 '드로메나(Dromena)'라고 불린다. 그리고 이것은 통상적으로 의식, 그중에서도 특히 비밀스럽게 행해지는 의식을 가리키며 무대에서의 상연(上演)을 의미하지는 않는

의 궁극적 기원이 되는 이러한 몸짓(Mimus) 형식에서 중요한 것은 한낱 미적인 연기가 아니라 비극적인 엄숙함, 신성한 행위 자체를 특징짓는 저 엄숙함이다. 따라서 주술적 작용의 어떤 경향을 규정하는 데 사용되곤 하는 '모방주술(Analogiezauber)'이라는 표현조차 이러한 작용의 본래적 **의미**와 결코 일치하지 않는다. 왜냐하면 우리가 단순한 기호와 기호의 유사성밖에 보지 못하는 곳에서도, 주술적 의식에게는 그리고 이를테면 주술적 지각에게는 오히려 대상 자체가 현전해 있기 때문이다. 이렇게 파악할 경우에만 주술에 대한 '신앙'도 이해될 수 있다. 주술은 단지 주술적 수단의 효력을 믿을 뿐 아니라 우리에게는 단지 수단이란 의미밖에 갖지 않는 것을 통해 사물 자체를 소유하면서 직접적으로 장악하고 있는 것이다.

신화적 사유가 한낱 의미에 해당하는 것, 순수하게 이념적이고 기호적인 것을 파악할 수 없다는 것은 신화적 사유에서 **언어**에 주어지는 지위를 보면 극히 분명하게 알 수 있다. 신화와 언어는 끊

다(de Jong, *Das antike Mysterienwesen*, 19쪽). 그리고 춤이 없는 제식은 존재하지 않으며, 비의를 누설하는 행위에 대해서는 말로 누설한다고 하지 않고 춤으로 누설한다고 말한다. '원시인들'의 제의에 대해서도 유사하게 말할 수 있다. 프로이스는 다음과 같은 사실을 지적한다. "동물의 춤과 정령(精靈)의 춤에 공통된 것은 그것들이 모두 어떤 주술을 목적으로 한다는 것이다. 춤을 통해 표현되는 것은 신화적인 이야기가 아니며, 단순히 광경과 사상을 표현하려는 것도 아니다. 이러한 것[광경과 사상의 표현]은 춤이 세속적인 것이 되거나 보다 높은 발전 단계에 도달한 후에야 비로소 생기는 것이다."(Preuß, *Ursprung der Religion und Kunst*, Globus 86권, 392쪽)

임없이 서로 접촉하며, 그 내용을 서로 지탱하고 규정한다. 상(像)의 주술과 나란히 언어와 이름의 주술이 있으며 이것들은 주술적 세계관의 불가결한 구성 부분이다. 여기서도 결정적인 전제는 단어와 이름이 단순한 표시 기능만을 지니는 것이 아니라, 양자 모두에 대상 자체와 그것의 실재적인 **힘들**이 포함되어 있다는 것이다. 단어와 이름조차 가리키고 의미하지 않고 존재하고 작용한다. 언어를 구성하는 한낱 감각적 소재 자체에, 즉 인간이 내는 소리 자체에 사물들을 지배하는 독특한 힘이 내재해 있다. 자연민족이 박두하고 있는 사건과 재앙을 노래를 부르거나 크게 소리 지르고 부르짖음으로써 막고 '쫓아버린다'는 것은 잘 알려져 있다. 자연민족은 일식과 월식, 격렬한 폭풍과 뇌우를 이렇게 부르짖고 소음을 냄으로써 막으려 했다.[8] 그러나 언어 본래의 신화적-주술적 힘이 처음으로 나타나는 것은 언어가 이미 구분되고 분절된 음성이라는 형식을 취할 때다. 형성된 단어는 그 자체로 한정된 것, 하나의 개별적인 것이다. 이러한 단어에는 이를테면 각각 특수한 존재 영역, 어떤 개별적인 영역이 예속되어 있어서 그 단어는 이러한 영역을 절대적으로 지배하고 관리한다. 특히 **고유명사**는 이와 같이 신비스러운 끈에 의해 그것이 지칭하는 사람의 고유성과 결부되어 있

---

8) 자연민족에 대해서는 Preuß, *Ursprung der Religion und Kunst*, Globus 86권, 384쪽을 참조할 것. 동일한 견해에 대해 고대 문헌에 존재하는 전거는 예를 들면 Rohde, *Psyche* 2판 II, 28쪽, 각주 2나 II, 77쪽에 보인다.

다. 지금까지도 고유명사에 대한 이러한 독특한 경외감, 즉 고유명사는 그 사람에게 외부로부터 덧붙여지는 것이 아니라 그 사람에게 어떻게든 '속해 있는' 것이라는 느낌이 아직도 여러 가지 방식으로 영향을 미치고 있다. 괴테는 『시와 진실』의 한 유명한 구절에서 이렇게 썼다. "어떤 인간의 이름이란 그가 걸친 한낱 외투 같은 것이 아니다. 외투라면 언제라도 벗어버릴 수 있지만 이름은 신체에 딱 들어맞는 옷과 같으며, 정녕 그 사람 자신과 함께 자라나는 피부 자체와 같다. 따라서 이름은 그 사람 자신을 상하게 하지 않고서는 벗겨낼 수 없다." 그러나 근원적인 신화적 사유에서 이름이라는 것은 그러한 피부 이상의 것이다. 그 사람의 내적인 것, 본질적인 것을 언표하는 것이며 이 내적인 것 자체'이다'. 이름과 인격은 여기서는 하나로 용해되어 있다.[9] 성인식과 그 외의 입문 의례에서 사람들이 새로운 이름을 받는 것은, 그러한 의례를 통해 새로운 자기를 갖게 되기 때문이다.[10] 신의 본질 및 활동의 실재적인 부분을 형성하는 것은 무엇보다도 **신**의 이름이다. 신의 이름은 모든 특별

---

9) 로마의 국법에서 노예는 아직 이름을 가질 수 없었다. 이는 노예에게는 법적으로 어떠한 인격성도 인정되지 않았기 때문이다. Mommsen, *Römisches Staatsrecht* III, 1, 203쪽(Rudolf Hirzel, *Der Name, ein Beitrag zur seiner Geschichte im Altertum und besonders bei den Griechen*, Abh. der Kgl. Sächs. Ges. der Wiss., XXVI권, II호, Leipzig 1918)을 볼 것.

10) 이에 관한 많은 예들은 Brinton, *Primitive religion*, 86쪽 이하와 James, *Primitive ritual and belief*, London 1917, 16쪽 이하에 보인다. 또한 van Gennep, *Les rites de passage*, Paris 1909도 참조할 것.

한 신이 존재하고 활동하는 힘의 영역을 표시한다. 따라서 기도와 찬가 그리고 모든 형식의 종교적 언어에서는 각각의 신이 적합한 이름으로 불리도록 세심한 주의를 기울여야 한다. 왜냐하면 신이 올바르게 불릴 경우에만 그는 자신에게 바쳐진 것을 받아들이기 때문이다. 로마인들의 경우, 적합한 신을 언제든지 그에 부합되는 방식으로 부르는 능력은 신관(神官)들이 행하는 특별한 기술로까지 발전했으며 이러한 기술은 그들이 관리하는 기도문(indigitamenta)에 기록되었다.[11] 그 외에도 종교사에서는 신의 본성과 행위의 강함과 다양성이 그의 이름에 포함되어 있고 이를테면 응축되어 있다는 근본 견해가 항상 거듭해서 나타난다. 이름 안에는 신적인 풍요의 비밀이 깃들어 있다. 즉 신의 이름의 다양성, 신이 다양하게 불릴 수 있다는 것(Polyonymie)과 '만 가지로 불릴 수 있다는 것(Myrionymie)'은 신의 작용이 갖는 무궁무진한 성격의 본래적 특징인 것이다. 주지하듯이, 신의 이름이 갖는 힘에 대한 신앙은 구약성서에도 그대로 기록되어 있다.[12] 이집트는 주술과 이름을 이용하는 주술(Namens-Zauber)이 전형적으로 나타나는 나라로서, 이러한 특성이 그 종교사에서 가장 명료하게 드러난다. 이집트에서

---

11) Wissowa, *Religion und Kultus der Römer* 2판, 37쪽을 볼 것. 이에 대해서는 특히 Norden, *Agnostos Theos*, 144쪽 이하 참조.

12) 이 점에 관해서 상세한 것은 Giesebrecht, *Die alttestamentliche Schätzung des Gottesnamens und ihre religionsgeschichtliche Grundlage*, Königsberg 1902 를 볼 것.

는 우주 전체가 신적인 로고스에 의해 창조되었으며, 최초의 신 자체도 그의 강력한 이름의 힘에 의해 생겨난 것으로 여겨진다. 처음에 이름이 있었고 이 이름이 다음의 모든 존재를 낳았다. 즉 신적인 존재조차도 자기 자신으로부터 낳았다는 것이다. [따라서] 어떤 신이나 악령의 참된 이름을 아는 사람은 그 이름을 갖는 신이나 악령의 힘도 무제한적으로 자기 자신의 것으로 할 수 있다. 이집트의 어떤 설화에서는 엄청난 마력을 갖는 여신 이시스(Isis)가 계교(計巧)를 사용하여 태양신인 라(Ra)의 이름을 밝혀내고 이를 통해 라와 그 외의 모든 신들에 대한 지배권을 획득했다고 서술된다.[13]

---

13) '이름이 갖는 전능한 힘'과 이름의 실재적인 우주론적 의미에 대한 상세한 내용은 나의 연구 *Sprache und Mythos. Ein Beitrag zum Problem der Götternamen* (Studien der Biblischen Warburg VI, Leipzig 1924)를 볼 것. 말이 나온 김에 지적하는 것이지만, 신화적 사유를 철저하게 지배하는 '언어'의 완전한 '실체성'에 대한 믿음은 거의 변하지 않은 형태로 특정한 **병적** 현상에서도 관찰된다. 이 경우 그러한 믿음은 아마도 동일한 정신적 징후, 즉 비판적 사유와 분석적 개념 형성에서는 구별되고 있는 '대상화의 단계들'이 여기서는 서로 침투하고 있다는 것에 근거한 듯하다. 이 점에서 쉴더가 *Wahn und Erkenntnis*, Berlin 1918, 66쪽 이하에서 전하는 사례는 중요하고 가르쳐주는 바가 많다. 여기서 보고된 환자는 이 세계에서 참으로 작용력을 갖는 것은 무엇이냐는 물음에 단어들이라고 대답했다. 천체가 일정한 단어들을 '주며', 이것들에 대한 인식을 통해 인간은 사물들을 지배하게 된다는 것이다. 그리고 하나하나의 단어 전체가 힘을 가질 뿐 아니라 단어를 구성하는 부분들 각각도 동일한 방식으로 힘을 갖는다. 그 환자는 예를 들어 '혼돈(Chaos)'이라는 단어는 분해될 수 있으며 분해된 부분들도 여전히 의미를 갖는다고 확신한다. 따라서 그는 "화학자가 복잡하게 합성된 실체를 파악하는 것과 마찬가지로 자신의 말을 파악하고 있다."

그리고 이름과 마찬가지로 어떤 인물이나 사물의 **상** 또한 신화적 사유가 '객관화 단계'의 모든 차이에 대해 무관심하다는 것을 직접적으로 분명히 보여준다. 신화적 사유에서는 모든 내용이 존재의 동일 평면으로 압축되며 지각된 모든 것이 그대로 실재적 성격을 갖기 때문에, 언표되고 청취된 단어에 대해 말할 수 있는 것과 동일한 것을 눈으로 볼 수 있는 상에 대해서도 말할 수 있는 것이다. 상도 제3자나 방관자의 주관적 반성에 대해 사물을 표현할 뿐아니라 사물 자체의 고유한 현실성과 활동의 일부로 존재한다. 어떤 인간의 고유명사와 마찬가지로 그 상도 또한 그 사람의 **다른 자아**(alter ego)이며, 이 상에 일어나는 것은 그 사람 자신에게도 일어난다.[14] 따라서 주술적 표상권에서는 상을 사용하는 주술과 사물을 사용하는 주술은 명확히 구별되지 않는다. 주술이 인간의 특정한 신체 부분—예를 들면 손톱과 머리카락—을 수단이나 매체로서 이용할 수 있는 것과 마찬가지로 상을 이용해도 동일한 효과를 거둘 수 있다. 적의 상을 바늘로 찌르고 화살로 관통한다면, 이것

---

14) 이러한 관계를 보여주는 **중국의** 표상권의 많은 예들을 de Groot, *Religious system of China*, IV, 340쪽 이하가 제공하고 있다. "상(像), 특히 그림이나 조각은 실재의 사물과 극히 유사하기 때문에 살아 있는 실재의 **다른 자아**이며 실재의 영혼이 체류하고 있을 뿐 아니라 실재 그 자체다. 무수한 사람들에 의해 죽은 자의 상이 만들어지는데, 이것은 분명히 죽은 자가 수호자이자 조언자로서 그러한 상 안에 직접 현전하도록 하기 위해서다. (…) 사실 이러한 강력한 연상이 중국의 뿌리 깊은 우상숭배와 주물(呪物)숭배의 핵심이며 따라서 중국의 종교체계 내에서 가장 중요한 현상이다."

은 주술에 의해 적에게도 직접 영향을 미친다. 그리고 상은 이렇게 수동적으로 영향을 받는 힘과 마찬가지로 극히 능동적인 영향력도 갖췄다. 즉 상은 대상 자체가 갖는 것과 전적으로 동일한 영향력을 갖는다. 밀랍으로 만들어진 모델은 그것이 표현하는 대상과 동일한 것이며 동일한 작용을 한다.[15] 특히 인간의 **그림자**도 상과 동일한 역할을 한다고 인정된다. 그림자조차 인간의 손상되기 쉬운 실재적 부분이며 그림자에 해를 끼치는 모든 것은 그 사람 자신에게도 해를 끼친다. 어떤 사람의 그림자를 밟는 일이 금지되는 것은 그 사람에게 병을 초래할 수 있기 때문이다. 몇몇 자연민족이 무지개를 보면 두려워한다는 보고가 있는데, 이는 무지개를 자신들의 그림자를 포획하기 위해 강력한 주술사가 펼쳐놓은 망이라고 생각하기 때문이다.[16] 서아프리카에서는 때때로 못이나 칼을 어떤 사람의 그림자 안에 박아넣음으로써 은밀하게 살인이 행해진다.[17] 그림자가 이러한 의미를 갖는 것은 사람들이 어떤 사람의 그림자를 그의 **영혼**과 동일시하기 때문이라는, 애미니즘에 의한 설명은 우리가 신화적 사유의 현상들에 나중에 투입하는 사후적인 반성에 지

---

15) 이에 대한 특징적인 예들은 Budge, *Egytian Magic* 2판, London 1911, "Magic pictures"에 대한 절, 104쪽 이하에서 보인다.

16) 이에 대해서는 프레이저가 매우 풍부한 민족학적 자료를 모아놓았다. Frazer, *The Golden Bough*, II권, Taboo and the perits of the soul 3판, London 1911, 77쪽 이하 참조.

17) Mary Kingsley, *West African Studies*, 207쪽.

나지 않는다. 여기서 행해지고 있는 것은 사실 훨씬 더 단순하고 근원적인 동일화인 것 같다. 그것은 각성상태와 꿈, 이름과 사물을 서로 결합하면서 '모사'적인 존재형식과 '원형'적인 존재형식 사이에 어떤 분명한 구별도 하지 않는 동일화다. 왜냐하면 이러한 구별은 모두 내용 자체에 단지 직관적으로 몰입하는 것과는 다른 어떤 것을 요구할 것이기 때문이다. 즉 분명한 구별 속에서는 개별 내용들이 그것들이 현존하는 모습으로 포착되지 않으며, 오히려 그것들이 의식 내에서 생성되기 위한 조건과 이러한 생성을 지배하는 인과법칙으로까지 소급되어야 한다. 이것은 신화적 사유와 아직은 전적으로 무관한 종류의 분석, 즉 순전히 사유에 의한 분석을 전제로 한다.

일반적으로 신화적 사유의 특성, 신화적 사유가 순수하게 '이론적'인 세계관에 대해 대비되는 결정적인 점은 그것의 **대상 개념**으로부터 파악될 수 있는 것 못지않게 그것의 **인과 개념**으로부터도 명확하게 파악될 수 있다는 점이다. 이 두 개념은 서로를 규정하기 때문이다. 즉 인과적 사유형식이 대상적 사유형식을 규정하며 그 역의 관계 역시 성립한다. 신화적 사유에 '원인'과 '결과'라는 일반적인 범주가 결여되어 있는 것은 결코 아니다. 오히려 어떤 의미에서 이러한 범주는 신화적 사유의 근본 요소에 속한다. 그러한 범주는 세계의 생성과 신들의 탄생에 대한 물음에 답하려고 하는 신화적 우주생성론과 신들의 생성계통뿐 아니라 철저하게 '설명적'인 성격을 갖는 많은 신화적 설화에 의해 입증된다. 이러한 신화적 설화는 태양과 달, 인간과 어떤 종류의 동식물과 같은 개개의 구체적 사물의 기원에 대한 특수한 '설명'을 제공하려고 한다. 또한 일정한 문화재를 소유하게 된 것을 어떤 영웅 내지 '구원자'에 의한 것으로 설명하려는 문화에 관한 신화적 설화도 동일한 표상권에 속한다. 그러나 과학적 인식에 의해 요청되고 제시되는 인과적 설명 형식과 신화의 인과성 또한 양자의 대상 개념 사이의 대립이 결국 귀착되는 것과 동일한 특성에 의해 구별된다. 칸트에 의하면 인과 법칙은 '종합적 원리'이며, 현상을 경험으로서 이해하기 위해 현상을 해독하는 데 기여하는 법칙이다. 그러나 인과개념의 이러한 종합은 대상 개념 일반의 종합과 마찬가지로 극히 명확한 분석 경향도 포함한다. 종합과 분석이 서로를 보완하고 서로를 필연적으로 요구하는 방법이라는 것이 여기서도 분명해진다. 인과 개념에 관한 흄의 심리학적 이해와 심리학적 비판의 근본적 결함은, 이러한 개념에 내재한 **분석적** 기능이 정당하게 인식되고 평가되지 않는다는 데 있다. 흄에 따르면 인과성에 대한 모든 표상은 결국 단순한 공존의 표상으로부터 도출될 수 있다. 두 개의 내용이 의식 안에서 충분히 빈번하게 연이어 나타나면, 그것들은 결국 '상상력'이라는 매개하는 심리적 기능에 의해 단순한 근접관계—단순히 공간적으로 나란히 존재하고 시간적으로 잇달아 일어나는 것—로부터 인과관계로 보이게 된다는 것이다. [다시 말해] 공간적 혹은 시간적인 근접이 '연상'이라는 단순한 메커니즘에 의해 인과성으로 변형된다는 것이다. 과학적 인식이 인과 개념과 인과 판단을 획득하는 방식은 실제로는 정반대의 과정으로 이루어진다. 이러한 인과 개념과 인과 판단에 의해, 직접적인 감각인상에서는 함께 존재하는 것으로 보였던 것이 점차 분해되고 조건들의 여러 복합체로 펼쳐지게 된다. 단순한 지각에서는 시점(時點) A1에서의 특정한 상태 A에 시점 A2에서의 다른 상태 B가 따른다. 그러나 A와 B가 연속되는 일이 아무리 자주 반복되어도 그것이 A가 B의 '원인'이라는 생각으로 귀착되지는 않을 것이다. 여기서 어떤 새로운 매개 개념이 개입되지 않는다면, '이것 후에(post hoc)'가 '이것 때문에(propter hoc)'로 되는 일은 결코 없을 것이다. A라는 전체적 상태로부터 사유는 특정한 계기 α를 끄집어내고, 그것을 B라는 전체적 상태 속에 있는 β라는 계기와 결합한다. α와 β가 서로 어떤 '필연적인' 관계에 있고 '원인'과 '결과', '조건 짓는 것'과 '조건 지어지는 것'이라는 관계에 있다는 것은, 주어진 하나의 지각이나 주어진 다수의 지각으로부터 수동적으로 읽히는 것이 아니다. 그것은 α라는 조건이 그러한 조건으로서 **정립되고** 그 다음에 α에 결부되는 결과가 탐구됨으로써 실증된다. 특히 물리학의 인과 판단이 최종적으로 귀착되는 물리학적 **실험**의 근저에는 항상 그와 같이 사건을 개별적 조건군, 여러 관계층으로 분해하는 작업이 존재한다. 갈수록 더 깊이 진척되는 이러한 분석에 의해 처음에 인상들의 단순한 유희나 '지각의 광상곡'으로서 주어졌던 공간적–시간적 사건이, 비로소 우리에게 그것에 인과적 사건이라는 낙인을 찍는 새로운 **의미**를 갖게 된다. 우리 눈앞에서 일어나는 개별 사건은 이제 더 이상 개별적인 것으로 간주되지 않는다. 개별 사건은 보편적이고 포괄적인 법칙성의 담지자이자 표현이 된다. 갈바니(Galvani)의 실험실에서 개구리 다리가 움찔거린 것은 단지 그 자체로서가 아니라, 즉 분해되지 않은 현상으로서가 아니라 그것에 결부되는 분석적 사유과정에 의해 '갈바니 전기(Galvanismus)'라는 새로운 힘의 증명이자 증거가 된다. 따라서 감성적–경험적 존재는 과학이 정립하는 인과관계에 의해 단지 단순히 확인되면서 반복되는 것이 아니라, 오히려 역으로 경험 요소들의 단순한 인접관계가 단절되고 돌파되는 것이다. 즉 단순한 존재라는 점에서는 서로 인접한 내용들이 '근거'와 '본질'이라는 점에서는 서로 분리되어 있고, 직접적이고 감성적인 시각에서 보면 서로 멀리 떨어져 있는 것들이 개념적으로는, 즉 현실이 갖는 사상(思想)적 구조로 보면 서로 근접하게 되고 서로 연관을 맺게 된다. 이러한 방식으로 뉴턴은 중력이라는 새로운 원인개념을 발견했는데, 이 중력에 의해 물체의 자유낙하 · 행성의 운행 · 썰물과 밀물과 같은 극히 다양한 현상들이 하나로 결합되었으며 동일하고 일반적인 **규칙**에 종속되었다.

전체적인 복합체로부터 일정한 계기를 '조건'으로서 파악하고 추출하는 추상작용, 즉 고립화하는 작용이야말로 신화적 사유양식에는 낯선 것이다. 신화에서는 일체의 동시성, 일체의 공간적 수반과 접촉이 이미 그 자체로 어떤 실재적·인과적인 '연속관계'를 포함한다. 모든 공간적·시간적 접촉이 그대로 원인–결과의 관계로 간주되는 것이 신화적 인과성과 그것에 근거한 '자연학'의 원리라고 불려왔던 것이다. '이것 후에, 따라서 이것 때문에(post hoc, ergo propter hoc)'라는 원리와 함께, 특히 '이것에 인접해 있어서, 따라서 이것 때문에(juxta hoc ergo propter hoc)'라는 원리도 신화적 사유의 특징을 보여준다. 어떤 계절에 출현하는 동물이 그 계절을 가져오는 자, 그 계절의 창시자라는 견해는 신화적 사유에서 흔히 볼 수 있다. 즉 신화적인 사유방식에서 여름을 **가져오는 것은** 제비다.[18] 예를 들어 올덴베르크는 베다 종교의 희생제와 주술의 관습에 깔린 근본적인 사유방식을 다음과 같이 묘사한다. "공상적이라고 여겨질 정도로 자의적인 관계들의 망이 모든 존재자를 감싸고 있으며, 이러한 존재자들의 움직임에 입각하여 희생제와 희생제의 구조가 세계의 운행과 자아에 미치는 영향이 설명될 수 있다고 믿어진다. 모든 존재자들은 접촉에 의해서, 그것들에 내재하는 수에 의

---

18) 이 점에 대해 상세한 내용은 예를 들어 Preuß, *Anfänge der Religion und Kunst*를 볼 것. 신화적 원리 '이것에 인접해 있어서, 따라서 이것 때문에(juxta hoc ergo propter hoc)'에 대해서는 특히 Lévy-Bruhl이 자신의 저서 *Les fonctions mentales dans les sociétés inférieures*, Paris 1910에 모아놓은 풍부한 예들을 참조할 것(독일어 본역본, *Das Denken der Naturvölker*, Leipzig und Wien 1921, 252쪽 이하).

해서, 그것들에 부착된 무언가에 의해서 서로 작용한다. (…) 그것들은 서로 두려워하면서도 서로 침투하며 서로 얽혀 있고 서로 쌍을 맺는다. (…) 어떤 것이 다른 것으로 이행하고 다른 것이 되며다른 것의 형식이 되고 다른 것으로 **존재한다.** (…) 여기서는 두 개의 표상이 일단 어느 정도로 접근하게 되면, 그것들은 더 이상 분리될 수 없다고 생각할 것이다."[19] 만약 그렇다면, 흄은 외관상으로는 과학적인 인과 판단을 분석하고 있는 것으로 보이지만 오히려 모든 신화적 세계 설명의 근본을 드러낸 것이라는 놀랄 만한 결과가 도출된다. 사실 신화적 표상은—언어를 분류하는 데 사용되는 표현을 빌려서 말하자면—'포합적(抱合的, polysynthetisch)'인[20]특징을 지닌다. 이는 신화적 표상에서는 하나의 전체적 표상을 개개의 요소로 분해하는 것이 기도되지 않고 단 하나의 미분화된 전체적 직관이 주어져 있을 뿐 아직 개별적 요소들의 어떠한 '분리'도없으며, 특히 객관적인 지각 요소와 주관적인 감정 요소의 분리가

---

19) Oldenberg, *Die Lehre der Upanishaden und die Anfänge des Buddhismus*, Göttingen 1915, 20쪽 이하.

20) [역주] 포합어는 동사를 중심으로 그 앞뒤에 인칭 접사나 목적을 나타내는 어사를 결합 또는 삽입하는데, 한 단어가 한 문장과 같은 형태를 지닌다. 포합어에서는 참된 단위로서의 단어가 불완전하게 형성되어 있고 개개의 단어와 문장전체 사이에 선명한 경계선이 존재하지 않아, 단어는 대개의 경우 문장에 귀속됨으로써만 단어가 된다. 에스키모어와 다수의 아메리카 인디언어가 포합어에해당한다.

행해지지 않았다는 의미다.[21] 프로이스는 신화적-**복합적** 표상양식의 이러한 특성을 개념적 사유의 분석적 이해와 대조하면서 다음과 같이 설명했다. 예를 들어, 코라 인디언(Cora-Indianer)의 우주론적·종교적 표상에서는 개개의 별, 달, 태양 등이 지배력을 갖지 않고 천체의 전부가 아직 미분화된 전체로 간주되며 이러한 전체는 종교적 숭배를 받는다. 개개의 천체를 파악하기에 앞서서 밤의 하늘과 낮의 하늘이 전체로서 우선 파악되는 것이다. 이는 "전체가 하나의 통일적인 존재로서 파악되고 천체에 결부된 종교적 표상이 자주 천체를 하늘 전체와 혼동하며, 따라서 전체적인 파악으로부터 자유로울 수 없기 때문이다."[22] 그러나 이제까지의 논구로부터 우리가 알게 되는 것은 자주 역설되고 기술되었던 신화적 사유의 이러한 특징이 이 사유에 결코 외적으로 또는 우연히 수반되는 것이 아니라 신화적 사유의 **구조**로부터 필연적으로 생긴다는 것이다.[23] 우리는 여기서 과학적 인과 개념의 기초를 이루는 논리적 기능은 지각에 이미 주어진 요소들을—'상상력'에 의해서든 지성에 의해서든—사후적으로 '결합하는' 데 그치는 것이 아니라 오히려

---

21) Lévy-Bruhl, *Das Denken der Naturvölker*, 30쪽.

22) Preuß, *Die Nayarit-Expeditions*, L쪽 이하, *Die geistige Kultur der Naturvölker*, Leipzig, 1914, 9쪽 이하 참조.

23) 예를 들면 Rich. Thurnwald, *Zur Psychologie des Totemismus*(*Anthropos* XIV[1919], 48쪽 이하)를 참조할 것. 여기서 그는 '복합적' 사유 대신 '전체상(Vollbilder)적 사유'에 대해 말하고 있다.

이러한 요소들 자체를 비로소 정립하고 규정해야만 한다는 중요한 **인식비판적** 통찰의 이면(裏面)과 같은 것을 보게 된다. 이러한 규정이 결여되어 있는 한—인과적 '추론'에 의해 이미 철저하게 규정되어 있는 우리의 발달된 경험 의식에게는 여러 대상과 대상군을 서로 분리시키는—저 모든 구획과 경계선도 존재하지 않게 된다.

경험적 인과성에 의한 사유형식이 본질적으로 **특정한** '원인'과 **특정한** '결과' 사이에 일의적 관계를 설정하는 것을 목표로하는 데 반해, 신화적 사유에서는 시원에 대한 물음이 제기되는 경우에조차 아직 '원인' 자체는 전적으로 자유롭게 선택된다. 여기서는 아직 모든 것이 모든 것으로부터 **생길** 수 있다. 신화적 사유에서는 모든 것이 모든 것과 시간적으로 혹은 공간적으로 접촉할 수 있기 때문이다. 따라서 경험적-인과적 사유가 '변화'에 대해 말하고 이것을 보편적 규칙에 입각하여 이해하려는 곳에서, 신화적 사유는 오히려 (괴테적인 의미에서가 아니라 오비디우스가 말하는 의미에서) 단순한 변신(Metamorphose)밖에 알지 못한다. 과학적 사유가 '변화'라는 사실로 눈을 돌릴 때, 그것의 관심이 본질적으로 향하는 것은 감성적으로 주어진 개별 **사물**의 다른 사물로의 이행이 아니다. 오히려 이러한 이행에서 일반적인 **법칙**이 표현되는 한에서만 이 이행은 과학적 사유에게 '가능하고' 용인될 수 있는 것으로서 나타난다. 즉 그러한 이행의 근저에, 단순한 지금 여기 그리고 지금 여기에서의 사물들의 그때마다의 상태와는 무관하게 보편 타당한 것으로 간주되는 일정한 함수적 관계와 규정이 존재하는 한에서다. 이에 반해 신화적 '변신'은 항상 개별 사건에 대한 보고이며, 어떤 개별적 · 구체적 사물형식과 존재형식으로부터 다른 개별적 · 구체적 사물형식과 존재형식으로의 진행에 대한 보고다. 세계는 바다의 밑바닥에서 끌어올려지거나 혹은 거북이로부터 형성된다. 대지는 거대한 동물의 신체로부터 혹은 물에 떠다니는 연꽃으로부터 형성된다. 태양은 돌로부터 생기고, 인간은 바위 혹은 나무로부터 생긴다. 이렇게 다양한 신화적 설명들은 모두 그 **내용**만 보면 너무나 혼란스럽고 무법칙적인 것으로 보이지만 세계 파악에서 하나의 동일한 **방향**을 보인다. 개념적 인과 판단이 사건을 불변적 요소로 분해하면서 이러한 요소들이 어떻게 결합되고 상호 침투되며 또 결합과 상호 침투가 어떻게 동일하게 반복되는지로부터 '이해'하려는 것에 반해, 전체적 표상 자체에 머물러 있는 신화적 표상작용에서는 그 사건 자체의 단순한 진행에 대한 상을 갖는 것으로 충분한 것이다. 경우에 따라 이러한 상에서 어떤 종류의 유형적 특징들이 반복될지도 모르지만, 그렇다고 해서 그 경우에 어떤 규칙과 아울러 이것과 함께 생성을 제한하는 특정한 형식적 조건들이 문제가 된다고는 할 수 없다.

물론 법칙성과 무법칙성, '필연성'과 '우연성'의 대립도 신화적 사유와 과학적 사유의 관계에 적용되기 위해서는 보다 선명한 비판적 분석과 보다 엄격한 규정이 필요하다. 레우키포스(Leukipp)와 데모크리토스(Demokrit)는 세계에서는 아무것도 '우연히' 생기지 않고 모든 것은 어떤 근거로부터 필연의 힘에 의해 일어난다(οὐδὲν χ ρῆμα μάτην γίνεται, ἀλλὰ, πάντα ἐκ λόγου τε καὶ, ὑπ᾽ἀνάγκης)는 명제를 제시함으로써 정녕 과학적 세계 설명의 **원리**와 신화로부터의 최종적인 이반을 표명하는 듯하다. 그러나 언뜻 보기에는 이러한 인과의 원리가 신화적 세계의 구조에도 똑같이 타당하며, 오히려 신화적 세계에서 특별히 강화되고 첨예화된 형태로 받아들여지고 있다고까지 여겨질 수 있다. 어떠한 의미에서도 '우연한' 사건이라는 것을 생각할 수 없음을 사람들은 신화적 사유 특유의 본질적 특성으로 간주해왔다. **우리**가 과학적으로 세계를 설명하는 관점에서 '우연'이라고 보는 것에 대해서도 신화적 의식은 어디까지나 '원인'을 요구하며, 각 개별 사례에 대해 원인을 상정한다는 사실이 자주 발견된다. 예를 들어 자연민족의 사유에서는 토지에 생긴 재난, 어떤 사람이 겪게 되는 상해(傷害), 병과 죽음도 결코 '우연한' 사건이 아니며, 그것들은 항상 그것들의 참된 원인인 주술적 작용으로 소급되는 것이다. 특히 죽음은 결코 '자연히' 일어나는 것이 아니라 반드시 외부로부터 주술의 영향에 의해 일어난다.[24] 따라서 신화적 사유를 무법칙적인 자의가 지배한다고 볼 것이 아니라, 오히려 역으로 인과관계를 감지하는 '본능'과 인과적 설명에 대

---

24) 이것에 관한 아프리카 종교의 예들은 Meinhof, *Die Religion der schriftlosen Völker*, 15쪽 이하를 참조할 것.

한 요구의 지나친 비대화가 지배하고 있다고 보아야 되는 것 같다. 사실 세계에는 우연에 의해 일어나는 것은 아무것도 없고 모든 것이 의식적인 의도에 의해 일어난다는 명제가 종종 신화적 세계관의 근본 명제로 간주되었다.[25] 여기서도 또한 [과학과 신화라는] 정신적 세계들 간에 존재하는 차이와 대립이 근거하는 것은 인과 개념 자체가 아니라 인과적 설명의 특수한 **형식**이다. 순수한 인식적 의식과 신화적 의식은 '설명'을 착수하는 지점이 전혀 다르다고 말할 수 있는 것이다. 순수한 인식적 의식은 시간 · 공간 내의 개별 사건을 보편적 법칙의 특수한 예로서 파악할 수 있게 되면 그것으로 만족하며, 개별화 자체, 지금 여기 자체에 대해서는 그 이상 '왜'라고 묻지 않는다. 이에 반해 신화적 의식은 바로 이 특수한 것, 개별적이고 일회적인 것에 '왜'라는 물음을 제기하는 것이다. 신화적 의식은 개별적 의지작용들을 정립하고 상정함으로써 개별 사건을 '설명한다'. 우리의 인과적 법칙 개념은 그것들이 아무리 특수한 것을 파악하고 규정하는 것으로 향해도, 그리고 이러한 의도를 충족시키기 위해 자신을 분화하고 서로를 보완하고 한정해도 이러한 특수한 것에 항상 무규정성의 영역을 남겨둔다. 왜냐하면 개념인 이상 우리의 인과적 법칙 개념이 직관적−구체적 존재와 사건을 완전히 길어낼 수 없고, 보편적 것의 그때마다의 다양한 '변양'을 완

---

25) Brinton, *Primitive religion*, 47쪽 이하; Lévy-Bruhl, *La mentalité primitive*, Paris 1922 참조.

전히 길어낼 수 없기 때문이다. 따라서 여기서는 특수한 모든 것은 보편적인 것에 의해 물 샐 틈 없이 지배되고 있지만 그 특수한 것이 보편적인 것으로부터 남김없이 연역될 수는 없다. 이미 '특수한 자연법칙'은 보편적인 원리, 즉 인과법칙 자체에 대해 어떤 새롭고 독자적인 것을 보여준다. 이러한 특수한 법칙들은 인과법칙에 복속되어 있지만, 그렇다고 해서 구체적으로 정식화된 그러한 법칙들이 단지 인과법칙에 의해서만 정립되고 규정된 것은 아니다. 이론적 사유와 이론적 자연과학에서 '우연'이라는 문제가 생기는 것은 바로 이 부분에서다. 양자에서 '우연적인' 것은 보편적 법칙성이라는 형식으로부터 벗어난 것이 아니라, 이러한 형식으로부터 더 이상 연역될 수 없는 변양에 근거하는 것을 의미하기 때문이다. 이론적 사유가 '우연적인 것'조차 보편적인 인과법칙의 입장으로부터 파악하고 규정하려고 한다면, 이론적 사유는—「목적론적 판단력 비판」이[26] 상세하게 보여주는 것처럼—다른 범주로 넘어가야만 한다. 순수한 인과원리 대신 이제 목적 원리가 들어선다. 왜냐하면 '우연적인 것의 법칙성'이란 '합목적성'이라고 불리는 것이기 때문이다.[27] 그러나 신화는 여기서 정반대의 길을 걷는다. 신화는 우선 목적을 갖는 작용을 직관하는 것에서 **시작한다.** 자연의 모든 힘은

---

26) [역주] 칸트의 『판단력 비판』 제2부의 제목.

27) 위의 서술을 보완하는 것으로서 졸저 *Kants Leben und Lehre*, 3판, Berlin 1922, 310쪽 이하의 『판단력 비판』에 대한 분석을 볼 것.

신화에게는 악령 내지 신의 의지의 표현이기 때문이다. 이러한 원리야말로 신화에게 존재 전체를 점진적으로 비추는 광원(光源)이며 이 원리를 제외하면 신화에게는 세계를 이해할 수 있는 어떠한 가능성도 없다. 과학적 사유에서 어떤 사건을 '이해한다'는 것의 의미는 특정한 일반적 조건들로 소급해가는 것, 우리가 '자연'이라고 부르는 저 보편적 조건들의 복합체 안으로 그 사건을 편입시키는 것이다. 어떤 현상, 예를 들면 어떤 인간의 죽음이라는 현상은 이러한 복합체 내에서 그것이 갖는 위치를 지정할 수 있게 되었을 때, 즉 생리학적 생명의 조건들로부터 그것이 '필연적'이라고 인정되었을 때 이해된 것이 된다. 그러나 보편적인 '자연 운행'의 이러한 필연성조차 신화에서는—신화가 이러한 필연성을 사유하는 데까지 자신을 고양할 수 있다 하더라도—여전히 단순한 우연성으로 남는다. 왜냐하면 신화의 관심을 사로잡고 신화가 유일하게 주목하는 것인 개별 사례의 '여기'와 '지금', 즉 **이** 사람이 바로 **이** 시점에서 죽었다는 사실은 그러한 보편적 필연성에 의해서는 설명될 수 없기 때문이다. 이러한 개별 사건은 이에 못지않게 개체적인 것인 인격적 의지작용으로 환원된 뒤에야 비로소 '이해될 수 있게 되는' 것 같다. 자유로운 활동으로서의 의지작용은 그 이상 설명될 수 없거나 그 이상의 설명을 필요로 하지 않는다. 보편적 개념에서는 모든 자유로운 행위조차 일의적인 인과질서에 의해 규정되어 있기 때문에 결정되어 있다고 간주되는 경향이 있지만, 신화는 역으로 사건의 모든 규정성을 행위의 자유로 해소하고 만다. ―양자는 어떤 사건을 각각의 특수한 관점으로부터 해석하고는 그 사건을 '설명했다'고 생각하는 것이다.

인과 개념에 대한 이러한 파악방식과 관련해, 신화적 세계관의 특징을 특히 잘 보여주는 것으로 항상 거론되었던 사항이 또 하나 있다. 그것은 신화적 세계관이 구체적 대상의 **전체**와 이 전체의 개별적 부분들 사이에서 상정하는 독특한 관계다. 우리의 경험적 사유방식에서 전체는 부분들로 '이루어져 있다'. 자연 인식의 논리, 즉 분석적·과학적 인과 개념의 논리에서 전체는 부분들의 '결과로 성립된다'. 그러나 신화적 사유방식에서는 근본적으로 그 어느 것도 타당하지 않다. 신화적 사유에서는 아직 진정한 미분화 상태, 사유와 실재에서 전체와 부분들의 무차별성이 지배하고 있는 것이다. 전체는 부분을 '가지고' 있지 않으며 부분으로 분할되지도 않는다. 부분은 여기에서는 직접적으로 전체이며 전체로서 작용하고 기능한다. 이러한 관계, 즉 '부분이 바로 전체(pars pro toto)'라는 원리도 바로 '원시적 논리'의 근본 원리로 지칭되었다. 거듭 말하지만 여기서 문제가 되는 것은 부분이 단지 전체를 대리하는 것이 아니라 실재적으로 규정한다는 것이다. 즉 문제가 되는 것은 상징적으로 사유된 연관이 아니라 사물적·현실적 연관이다. 신화적으로 말하자면 부분은 전체와 동일한 것이다. 부분이야말로 작용의 실재적 담지자이며, 부분이 겪거나 행하는 모든 것, 부분에게 능동적으로든 수동적으로든 일어나는 모든 것은 동시에 전체가 겪고 행하는 것이기 때문이다. 부분을 부분으로서 의식하는 것, 즉 부분을 '한낱' 부분에 지나지 않는 것으로 의식하는 것은 현실적인 것에 대한 직접적 고찰방식, 다시 말해 '소박한' 고찰방식에 속하지 않는다. 그것은 구체적 통일체로서의 대상으로부터 그것의 구성 조건들로 소급해가는 매개적 사유의 저 분화하고 분절하는 기능에 의해 비로소 생기는 것이다. 과학적 사유의 전개과정을 추적해보면 그것에서는 인과 개념의 형성 및 전체와 부분이라는 범주의 형성이 함께 일어나고 있으며 양자가 동일한 분석 방향에 속한다는 사실이 드러난다. 그리스 초기의 사변에서 존재의 '기원'에 대한 물음은 동시에 존재의 '원소(Element)'에 대한 물음과 얽혀 있다는 점에서, 신화적 우주생성론에서의 기원에 대한 물음과는 구별된다. 새로운 **철학적** 의미에서의 아르케, 즉 '원리'라는 의미의 아르케는 이후 두 가지를 의미한다. 즉 그것은 기원이자 원소이기도 하다. 세계는 신화에서처럼 근원적인 물로부터 '생성된' 것만은 아니다. 물은 세계의 '구성요소'이며, 세계를 지속적으로 구성하는 소재다. 이러한 구성은 우선 아직 개별적인 물질, 하나의 구체적인 근원 소재로부터 구해진다. 하지만 곧 세계에 대한 자연적인 고찰방식 대신 수학적 직관이, 그리고 이와 함께 **수학적 분석의** 근본 형식이 나타남에 따라 원소라는 개념 자체가 변화하기 시작한다. 이제는 흙과 공기, 물과 불이 더 이상 사물의 '원소'가 아니며, 또한 '사랑'과

'증오'는 반쯤 신화적인 근원력으로서 서로를 결합하고 다시 서로를 분리시키는 것이 아니다. 이제는 극히 단순한 공간적 형태와 운동, 또한 그것들에 질서를 부여하는 일관된 필연적 법칙들이 존재를 수학적-물리학적 우주로서 구축하게 된다. 요소에 대한 어떤 새로운 개념과 '전체'와 그것의 '부분들' 사이의 새로운 관계를 요구하고 자체로부터 낳은 것은 '근거'라는 새로운 개념이고, '인과'라는 새로운 개념이라는 사실이 고대 원자론의 성립 과정에서 분명하게 추적될 수 있다. 원자라는 개념은 데모크리토스의 자연법칙성이라는 개념과 '원인론'이라는 개념에서 나타나는 일반적 존재관의 구성 및 전개에서 하나의 개별적 계기를 형성하고 있을 뿐이다.[28] 그리고 과학사에서 보이는 원자라는 개념의 그 후의 전개도 또한 일관되게 이러한 연관을 보여준다. 원자가 존재의 더 이상 분석될 수 없는 궁극의 **부분**으로 인정되는 것은 **생성**에 대한 분석이 원자에서 궁극의 정지점을 발견했다고 믿는 한에서다. 이에 반해 생성을 그것의 개별 요인들로 인과적으로 분석하는 작업이 더 진척되고 이러한 정지점조차 넘어서 나아가는 순간에는 원자의 상도 변하게 된다. 원자는 보다 단순한 다른 요소들로 '분해되고', 이것들이 이제는 사건의 진정한 담지자로서 인과관계를 정식화하기 위한 출발점으로 정립되는 것이다. 이와 같이 과학적 인식은 존재를 구분하

---

28) 이것에 대한 상세한 내용은 그리스 철학사에 대한 나의 서술을 볼 것. *Lehrbuch der Philosophie*, Max Dessoir 편집, I권

고 세분화하려 하는데, 이러한 구분과 세분화는 항상 과학이 세계를 포섭하고 일의적으로 규정하는 수단인 법칙적 관계들의 표현에 지나지 않으며 이를테면 이러한 법칙적 관계들에 대한 개념적 외피라는 것이 분명해진다. 여기서 전체는 부분의 총합이라기보다는 오히려 부분들의 상호관계로부터 구축되는 것이며, 개별적인 것이 '역할을 분담하고' 그 자신의 입장에서 전체가 움직이는 것을 돕는 동역학(動力學)적 결합에 의한 통일체를 의미하는 것이다.

신화는 전체 및 부분과 관련해서도 이러한 관계[전체 및 부분에 대한 파악과 과학적 인과 분석 사이의 관계]의 이면을 보여주고, 따라서 동일한 것을 이면으로부터 증명하는 것을 가능하게 한다. 신화는 인과적 분석이라는 사유형식을 알지 못하기 때문에, 이 사유형식이 비로소 전체와 부분 사이에 설정하는 것과 같은 엄밀한 경계라는 것도 신화에서는 존재할 수 없다. 경험적–감각적 직관이 우리에게 사물을 이를테면 그 자체로부터 분리되고 나뉘어져 있는 것으로서 제시하는 듯 보이는 경우에조차 신화는 사물의 이러한 감성적 분리와 병존을 신화 특유의 '상호 내재(Ineinander)' 형식으로 대체한다. 전체와 부분들은 서로 얽혀 있으며 이를테면 운명적으로 함께 결합되어 있다. 전체와 부분이 사실상 서로 분리되어 있을 때조차 양자는 그렇게 서로 얽힌 채 존속한다. 이러한 분리가 일어난 뒤에도 부분에 내려진 운명은 동시에 전체의 운명이다. 어떤 인간의 극히 사소한 부분조차, 즉 그 사람의 이름이나 그림자 혹은 거울에 비친 상—이것들은 신화적 고찰방식으로부터 보자면 참으로 그 사람의 실재적인 '부분'을 형성한다—을 자기 것으로 만든 자는 이와 함께 그 사람을 소유하게 된 것이며 그 인간을 지배하는 주술적 힘을 획득한 것이 된다. '주술의 현상학' 전체는 순수하게 형식적으로 고찰하면 이러한 근본 전제로 귀착된다. 바로 이것에 의해 신화의 '복합적' 직관은 '추상적' 개념, 보다 정확히 말해 추상하고 분석하는 개념의 특성과 특히 명확하게 구별된다.

이러한 신화적 사유형식의 영향을 우리는 **공간**의 방향에서와 마찬가지로 **시간**의 방향에서도 추적할 수 있다. 즉 이러한 사유형식은 동시적인 것에 대한 이해와 마찬가지로 연속적인 것에 대한 이해도 자기 식으로 변형한다. 그 어느 경우에도 신화적 사유에는 과학적 자연 파악의 출발점이면서 그것의 전형을 형성하는 것, 즉 존재를 자립적인 부분 계기와 부분 조건으로 분석적으로 나누는 것을 저지하는 경향이 있다. '공감(共感)적 주술'의 근본 견해에 따르면 공간적 근접관계에 의해서나 모든 것이 동일한 하나의 사물적 전체로 결합된 것에 의해, 아직 극히 외적인 의미에서 '공속해 있다'라고 말할 수 있는 모든 것 사이의 철저한 결합, 즉 진정한 인과**관계**가 존재하게 된다. 사람들이 먹고 남긴 음식의 찌꺼기, 잡아먹힌 동물들의 뼈를 그대로 두면 중대한 위험이 초래된다. 왜냐하면 이렇게 남겨진 것에 적의 주술적인 힘이 가해짐으로써 일어나는 일은 동시에 신체 내의 음식물에도 또한 그것을 먹은 사람에게도 일어나기 때문이다. 따라서 어떤 사람의 잘린 머리칼, 그의 손톱 혹은 배설물 등이 적의 주술사 손에 들어가지 않도록 땅에 묻든 불로 태우든 해야만 했다. 어떤 인디언 종족은 적의 타액을 손에 넣으면 이것을 감자 속에 넣어 굴뚝 안에 걸어놓았다. 연기 속에서 감자가 말라감에 따라 적의 힘도 사라져간다는 것이다.[29] 이와 같이, 신체의 부분들 사이에서 가정되는 '공감적' 연관은 그것들이 물리적·공간적으로 분리될지라도 아무런 영향을 받지 않는다. 유기체 전체를 부분으로 나누고 부분이 그 자체로 무엇이며 또한 전체에 대해 어떠한 의미를 갖는가를 확연히 한정해도, 이는 부분들 사이의 공감적 연관에 의해 무효가 된다. 개념적-인과적 사고가 생명 과정을 기술하고 설명할 때 유기체 내의 전체적인 생기를 개개의 특징적 활동과 능력으로 분할해가는 것에 반해, 신화적 사고는 그러한 요소적인 과정으로 분할하지 않으며 따라서 유기체 자체를 참으로 '분절하지도' 않는다. 신체의 임의적인 부분, 예를 들어 새끼발가락의 발톱처럼 아무리 '무기물의 성격을' 갖는 것이라도 그것이 전체에 대해서 갖는 **주술적** 의미로 보면 다른 모든 것과 동등한 가치를 갖는다. 즉 신화적 사고에서는 항상 유기적인 분화를 전제하는 유기적인 구조가 아니라 단순한 등가성(等價性, Äquivalenz)이 지배하고 있다. 따라서 여기서도 또한 **기능들 각각은** 그것의 특

---

29) Frazer, *The Golden Bough* 3판. P. II. 126쪽 이하, 258쪽 이하, 287쪽 등 참조.

수한 조건에 따라 구별되는 기능들의 상하질서에 도달하지 못하고 단지 사물의 **부분들**의 공존(共存)이 직관되는 데 그친다. 유기체의 신체 부분들이 그것들의 의의에 따라 엄밀하게 구별되지 않는 것처럼, 생기의 시간적 규정과 개개의 시간적 계기도 그 인과적인 의의에 따라 서로 명확히 구별되지 않는다. 주술적 사유방식으로 보면, 어떤 전사(戰士)가 화살에 맞아서 부상을 입었을 때 이 화살을 차가운 장소에 걸어두거나 화살에 연고를 바르면 통증이 사라지거나 완화될 수 있다. 이런 종류의 '인과관계'가 우리에게는 극히 기묘하게 보일지라도 각각 '원인'과 '결과'에 해당하는 화살과 상처가 여기서는 아직 전혀 분화되지 않은 단일한 사물로 여겨진다는 사실을 고려해보면, 그러한 인과관계도 바로 이해할 수 있을 것이다. 과학적으로 세계를 고찰하는 관점에서 보면, '어떤 사물'은 단적으로 다른 사물의 '원인'이 되지 않는다. 어떤 사물이 다른 것에 무엇인가를 야기하더라도, 그것은 특정한 상황에서 그리고 무엇보다 분명히 한정된 **시점**에서만 가능하다. 인과관계는 여기서는 사물 상호간의 관계가 아니라 오히려 일정한 시점에 일정한 대상들에서 나타나는 **변화들** 사이의 관계다. 과학적 인식은 어떤 사건의 시간적 경과를 이렇게 추적해서 명확히 구별되는 여러 '국면들'로 분해한다. 이러한 인과관계는 과학적 인식의 진보와 함께 갈수록 더 복잡하고 간접적인 것이 되어간다. 과학적 인식에서는 '그' 화살이 '그' 상처의 원인으로 인정될 수 없다. 그 화살은 어떤 순간(t_1)에 신체에 파고 들어가 그것에서 일정한 변화를 야기한다. 그 변화에 다시 (계속되는 순간 t_2, t_3 등에서) 다른 변화 계열, 즉 신체의 유기조직에서의 특정한 변화들이 이어진다. 이러한 변화들이 전체로서 상처가 만들어지는 데 꼭 필요한 부분적 조건으로 사유되어야 하는 것이다. 신화도 주술도 이러한 부분적 조건들, 즉 그 각각이 인과관계의 작용연관 전체 내에서 일정한 **상대적** 가치밖에 지니지 않은 조건들로의 구분을 결코 행하지 않기 때문에, 신화와 주술에는 시간의 각 시점을 나누는 특정한 경계도 공간적 전체의 부분을 나누는 특정한 경계도 근본적으로 존재하지 않는다. 공감주술적 연관은 공간적 구별도 시간적 구별도 똑같이 넘어선다. 공간적인 공존이 해소되고 신체의 일부분이 신체 전체로부터 물리적으로 분리되더라도 양자 사이의 작용연관이 폐기되지 않는 것과 마찬가지로 '전'과 '후', '이전'과 '이후'의 경계도 서로 이행하는 것이다. 보다 정확하게 말하면 주술적 관계는 공간적·시간적으로 분리된 요소들 사이에서 비로소 **산출될** 필요는 없으며—이것[공간적·시간적으로 분리된 요소들 사이의 관계를 산출하는 것]은 관계에 대한 간집적이고 반성적인 표현에 지나지 않을 것이다—오히려 주술적 관계는 처음부터 그러한 요소들로의 분해가 행해지는 것을 저지한다. 그리고 경험적 직관이 그러한 [공간적·시간적] 분리를 직접적으로 보여주는 듯한 경우에조차 그러한 분리는 주술적 직관을 통해 곧 다시 폐기되며, 공간적·시간적으로 상이한 것들 사이의

긴장은 이를테면 주술적 '근거'의 단순한 동일성으로 해소된다.[30]

신화적 사유가 갖는 이러한 한계에서 비롯되는 또 하나의 귀결은 신화적 사유만의 고유한 **고찰방식, 즉 작용을 사물적-실체적으로 파악하는** 고찰방식에서 보인다. 사건에 대한 논리적-인과적 분석은 본질상 주어진 것을 궁극적으로는 단순한 **과정들**로 분해하는 것을 목표로 한다. 그러한 **과정**의 하나하나를 우리는 관찰할 수 있고 그것들의 규칙성을 조망할 수 있다. 이에 반해 신화적 고찰방식은 사건의 전개과정을 고찰하면서 그것의 발생과 기원을 물을 때조차 그러한 '생성' 자체가 항상 구체적으로 주어진 어떤 **존재**에 결부되어 있다고 본다. 신화적 고찰방식은 항상 작용 과정을 단지 구체적-개별적 존재형식들 사이의 단순한 변화로 보며 그러한 것으로서 파악한다. [이에 반해] 논리적-인과적 분석은 '사물'로부터 '조건'으로, '실체적' 직관에서 '함수적' 직관으로 나아간다. 신화적인 고찰방식에서는 생성에 대한 직관조차 아직 단순한 존재에 대한 직관에 구속되어 있다. 인식이 진보할수록 인식은 생성이 일어나는 '방식', 즉 생성의 법칙적 형식을 묻는 것에 만족한다. 이에 반해 신화는 오직 '무엇'이 '어디서부터' '어디로' 일어나는가를 묻는다.

---

30) 신화적 '인과성'과 동일한 사유형식이 주술에서뿐 아니라 신화적 사유의 최고 단계에서, 특히 점성술의 체계에서도 작용하고 있다는 사실을 나는 "Die Begriffsform im mythischen Denken"(*Studien der Bibliothek Warburg*, I, Leipzig 1921)이라는 연구에서 해명하려고 했다.

그리고 신화는 '어디서부터'와 '어디로'를, 이것들이 완전한 사물적 규정성을 갖는 상태로 자신의 눈앞에서 보려고 하는 것이다. 여기서 인과성은 매개적 사유—이러한 사유는 이를테면 개별적 요소들 '사이에서' 독자적이고 자립적인 것으로 나타나면서 그러한 요소들 간의 결합과 분리를 수행하는 것이지만—의 관계형식이 아니다. 신화에서는 하나의 생성 과정을 구성하는 계기들은 여전히 '**근원적인 사물**(Ur-Sachen, 원인)'이라는 성격, 즉 자립적이고 구체적인 사물로서의 성격을 보유하고 있다. 개념적 사유가 잇달아 일어나는 사건의 계열을 '원인'과 '결과'로 분해하면서 이 경우 본질적으로 **이행**의 방식, 즉 이행의 항상성·규칙성에 주목하는 반면 신화적 설명은 단지 과정의 **시작**과 **종말**을 서로 명확히 구별하는 데 만족하는 것이다. 많은 창조신화는 세계가 어떻게 해서 단순한 근원적 사물, 시원의 사물로부터, 즉 세계의 알(卵)이라든가 우주수(宇宙樹, Weltesche)에서[31] 생겼는지를 보고하고 있다. 북유럽 신화에서 세계는 거인 이미르(Ymir)의 몸에서 형성되었다. 이미르의 살로부터 대지가 생겨났으며 피에서는 물결치는 바다가, 뼈에서는 산들이, 머리털에서는 나무들이, 두개골에서는 하늘이 생겨났다. 이것이 전형적인 표상형식이라는 것은 북유럽의 창조신화와 베다의 만물창조 찬가가 극히 유사하다는 사실에 의해 입증된다. 베다에서

---

31) [역주] 우주를 떠받치고 있다는 나무로, 북독일의 신화에 나온다.

도 태양·달·대기와 마찬가지로 살아 있는 존재들 즉 공중의 동물과 황야의 동물이 푸루샤(Purusha)라는 인간—신들에 의해 희생으로 바쳐진 인간—의 사지에서 태어나는 모습이 묘사되어 있다. 여기서 모든 신화적 사유의 본질이라 할 특유의 사물화 작용이 더 선명하게 나타난다. 왜냐하면 단지 구체적으로 지각 가능한 개개의 객체들만이 아니라 극히 복잡하고 간접적이며 형식적인 관계들도 이런 방식으로 그 생성이 설명되기 때문이다. 가사와 멜로디, 운율과 희생제(犧牲祭)의 헌사도 푸루샤의 개별적인 부분에서 생겼다. 사회적인 구별과 질서도 동일하게 구체적-사물적인 근원을 갖는다. "브라만[제사장 계급]은 그의 입이었고, 그의 양팔은 전사[크샤트리아, 왕족과 무인 계급]가 되었다. 그의 허벅지는 바이샤[서민 계급]가 되었고 그의 발로부터는 수드라[노예 계급]가 나왔다."[32] 따라서 개념적-인과적 사유가 모든 존재자를 관계들로 분해하고 이것들로부터 이해하는 반면, 기원에 관한 신화적 물음은 복잡한 관계의 복합체—예를 들면 어떤 멜로디의 리듬이나 카스트의 구조—를 그 전에 주어진 사물적 존재로 환원함으로써 비로소 해결된다. 신화의 근원적 사유형식에 따르면, 어떠한 상태나 성질도 신

---

32) *Lieder des Rigveda*, Hillebrandt 역, Göttingen und Leipzig 1913, 130쪽 이하를 볼 것. 거인 이미르의 신체에서 세계가 창조되는 과정을 묘사하고 있는 에다의 노래(Lied der Edda)에 대한 독일어 번역은 예를 들면, Golther, *Handbuch der germanischen Mythologie*, Leipzig 1895, 517쪽에 보인다.

화에서는 궁극적으로는 **물체**가 되어야 한다. 브라만과 전사와 수드라가 구별된다는 것은 이것들 안에 상이한 실체인 브라만**이라는 것**과 크샤트리아**라는 것**이 포함되어 있고 이러한 실체들이 이것들에 참여하는 자에게 각각의 특수한 성질을 전달한다는 식으로 이해된다. 베다 신학의 표상방식에 따르면 악하고 부정한 여인 안에는 '남편을 살해하는 물체'가 살고 있으며, 불임 여성 안에는 '자식이 없는 물체(tanu)'가 살고 있다.[33] 이러한 규정에서는 내재적인 갈등이, 즉 신화적 표상방식에 따라 움직이는 변증법이 특히 잘 감지된다. 신화적 상상은 모든 것에 생명과 혼을 불어넣고 '정령화(Spiritualisierung)'하는 방향으로 나아간다. 그러나 신화적 **사유형식**은 모든 성질과 작용 및 모든 상태와 관계를 고정적인 기체에 결합시키며 항상 거듭해서 정반대의 극단으로, 즉 정신적인 내용을 물질화하는 방향으로 이끈다.

물론 신화적 사유도 시작 상태와 종말 상태 사이에 일련의 중간항들을 삽입함으로써 '원인'과 '결과' 사이에 일종의 **연속성**을 산출하려 한다. 그러나 이러한 중간항들조차 단순한 사물적 성격을 지닌다. 분석석-과학적 인과성의 관점에서는 어떤 사건의 연속성은 본질적으로 그 사건의 전체를 사상적으로 지배할 수 있게 하고 어느 시점으로부터 다음 시점으로의 진행을 규정 가능한 것으로 만

---

33) 이에 대한 상세한 내용은 Oldenberg, *Religion des Veda* 2판, 478쪽 이하를 볼 것.

드는 통일적 법칙이나 해석함수가 제시되는 방식으로 산출된다. 각각의 시점에 사건의 일의적으로 규정된 '상태', 즉 수학적으로 일정한 수치에 의해 표현될 수 있는 사건의 상태가 배치된다. 이러한 **상이한** 수치들 모두가 전체로서 다시 **단 하나뿐인** 변화 계열을 구성한다. 그러한 상이한 수치들의 변화 자체가 일반적인 규칙에 복속해 있고 이러한 규칙으로부터 필연적으로 비롯되는 것으로서 사유되기 때문이다. 이러한 규칙을 통해 사건을 구성하는 개개의 계기들의 통일과 분화, '연속'과 '분리'가 표현된다. 이에 반해 신화적 사유는 그러한 결합의 통일성도 분리도 알지 못한다. 신화적 사유가 어떤 작용 과정을 분석하여 몇 개의 단계로 나누는 듯 보이는 경우에도, 그것은 그러한 작용 과정을 어디까지나 실체적인 형식으로 파악한다. 작용의 모든 특성은 어떤 사물적인 성질이 이것이 속한 어떤 사태로부터 다른 사태로 연속적으로 이행한다는 식으로 설명된다. 경험적이고 과학적인 사유에서는 단순하고 비자립적인 '속성' 혹은 단순한 상태로 나타나는 것도 신화적 사유에서는 완전한 실체성이라는 성격을 띠고, 따라서 직접 전이 가능한 것으로 간주된다. [캐나다의] 후파 인디언들은 고통을 실체로 생각한다는 사실이 보고되어 있다.[34] 순수하게 '정신적인', 순수하게 '도덕적인' 특성도 이러한 의미에서 전이 가능한 실체로 파악되고 있다

---

34) Goddard, *The Hupa*(Public. American Archaeology and Ethnology, University of California, Archaeology I, Berkeley 1903/04).

는 것은 바로 이러한 전이를 규제하고 있는 수많은 의례상의 규정들이 보여준다. 어떤 공동체를 덮친 오염과 독기는 어떤 한 사람, 예를 들어 어떤 노예에게 전이될 수 있으며 이 노예를 희생함으로써 제거할 수 있다고 간주되는 것이다. 그리스의 타르겔리아 축제(Thargelienfest)[35]와 그 외의 특별한 행사 때 이오니아의 국가들에서는 그러한 속죄 의식이 행해졌다.[36] 이러한 속죄의식은 아주 옛날 일반적으로 널리 퍼져 있던 신화적 근본 견해로 소급된다.[37] 이러한 풍습의 근원적 의미에 주목한다면, 정화의식과 속죄의식에서는 단순히 상징적인 대리가 아닌, 전적으로 실재적이며 더 나아가 물리적인 전이가 이루어진다는 사실이 드러난다.[38] [인도네시아 수마트라섬 북부의] 바탁(Batak)족에게는 저주에 걸린 사람은 저주를 전이한 제비를 날아가게 함으로써 저주를 '쫓아버릴' 수 있다.[39] 이

---

35) [역주] 아폴론을 기념하는 주요 축제 중 하나로 아테네에서 타르겔리온(5~6월)의 6, 7일에 거행되었다. 축제 첫날에는 공동체의 죄를 씻기 위한 희생양 역할을 하는 한두 명의 남자, 혹은 남자 한 명과 여자 한 명이 사람들에게 끌려서 도시를 통과한 후 도시에서 쫓겨난다. 큰 재앙이 일어난 때에는 희생양을 바다에 던지거나 화장터에서 불사르기도 한다. 축제 이튿날에는 신에게 감사하는 봉헌과 행진을 하고 입양된 사람을 공인하는 의식이 행해진다.

36) 이에 대한 상세한 내용은 예를 들어 Rohde, *Psyche* 2판 II, 78을 볼 것.

37) '희생양'이라는 표상의 광범위한 분포에 대해서는 특히 Frazer, The Scapegoat (*Golden Bough*, II권), 3판, London 1913을 참조할 것.

38) 이에 대한 상세한 내용은 예를 들면 Farnell, *The evolution of religion*, New York and London 1905, 88쪽 이하, 177쪽 이하를 참조.

39) Warneck, *Die Religion der Batak*, Göttingen 1909, 13쪽. 전적으로 동일한 견

러한 전이가 영혼이나 생명을 갖는 주체뿐 아니라 단순한 객체에게도 행해진다는 것은 예를 들어 신도(神道)에서 비롯된 것으로 보고된 풍습이 보여준다. 이 경우 죄 씻김을 받는 자가 신관으로부터 옷의 형태로 잘린 하얀 종이, 즉 카타-쉬로(Kata-shiro)라고 불리는 '인간의 형태를 한 대리물'을 받아서 그 위에 태어난 연월과 성별(性別)을 쓴 후 이것을 몸에 문지르고 그 위에 자신의 숨을 내쉰다. 이러한 절차에 의해 죄는 카타-쉬로에 전이된다. 이러한 희생양을 강이나 바다에 던지면, 네 명의 정화의 신이 그것을 명부(冥府)로 운반하여 거기에서 흔적도 없이 사라지게 하는 것으로 정화 의식은 끝난다.[40] 그 외의 모든 정신적 특성과 능력도 신화적 사유에서는 어떠한 사물적인 **기체**에 결합된 것으로 나타난다. 이집트 왕의 대관식에서는 일정한 단계를 거치면서 신들의 모든 성질과 속성이 왕권을 나타내는 왕홀(王笏)·채찍·검 등의 물체를 통해 파라오에게 전이되는 과정에 대한 엄격한 지침이 존재한다. 이 경우

해들이 인도와 독일 민간에 퍼져 있는 미신들에서 보인다. 홉킨스는 이렇게 말한다. "인도 농촌의 아낙네들은 병에 걸리면 그 병에 감염된 헝겊을 길바닥에 놓고 누군가 그것을 주워가기를 기다린다. 그들은 자신의 병을 그 헝겊에 전이시킨 것이며 다른 사람이 그것을 가져가면 자신은 병에서 벗어나게 되기 때문이다." Hopkins, *Origin and evolution of religion*, New Haven 1923, 163쪽. 게르만 권에 대해서는 예를 들면 Weinhold, *Die mythische Neunzahl bei den Deutschen*, Abh. der Berl. Akad. der Wiss., 1897, 51쪽을 참조.

[40] Karl Florenz, Der Shintoismus(in: *Kultur der Gegenwart*, Teil I, Abt. III, 1쪽 이하, 193쪽 이하).

그러한 사물들 모두는 단순한 상징이 아니라 진정한 호신부(護身符)이며, 신적인 힘의 담지자이자 보관자이다.[41] 일반적으로 신화에서의 힘 개념과 과학에서의 힘 개념의 차이는, 신화에서는 힘이 어떤 역동적인 **관계**로서, 인과관계의 총체의 표현으로서 나타나지 않고 항상 사물적·실체적인 것으로서 나타난다는 점에 있다.[42] 이러한

---

41) A. Moret, *Du caractère religieux de la royauté pharaonique*, Paris 1903을 볼 것. 전적으로 유사한 것이 다른 의식들, 예를 들면 결혼식에도 보인다. "이것은 상징적인 의미에서가 아니라 엄밀하게 구체적인 의미로 파악되어야 한다. 묶는 끈, 몸에 착용하는 반지, 팔찌, 머리에 쓰는 관(冠) 등은 실재적인 영향력을 갖는다."(van Gennep, *Les rites des passage*, 191쪽)

42) 그래브너가 최근에 출간한 저서(Graebner, *Das Weltbild der Primitiven*, München 1924)에서 관철하려고 하는 다음과 같은 테제는 신화적 사유에 대한 이러한 견해와 직접 모순되는 것으로 보인다. 즉 신화적 사유에서는 "개별 대상에서 그 대상의 성질, 작용, 다른 것과의 관계가 (…) 실체로서의 대상 자체보다도 강하게 의식되는 것 같다." "원시적 사유에서는 우리의 사유에서보다도 속성이 훨씬 큰 역할을 하고 실체는 훨씬 적은 역할밖에 못하는 것 같다."(23쪽, 132쪽) 그런데 그래브너가 이러한 주장의 근거로 제시하는 구체적인 실례를 고찰해 보면, 그러한 모순[신화적 사유에 대한 카시러의 견해와의 모순]은 사태 자체보다는 오히려 그가 그러한 사태를 정식화하는 방식과 관계되어 있음이 분명하다. 신화적 사유는 한편에는 실체를, 다른 한편에는 '속성' '관계' '힘'을 두고 양자를 서로 선명하게 구별하지 못하며 **우리의** 사고방식에서 보면 '한낱' 속성 혹은 비자립적 관계에 지나지 않는 모든 것을 자립적이고 독자적으로 존립하는 사물로 농축한다는 사실이 그래브너가 제시한 실례에서 분명하게 드러나기 때문이다. 실체개념에 대한 비판적·학적 견해—칸트의 말을 빌리면 시간에서 사태 내용(das Reale)의 **상주성**(常住性)이야말로 실체의 도식이며 실체가 경험적으로 인식되는 징표라는 견해—는 실체들 사이의 무제한적인 '상호 변용'을 허용하는 신화적 사유에게는 물론 낯선 것이다. 그러나 이러한 사실로부터 그래브너처럼 다

사물적인 것은 세계 도처에 퍼져 있다. 그러나 힘을 갖는 소수의 인물, 즉 주술사 · 성직자 · 우두머리 전사의 경우에는 힘이 이를테면 농축되어 나타난다. 이러한 실체적인 전체, 이러한 힘의 저장소로부터 다시 개별적인 부분들이 분리되며 이것들은 접촉하는 것만으로도 다른 사람에게 전이될 수 있다. 성직자 혹은 우두머리에게 속한 주술적 마력, 즉 그들 안에 응집된 '마나(mana)'는 개개의 주체로서의 그들에게 구속된 것이 아니라 다양하게 변화하면서 다른 사람들에게 전달될 수 있다. 따라서 신화적 힘은 물리학에서 말하는 힘처럼 단지 총괄적인 표현에 불과한 것이 아니다. 달리 말하자면 서로 결합되고 관계함으로써 비로소 작용하는 것으로 사유되는 인과적 요인 및 조건의 결과나 '합성력(合成力, Resultant)'에 불과한 것이 아니라 독자적인 물질적 존재다. 이러한 것으로서 [신화적 힘은] 어떤 장소로부터 다른 장소로, 어떤 주체로부터 다른 주체로 이동해가는 것이다. 예를 들면 [서아프리카의] 에베족은 주술 장치와 비밀을 매매한다. 주술적 힘의 소유 자체는 물리적인 전이에 의해서만 가능한데, 주로 주술적 힘의 판매자와 구입자가 서로 침과

음과 같은 결론을 내려서는 안 된다. "인간의 사유가 갖는 두 개의 중요한 범주인 인과와 실체의 범주에 대한 원시인의 사유에서는 전자가 후자와는 비교도 되지 않을 정도로 강력한 힘을 갖는다."(24쪽) 왜냐하면 이미 제시한 것처럼, 신화적 의미에서 '인과성'이라고 불리는 것과 인과성에 대한 학적인 **개념** 사이의 거리도 실체 표상의 경우에서 보이는 거리만큼이나 멀기 때문이다.

피를 섞음으로써 전이가 일어난다.[43] 인간의 병도 신화적으로 말하자면, 경험적으로 잘 알려진 일반적 조건들에 의해 신체에서 일어나는 **과정**이 아니라 그 사람을 소유하게 된 악령에 의해 일어난다. 이러한 생각을 지배하는 것은 애니미즘적인 사유방식이 아니라 오히려 실체적인 사유방식이다. 병을 살아 있는 악령적 존재로 파악하는 것과 마찬가지로 인간에게 침투한 일종의 **이물질**로서 파악할 수도 있기 때문이다.[44] 신화적 형식의 의학과 그리스적 사유에 의

---

43) Spieth, *Die Religionen der Eweer*, 12쪽. 주술적 마력, 즉 마나의 이러한 전이에—물론 신화적 입장에서 보면 단순히 전이가 아니고 그러한 전이에는 힘과 같은 것이 완전한 실체적 **동일성**을 가지고 보존되어 있지만—대한 좋은 예시를 우리는 마오리족의 한 전승에서 볼 수 있다. 이 전승에서는 마오리족이 자신들의 현재 거주지에 쿠라호우포(Kurahoupo) 또는 쿠라하우포(Kurahaupo) 배라고 불리는 작은 이주선(移住船)을 타고 도착하게 된 경위가 드러난다. "마오리인 테 카후이 카라레헤(Te Kahui Kararehe)에 의해 전해지는 이야기에 따르면 배는 하와이키 해안의 새로운 거주지를 향해 출발하자마자 곧바로 부서지고 말았다. 이 배가 가진 특별한 마나-쿠라(mana-kura)에 대한 시기심에서 비롯된 주술적 힘이 그 배를 부순 것이다. 그러나 '쿠라호우프 배의 마나의 화신'이라고 불리는 그 배의 우두머리 테 모운가로아(Te Moungaroa)가 다른 배를 이용해 뉴질랜드에 도착했기 때문에, 이 배의 마나를 파괴하려는 적들의 의도는 좌절되었다. (…) 뉴질랜드에 도착했을 때 테 모운가로아는 (이러한 화신설[化身說]에 걸맞게) 다른 마오리족 사람들에게 자신을 이렇게 소개했다. "**나는 쿠라호우포 배다.**"(The Kurahoupo Canoe, *Journal of the Polynesian Society*, N. S., II, 186쪽 이하. Fr. Rud. Lehmann, *Mana—der Begriff des "außerordentlich Wirkungsvollen" bei Südseevölkern*, Leipzig 1922, 13쪽에서 재인용)

44) 상세한 것은 Thilenius, Globus 87권, 105쪽 이하 및 Vierkandt, Globus 92권, 45쪽, Howitt, *The native tribes of South East Australia*, 380쪽 이하 참조.

해 비로소 기초가 놓인 경험적–과학적인 의학 사이에는 넘어설 수
없는 큰 차이가 존재한다. 이러한 차이는 히포크라테스의 의학서
(Copus)를 예컨대 에피다우로스에 있던 치료의 신 아스클레피오스
를 모시는 신전의 사제가 행한 치료술과 비교해보면 분명해진다.
그 외에도 신화적 사유의 도처에서는 성질의 사물화 및 힘과 활동
과정의 사물화가 반복되며 이것은 자주 그러한 성질과 힘의 직접
적인 물질화로 귀착된다.[45] 사람들은 신화적 사유에서 단순한 성질
과 상태가 이렇게 분리되고 전이될 수 있는 것으로 파악된다는 사
실을 시사하기 위해 신화적 사유를 지배하는 '유출설(Emanatismus)'
의 원리에 대해 말한 적도 있다.[46] 과학적 인식에서조차 한편에 사
물을 두고 다른 한편에 성질 · 상태 · 관계를 두면서 그것들을 서로
엄격하게 분리하는 것이 꾸준한 사상 투쟁을 통해 서서히 확립되
었다는 사실을 고려하면, 아마도 이러한 신화적 사유양식의 의의
와 기원을 잘 이해할 수 있을 것이다. 과학적 인식에서도 '실체적
인 것'과 '기능적인 것'의 한계가 사라지고 순수한 기능 개념과 관

---

45) 예를 들면 북아메리카 알곤킨족의 마니투(manitu)는 일종의 '신비로운 힘을 갖
   는 소재'라는 특징을 갖는데, 이것은 도처에서 자신을 나타낼 수 있고 어느 곳
   에나 침입할 수 있다. "한증욕을 하는 사람은 마니투가 열로 인해 돌에서 일깨
   워지고, 돌에 뿌려진 물을 통해서 증기로 퍼져나가 자신의 신체에 들어올 수 있
   도록 자주 자신의 팔과 다리를 베어 상처를 만든다." Preuß, *Die geistige Kultur
   der Naturvölker*, 54쪽을 볼 것.
46) Richard Karutz, Ematismus, *Zeitschrift für Ethnologie*, 45권, 특히 Fr. R.
   Lehmann, Mana, 14, 25, 111쪽을 참조.

계 개념의 반쯤 신화적인 실체화가 거듭 일어난다. 물리학적인 힘 개념조차 이러한 연루에서 점진적으로 벗어날 수 있었다. 물리학의 역사에서도 여러 형식의 작용을 특정한 **소재**에 결부시키는 방식이나 공간 속의 한 점으로부터 다른 한 점으로, 어떤 '사물'로부터 다른 사물로의 그 소재의 전이에 결부시키는 방식으로 이해하고 분류하는 시도가 반복적으로 일어난다. 18세기와 19세기 초의 물리학조차 아직은 이러한 방식으로, '열체(Wärmestoff)'나 전기 '물질'이나 자기 '물질'이라는 말을 사용했다. 그러나 과학적 사유, 즉 분석적·비판적 사유의 참된 경향이 이러한 소재적 표상방식으로부터 점점 더 벗어나는 것을 지향하는 데 반해, 신화의 특징은 그 **대상**과 **내용**이 '정신적인' 것임에도 그 '논리'와 개념의 **형식**은 전적으로 물체에 붙잡혀 있다는 것이다. 우리는 이제까지 이러한 논리가 갖는 일반적이고 기본적인 특징만을 분명히 제시하려 했다. 이제는 한 걸음 더 나아가, 신화적 사유의 특수한 대상 개념과 특수한 인과 개념이 개별 사물을 파악하고 형성하는 것에 어떤 식으로 작용하는지 그리고 이를 통해 신화적인 것의 모든 **특수한** '범주들'이 어떻게 결정적으로 규정되고 있는지를 추적할 필요가 있다.

제2장
신화적 사유의 개별 범주들

경험과학적 세계상과 신화적 세계상을 서로 비교해보면, 양자가 대립하는 것은 양자가 현실을 고찰하고 해석할 때 서로 전혀 다른 범주를 사용하기 때문이 아니라는 사실이 분명히 드러난다. 신화와 경험과학적 인식이 다른 것은 양자가 사용하는 범주의 성질과 특성에 의한 것이 아니라 그러한 범주들의 양상에 의한 것이다.[1] 다양한 감각에 통일적인 형식을 부여하기 위해, 또한 흘러 퍼져나가는 것에 형태를 부여하기 위해 양자가 사용하는 결합양식에는 일관된 유사성과 대응관계가 보인다. 의식의 통일 자체를 구성하는 것, 따라서 인식하는 순수의식의 통일과 마찬가지로 신화적 의식의 통일을 함께 구성하는 것은 직관과 사유의 가장 보편적 형식들이다. 이러한 점을 고려할 때, 우리는 직관과 사유의 가장 보편적인 형식들 각각은 자신의 특정한 논리적 형태와 특성을 갖기

---

1) 양상의 개념에 대해서는 제1권 29쪽 이하『상징형식의 철학 I: 언어』, 박찬국 옮김, 아카넷 2011, 68쪽 이하]를 볼 것.

전에 우선 신화적인 전(前) 단계를 통과해야만 한다고 말할 수 있다. 천문학이 묘사하는 우주의 모습과 세계 공간의 모습, 또한 세계 공간에서 물체들이 배치되는 모습의 근저에는 원래 공간과 이러한 공간 안에서의 사건에 대한 점성술적 견해가 존재한다. 일반적인 운동 이론은 순수한 역학, 즉 운동 현상에 대한 수학적 묘사가 되기 전에는 운동의 '기원'에 대한 물음에 답하려고 한다. 이러한 물음은 운동을 창조라는 신화적 문제, 즉 '제일 원동자(原動者)'의 문제로 만든다. 공간과 시간 못지않게 수(數) 개념도 순수하게 수학적인 개념이 되기 전에는 신화적 개념이었음이 분명하다. 신화적인 수 개념은 원시의 신화적 의식에게는 아직 낯선 것이었지만 그 후에 나타난 수 개념의 고도의 형태 모두의 기초가 되는 전제였다. 수가 순수한 계량을 위한 수가 되기 훨씬 이전에 수는 '신성한 수'로서 숭배되었다. 이러한 숭배의 숨결은 학적인 수학이 시작된 뒤에도 아직 느껴진다. 추상적으로 보면 동일한 종류의 관계들, 즉 일(一)과 다(多), '공존', '동시에 존재함', '잇달아 일어남'이 신화의 세계 설명과 과학의 세계 설명을 지배한다. 이러한 개념들 각각이 신화의 영역에서 사용될 경우 그것들은 전적으로 특수한 성질, 이를테면 어떤 독특한 '색조'를 띠게 된다. 신화적 의식 내부의 개별 개념이 갖는 이러한 색조, 이러한 미묘한 뉘앙스는 언뜻 보기에는 단지 느껴질 뿐이며 그 이상 인식되고 '파악될' 수 없는 완전히 개성적인 것으로 보인다. 그러나 이 개성적인 것의 근저에도 보편적인 것이 놓여 있다. 더 예리하게 고찰해보면, 모든 개별 범주의 특수한 성질과 고유성에는 특정한 **유형**의 사유가 반복해서 나타난다. 신화적 대상의식의 방향 및 그것의 실재 개념·실체 개념·인과 개념의 특성에서 보이는 신화적 사유의 근본 구조가 지배하는 영역은 더 광범위하며, 그러한 근본 구조는 신화적 사유의 개별 형상들까지 장악하고 규정하면서 이것들에 자신의 각인을 찍는다.

순수인식 내부에서 대상들의 관계와 대상들에 대한 규정은 종합판단의 기본적 형식으로까지 소급된다. 즉 "우리는 다양한 직관 안에 종합적 통일을 산출했을 때 **대상**을 인식한다고 말한다." 그러나 종합적 통일은 본질적으로 체계적 통일이다. 체계적 통일의 산출은 어디서도 중단되지 않고 전진을 거듭하면서 경험의 전체를 파악하고 이것을 유일한 논리적 연관—'근거들'과 '결과들'로 이루어지는 하나의 전체—으로 변형한다. 이러한 근거와 결과의 구조 및 위계 조직 내에서 개별 현상 각각에, 그리고 특수한 존재와 사건 각각에 특수한 위치가 할당된다. 이러한 특수한 위치를 통해 그 각각의 것은 다른 모든 것으로부터 **구별되지**만 동시에 다른 모든 것과 철저하게 **관계를 맺게 된다.** 이러한 사실은 세계의 모습을 수학적으로 파악하는 데서 가장 명료하게 드러난다. 여기서는 어떤 존재와 사건의 특수성은 그것들에게 그것들을 특징짓는 특정한 수치와 양이 귀속되는 방식으로 표시된다. 이 모든 수치는 특정한 등식과 관계함수에 의해 다시 서로 결합되면서 법칙적으로 분절된 하나의 계열, 정밀한 수량 규정으로 이루어진 확고한 '구조'를 형성한다. 이러한 의미에서, 예를 들어 근대 물리학은 모든 특수한 사건을 네 개의 시공좌표 x_1, x_2, x_3, x_4로 나타내고 이러한 좌표의 변화를 궁극적이고 불변하는 법칙으로 소급함으로써 사건의 전체를 '파악한다'. 과학적 사유에서 결합과 분리는 두 개의 상이한 혹은 전적으로 대립된 기초 작업이 아니라, 특수한 것들을 서로 선명하게 구별하고 이것들을 체계적으로 통일된 전체로 통합하는 일이 수행되는 동일한 논리적 과정이라는 사실이 이러한 예로부터 다시 분명해진다. 이에 대한 보다 깊은 근거는 종합판단의 본질적인 성격 자체에 존재한다. 종합판단이 분석판단과 다른 것은 종합판단이 자신이 수행하는 통일을 개념적인 **동일성**으로서가 아니라 **상이한 것들의 통일로서** 사유하기 때문이다. 종합판단에서 정립되는 각 요소의 특성은 단지 '그 자체 내에 존재하고' 논리적으로 자기 자신을 고수한다는 데 있지 않고 '다른 것'과 상관적으로 관계한다는 데 있다. 이러한 관계를 도식적으로 보여주기 위해 서로 관계하는 요소들을 a와 b로 부르고 양자를 결합하는 관계를 R이라고 부를 것이다. 이러한 관계는 모두 선명한 삼중 **구조**를 보인다. 두 개의 근본 요소(a와 b)는 그것들이 진입하게 되는 관계를 통해서, 또한 이 관계[a와 b가 진입하게 되는 관계]에 의해서 명석판명하게 구별된다. 그뿐 아니라 관계의 형식(R)도 이것에 의해 질서가 부여되는 내용들에 대해 어떤 새롭고 독자적인 것을 의미한다. 이러한 형식은 이를테면 개별 내용들 자체와는 다른 의미 수준에 속하는 것이다. 형식은 그 자체로 특수한 내용이나 특수한 사물이 아니라 보편적이고 순수하게 이념적인 **관계**인 것이다. 이러한 이념적 관계에 과학적 인식이 현상의 '진리'라고 부르는 것의 근거가 존재한다. 현상의 '진리'로 이해되는 것은 현상들의 전체성 자체이기 때문이다. 이 경우 현상들의 전체성은 그 구체적 존재에서 받아들여지는 것이 아니라 사상(思想)적인 **연관—이것은** 논리적 분리작용에 근거하는 것만큼 필연적으로 논리적 결합작용에 근거한다—의 형식으로 변환되기 때문이다.

신화도 '세계의 통일'을 추구한다. 그리고 이러한 추구를 완성하려 하면서 신화는 자신의 정신적 '본성'에 의해 미리 지시되어 있는, 전적으로 특정한 궤도에 따라 움직인다. 신화적 사유의 가장 낮은 단계는 신화적 사유가 아직 직접적인 감각인상에 완전히 내맡겨져 가장 원시적인 감성적 충동 생활에 의해 지배되는 것으로 보이는 단계다. 이 단계에서 이미, 즉 세계가 다양한 정령의 힘들로 분산되어 있다고 보는 주술적인 견해에서 이미 이 힘들의 일종의 구조화, 앞으로 나타날 '조직'을 시사하는 특징이 보인다. 신화가 더 고도의 것으로 전개됨에 따라서, 즉 신화가 더 분명하게 정령들을 독자적 개성과 역사를 갖는 신들로 변형함에 따라서 신화에서 신들의 본성과 작용은 서로 더 명료하게 분리된다. 과학적 인식이 법칙의 위계질서, 원인과 결과의 체계적인 서열을 파악하려고 하는 것처럼 신화는 힘들과 신들의 위계질서를 파악하려고 한다. 신화가 세계를 여러 신으로 분할함으로써, 즉 존재와 인간 활동 각각의 특정한 영역을 특정한 신의 보호 아래 둠으로써 신화는 세계를 갈수록 더 분명하게 통찰할 수 있게 된다. 비록 신화의 세계가 전체성을 갖는 것으로 아무리 조직되어도 이 신화적 세계관 전체는 인식이 현실을 종합하려는 수단인 개념의 전체와는 전적으로 다른 성격을 보인다. 신화적 세계관에서 객관적 세계를 철저하게 법칙적으로 규정된 세계로 구성하는 것은 이념적인 관계형식이 아니다. 신화적 세계관에서 모든 존재는 용해되어 구체적 형상을 갖는 개별자가 된다. [신화적 세계관과 과학적 세계관의] **결과**에서 분명하게 나타나는 대립도, 궁극적으로는 **원리상**의 대립에 근거한다. 신화적 사유에서 수행되는 **개개의** 결합도 모두 나중에 전체적으로 완전하고 분명하게 드러날 성격을 이미 지니고 있다. 과학적 인식에서 요소들의 결합은 동일한 기본적 비판 작용에 의해 서로를 분리시키는 방식으로만 일어날 수 있는 반면, 신화는 자신이 다루는 것이 무엇이든 그것들을 무차별적인 통일로 용해해버린다. 신화가 정립하는 관계는 이러한 관계 안으로 들어가게 되는 항들이 이 관계에 의해 서로 이념적인 관계로 들어갈 뿐 아니라 서로 동일하게 되고 하나의 동일한 **사물**이 되는 성격을 갖는다. 신화적 의미에서 서로 '접촉하는' 것은 어느 것이든—이러한 접촉이 공간적인 공존과 시간적인 동시존재로 이해되든, 어느 정도 떨어져 있어도 유사하다는 의미로 이해되든, 혹은 동일한 '종류(Klasse)' 혹은 '유(類, Gattung)'에 속한다는 의미로 이해되든—근본적으로 다종다양한 것으로 존재하지 않고 본질상 어떤 실체적 통일성을 갖게 된다. 이러한 고찰방식은 신화의 가장 낮은 단계에서도 이미 나타난다. 예를 들어 주술적 세계관의 근본 방향은 다음과 같이 묘사된 바 있다. "개개의 대상은 그것이 주술적 관심을 불러일으키자마자 따로 분리되어 고찰되지 않고 항상 다른 대상들에 속한다는 성질을 자체 내에 갖게 된다. 또한 개개의 대상은 다른 대상들과 동일시되며 그 외면적인 모습은 일종의 베일, 즉 일종의 가면에 지나지 않는 것으로 여겨지는 것 같다."[2] 이러한 특징에 의해 신화적 사유가 '구체적인[합생(合生)적인, konkret]'이라는 단어가 갖는 본래 의미에서의 '구체적인' 사유라는 사실이 분명해진다. 즉 이러한 사유가 포착하는 것들은 무엇이든 독특한 형태로 합생(合生)되면서 서로 함께 성장하는 것이다. 과학적 인식이 명료하게 분리된 요소들의 통**합**을(Zusammen*schluß*) 추구한다면, 신화적 직관은 자신이 결합하는 것을 궁극적으로는 합**치**하게 한다(zusammen*fallen*). 신화적 사유에서 일어나는 것은 결합의 통일성—종합적 통일, 즉 상이한 것들의 통일로서의 통일성—이 아니라 사물적인 동일성, 합치인 것이다. 이러한 사실은 신화적 고찰방식에서는 기본적으로 단 하나

---

2) Preuß, *Die geitige Kultur der Naturvölker*, 13쪽.

의 관계 차원, 즉 단 하나의 '존재 차원'만이 존재한다는 사실을 고려하면 이해할 수 있을 것이다. 인식에서 순수한 관계 개념은 그것이 서로 결합하는 요소들 **사이에** 나타난다. 관계 자체는 이 요소들과는 다른 세계의 것, 즉 그 요소들과 비교될 수 있는 사물적 **존재**를 갖지 않고 단지 이념적인 **의미**만을 갖기 때문이다. 순수한 관계 개념이 갖는 이러한 특수한 지위가 처음으로 자각되고, 이러한 자각이 과학적 정신의 새로운 시대를 여는 **기초가 되었다는** 사실을 철학과 과학의 역사를 통해 알 수 있다. 관계 개념에 대한 최초의 엄격하게 논리적인 성격 묘사는 [신화와 철학 간의] 바로 이런 대립을 결정적인 계기로 부각시킨다. 즉 관계 개념을 사물과 감각적 현상 고유의 존재양식과 구별하기 위해서 직관과 사유의 순수한 '형식들'은 비-존재, 즉 메 온(μὴ ὄν)이라고 부르는 것이다. 그러나 신화에는 존재, 즉 현상의 '진리'를 간접적으로 **정초하는** 그러한 비-존재가 존재하지 않는다. 신화는 오직 직접적으로 존재하는 것과 직접적으로 작용하는 것만을 인정할 뿐이다. 따라서 신화가 정립하는 관계는 사고상의 결합, 즉 그것으로 들어가는 것들이 분리되는 동시에 결합되는 결합이 아니다. 신화에서의 결합은 아무리 이질적인 것도 어떻게든 접합시킬 수 있는 일종의 접착제다.

신화적 사유에 보이는 관계항들의 합생 또는 합치라는 독특한 법칙은 신화적 사유의 모든 개별 범주를 통해서 추적될 수 있다. 우선 양의 범주에서 시작하자면, 이미 지적한 것처럼 신화적 사유는 전체와 부분 사이에 결코 명확한 경계선을 긋지 않는다. 신화적 사유에서 부분은 전체를 **대표할** 뿐 아니라 전체 자체**이다.** 양을 종합적 관계형식으로 간주하는 과학적 고찰방식으로는, 양은 여럿 중 하나다. 즉 일(一)과 다(多)는 양에서 똑같이 필연적이고 엄밀하게 상관적인 계기를 형성하고 있다. 요소들이 하나의 '전체'로 결합되려면 요소들이 요소로서 선명하게 분리되고 구별되어야 한다. 따라서 피타고라스학파는 수를 모든 것을 혼의 내부에서 조화시키고 이를 통해 그것들에게 비로소 물체성을 부여하며 유한하고 무한한 사물들의 관계를 하나씩 분리하는 것이라고 정의한다. 바로 이러한 분리에 모든 조화의 필연성과 가능성이 근거한다. 왜냐하면 "동일한 것들과 유사한 것들은 결코 조화를 필요로 하지 않지만 상이한 것들과 유사하지 않은 것들 그리고 동일하지 않게 나뉜 것들은 세계 질서 내에 함께 결합되는 것을 가능하게 하는 조화를 통해서 결합되어야만 하기"(딜즈, 단편 6)[3] 때문이다. 신화적 사유는 그러한 조화—"다채로운 사물들의 통일이며 다양하게 조율된 것들의 화성(和聲)"인 조화—대신에, 부분과 전체가 동일하다는 원리밖에 알지 못한다. 전체는 자신의 전적으로 신화적·실체적인

---

3) [역주] 딜즈(Hermann Alexander Diels, 1848~1922)는 1903년에 소크라테스 이전 사상가들의 단편을 모아 3권으로 구성된 *Die Fragmente der Vorsokratiker* 를 출간했다. 이 책은 우리말로는 『소크라테스 이전 철학자들의 단편 선집』(김인곤 옮김, 아카넷 2005)으로 번역되어 있다.

본성과 함께 부분 속으로 들어가며 그야말로 감성적이고 물질적으로 부분 안에 '들어가 있다'는 의미에서, 부분이다. 한 인간의 머리카락, 잘린 손톱, 옷, 발자국에도 그 사람의 전체가 포함되어 있다. 인간이 남기는 모든 흔적이 그의 실재적인 부분으로 간주되며, 전체로서의 그에게 영향을 미치고 전체로서의 그를 위험에 빠뜨릴 수 있는 것으로 간주된다.[4] '참여(Partizipation)'라는 이러한 동일한 신화적 법칙은 실재적인 관계가 문제인 경우뿐 아니라—**우리가 말하는** 의미에서—순수하게 이념적인 관계가 문제인 경우에도 작용한다. 유(類)도 또한 자신이 포괄하고 있는 것, 다시 말해 종 또는 개체로서 자기 아래 포함하고 있는 것에 대해 보편이 특수를 논리적으로 규정하는 관계에 있는 것이 아니라 이렇게 특수한 것 안에 직접 현전하며 그 안에서 살고 작용한다. 여기서 지배하고 있는 것은 단순한 사고상의 종속관계가 아니다. 개체가 그것의 유(類)'개념'에 현실적으로 종속되는 것이다. 예를 들어 **토테미즘적인** 세계상의 구조는 신화적 사유가 갖는 이 본질 특성에 입각해서만 파악할 수 있다. 인간과 세계 전체에 대한 토테미즘적 분할에서는 한편에는 인간과 사물의 종들을 두고 다른 한편에는 일정한 동·식물의 종들을 둔다는 단순한 병렬관계는 보이지 않고, 개체는 토테미즘상의 선조에게 실재적인 방식으로 의존하는 것, 더 나아가 이 선조

---

4) 이에 대한 예들은 이 책 제1부 제1장 124쪽 이하를 볼 것.

와 동일한 것으로 사유되기 때문이다. 따라서—칼 폰 덴 슈타이넨의 유명한 보고에 따르면—북아프리카의 트루마이(Trumai)족은 자신들을 일컬어 수서동물(水棲動物, Wassertiere)이라고 한다. 이에 반해 보로로(Bororo)족은 자신들이 빨간 앵무새라고 자랑한다.[5] 신화적 사유는 일반적으로 우리가 종 또는 유(類)에 대해 하나의 '사례'가 갖는 관계, 즉 논리적 포섭관계라고 부르는 관계를 알지 못하고 그 관계를 항상 실제의 작용관계로 만들며, 따라서—신화적 사유에 의하면 '동일한 것'은 단지 '동일한 것'에만 작용할 수 있기 때문에—실제적인 동일관계로 변형시키기 때문이다.

동일한 사태는 양의 관점에서가 아니라 질의 관점에서 고찰하면—즉, '전체'와 그것의 '부분'의 관계가 아니라 '사물'과 그것의 '성질'의 관계에 주목해서 보면—훨씬 더 명료하게 드러난다. 여기서도 또한 관계항들의 독특한 합치가 동일하게 보인다. 즉 신화적 사유에서 성질이란 사물에 '속해 있는' 규정이라기보다는 오히려 어떤 특정한 측면으로부터만 보이는 사물 자체의 전체를 표현하며 자신 안에 포함하는 것이다. 이 경우에도 과학적 인식에서는 그것에 의해 산출되는 상호 규정은 어떤 **대립**에 기초하며, 그 대립은 바로 이러한 상호 규정에 의해 화해되기는 하지만 그럼에도 소

---

5) Karl v. d. Steinen, *Unter den Naturvölker Zentral-Braziliens*, Berlin 1897, 307쪽. 신화의 이러한 '참여의 법칙'에 대한 더 많은 예들은 특히 Lévy-Bruhl, *Das Denken der Naturvölker*, II장을 볼 것.

멸하지 않는다. 왜냐하면 성질의 기체(基體), 성질이 '속한' '실체' 자체는 어떤 성질과 직접 비교될 수 있는 것이 아니며 또한 구체적인 것으로서 파악되고 제시되는 것도 아니기 때문이다. 그리고 모든 특별한 속성, 아니 더 나아가 속성들의 전체에 대해 하나의 '타자'로서, 즉 어떤 자립적인 것으로서 존립하기 때문이다. 여기서 '우연적 속성'은 실체가 갖는 사물적·실재적 '부분'이 아니다. 오히려 실체는 그것을 통해 그러한 속성들이 서로 연관되고 서로 융합되는 이념적 중심이며 매개인 것이다. 그러나 이 경우에도 또한 신화가 건립하는 통일성은 곧 다시 단순한 동일성으로 해소되어버린다. 현실적인 것 모두를 동일한 차원으로 몰아넣는 신화에서는 동일한 실체가 여러 속성을 '갖는' 것이 아니라 각각의 특수한 속성 자체가 그대로 이미 실체로서 **존재한다**. 즉 각각의 특수한 속성은 항상 직접적인 구체성 속에서만, 사물화된 직접적인 모습으로만 파악될 수 있다. 이러한 사물화가 한낱 상태적·속성적인 모든 존재, 모든 작용 및 관계에서 일어난다는 것은 이미 제1장에서 밝혀졌다(68쪽 이하). 그러나 그러한 사물화의 근저에 놓인 특유한 사유원리는 신화적 세계관의 원시적 단계에서보다는 그것이 이미 과학적 사유의 기본 원리와 결합되고 이것에 의해 관통되기 시작한 경우에—그것[사물화의 근저에 놓인 특유한 사유원리]이 과학적 사유와 공동으로 일종의 잡종을, 즉 반쯤은 신화적인 자연'과학'을 산출하는 경우에—훨씬 분명하게 나타난다. 신화적 **인과** 개념의 특색이 점성술의 구조에서 가장 명확하게 드러나는 것처럼,[6] 신화적 **속성 개념**이 갖는 특수한 경향도 연금술의 구조에서 가장 명확하게 드러난다. 연금술과 점성술 사이의 친족성은 그것들의 역사 전체에서 추적될 수 있으며 위와 같은 사실에 의해 체계적으로 설명될 수 있다.[7] 그러한 친족성은 궁극적으로는 양자가 단지 신화적−실체적 동일성 사유라는 같은 사유형식의 상이한 두 개의 발현이라는 사실에 기초하는 것이다. 이러한 사유에서는 성질들의 모든 공통성, 여러 사물들의 감각적 현상이나 작용양식에서의 모든 유사성은 궁극적으로 그러한 성질들과 사물들 안에 동일한 사물적 원인이 어떠한 방식으로든 '포함되어' 있다는 사실에 의해서만 설명되는 것으로 여겨진다. 예를 들어 연금술이 개개의 물체를 단순한 근본 성질들의 복합체로 보면서 이 성질들의 단순한 집적에 의해 물체가 생긴다고 보는 것도 이러한 의미에서다. 각각의 성질은 독자적으로 특정한 원소적 사물을 나타내며, 이런 원소적 사물들의 총합으로부터 복합물의 세계와 경험적인 물체 체계가 구축된다. 따라서 이러한 원소적 사물들의 혼합법에 정통한 사람은 그 변화의 비밀에 정통한 사람이며 그러한 변화를 마음대로 일으킬 수 있다.

---

6) 이에 대한 상세한 내용은 나의 연구 *Die Begriffsform im mythischen Denken*, 29쪽 이하 참조.

7) 이에 관한 예들은 Kopp, *Die Alchimie*, Heidelberg 1886 및 Edm. O. v. Lippmann, *Entstehung und Ausbreitung der Alchimie*, Berlin 1919를 볼 것.

그는 그 변화를 단지 이해하고 있을 뿐 아니라 자신의 힘으로 산출할 수도 있기 때문이다. 연금술사는 보통의 수은에서 '현자의 돌'을 얻을 수 있다. 이를 위해 그는 우선 수은에서 운동과 유동성의 원소인 물을 추출해야 한다. 이 원소는 수은이 참된 완전성을 획득하는 것을 방해하기 때문이다. 다음의 과제는 이와 같이 얻어진 물체를 '고정하는' 것, 즉 그 물체의 휘발성을 제거하는 것이며 이를 위해서는 거기에 아직 포함된 기체적인 원소를 제거해야 한다. 연금술은 그 역사가 진행되는 과정에서 속성의 이러한 부가와 추출을 최고로 정교하면서도 복잡한 체계로 형성했다. 그러나 이렇게 극도로 세련되고 순화된 작업에서도 그 작업방식 전체가 신화적 사유방식에 근거하고 있다는 사실이 명료하게 보인다. 모든 연금술적 조작에는—그것을 이루는 개개의 작업이 어떠한 종류의 것이든 간에—성질과 상태가 전이 가능하며 물체처럼 분리 가능하다는 근본 사상이 숨어 있다. 이것은 예를 들면 보다 소박하고 원시적인 단계, 예를 들면 속죄양에 대한 사상에서 나타나는 것과 동일한 사상이다(제1장, 71쪽 이하 참조). 물질이 지닌 모든 특수한 성질, 물질이 취하는 모든 형태, 물질이 행사하고 있는 모든 작용, 이 모두는 연금술에서는 특수한 실체, 하나의 자립적 존재로 실체화되는 것이다.[8] 근대 과학, 특히 라부아지에(Lavoisier)가 형성한 근대 화학

---

8) 상세한 것에 대해서는 Edm. O. v. Lippmann의 위의 저작(특히 318쪽 이하) 외에 특히 Berthelot, *Les origines de l'Alchimie*, Paris 1885를 참조.

은 이 점과 관련하여 **문제 설정** 전체를 원리적으로 변화시키고 전환함으로써 비로소 연금술의 반쯤 신화적인 성질 개념을 극복할 수 있었다. 근대 화학에서 각각의 '성질'은 단순한 것이 아니라 극도로 복합적인 것이고, 근원적·원소적인 것이 아니라 파생적인 것이며, 절대적인 것이 아니라 철저하게 상대적인 것이다. 감각에만 의거한 고찰이 사물들의 '속성'이라고 부르고 이러한 것으로서 직접 파악하고 이해할 수 있다고 믿는 것을 비판적 분석은 특정한 작용방식, 특수한 '반응'으로 환원한다. 다만 이 반응 자체는 전적으로 특정한 **조건들** 아래에만 나타난다. 예를 들어 어떤 물체가 갖는 가연성(可燃性)은 이것에 플로지스톤이라는 특정한 실체가 포함되었음을 의미하지 않고 산소에 대한 그 물체의 **반응**방식을 의미한다. 이와 마찬가지로 어떤 물체가 갖는 용해되는 성질은 물이라든가 임의의 산(酸)에 대한 그 물체의 반응방식을 의미한다. 그리고 모든 성질들이 이와 같은 방식으로 고찰된다. 개별 성질은 이제 더 이상 사물적인 것으로서 나타나지 않고 철저하게 조건 지어진 것으로서, 즉 인과적 분석에 의해 여러 관계들의 조합으로 해소되는 깃으로서 나타난다. 이로부터 동시에 정반대의 사실도 분명해진다. 인과분석이라는 이러한 사유형식이 아직 발전되어 있지 않은 한, '사물'과 '성질' 사이의 뚜렷한 분리도 엄밀하게는 수행될 수 없으며 두 개념의 범주적 영역들은 서로 이동할 수 있고 궁극적으로는 서로 침투할 수밖에 없다.

'전체'와 '부분' 그리고 '속성'의 범주와 관련해 신화와 인식 사이에 보이는 전형적인 대립은 **'유사성'**이라는 범주에서도 입증될 수 있다. 감각인상들의 혼돈으로부터 서로 유사한 것들의 특정한 그룹을 끄집어내고 유사한 것들의 특정한 계열을 형성함으로써 그러한 혼돈을 정리하는 것은 논리적 사유와 신화적 사유 모두에서 공통적으로 보이는 것이다. 이렇게 정리하지 않으면 논리적 사유는 감각인상들의 혼돈을 고정된 **개념**에 의해 파악할 수 없을 것이며, 이와 마찬가지로 신화 역시 감각인상들의 혼돈을 고정된 **형상**에 의해 파악할 수 없을 것이다. 그러나 이 경우에도 [논리적 사유와 신화적 사유는] 사물들의 '유사성'을 파악하는 데서는 상이한 길을 걷는다. 신화적 사유에서는 어떤 감각적 현상들에서 유사성만 보이면 유사성을 보이는 형상들을 하나의 유일한 신화적 '유(類, Genus)'에 포함시킬 수 있다. 이를 위해서는 아무리 '외면적인' 것이라도 모든 임의의 징표가 동일한 효력을 갖는다. 신화에서는 '안'과 '밖', '본질적인 것'과 '비본질적인 것'의 뚜렷한 구분은 있을 수 없다. 왜냐하면 지각될 수 있는 모든 동일성이나 유사성은 **본질**의 동일성이 직접 표현된 것이기 때문이다. 따라서 신화에서 동일성이나 유사성은 결코 단순한 관계 개념과 반성 개념이 아니라 하나의 실재적인 힘이다. 즉 동일성이나 유사성은 단적으로 작용력을 갖는 것(ein Wirksames)이기 때문에 단적으로 현실적인 것(ein Wirkliches)이다. 신화 고유의 이러한 고찰방식은 이른바 모든 '모방

주술(Analogiezauber)'에서 보이지만, 그 특성은 모방주술이라는 그 롯된 **명칭**에 의해 제대로 드러나기보다는 오히려 은폐된다. 우리 가 단순한 '유사성'을, 즉 단순한 **관계**를 보는 바로 거기에서 신화 는 직접적인 존재 및 직접적인 현재와 관계하기 때문이다. 신화에 서는 멀리 떨어진 것과 지금 여기에 없는 것을 '암시하는' 단순한 기호가 존재하지 않으며 사물이 자신의 부분과 함께 존재한다. 신 화적 고찰방식에서 어떤 사물 전체는 그것과 유사한 어떤 것이 나 타나기만 하면 존재하는 것으로 간주되는 것이다. 신화적 의식은 담배 파이프에서 올라오는 연기로부터 비를 내리게 하기 위한 단 순한 '상징'을 보지 않으며, 또한 그 연기 역시 비를 내리게 하기 위 한 단순한 수단으로 보지 않는다. 신화적 의식은 연기에서 직접 구 름의 형상을 보고, 고대하던 비라는 사태 자체를 이 구름의 형상에 서 손으로 붙잡을 수 있을 정도로 명료하게 보는 것이다. 일반적으 로 말해 우리가 말하는 의미의 '합목적적인' 조치를 취하지 않더라 도, 단지 사물을 모방해 표현하는 것만으로도 그 사물을 소유할 수 있다는 것이 주술의 보편적인 원리다.[9] 신화적 의식의 관점에서는 **단순히** 모방적인 것, 단순히 기호적인 것은 존재하지 않기 때문이 다. 인식적 의식도 유사성을 정립하고 유사성의 계열을 산출할 때

---

9) 풍부한 예들이 Frazer, *The Golden Bough* I과 II; *The Magic Art and the Evolution of kings*에 보인다. 또한 Preuß, *Die geistige Kultur der Naturvölker*, 29쪽과 이 책의 제1부 제1장 96쪽 이하를 참조할 것.

특유의 논리적 이중성을 보여준다. 즉 이 경우에도[유사성을 정립하고 유사성의 계열을 산출할 때도] 인식적 의식은 종합적이면서 동시에 분석적으로, 결합하면서 동시에 분리하는 식으로 진행된다. 따라서 인식적 의식은 유사한 내용들에서 동일성의 계기와 마찬가지로 비동일성의 계기도 강조한다. 인식적 의식은 유(類)와 종을 설정할 때 단순히 공통점을 부각시키지 않고, 동일한 유 안에 존재하는 구별과 계층이 의거하는 원리가 문제인 한에서는 오히려 비동일성의 계기 쪽을 더 강조하는 경향이 있다. 예를 들어 모든 **수학적인** 등급(Klasse) 개념과 유개념의 구조에서는 이 두 가지 경향의 상호 침투가 보인다. 수학적 사유가 원과 타원, 쌍곡선과 포물선을 **하나의** 개념 아래 포괄할 경우, 이는 이 도형들이 갖는 어떤 직접적인 유사성에 근거한 것이 아니다. 감각적으로만 본다면 이 도형들은 오히려 서로 너무나 다른 종류의 것들이다. 그러나 이렇게 현저한 비동질성에도 불구하고 수학적 사유는 **법칙**의 통일성—구성 원리의 통일성—을 포착하면서 이 모든 도형들을 '원추 곡선'으로 규정한다. 이러한 법칙의 표현인 2차 곡선의 일반적 '공식'은 이러한 곡선들 간의 내적인 차이와 함께 그것들 사이의 연관도 보여준다. 왜냐하면 그 공식은 일정량의 단순한 변화에 따라서 한 기하학적 도형이 어떻게 다른 도형으로 이행하는지를 보여주기 때문이다. 이행을 규정하고 규제하는 이런 원리는 여기서의 개념의 내용에 대해서, 공통점의 정립만큼이나 필연적이고 엄밀한 의미에서 '구성적인' 것이다. 따라서 전통적 개념론이 논리적 종개념과 유개념을 보통 '추상'에 의해 생기는 것으로 간주하고 이때 추상을 많은 내용들이 **일치하는** 특징을 추출하는 것으로 이해한다면, 이러한 이해는 인과적 사유의 기능이 단지 표상을 **결합하고** '연합하는' 데 있다고 생각하는 것과 마찬가지로 일면적이다. 어떠한 경우에도 문제가 되는 것은 오히려 주어져 있고 서로 명확하게 구분되어 있는 기존의 내용들을 단순히 추후적으로 결합하는 것이 아니라 이렇게 구분 짓는 작용을 우선 사유 안에서 **수행하는 것이다.** 그리고 다시 여기서 신화는 논리적인 상위·하위라든가 '추상'이라든가 '한정(Determination)'이라는 의미에서 '개체'와 '종' 그리고 '유'를 구분하고 분리하는 것과는 거리가 멀다는 사실이 드러난다. 각각의 부분에서 전체를 보는 것과 마찬가지로 신화는 유의 개별 사례에서 직접 유 자체를 보며 신화적 '징표들'의 전체, 즉 신화적 힘들의 전체를 갖춘 유를 보는 것이다. 따라서 논리적인 유가 특수한 것을 포괄적 원리의 통일로부터 끌어냄으로써 항상 분리와 동시에 결합을 이루는 반면, 이 경우에도 신화는 개별적인 것을 하나의 상의 통일성으로, 즉 하나의 신화적 형상의 통일성으로 응축한다. 일단 '다양한 부분', '다양한 예', '다양한 종'이 이러한 방식으로 서로 유착하게 되면 그것들은 더 이상 분리할 수 없게 되며 거기에는 단지 그것들이 끊임없이 서로 이행하는 완전한 무차별성만이 존재하게 된다.

이제까지 신화적 **사유형식**과 논리적 **사유형식**을 구별하려고 시도했다. 하지만 이것만으로는 아직 신화를 **전체**로서 이해하고 신화가 비롯되는 정신적인 근원층을 통찰하기 위해 필요한 것을 전혀 얻지 못한 듯 보일 수 있다. 이렇게 말하는 이유는 우리가 신화를 그것의 **사유형식**으로부터 이해하려 할 경우 선결문제 요구의 오류(petitio principii)를 범하고 있는 것은 아닌지, 즉 신화를 미리 그릇되게 합리화하고 있는 것은 아닌지하는 의구심이 누구에게나 생길 수 있기 때문이다. 그러한 사유형식이 성립한다는 것은 인정할 수 있다고 해도, 그것이 신화적인 것의 핵심을 둘러싸고 이렇게 둘러쌈으로써 이를 은닉하는 외피 이상의 무엇을 의미하는가? 신화는 직관의 통일, 하나의 직관적인 통일을 의미하지 않는가? 그러한 직관적 통일은 '**논증적인**' 사유에 의해 그것에 가해지는 모든 설명의 전제가 되고 그것의 근저에 놓여 있지 않은가? 이러한 직관 형식조차 궁극의 층, 즉 그것으로부터 신화가 비롯되고 신화에게 끊임없이 새로운 생명을 흘려보내는 층은 아니다. 신화에서 작용하는 것은 수동적인 직관, 사물들에 대한 조용한 관찰이 전혀 아니기 때문이다. 여기서 모든 관찰은 입장을 취하는 작용으로부터, 정동과 의지의 작용으로부터 출발한다. 신화가 영원한 형상으로 농축되고 이러한 형상들로 이루어진 '객관적' 세계의 확고한 윤곽을 우리 앞에 제시하는 한, 이 세계의 의미는 우리가 그 배후에서 원래 이 세계가 근원적으로 자라나온 생활감정의 동역학을 감지하는 것에 의해서만 파악 가능한 것이 된다. 이러한 생활감정이 내부로부터 자극되는 경우에만, 즉 그것이 사랑과 증오, 공포와 희망, 기쁨과 슬픔으로 표출되는 한에서만 신화적 상상력이 고무되고 이러한 상상력으로부터 어떤 특정한 표상세계가 생겨나는 것이다. 이러한 사실로부터 신화적 **사유형식이** 갖는 특성에 대한 묘사는 모두 무엇인가 간접적인 것, 파생적인 것에만 관계하고 있다는 사실도 분명해지는 것 같다. 즉 신화의 단순한 사유형식으로부터 신화의 **직관형식**, 또한 신화의 독자적인 **생활형식**으로 소급해 들어가는 데 성공하지 못하면 신화의 사유형식이 갖는 특성에 대한 묘사는 절반의 것 그리고 불충분한 것으로 머문다. 이러한 형식들 [신화의 사유형식과 직관형식 그리고 생활형식]이 결코 서로 분명하게 구분될 수 없으며 그것들이 신화적인 것의 가장 원시적인 형상들에서부터 최고의 가장 순수한 형상에 이르기까지 서로 얽혀 있다는 것, 바로 이것이야말로 신화의 세계에 독특한 완결성과 특수한 각인을 부여한다. 신화의 세계조차 '순수직관'의 근본 형식에 따라 형성되고 조직된다. 즉 신화의 세계 또한 일(一)과 다(多), 대상들의 '공존'과 일련의 사건들로 분절된다. 그러나 이와 함께 발생하는 **공간·시간·수**에 대한 신화적 직관은 공간·시간·수가 이론적 사유 및 대상세계의 이론적 구축에서 의미하는 바로부터 극히 특징적인 경계선에 의해 구별된다. 이러한 경계선을 명료하게 드러내기 위해서 우리는 순수인식의 사유에서와 똑같이 신화적 사유에서도 나타나는 간접적인 구분을 이러한 구분의 기원이 되는 일종의 근원적 분할(Ur-teilung)로까지 소급해 올라갈 수 있어야 한다. 신화조차 그러한 정신적 '분리(Krisis[위기])'를 전제하고 있기 때문이다. 즉 신화조차 **의식** 전체에서 분리가 일어나고 이러한 분리에 의해 **세계 전체에** 대한 직관 안으로 어떤 특정한 구분이 침투하며 세계 전체가 여러 의미 층으로 분해됨으로써 비로소 형성되는 것이기 때문이다. 이러한 최초의 구분이야말로 후속하는 모든 것을 맹아의 형태로 포함하고 규정 짓고 지배한다. 신화적 사유의 특징이 아닌 신화적 직관과 신화적 생활감정의 특징이 어디에선가 나타난다고 한다면 그것은 바로 이러한 구분에서이다.

제2부
직관형식으로서의 신화

신화적 의식에서 공간적−시간적 세계의 구조와 조직

제1장

근본 대립

세계상의 **이론적** 구성은 의식이 먼저 '가상'과 '진리', 단순히 '지각된 것'이나 '표상된 것'과 '참으로 존재하는 것', '주관적인 것'과 '객관적인 것' 사이의 명확한 구별을 수행할 때 시작된다. 이 경우 진리와 객관성의 기준이 되는 것은 항상성, 논리적 불변성과 논리적 법칙성이라는 계기다. 의식의 모든 개별 내용은 보편적 법칙이라는 이러한 요구와 관계되며 이것에 입각하여 측정된다. 이렇게 해서 존재의 영역들이 나누어진다. 상대적으로 일시적인 것이 상대적으로 지속하는 것과 구별되고, 우연하고 일회적인 것이 보편타당한 것과 구별된다. 특정한 경험 요소들이 필연적이고 근본적인 것으로, 즉 전체의 구조를 지탱하는 틀로서 입증되고 다른 요소들은 단지 의존적이고 간접적인 존재로밖에 인정되지 않는다. 이 [의존적인] 것들은 자신들이 출현할 수 있는 특수한 조건들이 충족되는 한에서만 '존재'한다. 이러한 특수한 조건들에 의해 그것들은 존재의 특정한 범위, 어떤 부분에 한정된다. 따라서 이론적 사유는 직접적으로 주어진 것에서 끊임없이 논리적 위계의 구별, 이를테면 논리적 '가치'의 구별을 정립하는 방식으로 진행된다. 이 경우 이론적 사유가 사용하는 일반적인 척도는 '근거율'이며, 이론적 사유는 그것을 최고의 요청이자 사유의 첫번째 요구로 간주한다. 이러한 근거율에서 인식의 근본적인 방향, 특징적인 '양상'이 표현된다. '인식한다'는 것은 감각과 지각의 직접성으로부터 단지 사유된 '근거'의 간접성으로 나아가는 것이며, 단순한 감각인상을 '근거'와 '결과'의 층으로 분해하는 것을 의미한다.

앞에서 이미 본 것처럼 이러한 구별과 계층화는 신화적 의식에게는 전혀 낯선 것이다. 신화적 의식은 직접적 인상 속에 존재하고 이것에 자신을 맡길 뿐, 다른 것에 의거해 이것을 '측정하지는' 않는다. 인상은 신화적 의식에게는 단지 상대적인 것이 아니라 절대적인 것이다. 인상은 다른 어떤 것을 '통해서' 존재하지 않고 그 조건이 되는 다른 것에 의존하지도 않는다. 인상은 그것의 존재가 갖는 단순한 강렬함을 통해 자신을 표시하고 실증하며 저항하기 어려운 강제력과 함께 의식에 육박해온다. 이론적 사유가 객관성과 필연성을 갖는 '대상'으로서 나타난 것을 탐구하고 묻고 의심하고 음미하고 관계하며 고유한 규범과 함께 그것과 마주하는 반면, 신화적 의식은 이러한 대립을 전혀 알지 못한다. 신화적 의식은 대상에 의해 압도되는 방식으로만 대상을 '갖는다'. 신화적 의식은 대상을 점차 자립적인 것으로 구성해가는 방식으로 대상을 소유하는 것이 아니라 대상에 의해서 완전히 사로잡히는 것이다. 신화적 의식을 지배하는 것은 대상을 사유에 의해 포섭하고 근거와 결과의 복합체 안으로 편입시켜 대상을 파악하려는 의지가 아니다. 신화적 의식에는 대상에 대한 소박한 감동만이 존재한다. 그러나 신화적 대상이 의식에 나타날 때 수반되는 바로 이러한 강렬함, 이러한 직접적인 위력으로 인해 신화적 대상은 항상 동일한 형태를 취하고 동일한 방식으로 반복되는 것들의 단조로운 계열로부터 특별히 부각된다. 규칙과 필연적 법칙의 도식 안에 구속되는 대신 모든 대상은 신화적 의식을 사로잡고 충만하게 하는 한에서 자기 자신에게만 속하는 것, 비할 바 없이 독자적인 것으로서 나타난다. [신화적 의식을 사로잡는] 모든 대상은 이를테면 개성적인 분위기 안에서 살고 있다. 그것들은 일회적인 것이며 이러한 자신의 유일성에서만, 그 직접적인 '지금, 여기'에서만 파악될 수 있는 것이다. 다른 한편 신화적 의식의 내용들은 서로 전혀 결합되어 있지 않은 개별성으로 해소되지 않는다. 이러한 개별성 내에서도 어떤 보편적인 것이 지배하고 있다. 물론 이것은 논리적 개념의 보편과는 전적으로 다른 종류이며 전적으로 다른 기원을 갖는다. 왜냐하면 신화적 의식에 속하는 모든 내용들은 바로 그 특수한 성격에 의해 다시 전체로 결합되기 때문이다. 그것들은 자기완결적인 하나의 영역을 형성한다. 그것들은 이를테면 공통적인 색조를 가지고 있으며, 이러한 색조에 의해 일상적 · 통상적인 것, 즉 통상의 경험적 존재의 계열로부터 특별히 부각된다. 이렇게 분리되어 있다는 특징, '통상적인 것'이 아니라는 성격은 신화적 의식 자체의 모든 내용에 본질적이다. 그러한 특징은 가장 낮은 단계에서부터 가장 높은 차원에 이르기까지, 즉 주술이라는 것이 아직 완전히 실용적인 것, 따라서 기술과 같은 것으로 이해되던 주술적 세계관의 단계에서부터 모든 불가사의가 궁극적으로는 종교적 **정신** 자체라는 하나의 불가사의로 해소되는 가장 순수하게 형성된 종교의 단계에 이르기까지 추적될 수 있다. 신화적 의식과 종교적 의식의 모든 내용을 서로 결합하는 것은 '초월'로 향하는 이러한 독특한 동향이다. 그러한 모든 내용은 자신의 단순한 존재와 직접적인 성격 안에 어떤 계시를 포함하고 있으며, 이는 그렇게 계시하면서도 아직 일종의 비밀을 간직하고 있다. 바로 이러한 상호 침투, 즉 드러내면서 감추는 이러한 계시가 신화적–종교적 내용에 '신성함'이라는 성격을 각인한다.[1]

이러한 근본 성격이 의미하는 것 그리고 그것이 신화적 세계의 구성에 대해 갖는 의미는, 그것이 아직 전적으로 순수한 형태로 우리에게 나타나는 단계에서 아마도 가장 선명하게 나타날 것이다. 즉 다른 정신적 의미와 가치의 뉘앙스, 특히 도덕적 규정들이 아

---

1) 종교의 **근원적 범주인** 신성함이라는 개념에 대해서는 Rudolf Otto, *Das Heilige. Über das Irrationale in der Idee des Göttlichen und sein Verhältnis zum Rationalen*, Göttingen 1917을 참조.

직 침투하지 않은 단계 말이다. 근원적인 신화적 감정에서 '신성한 것'의 의미와 힘은 어떠한 특수 영역에도, 어떠한 개별적 존재 영역이나 가치 영역에도 한정되지 않는다. 오히려 존재와 사건의 전체 내용과 직접적인 구체적 모습 그리고 그것들의 직접적인 전체성에 신성한 것이라는 의미가 각인된다. 여기서는 이를테면 세계를 공간적으로 '차안'과 '피안', 단순히 '경험적일 뿐인' 영역과 초월적인 영역으로 나누는 명확한 경계선은 없다. 신성한 것에 대한 의식 속에서 일어나는 분리는 오히려 순수하게 질적인 것이다. 아무리 일상적인 존재 내용도 우리가 그것을 특수한 신화적-종교적 **시선**으로 보자마자, 즉 그것이 습관적인 사건과 활동의 작용 범위에 더 이상 얽매여 있지 않고 어떠한 측면으로부터든 신화적 '관심'을 얻어 특별히 강렬한 인상을 불러일으키자마자, 신성한 것이라는 현저한 성격을 가질 수 있게 된다. 따라서 '신성한 것'이라는 징표는 결코 처음부터 특정한 대상이나 대상군에 한정된 것이 아니다. 아무리 보잘것없는 내용이라도 '신성한' 것이라는 징표를 갑자기 갖게 될 수 있다. 이러한 징표에 의해 특별히 두드러지게 되는 것은 특정한 객관적 성질이 아니라 특정한 이념적 연관이다. 신화조차 무차별적인 '중립적' 존재에 특정한 차이를 끌어들여 이러한 존재를 여러 의미 영역으로 분해함으로써 시작된다. 의식 내용들의 동일성과 동질성을 단절하면서 이러한 동일성 안에 특정한 '가치'의 차이를 투입하기 때문에, 신화도 형식과 의미를 부여한다는 것은 분명하다. 모든 존재와 사건이 '성'과 '속'의 근본 대립에 투사됨으로써 그것들은 이러한 투사 자체에서 새로운 내용을 획득하게 된다. 이러한 내용은 그것들이 처음부터 단순히 '갖고 있었던' 것이 아니라 이러한 고찰의 형식 안에서, 즉 이를테면 이러한 신화의 '조명' 안에서 비로소 생기는 것이다.

이상과 같은 일반적인 고려와 함께 신화적 사유를 살펴보면, 여기에 존재하는 특정한 근본 현상, 즉 특정한 구분과 성층구조가 밝혀진다. 이것들은 19세기의 단순히 경험적인 신화연구와 비교신화학에 의해서도 여러 측면에서 거듭 발견되었다. 코드링턴이 멜라네시아인에 관한 유명한 저작에서 '마나(mana)'를 원시적인 신화적 사유의 핵심개념 가운데 하나라고 지적한 이래, 이러한 개념을 둘러싼 문제들이 민족학적·민족심리학적·사회학적 연구에서 점점 중요한 위치를 차지하게 되었다. 순수하게 그 내용만을 고찰할 경우, 멜라네시아인과 폴리네시아인의 '마나'라는 말로 표현되는 관념에 정확히 대응하는 것이 다른 신화적 개념 속에도 존재하며 여러 가지로 형태를 바꾸면서 세계 전역에 퍼져 있다는 사실이 우선 드러났다. 북아메리카의 알곤킨(Algonkin)족의 마니투(Manitu), 이로쿼이족(die Irokesen)의 오렌다(Orenda), 수(Sioux)족의 와칸다(Wakanda)는 마나의 관념과 놀랍도록 철저한 평행성을 보여주기 때문에 실제로 여기서 참된 신화적 '근본 관념'이 포착된 것처럼 여겨졌다. [2] 신화적 사유에 대한 단순한 현상학조차 이미 이러한 마나의 관념에서 신화적 의식의 단순한 **내용이** 아니라 오히려 신화적 의식의 전형적 **형식** 중 하나, 더 나아가 신화적 의식의 가장 근원적인 형식이 표현된다는 것을 시사하는 것 같았다. 여러 연구자들은 마나라는 관념을 신화적-종교적 사유의 한 **범주로**, 더 나아가 종교의 근원적 범주로 간주하기에 이르렀다.[3] 마나라는 관념에, 그것과 밀접한 관계에 있으면서도 부정적인 방향으로 그것에 대응하고 있는 터부[금기]라는 관념을 결합하면, 서로 대극적인 이 두 개념에 의해 신화적-종교적 의식의 근원층을 드러낼 수 있다고 보았던 것이다. 이에 따라 마나-터부라는 정식(定式)은 종교에 대한 최소한의 정의로서, 종교의 일차적인 구성 조건 중 하나로서 간주되었다.[4] 그러나 마나라는 관념이 포괄하는 영역이 확장

---

2) 마나라는 개념에 대한 매우 풍부한 문헌(1920년까지의)은 앞에서 인용된 Fr. Rud. Lehmann의 상세한 연구 논문에 세심하게 정리되어 있으며 비판적으로 논해지고 있다(이 책의 142쪽을 볼 것). 알곤킨족의 마니투에 대해서는 Jones, The Algonkin Manitou, *Journal of American Folklore*, XVIII을 참조할 것. 이로쿼이족의 오렌다에 대해서는 특히 Hewitt, Orenda and a definition of Religion, *American Anthropologist*, New Ser. IV(1902), 33쪽 이하를 참조. 와칸다에 대해서는 Mc. Gee, *The Siouan Indians, XV Anm. Report of the Bureau of Ethnology*, Washington 1898을 볼 것. 또한 Beth, *Religion und Magie bei den Naturvölkern, Ein religionsgeschichtlicher Beitrag zu den Anfängen der Religion*, Leipzig 1914, 211쪽 이하를 볼 것.

3) 마나라는 개념이 신화적 사유의 **근본 범주**로 간주되고 있는 예는 Hubert und Mauß, *Esquisse d'une théorie générale de la magie*, Année Sociologique 1902/03이 있다.

4) 특히 Marett, *The Taboo-mana Formula as a Minimum Definition of*

됨에 따라 그것을 정밀하면서도 명확하게 규정하는 일은 갈수록 더욱 어려워졌다. 신화적 사유의 '기원'에 대한 여러 가설에 입각해 마나의 의미를 파악하려는 시도도 불충분하다는 사실이 갈수록 분명해졌다. 코드링턴은 마나를 본질적으로 '정신적인 힘(spiritual power)'으로서 파악했으며 더 나아가 이것을 주술적-초자연적인 힘(supernatural power)으로 이해했다. 그러나 궁극적으로 마나라는 개념을 영혼 개념으로 환원하면서 그것을 **애니미즘**의 전제로부터 해석하고 설명하려는 이 시도는 유지될 수 없었다. 마나라는 **말**의 의미가 보다 선명하게 규정되고 그것의 표상 내용이 보다 정확하게 한정될수록 양자는 신화적 사유의 다른 층, 즉 '전(前) 애니미즘적(präanimistisch)' 방향에 속한다는 사실이 분명해졌다. 발달된 영혼 개념과 인격 개념에 대해서는 아직 말할 수 없거나 적어도 물리적 존재와 심리적 존재, 정신적·인격적 존재와 비인격적 존재가 아직 선명하게 구분되지 않는 바로 그 경우에 마나라는 단어가 적합하게 사용될 수 있는 것으로 보인다.[5] 마나라는 단어는 사용

Religion. Arch. für Religionswissenschaft, 12권(1909)과 *The Threshold of religion*, London 1914, 99쪽 이하를 참조.

5) 예를 들어 어떤 물리적인 사물도 비록 그것이 '정령' 내지 '악령'이 깃든 곳으로 간주되지 않더라도 어떤 특별한 징표에 의해, 가령 크기 때문에 보통의 일상적인 것으로부터 두드러지게 눈에 띄면 그 사물에 마나가 귀속될 수 있다. 다른 한편 영혼을 갖는 모든 것이 그대로 '마나'를 갖는 것으로 간주되지는 않는다. 통상적으로 죽은 자들의 영혼에는 마나가 없다. 살아 있는 동안에 이미 마나가 주어져 있었던 자들―특수한 힘을 가졌던 탁월한 자들―의 영혼만이 마나

될 때, 발달된 논리적 사유와 신화적 사유에 속하는 다른 여러 대립관계들에 대해서도 독특한 무관심을 보여준다. 여기에서는 특히 질료라는 관념과 힘이라는 관념이 결코 선명하게 구분되지 않는다. 따라서 마나를 단순히 주술적 실체로 파악하는 '실체'설도, 힘의 개념—즉 능력과 효력—을 강조하는 '역동'설도 마나라는 개념의 참된 의미를 파악하지 못하며 길어내지도 못하는 것 같다. 이러한 참된 의미는 오히려 바로 마나라는 개념의 독특한 '유동성', 즉 우리의 사유방식에서 보자면 명확하게 구별되는 규정들이 서로 간에 유동하고 이행하는 것에 있다. 여기서는 외관상 '정신적' 존재와 '정신적' 힘이 문제가 되는 경우에도 양자 모두 아직 질료적인 관념에 의해 완전히 침투되어 있다. 이 단계에서의 '정신(Geister)'은 "자연적인 것과 초자연적인 것의, 실재적인 것과 이념적인 것의, 인격적인 것과 다른 존재자나 실체 사이의 구별을 결여하고 있는 어떤 불특정한 종류의 것"이다.[6] 따라서 마나라는 관념에 어느 정도 확고한 핵심으로 남는 것은 결국 특별한 것, 이상한 것, '비범한 것'이라는 인상뿐인 것 같다. 본질적인 것은 결국 이러한 규정을 담지하는 것이 아니라 바로 이러한 규정 자체, '비범하다'는 성격 자체다.

를 지니며, 그 때문에 사람들은 사후에도 그들을 찾고 두려워한다. 자세한 것은 Codrington, *The Melanesians*(1891), 253쪽 참조.

[6] Crawley, *The idea of the soul*(1909). 인용은 Edvard Lehmann, *Die Anfänge der Religion und die Religion der primitiven Völker* (Kultur der Gegenwart, T. 1, Abt. III, 2판, Leipzig 1913, 15쪽)에 의한 것이다.

마나라는 관념은 그것의 부정적인 대응물인 터부라는 관념과 마찬가지로, 일상적인 사물의 층이나 통상적인 궤도에서 일어나는 사건의 층에 대해 이것과 다르고 뚜렷하게 구별되는 하나의 층을 대립시킨다. 이러한 층을 지배하는 것은 사물의 통상적인 진행에서 나타나는 것과는 다른 가능성, 다른 힘, 다른 작용방식이다. 이와 동시에 이 영역은 인간을 모든 측면에서 둘러싸고 있는 끊임없는 위협과 미지의 위험으로 가득 차 있다. 이로부터 마나라는 관념과 터부라는 관념의 내용은 순전히 **대상적인** 고찰에 의해서는 완전히 파악될 수 없다는 사실도 이해 가능해진다. 마나도 터부도 특정한 부류의 대상을 가리키는 것이 아니라, 단지 주술적-신화적 의식이 대상들에 부여하는 특유의 **강조**(Akzent)만을 나타낼 뿐이다. 이러한 강조에 의해 존재와 사건의 전체가 신화에서 중대한 의미를 갖는 영역과 그렇지 않은 영역으로, 즉 신화적 관심을 불러일으키고 사로잡는 것과 이러한 관심을 비교적 불러일으키지 않는 것으로 나뉜다. 따라서 터부-마나라는 정식을 신화와 종교의 '근거'로 보는 견해는 예를 들면 **감탄사**를 언어의 '근거'로 고찰하는 견해와 동일한 정당성과 오류를 갖게 된다. 사실 터부와 마나라는 두 개념에서 문제가 되는 것은 이른바 신화적 의식의 일차적 감탄사다.[7] 터

---

7) 특히 알곤킨족의 마니투에 대해, 어떤 새롭고 이상한 것에 의해 표상작용이 일어나고 상상력이 자극되는 경우에는 항상 마니투라는 표현이 사용된다는 보고가 있다. 예를 들어 이제까지 알려지지 않은 물고기가 처음으로 잡혔을 경우,

부와 마나에는 아직 자립적인 의미기능과 표현기능이 없으며, 양자는 신화적 감정의 흥분에서 생기는 단순한 음성과 같다. 터부와 마나는 저 놀람, 즉 과학적 인식이나 '철학'과 마찬가지로 신화도 그것과 함께 시작했다는 저 θαυμάζειν(타우마제인, 경이)의 표현이다. 단순한 동물적 공포가 놀람이 되고 이것이 공포와 희망, 경외와 경탄이라는 대립적 동향들이 혼합된 이중의 방향으로 움직이면서 이러한 방식으로 감성적 흥분이 비로소 출구와 **표현**을 찾게 될 때, 인간은 새로운 정신성의 문턱에 서는 것이다. 인간 고유의 이러한 정신성이야말로 '신성함'의 사상에 어느 정도까지 반영되어 나타난다. 신성한 것은 항상 멀면서도 **동시에** 가까운 것으로서, 친밀하고 [인간을] 보호하면서도 **동시에** 단적으로 범접하기 어려운 것으로서, '두려움에 떨게 하는 신비(mysterium tremendum)'이면서도 **동시에** '매혹적인 신비(mysterium fascinosum)'로서 나타나기 때문이다.[8] 이러한 이중 성격에 의해 신성한 것은 경험적인 존재, 즉 '세속적' 존재를 자신으로부터 명확하게 분리시키면서도 이러한 분

이 물고기가 '마니투'라고 불리게 되는 것이다(Marett, *The threshold of religion* 3판, 21쪽; Sölderblom, *Das Werden des Gottesglaubens. Untersuchungen über die Anfänge der Religion*, Leipzig 1916, 95쪽 이하를 볼 것). 수족의 '와칸(wakan)'과 와칸다라는 표현은 어원적으로도 경이를 표현하는 감탄사에서 유래된 것 같다. Brinton, *Religions of primitive peoples*, 61쪽을 볼 것.

8) '신성한 것'이 갖는 이러한 이중적 성격에 대해서 루돌프 오토가 특히 예리하게 강조하고 있다(이 책 172쪽의 각주 1을 볼 것).

리를 통해 단적으로 **배척하는 것이** 아니라 점진적으로 그것에 **침투하게** 된다. 즉 신성한 것은 바로 이렇게 대립 속에서도 자신과 대립한 것에 **형태를 부여하는** 능력을 보유하게 된다. 터부라는 보편적 개념과 무수하고 구체적인 터부 규정들이야말로 이렇게 형태를 부여하는 작용으로 향하는 도상의 첫걸음에 해당한다. 그것들은 의지와 직접적인 감각충동이 자신에게 부과하는 최초의 제한을 순수하게 부정적인 형태로 표현한다. 그러나 이러한 부정적인 제한은 그 안에 이미 적극적인 경계 설정과 적극적인 형식 부여를 향한 싹과 최초의 전제조건을 포함하고 있다. 그 경우 이러한 일차적인 신화적 형식 부여가 움직이는 방향은 정신적 의식의 다른 기본적 방향과 선명하게 분리되어 있다. 논리적이거나 도덕적인 가치에 근원적인 차이가 존재하는 것처럼, 신화적 '가치(Valenz)'에도 고유한 구별이 존재한다. '신성함'이라는 근원적인 신화적 개념은 도덕적 '순수성'이라는 개념과 겹치지 않고 오히려 양자는 현저하게 대립할 수 있으며 기묘한 긴장관계로 들어갈 수 있다. 신화적·종교적 의미에서 신성화되는 것은 바로 그렇게 신성한 것이 됨으로써 금지와 외경의 대상이 되며 따라서 '불순한' 것이 된다. 라틴어의 사케르(sacer, 신성한)나 그리스어 하기오스(ἅγιος, 신성한), 하제스타이(ἅζεσθαι, 두려운)에는 아직 이러한 이중의 의미, 의미 특유의 '양의성'이 언표되고 있다. 그것들은 신성한 것과 아울러 저주받고 금지된 것을 가리키는데, 이 두 가지 경우 모두에서 어떤 방

식으로든 '신성화되고' 다른 것들로부터 두드러지게 부각되는 것을 가리킨다.[9]

신화적 의식의 이러한 근본 방향, 즉 신화적 의식에 의해 신성한 것과 세속적인 것, 신성화된 것과 신성화되지 않은 것 사이에서 행해지는 근원적 분할(Ur—Teilung)이 개별적 형성작용, 현저하게 '원시적인' 형성작용에만 한정되는 것이 아니라 신화의 최고 형태들에서까지 관철되고 입증되고 있다는 것을 고찰할 필요가 있다. 신화가 파악하는 모든 것이 그와 같이 구분되고, 신화적으로 형성된 전체로서 나타나는 세계 전체에 이러한 구분이 관통하고 침투하고 있는 것 같다. 신화적 세계관의 모든 파생적·간접적 형태는 그것들이 아무리 복잡하게 구성되고 어느 정도의 정신적 높이에 도달하더라도 어떤 방식으로든 이러한 일차적인 구분에 의해 조건이 규정돼 있다. 신화적 생활형식들이 갖는 모든 풍부함과 역동성은 신성함이라는 개념으로 표현되는 존재에 대한 '강조'가 완전한 영향력을 갖게 되고 의식의 새로운 영역 및 내용들을 점차적으로 사로잡게 되는 것에 근거한다. 이러한 진행 과정을 살펴보면, 신화적 대상세계의 구성과 경험적 대상세계의 구성 사이에 부인할 수 없

---

9) 이것에 대한 상세한 내용은 Söderblom의 논문, Holiness, *Hastings Encyclopedia of Religions and Ethics*(4권, 376쪽 이하) 참조. 그리스어 하기오스(ἅγιος)에 대해서는 특히 Eduard Willinger, *Hagios, Untersuchungen zur Terminologie des Heiligen in den hellenisch—hellenistischen Religionen*, Gießen 1922를 참조.

는 유사성이 존재한다는 사실이 드러난다. 양자에서의 문제는 직접적으로 주어진 것의 **고립**을 극복하는 일, 즉 개별적이고 특수한 모든 것이 어떠한 방식으로 '전체로 조직되는지'를 파악하는 일이다. 두 가지 경우에서 이러한 전체성의 구체적인 표현으로, 즉 전체성의 직관적인 도식으로 나타나는 것은 **공간**과 **시간**이라는 근본 형식이며 여기에 제3의 것으로서 **수**라는 형식이 덧붙여진다. 이수의 형식에서 공간과 시간에서는 별개로 나타나는 계기들, 즉 '함께 있음'과 '잇달아 일어남'이라는 계기가 서로 침투하게 된다. 경험적 의식의 내용과 마찬가지로 신화적 의식의 내용이 점차 획득해가는 모든 연관은 공간과 시간 그리고 수라는 형식들에서만 또한 이러한 형식들을 통해서만 포착될 수 있다. 이렇게 총괄하는 **방식**에서 논리적 '종합'과 신화적 '종합'의 근본적인 차이가 다시 분명하게 나타난다. 경험적인 인식 내부에서는 경험적 현실의 직관적 구성은 자신이 설정하는 일반적인 목표에 의해—즉 이론적인 진리 개념과 현실 개념에 의해—간접적으로 규정되고 이끌어진다. 여기서는 공간 개념 · 시간 개념 · 수 개념의 형성이 보편적 · 논리적 이상에 따라 수행되며 순수 인식은 갈수록 더 분명하고 의식적으로 이러한 이상을 겨냥하게 된다. 공간 · 시간 · 수는 지각의 단순한 '집적'에 지나지 않는 것을 점차 경험의 '체계'로 형성하는 사상적 매체로 나타난다. 모든 경험 내용들의 함께 있음의 질서와 잇달아 일어남의 질서, 고정된 수량과 크기의 질서에 대한 표상이 이 모든 내용들이 최종적으로는 **하나의** 법칙으로, 하나의 인과적 세계질서로 총괄되기 위한 전제를 형성한다. 이런 의미에서 공간·시간·수는 이론적 인식에서 '근거율'의 매체와 다름 없다. 그것들은 모든 변수와 연관되는 근본적인 정수(定數)인 것이다. 그것들은 보편적인 좌표계로서, 모든 개별적인 것이 그것들 내에서 어떠한 방식으로든 편입되고 정해진 '위치'를 지정받으며 이와 함께 자신의 일의적인 규정성을 보증받게 된다. 따라서 이론적 인식이 진전됨에 따라 공간·시간·수의 순수하게 직관적인 특성들은 갈수록 더 후퇴하게 된다. 이들 자체는 의식의 구체적인 **내용**으로 나타나기보다는 오히려 보편적인 **질서형식**으로서 나타난다. 이러한 사태를 극히 명확하게 언표한 최초의 인물은 논리학자이자 '근거율'의 철학자인 라이프니츠다. 그는 공간을 '함께 있음의 질서'의 이념적 조건으로, 시간을 '잇달아 일어남의 질서'의 이념적 조건으로 규정하면서 이것들이 갖는 순수하게 관념적인 성격에 입각해 시간과 공간을 존재 내용으로서가 아니라 '영원의 진리'로서 파악했다. 칸트에게도 공간·시간·수의 참된 정초, 즉 '초월론적 연역'은 이것들이 수학적 인식의 순수한 원리이며 따라서 간접적으로 모든 경험인식의 순수한 원리라는 사실을 보여주는 것이었다. 공간·시간·수는 경험을 가능하게 하는 조건이며 경험의 대상들을 가능하게 하는 조건이기도 하다. 순수기하학에서의 공간, 순수대수학에서의 수, 순수역학에서의 시간은 이를테면 이론적 의식의 원형이다. 그것들은 감성적-개별적인 것과 사고 및 순수지성의 보편적 법칙성을 매개하는 사고상의 도식에 해당한다.

신화적 사유조차 '도식화'의 동일한 과정을 보여준다. 신화적 사유에서도 그것이 진전하면 할수록 모든 존재를 어떤 공통적인 공간질서로, 모든 사건을 어떤 공통의 시간질서와 운명의 질서로 조직하려는 노력이 강화된다. 이러한 노력은 **점성술**의 세계상과 함께 완성되었으며 신화의 권역에서 이룰 수 있는 최고의 성취를 이루었다. 그러나 점성술의 뿌리는 보다 깊게, 즉 신화적 의식의 궁극적인 근거와 원천에 해당하는 층에까지 이르고 있다. **언어적인** 개념 형성이 진전하면서 이미 신화적 의식의 도처에서는 공간적 규정들의 정밀하면서도 명확한 구별이 보편적 사고상의 규정들을 지칭하기 위한 전제조건이 되고 있다는 사실을 우리는 이미 분명하게 보았다.[10] 즉 언어에서 가장 단순한 공간어들, 다시 말해서 여기와 저기, 가까운 것과 먼 것을 가리키는 용어들이 어떤 풍부한 맹아를 자신 안에 포함하고 있으며, 이러한 맹아가 언어의 발달에 따라 놀랄 정도로 풍부한 언어적·지적 형성물로 발전해간다는 사실이 드러났다. 모든 언어가 형성될 때 나타나는 두 개의 극이 공간어의 매개에 의해 비로소 참으로 결합되는 것 같았다. 즉 언어 표현에서의 감성적인 것 안에 순수하게 정신적인 계기가 그리

---

10) [역주] 『상징형식의 철학 I: 언어』, 박찬국 옮김, 아카넷 2011, 285쪽 이하 참조.

고 언어 표현에서의 정신적인 것 안에 감성적인 계기가 보이는 것 같았다.[11] 신화적 표상권에서도 정신화의 그러한 매체 중 하나로서 공간이, 더 나아가 시간이 나타나게 된다. 신화적 표상권 자체가 경험하는 최초의 명석판명한 분절화는 공간적 · 시간적 구별과 결부되어 있다. 그러나 여기서 문제가 되는 것은, 이론적 의식에서처럼 변화하는 사건을 설명하고 기초 놓는 일정의 불변적인 표준치를 획득하는 것이 아니다. 오히려 이러한 구별 대신 다른 구별, 즉 신화적인 것 특유의 '시선 전환'에 의해 규정되고 요구되는 구별이 나타난다. 신화적 의식이 공간과 시간을 분절하는 것은 동요하고 부유하는 감각적 현상들을 지속적인 사유 안에 고정하기 위한 것이 아니라 공간적 존재와 시간적 존재에도 신화적 의식 특유의 대립을, 즉 '성'과 '속'의 대립을 덧붙이기 위해서다. 신화적 의식 특유의 이러한 근본적이고 근원적인 강조가 공간 전체, 시간 전체에서의 모든 특수한 분리와 결합도 지배하게 된다. 신화적 의식의 원시적 단계에서는 '힘'과 '신성함'은 아직 일종의 사물로 나타나며, 그것들의 담지자인 특정한 인물과 사물에 부착된 감성적 · 물리적인 어떤 것으로서 나타난다. 그러나 신화적 의식이 보다 진전하면, 신성함이라는 특성은 개별 인물과 사물로부터 이것들과는 다른 규정으로, 즉 **우리가 말하는 의미에서** 순수하게 이념적인 규정으로

---

11) 상세한 내용은 제1권, 149쪽 이하[『상징형식의 철학 I: 언어』, 박찬국 옮김, 아카넷 2011, 285쪽 이하] 참조.

갈수록 더 이행하게 된다. 이제 신성함이라는 성격은 무엇보다 신성한 장소와 자리, 신성한 기일(期日)과 시간, 그리고 최종적으로는 신성한 수에서 잘 나타나게 된다. 그리고 이와 함께 비로소 성과 속의 대립이 더 이상 특별한 것이 아니라 참으로 보편적인 대립으로 파악된다. 모든 존재는 공간의 형식 안에, 모든 사건은 시간적인 리듬과 주기 안에 편입되기 때문에 일정한 공간적−시간적 **위치**에 부여된 각각의 규정이 곧 그러한 위치 안에 주어진 **내용**으로 이전된다. 또한 역으로 내용의 특수한 성격이 내용이 존재하는 위치에 탁월한 성격을 부여하게 된다. 이러한 상호 규정에 의해 모든 존재와 사건이 극히 정교한 신화적 연관의 그물망 안에 편입된다. 공간·시간·수가 이론적 인식의 관점에서 **객관화** 과정의 근본 수단이자 그 단계들임이 분명해지는 것처럼, 공간과 시간 그리고 수는 신화적 '통각'의 과정에서 세 개의 주요 단계를 보여준다. 여기서 신화 특유의 형식론에 대한 전망이 열리는 것이며, 이러한 형식론에 의해 신화의 근저에 놓인 일반적 사유형식에 대한 고찰이 보완되고 비로소 진정 구체적인 내용으로 채워지게 된다.

신화의 형식론의 근본 특징: 공간, 시간, 수

1. 신화적 의식에서 공간의 분절화

신화적 공간직관이 갖는 특징을 잠정적으로 그리고 개괄적으로 서술하기 위해, 우리는 신화적 공간이 감성적 지각공간과 순수인식의 공간인 기하학적 직관의 공간 사이에서 독특한 **중간적 지위를** 차지하고 있다는 사실로부터 출발할 수 있다. 지각공간, 즉 보이는 공간과 손으로 만질 수 있는 공간이 순수수학의 공간과 결코 일치하지 않을 뿐 아니라 이 둘 사이에는 철저한 차이가 존재한다는 사실은 잘 알려져 있다. 수학적 공간의 규정들은 지각공간의 규정들로부터 읽어낼 수 있는 것이 아니며, 지각공간으로부터의 연속적 사유에 의해 끌어낼 수 있는 것도 아니다. 순수수학의 '사유 공간'에 도달하기 위해서는 시선의 특별한 전환, 즉 감각적 직관에 직접적으로 주어진 것으로서 나타나는 것을 **포기하는 것이** 필요하다. 특히 '생리적' 공간과 저 '측량적' 공간, 즉 유클리드 기하학이 작도(作圖)의 근저에 두고 있는 공간을 비교해보면 양자 사이의 이러한 대립관계가 잘 드러난다. 유클리드 공간은 연속성, 무한성, 일관된 동질성이라는 세 개의 근본 특징을 갖는다. 그러나 이러한 세 가지 계기는 감성적 지각의 성격과는 모순된다. 지각은 무한이라는 개념을 알지 못한다. 지각은 오히려 처음부터 지각능력의 일정한 한계에 구속되며, 따라서 특정하게 제한된 공간 영역에 구속된다. 지각공간의 무한성에 대해 말할 수 없는 것과 마찬가지로 지각공간의 동질성에 대해서도 말할 수 없다. 기하학적 공간의 동질성이 궁극적으로 의거하는 것은 기하학적 공간의 모든 요소들, 즉 그것 안에 모여 있는 '점들'이 단순한 위치 규정에 지나지 않으며 이러한 점들이 서로 놓여 있는 이러한 관계, 이러한 '위치' 외에는 고유한 자립적 **내용**을 갖지 않는다는 사실이다. 그러한 점들의 존재는 그것들 간의 상호관계에 지나지 않는다. 이 상호관계는 순수하게 기능적인[함수적인] 관계이며, 전혀 실체적인 존재가 아니다. 이 점들은 근본적으로 일체의 내용을 결여하고 있고 이념적 관계의 단순한 표현이 된 것이기 때문에, 점들 간 내용의 차이는 전혀 문제되지 않는다. 이 점들의 동질성은 그것들이 갖는 논리적 과제의 공통성, 즉 이념적 규정과 의미의 공통성에 근거하는 구조의 동일성일 뿐이다. 따라서 동질적인 공간은 결코 이미 주어진 공간이 아니라 구성되고 산출된 공간이다. 사실 동질성이라는 기하학적 개념은 공간 내의 어떠한 점으로부터도 모든 지점과 모든 방향을 향해 동일한 구성이 이루어져야 한다는 요청에 의해서 표현될 수 있다.[1] 직접적인 지각공간에서 이러한 요청은 결코 충족될 수 없다. 지각공간에서는 위치와 방향의 엄밀한 동질성은 존재하지 않으며 모든 위치는 자신의 고유한 성질과 가치를 갖는다. 보이는 공간과 만질 수 있는 공간은 유클리드 기하학의 측량 가능한 공간과는 달리 '이방성(異方性, anisotrop)'과 '비동질성'이라는 성질을 갖고 있다는 점에서 일치한다. "유기체가 갖는 주요한 방향들, 앞과 뒤, 위와 아래, 왼쪽과 오른쪽은 두 가지의 생리적 공간[보이는 공간과 만질 수 있는 공간]에서 등가적(等價的)이 아니다."[2]

이러한 비교 규준에서 출발하면, **신화적** 공간은 지각공간과 친족관계에 있지만 기하학의 사유공간과는 엄격하게 대립된다는 사실은 의심할 여지가 없는 것 같다. 양자, 즉 신화적 공간과 지각공간은 전적으로 의식에 의한 구체적 형성물이다. 기하학에서 '순수한' 공간의 구성의 근저에 놓인 '장소'와 '내용'의 분리는 지각공간에서는 아직 수행되지 않았으며 수행될 수 없다. 장소는 내용에서 분리되고 고유한 의미를 갖는 하나의 요소로서 내용과 대립하는

---

1) 이것에 대해서는 Hermann Graßmann, *Ausdehnungslehre von 1844*, § 22 (Gesammelte mathematische und physikalische Werke, Leipzig 1894, I, 65쪽)을 참조할 것.

2) Mach, *Erkenntnis und Irrtum*, Leipzig 1905, 334쪽을 볼 것.

것이 아니라, 특정한 개별적–감성적인 혹은 직관적인 내용으로 **채워져** 있는 한에서만 '존재한다'. 따라서 감성적 공간에서도 신화적 공간에서도 모든 '여기'와 '저기'는 단순한 여기와 저기가 아니다. 즉 모든 '여기'와 '저기'는 상이한 내용들에 똑같이 적용할 수 있는 일반적 관계를 표현하는 단순한 술어가 아니다. 각각의 모든 점, 모든 요소는 이를테면 고유한 '색조'를 갖는다. 그것들은 특수하고 두드러진 성격을 지니고, 더 이상 일반적인 개념에 의해 서술될 수 없으며 단지 그대로 직접 체험된다. 그리고 이러한 성격상의 차이는 공간 내 개개의 위치에서와 마찬가지로 공간 내 개개의 방위에도 존재한다. '생리적' 공간에서는 왼쪽과 오른쪽, 앞과 뒤, 위와 아래가 교체될 수 없다. 왜냐하면 이러한 방위 가운데 어디로 운동하느냐에 따라 전적으로 특수한 기관(器官)감각이 나타나기 때문이다. 왼쪽과 오른쪽, 앞과 뒤, 위와 아래가 교체될 수 없다는 점에서 '생리적' 공간은 '측량될 수 있는 공간'과 구별되고, 이러한 방위들 각각에는 이를테면 특수한 신화적 감정가(感情價, Gefühlswerte)가 결부되어 있다. 따라서 기하학적 개념공간에서 지배하는 동질성과는 반대로 신화적 의식공간에서는 각각의 위치와 방위에 이를테면 특수한 **강조**(Akzent)가 주어져 있다. 이러한 강조는 도처에서 신화적인 근본적 강조에 해당하는 성과 속의 분리로 귀착된다. 신화적 의식이 정립하는 경계선, 즉 신화적 의식에 세계를 공간적으로도 정신적으로도 분절된 것으로서 나타나게 하는 경계선은 기하학에서처럼 유동적이며 감성적인 인상들에 대해 고정된 형태의 왕국이 발견된다는 것에 근거하지 않는다. 그러한 경계선은 현실에 대해서 태도를 취할 때 의욕하고 행위하는 자로서 자신을 한정한다는 것에, 즉 현실에 대해 자신을 위한 특정한 **장벽**을 세우고 자신의 감정과 의지를 이러한 장벽에 결부시킨다는 것에 근거한다. 이러한 일차적인 공간적 구별이 보다 복잡한 신화적 형성물에서 끊임없이 새롭게 반복되고 갈수록 더 승화되어간다. 이 일차적 구별이란 다음과 같은 두 존재**권역**의 구별이다. 즉 하나는 일상적이고 일반적으로 접근 가능한 권역이며, 다른 하나는 신성한 존재권역으로서 자신의 주위로부터 두드러지고 분리되어 있으며 자신의 주위에 대해서 둘러싸여 보호받는 권역이다.

신화적 공간직관이 이렇게 개인적−감정적인 근거를 바탕으로 하고 이러한 근거로부터 떼어놓을 수 없는 것으로 나타나며 순수 인식의 '추상적 공간'과 아무리 구별될지라도, 거기[신화적 공간직관]서는 어떤 일반적 경향과 어떤 일반적 기능이 나타난다. 신화적 세계관 전체에서 공간이 수행하는 것은 경험적 '자연', 대상적 '자연'을 구성할 때 기하학적 공간이 수행하는 것과 내용 면에서는 동일하지 않지만 형식 면에서는 유사하다. 기하학적 공간조차 하나의 도식으로서 작용하는 바, 그것이 적용되고 그것을 매개로 함으로써 언뜻 보기에는 전혀 비교될 수 없는 극히 다양한 요소들이 서로 연관될 수 있게 된다. '객관적인' 인식의 진보는 본질적으로 다음에 근거한다. 즉 직접적 감각이 제시하는 단순히 감성적인 모든 차이가 궁극에는 순수한 양적·공간적 차이로 환원되고 이러한 차이에 의해 완전히 표현된다는 것. 이와 마찬가지로 신화적 세계관조차 이러한 표현방식, 즉 그 자체로는 비공간적인 것을 공간에 '모사하는 것'을 잘 알고 있다. 여기서 모든 질적인 차이는 어떤 의미에서는 동시에 공간적 차이로 나타나는 일면을 가지고 있으며, 또한 모든 공간적 차이가 항상 질적 차이이기도 하며 계속해서 질적인 차이로 남는다. 공간과 성질이라는 두 개의 영역 사이에서는 일종의 교환, 부단한 이행이 일어난다. 언어를 고찰할 때 우리는 이미 이러한 이행형식을 살펴본 적이 있다. 그때 극히 다양한 종류의 무수한 관계들, 특히 질적·양상적 관계들이 언어에 의해 포착되고 표현되기 위해 공간적 규정들을 이용한다는 사실이 드러났다. 이를 통해 단순한 공간어가 일종의 정신적 근본어가 되었다. 객관적 세계는 언어가 이러한 객관적 세계를 공간으로 전환하는 정도에 따라, 즉 언어가 이러한 객관적 세계를 이를테면 공간적인 것으로 번역하는 정도에 따라 언어에게 이해되고 통찰될 수 있는 것이 된다(제1권, 149쪽 이하[『상징형식의 철학 I: 언어』, 박찬국 옮김, 아카넷 2011, 285쪽 이하] 참조). 바로 이러한 번역, 즉 지각되고 느껴진 성질을 공간적인 형상과 직관으로 치환하는 것은 신화적 사유에서도 끊임없이 일어난다. 신화적 사유에서도 공간의 저 특유한 '도식기능'이 작용하고 있으며, 이러한 도식기능에 의해 공간은 전혀 비동질적인 것조차 동화시키고 이를 통해 비교 가능한 것으로 만들며 어떠한 방식으로든 '유사한 것'으로 만들 수 있게 된다.

우리가 신화에 고유한 형상들의 계열을 따라 거슬러 올라가면서 본래의 신화적인 근원적 형상과 근원적 분절화로 다가갈수록, 이러한 사태가 더욱더 명료하게 드러나는 것 같다. 이러한 근원적 분절화, 즉 존재자 전체를 확고하게 규정된 부류와 군으로 나누는 최초의 원시적 분리와 분류는 **토테미즘적 세계관의** 권역에서 수행된다. 여기서는 개인과 인간 집단 각각이 특정한 토템에 속하는 방식으로 서로 선명하게 구별되어 있을 뿐 아니라 토템에 따른 이러한 분류법에 의해 세계 전체가 파악되고 관통되어 있다. 모든 사물, 모든 사건은 토테미즘적인 부류의 체계에 편입되고 어떤 특징적인 토테미즘적 '표지'를 지님으로써 '이해된다'. 이러한 표지는—신화적 사유에서는 일반적으로 그렇지만—**단순한** 기호가 아니라 완전히 실재적인 것으로서 여겨지고 느껴지는 연관들의 표현이다. 이러한 연관들로부터 생기는 전체적인 거대 복합체, 즉 모든 개인적 존재와 사회적 존재 그리고 모든 정신적 존재와 자연적−우주적 존재를 극히 복잡 다양한 토테미즘적 친척관계 안으로 편입시키는 조직도 신화적 사유가 이러한 조직에 어떤 공간적 표현을 부여하면 비교적 쉽게 조망될 수 있다. 이제 이렇게 착종된 분류체계 전체가 이를테면 공간의 주요한 기본선과 방향선에 따라 정리되고 이를 통해 직관적인 명확성을 획득하게 된다. 예를 들어 쿠싱(Cushing)이 상세하게 기술한 주니(Zuñi)족[3]의 '신화적–사회학적 세계관' 속에는 세계 전체를 관통하는 일곱 개의 토테미즘적 분류형식이 존재하는데, 이러한 분류형식은 무엇보다 먼저 공간에 대한 파악방식에서 나타난다. 공간 전체가 동서남북 및 상하의 세계 그리고 세계의 중심인 중앙으로 나뉘어 있다. 각각의 모든 존재는 이렇게 나뉜 전체에서 자신의 일의적인 위치를 점하며, 확고하게 지정된 자리를 차지한다. 이러한 구분의 관점에 따라 자연의 기본 요소, 물질, 사건의 개별 국면이 분류된다. 공기는 북쪽에, 불은 남쪽에, 땅은 동쪽에, 물은 서쪽에 속한다. 북쪽은 겨울의 고향이며, 남쪽은 여름의 고향이고, 동쪽은 가을의 고향이며, 서쪽은 봄의 고향이다. 마찬가지로 인간 사회의 여러 신분과 직업 그리고 일도 동일한 근본 도식에 따라 나뉜다. 전쟁과 전사는 북쪽에, 사냥과 사냥꾼은 서쪽에, 의학과 농업은 남쪽에, 주술과 종교는 동쪽에 속한다. 이러한 분류는 언뜻 낯설고 '기묘한 것'으로 보이지만, 우연히 생긴 것은 아니며 극히 뚜렷하면서도 전형적인 근본 직관의 표현이다. 주니족과 마찬가지로 [아프리카의 나이지리아 남서부에 사는] 요루바(Joruba)족에서도 공간을 파악할 때 이러한 토테미즘적 분절화가 특징적으로 표현된다. 이 경우에도 공간의 방위 각각에 하나의 특정한 색과 5일로 구성된 한 주(週)의 요일 각각 그리고 지수화

---

3) [역주] 주니족은 미국의 애리조나 주와 접한 뉴멕시코 주 중서부에 살던 북아메리카 인디언이다.

풍(地水火風) 가운데 특정한 근본 요소가 귀속된다. 또한 기도의 순서, 제기(祭器)의 종류와 변화, 계절에 따른 희생물 봉헌 순서, 즉 종교 의례의 질서 전체가 공간의 특정한 근본 구별, 특히 '오른쪽'과 '왼쪽'이라는 근본 구별로 귀착된다. 그들이 도시를 건설하고 개별 구역으로 구획하는 방식도 이를테면 그들의 토테미즘적 세계관의 공간적 투영과 다름 없다.[4] 모든 질적인 차이와 대립이 일종의 공간적 '대응물'을 갖는다는 고찰방식은 [주니족이나 요루바족의 경우와는] 다른 형태로 그리고 극히 정교하면서도 정밀하게 완성된 형태로 중국의 사유에서도 발견된다. 여기서도 각각의 모든 존재와 사건은 어떠한 방식으로든 상이한 방위에 배치된다. 각각의 방위가 특별히 그것에 속하는 특정한 색, 지수화풍 가운데 특정한 하나, 특정한 계절, 특정한 동물상, 신체의 특정한 기관, 특정한 기본적 감정 등을 갖는다. 그리고 가장 이질적인 것들조차 어떤 특정한 공간적 위치에 공통적으로 연관됨으로써 어떤 의미에서 서로 접촉

---

4) 이에 관한 상세한 내용은 Leo Frobenius, *Und Afrika sprach*, 특히 198쪽 이하와 280쪽 이하를 참조할 것. 프로베니우스는 요루바족의 종교의 근저에 있는 4×4항 '체계'로부터 요루바족과 이러한 체계를 처음으로 형성했던 에트루리아인[이탈리아 에트루리아에 살던 고대 민족] 사이에 일종의 근원적 친족관계가 성립한다고 추론하려 하지만, 앞에서 우리가 고찰한 바에 따르면 이러한 추론은 극히 의심스럽다. 유사한 체계가 세계 전역에 분포되어 있다는 사실은 오히려, 우리가 여기서 관계하고 있는 것이 신화적 사유의 어떤 개별적 맹아나 충동이 아니라 신화적 사유의 유형적인 근본 직관 가운데 하나이며 신화적 사유의 단순한 내용이 아니라 신화적 사유에 방향을 부여하는 요소 중 하나라는 사실을 입증한다.

하게 된다. 존재의 모든 종과 유가 공간 내의 어딘가에 자신의 '고향'을 갖고 있기 때문에, 이를 통해 서로 대립되는 종과 유 상호 간에 존재하는 절대적 이질성도 폐기된다. 장소적 '매개'가 그것들 사이의 정신적 매개로 이끌며, 모든 차이를 하나의 거대한 전체, 즉 세계의 신화적 기본 구상으로 통합되는 것으로 이끈다.[5]

따라서 여기서도 공간직관의 보편성이 세계관의 '보편주의'를 지탱한다. 그러나 다시 이 경우에도 신화는 그것이 추구하는 '전체'의 **형식**에 의해 인식과 구별된다. 과학적 우주의 전체는 법칙의 전체, 즉 여러 관계와 기능의 전체다. 공간 '자체'와 시간 '자체'는 처음에는 아직 실체로서, 즉 독자적으로 존재하는 사물로서 간주되지만 과학적 사유가 진보함에 따라 이념적인 총체, 즉 관계의 체계로서 인식된다. 공간과 시간의 '객관적' 존재는, 공간과 시간이 경험적 직관을 비로소 가능하게 하며 원리로서 그러한 경험적 직관의 '근저에 놓여 있다'는 것만을 의미한다. 공간과 시간의 모든 존재, 공간과 시간의 모든 현상방식은 결국 경험의 근거가 되는 이러한 기능에 연관되어 있다. 따라서 여기서는 순수한 기하학적 공간의 직관조차 '근거율'이 설정하는 지배적 법칙에 따른다. 이 공간직관은 **세계를 설명하기** 위한 도구이자 기관이며, 한낱 감성적인 내용이

---

5) 이것에 관해 나는 *Die Begriffsform im mythischen Denken*라는 연구에서 상세하게 논했다. 여기에는 민족학적 문헌에 입각한, 보다 면밀한 증거들도 제시했다. 특히 *Die Begriffsform im mythischen Denken*, 16쪽 이하와 54쪽 이하를 볼 것.

어떤 공간적 형식 안에 부어넣어져서 이를테면 공간적 형식으로 주조되고 이를 통해 보편타당한 기하학적 법칙에 따라 파악되는 식으로 행해진다. 이와 같이 공간은 여기서 개별적인 이념 요소로서 인식이라는 공통의 과제에 편입되어 있다. 그리고 공간이 점하는 이러한 체계적 위치가 공간의 독자적 성격도 규정하게 된다. 순수인식의 공간에서는 공간 전체와 부분적 공간의 관계는 사물적인 것이 아니며 근본적으로는 역시 전적으로 함수적인 것으로서 사유된다. 공간의 전체란 [우선은 따로따로 존재하는] 요소들을 '함께 모아서' 구성되는 것이 아니라, [공간을] 구성하는 조건으로서 존재하는 요소들에 의해 구성된다. 선은 점으로부터, 평면은 선으로부터, 입체는 평면으로부터 '산출되는'데, 이는 사유가 하나의 도형을 다른 도형으로부터 일정한 법칙에 따라 이끌어냄으로써 이루어진다. 복합적인 공간적 형태들은 그것을 이끌어내는 방법과 규칙을 나타내는 '발생적 정의'에 의해 파악된다. 따라서 여기서는 공간 전체를 이해하기 위해 그러한 공간 전체를 산출하는 요소인 점과 점들의 운동으로 거슬러올라갈 필요가 있다. 순수수학의 이러한 **함수공간**에 대해 신화의 공간은 전적으로 **구조공간**으로 나타난다. 신화의 공간에서는 전체가 요소들로부터 발생하고 '생성된다'고 해도 그것은 이러한 요소들로부터 일정한 법칙에 따라 발생적으로 생겨나는 것이 아니다. 전체와 요소의 관계는 전체가 요소들에 내재하고 내속한다는 순수하게 정태적인 관계다. 여기서는 우리가 아무리 분할해도 각각의 모든 부분에서 전체의 형식, 전체의 구조를 다시 발견한다. 따라서 전체의 형식은―공간의 수학적 분석에서처럼 동질적인, 따라서 무형태적인 요소들로 분해되는 것이 아니라―아무리 분할해도 그러한 분할에 의해 영향받지 않고 그대로 존속한다. 공간세계 전체 그리고 이와 함께 우주 전체가 어떤 특정한 **모델**에 따라 구축되어 있는 것으로 나타나며, 그 모델은 어떤 때는 확대된 척도, 어떤 때는 축소된 척도로 나타날 수 있지만 그것은 최대의 것에서든 최소의 것에서든 항상 동일한 것으로 존재한다. 신화적 공간에서의 모든 **연관**은 궁극적으로는 이러한 근원적인 **동일성**에 근거한다. 신화적 공간에서의 모든 연관은 작용의 동질성, 즉 하나의 역학적 법칙에 귀착되는 것이 아니라 본질이 갖는 어떤 근원적인 동일성으로 귀착된다. 이러한 근본적 고찰방식의 고전적 표현은 점성술의 세계관에서 발견된다. 점성술에서는 세계 안의 모든 사건, 즉 모든 새로운 형성과 발생은 근본적으로는 단지 가상에 불과하다. 이것들에서 표현되는 것과 그것들의 배후에 놓인 것은 미리 정해져 있는 운명이며, 개별적인 시간계기들을 관통하면서 자신을 관철하는 동일한 형태의 존재규정이다. 따라서 어떤 사람의 생애가 시작할 때, 즉 그가 탄생한 시각의 성좌에 그 사람의 생애 전체가 이미 포함되어 있다. 일반적으로 모든 생성은 발생이라기보다는 오히려 단순한 항존(恒存, Bestand)으로서 또한 이렇게 항존하고 있는 것의 전개로서 나타난다. 존재와 생명의 형식은 극히 다양한 요소들로부터, 즉 극히 다양한 인과적 조건들의 상호작용의 결과로 생기는 것이 아니라 처음부터 각인된 형태로 주어지며, 그것은 단지 나중에 전개되는 것만을 필요로 하고 관찰자인 우리에 대해서 이를테면 시간 안에서 펼쳐진다. 전체가 갖는 이러한 법칙은 전체의 모든 부분들 각각에서 반복된다. 존재의 예정성은 우주에 대해 타당한 것처럼 개인에 대해서도 타당하다. 점성술의 여러 정식(定式)들이 자주 이러한 관계를 분명하게 언표하지만, 그러한 정식들은 점성술적 고찰의 근본 원리를 형성하는 행성의 **작용**을 오히려 일종의 **실체적 내재성으로** 변화시키는 방식으로 표현한다. 우리들 각각 안에는 특정한 행성이 **존재한다.** ἔστι δ'ἐν ἡμῖν Μήνη Ζεύς, Ἄρης Παφίη Κρόνος Ἥλιος Ἑρμῆς[우리들 안에는 달, 목성, 화성, 금성, 토성, 태양, 수성이 거주하고 있다].[6] 여기서 별의 작용에 대한 점성술적 고찰방식의 궁극적 근거가 저 신화적 공간관에 있다는 사실이 드러난다. 점성술은 이러한 신화적 공간관을 최고의 그리고 그야말로 '체계적인' 정합성을 갖는 것으로까지 발전시켰다. 점성술은 신화적 사유 전체를 지배하는 원리에 따라, 공간 내에서의 '함께 있음'을 전적으로 **구체적인** '함께 있음'으로서, 즉 **물체**가 공간 내에서 점하는 어떤 특정한 위치와 장소로서만 해석할 수 있다. 여기에는 [물체로부터] 분리되어 있는 공간형식, 즉 한낱 추상적

---

6) Boll, *Die Lebensalter*, Leipzig 1913, 37쪽 이하 참조.

인 공간형식은 존재하지 않는다. 공간형식에 대한 모든 직관은 내용에 대한 직관으로, 즉 행성계의 성좌(星座)로 용해되어 있다. 그러나 이러한 성위(星位) 자체는 결코 일회적이고 유일무이한 것이 아니며 전적으로 독자적인 것도 아니다. 거기서는 전체의 구조적 법칙과 우주의 형식이 눈에 보일 듯 명료하면서도 정확하게 나타난다. 우리가 지금 아무리 우주 형식의 세부를 살펴보아도 그리고 아무리 이러한 형식을 분할해보아도 이것의 본래적인 본질은 손상되지 않으며 항상 분해될 수 없는 통일체로서 존속한다. 공간이 자신 안에 특정한 구조를 지니고 있고 이 구조가 개개의 모든 공간현상에서 재현되는 것처럼, 개개의 존재나 사건도 전체가 갖는 규정으로부터, 즉 전체의 운명으로부터 벗어날 수 없으며 그것에 등을 돌릴 수도 없다. 자연적 요소들의 질서든, 시간의 질서든, 물체의 혼합이든, 인간의 유형적 성질―예를 들어 '기질'―이든 우리가 무엇을 고찰해도 그것들에서는 항상 분류의 동일한 근원적 도식, 동일한 '분절화'가 발견된다. 이러한 분절화가 일어나기 때문에, 전체의 문양(文樣)이 특수한 모든 것에 각인되는 것이다.[7]

물론 점성술이 훌륭하게 완성되고 완결된 형태로 우리 앞에 제시하고 있는 공간적-물리적 우주에 대한 저 견해는 신화적 사유의 시작에 해당하는 것이 아니라 신화적 사유가 후기에 이르러 비

---

7) 점성술의 이러한 형식에 대해 상세한 것은 졸저 *Die Begriffsform im mythischen Denken*, 25쪽 이하를 볼 것.

로소 획득한 정신적 성과다. 신화적 세계관조차 감성적–공간적 존재의 극히 협소한 범위에서 출발했으며, 이 범위는 점차 조금씩 확대되었다. [제1권에서 이루어진] 언어에 대한 고찰에서 드러났듯이 공간적 '방위'에 대한 표현들, 즉 '앞'과 '뒤', '위'와 '아래'를 가리키는 단어는 자신의 신체에 대한 표상에서 취해졌다. 인간의 신체와 사지(四肢)는 다른 모든 공간적 구별이 간접적으로 전이되는 준거 체계인 것이다(제1권, 160쪽 이하[『상징형식의 철학 I: 언어』, 305쪽 이하]). 신화는 이 점과 관련해서도 동일한 길을 걷는다. 즉 신화가 하나의 유기적으로 조직된 전체를 자신의 사유수단에 의해서 '파악'하려고 할 경우, 신화도 이러한 전체를 인간의 신체와 그의 유기적 조직의 상에 따라 표상하는 것이 보통이다. 객관적 세계를 이러한 방식으로 자기 신체의 부분들의 관계에 따라 유비적으로 '모사함'으로써 비로소 객관적 세계는 신화에게 통찰될 수 있으며 존재의 특정한 영역들로 구분된다. 근원에 대한 신화의 물음에 답이 주어질 때 그 답이 포함해야만 하는 것, 따라서 신화적인 우주지(宇宙誌, Kosmographie)와 우주론의 전체를 지배하고 있는 것은 대개의 경우 이러한 모사의 형식이다. 세계는 인간 존재나 초인적 존재와 같은 존재의 부분들로 형성되어 있기 때문에, 비록 세계가 전적으로 개별자들로 분산된 듯 보일지라도 세계에는 신화적–유기적 통일체의 특성이 남아 있다. 『리그베다』의 찬가에서는 세계가 푸루샤라 불리는 인간의 신체에서 어떻게 생겨 나왔는지 묘사된다. 세계는 푸루샤**이다**. 왜냐하면 신들이 푸루샤를 희생물로 바치고 희생물을 처리하는 기법에 따라 찢은 그의 사지로부터 개별 피조물들을 만들어냄으로써 세계가 성립했기 때문이다. 세계의 부분들은 인간 신체의 기관들과 다름 없다. "브라만은 그의 입이었고 그의 팔은 전사가 되었다. 그의 허벅지는 바이샤가 되었고, 그의 발에서는 수드라가 생겼다. 달은 그의 정신에서 생겼고, 그의 눈에서는 태양이 생겼으며, 입에서는 인드라(Indra, 전쟁의 신)와 아그니(Agni, 불의 신)가, 호흡으로부터는 바유(Vayu, 바람의 신)가 생겼다. 배꼽에서는 대기권이 생겼고 머리는 하늘이 되었으며 발에서는 대지가, 귀에서는 [동서남북이라는] 방위가 생겼다. 이러한 방식으로 그것들이 세계를 형성했다."[8] 이와 같이 신화적 사유의 초기에 소우주와 대우주의 통일성은 인간이 세계의 부분들로부터 형성되는 것이 아니라 세계가 인간의 부분들로부터 형성된다는 식으로 파악된다. 방향은 정반대지만, 동일한 고찰방식이 예를 들면 그리스도교로 개종한 게르만족의 세계관에서도 보인다. 게르만족의 세계관에서 아담의 신체는 여덟 개의 부분으로 형성되었으며, 그의 살은 대지에, 뼈는 암석에, 피는 바다에, 머리털은 식물에, 생각은 구름에 상응하는 것으로 파악된다.[9] 두 가지 경우에서 신화는 세계

---

8) 『리그베다』 X, 90, Alfred Hillebrandt의 독일어 번역 *Lieder des Rigveda*, Göttingen 1913, 130쪽 이하; Deußen, *Allgemeine Geschichte der Philosophie* I, 1, 150쪽 이하 참조.

와 인간의 공간적—물리적 **상응관계**에서 출발하며 그 다음에 이러한 상응관계로부터 **근원**의 동일성을 추론한다. 이러한 치환(置換)은 세계와 인간의 관계라는 극히 중요하면서도 **특수한** 관계에 제한되지 않고 일반적으로 극히 다양한 존재 영역에 반복해서 적용된다. 단순히 이념적 '유사성'에 불과한 것은 인정하지 않는 것이 신화적 사유의 특색이다. 신화적 사유에서는 모든 종류의 유사성이 근원의 공통성·본질의 동일성을 증언하는 것으로 간주되는데,[10] 이러한 사실은 무엇보다 공간적 구조의 유사성 내지 유비성에 대해 타당하다. 신화적 고찰방식에서는 특정한 공간적 전체의 부분들 각각을 일대일로 서로 **대응시킬 수 있다는** 단순한 가능성이 이러한 공간의 부분들을 서로 융합하는 직접적인 계기가 된다. 이후 이 부분들은 전적으로 다른 차원들에서 나타날 수 있는 동일한 하나의 진리를 다르게 표현하는 형식에 지나지 않게 된다. 신화적 사유의 이 독특한 원리에 의해서 공간적 거리는 끊임없이 부정되며 폐기된다. 가장 멀리 떨어져 있는 것이 가장 가까운 것에서 어떠한 방식으로든 '모사될 수 있는' 한, 양자는 접근하게 된다. 이러한 특징이 얼마나 뿌리 깊은지는 순수인식과 '정밀한' 공간직관이 아무리 진보해도 이 특징이 결코 완전히 제거되지 않았다는 데서 특히 잘 드러난다. 18세기에 이르렀는데도 스베덴보리[11]는 『천계의 신비(*Arcana*

---

9) Walter Golther, *Handbuch der germanischen Mythologie*, 518쪽을 볼 것.
10) 이 책 160쪽 이하 참조.

coelestia)』라는 책에서 보편적 대응이라는 이러한 범주에 따라 예지계의 '체계'를 건립하려고 시도했다.[12] 여기서는 궁극적으로 모든 공간적 한계가 부정된다. 왜냐하면 인간이 세계에 모사될 수 있는 것처럼 일반적으로 가장 작은 것이 가장 큰 것에, 가장 멀리 떨어져 있는 것이 가장 가까운 것에 모사될 수 있으며, 따라서 전자는 후자와 본질적으로 동일하기 때문이다. 따라서 인체의 특정한 부분을 세계의 특정한 부분과 동일시하는 독특한 '주술적 해부학'이 성립하게 되며, 동일한 근본적 고찰방식에 따라 대지의 구조가 기술되고 규정되는 신화적 지리학과 우주지(宇宙誌)가 성립하게 된다. 주술적 해부학과 신화적 지리학 양자는 자주 하나로 결합된다. 숫자 7에 대해 히포크라테스가 쓴 글 속에는 세계를 일곱 구역으로 나누는 그림이 있는데, 이 그림에서는 대지가 인체로 묘사된다. 머리에는 펠로폰네소스 반도가, 척추에는 이스트모스(Isthmos, 코린트 지협)가 대응한다. 이오니아는 횡격막, 즉 참된 중심인 '세계의 배꼽'으로 묘사된다. 이들 지역에 살고 있는 민족들의 모든 정신적 · 윤리적 특성은 어떠한 방식으로든 이러한 '위치'에 의해 규정되는 것

11) [역주] 스베덴보리(Emanuel Swedenborg, 1688~1772)는 스웨덴의 과학자 · 신비주의자 · 철학자 · 신학자였다.

12) 근대적 사유와 현대적 사유에서조차 이러한 사유방식이 아직 매력과 의미를 잃지 않았다는 것은, 이 점에 관해 극히 계발적(啓發的)이며 주목할 만한 Wilhelm Müller-Walbaum의 책 *Die Welt als Schuld und Gleichnis, Gedanken zu einem System universeller Entsprechungen*, Wien und Leipzig 1920이 잘 보여준다.

으로 여겨진다.[13] 이와 같이 그리스 고전 철학의 입구에서, 우리는 당시 널리 펴져 있던 신화적 대응물로부터만 이해될 수 있는 고찰 방식과 접하게 된다. 여기서 묘사되고 있는 대지와 공간 일반의 도식을 주니족의 보편적 공간도식과 비교해보면, 우리는 곧 양자 사이에 존재하는 정신적인 기본적 친족관계를 깨닫게 된다.[14] 신화적 사유에서는 어떤 사물이 무엇인지와 그 사물이 존재하는 위치 사이에 단지 '외적인' 우연적 관계만 존재하는 것이 결코 아니다. 위치 자체가 그 사물의 존재의 일부이며 그 사물은 이러한 위치에 의해 전적으로 특정한 내적 **구속**을 받게 된다. 예를 들어 토테미즘적 표상권에서는 특정한 씨족의 구성원들은 서로 가까운 관계일 뿐 아니라, 대부분의 경우 공간의 특정한 영역과도 그와 같은 구속 관계, 근원적인 친족관계를 맺고 있다. 무엇보다 각 씨족에게는 극히 엄밀하게 규정된 특수한 공간적 **방향**과 특정한 지역이 속해 있으며, 공간 전체 가운데 어떤 부분이 속해 있다.[15] 어떤 씨족에 소속된 사

---

13) 이에 대한 상세한 내용은 Roscher, *Die Hippokratische Schrift von der Siebenzahl*, Abh. der Kgl. Sächs. Ges. der Wissensch, XXVIII, Nr. 5, Leipzig 1911, 5쪽 이하와 107쪽 이하를 볼 것.

14) 주니족의 공간도식에 대해서는 쿠싱의 상세한 설명을 참조. Cushing, *Outlines of Zuñi Creation Myths* (13th Anm. Rep. of the Bureau of American Ethnology, Washington 1891/92) 367쪽 이하.

15) 이에 대해서는 특히 호위트가 오스트레일리아 원주민의 직관 권역으로부터 특색 있는 자료와 실례를 제공하고 있다. Alfred W. Howitt, "Further Notes on the Australian Class System", *Journal of the Anthropological Institute*,

람이 죽으면 그 씨족에 고유하고도 본질적인 공간 내의 위치와 방향에 시체가 안치되도록 주의 깊게 배려된다.[16] 그 모든 것에서 신화적 공간감정의 두 근본 특징이 나타난다. 즉 신화의 출발점인 철저한 질화(Qualifizierung)와 특수화, 그리고 이러한 것들에도 불구하고 신화적 공간감정이 추구하는 체계화다. 체계화라는 특징이 가장 분명하게 나타나는 것은 점성술로부터 생긴 '신화적 지리학'의 형식에서다. 고대 바빌로니아 시대에 이미 지상의 세계는 하늘에 소속되는 방식에 따라 네 영역으로 구분되었다. 악카드(Akkad), 즉 남부 바빌로니아는 주피터[금성]에 의해 지배되고 수호되며, 서부의 아무루(Amurru)는 마르스[화성]에 의해, 북부와 동부의 수바르투(Subart)와 엘람(Elam)은 플레이아데스(Plejaden, 묘성)와 페르세우스에 의해 지배된다.[17] 나중에 행성의 일곱 구분도가 형성되어, 이것이 세계 전체를 동일하게 일곱 가지로 구분하도록 이끌었던 것 같다. 이러한 구분방식은 바빌로니아에서와 마찬가지로 인도와 페르시아에서도 보인다. 여기서 우리는 모든 존재를 인체에 투영하면서 인체 안에 모사했던 저 원시적 분할로부터 극히 멀리 떨어져

1889, XVIII, 62쪽 이하를 참조할 것(나의 연구에 부록으로 수록되어 있다. *Die Begriffsform im mythischen Denken*, 54쪽 이하 참조).

16) Howitt, 위의 책 62쪽.

17) 상세한 것은 M. Jastrow jr., *Aspects of religious belief and practice in Babylonia and Assyria*, New York and London 1916, 217쪽 이하와 234쪽 이하를 참조.

있는 듯 보인다. 여기서는 협소한 감각적 고찰방식이 참으로 보편적이고 우주적인 고찰방식에 의해 극복된 것처럼 보인다. 그러나 귀속의 **원리**는 동일한 것으로 남아 있다. 신화적 사유는 완전히 규정된 구체적–공간적 구조를 파악하며 이것에 따라 세계의 '방위결정' 모두를 수행하려고 한다. 칸트는 짧지만 자신의 사유방식의 특징을 가장 잘 보여주는 「사유의 방향을 정한다는 것은 무엇인가?」라는 논문에서 '방위결정'이라는 개념의 기원을 규정하고 그 개념의 이후의 전개를 추적한다. "우리가 아무리 높이 우리의 개념을 설정하고 아무리 감성을 추상하더라도 그러한 개념들에는 항상 형상적인 표상이 아직 남아 있다. (…) 왜냐하면 만약 그러한 개념의 근저에 어떠한 직관이 (…) 놓여 있지 않다면 우리가 그러한 개념들에 의미와 의의를 부여하는 것은 불가능하기 때문이다." 이러한 사실에서 출발하면서 칸트는 모든 방위결정이 감성적으로 **느껴지는** 차이, 즉 오른손과 왼손의 차이에서 시작한다는 것—그리고 그것이 순수**직관**, 즉 수학적 직관의 영역으로 상승하고, 마지막으로 사유 일반, 즉 순수**이성**에서의 방위결정으로까지 상승한다는 사실을 보여준다. 만약 우리가 신화적 공간의 특성을 고찰하고 이것을 감각적 직관의 공간 특성이나 수학적 '사유 공간'의 특성과 비교해보면, 방위결정의 이러한 단계는 훨씬 더 깊은 정신적 층위로까지 거슬러올라갈 수 있을 것이다. 즉 전적으로 순수하게 신화적–종교적 감정에 뿌리내리고 있는 어떤 대립이 자신에게 형태를 부여하면서 어떤 '객관적' 형식을 갖기 시작하는 그 전환점이 분명히 보이게 된다. 이러한 객관적 형식에 의해 이제 객관화 과정 전체에, 즉 감각인상의 세계에 대한 직관적−대상적 파악과 해석에 어떤 새로운 방향이 제시되는 것이다.

2. 공간과 빛: '방위 결정'의 문제

공간에 대한 직관이 신화적 사유의 근본 계기 가운데 하나라는 사실은, 신화적 사유가 자신이 정립하고 파악하는 모든 구별을 공간적 구별로 변화시키고 그 구별을 이러한 형식으로 직접 생생하게 제시하려는 경향에 의해 지배된다는 점으로부터 분명해졌다. 이 경우 이제까지의 고찰에서는 이러한 공간적 구별 자체가 본질적으로는 직접 **주어진** 구별로 간주되었다. 즉 공간적 구역 및 공간적 방위의 분리와 분할, 오른쪽과 왼쪽, 위와 아래 등의 구분은 이미 일차적인 감각인상에서 수행되었으며, 이를 위해 특별한 정신적 작업과 특수한 의식의 '에너지'가 필요하지는 않다고 여겨졌다. 그러나 바로 이러한 전제야말로 이제 교정될 필요가 있다. 잘 살펴보면 그러한 전제는 우리가 상징적 형성작용 과정의 근본 특징으로서 인식했던 것과 모순되기 때문이다. 이미 앞에서 본 것처럼 모든 상징형식―언어형식이든 신화형식이든 순수인식의 형식이든―의 본질적이고 독자적인 수행의 본령은, 그 자체로 이미 어떤 확고한 규정성과 어떤 정해진 성질 및 구조를 갖춘 인상이라는 주어진 소재를 단지 수용한 다음 이것에 의식의 고유한 에너지로부터 비롯되는 다른 형식을 이를테면 외부로부터 접목시키는 데 있지 않다. 정신의 독자적인 수행은 이미 그보다 훨씬 전에 시작되어 있는 것이다. 외관상으로는 '주어진' 듯 보이는 것도 보다 정밀히 분석해보면 실은 이미 언어적 통각이든 신화적 통각이든 논리적― 이론적 '통각'이든 어떤 특정한 작용에 의해 관통되어 있다는 사실이 드러난다. '주어진' 듯 보이는 것도 이 작용에 의해 그러한 것으로 **만들어지는** 것'이다'. 즉 '주어진' 듯 보이는 것은 외관상 단순하고 직접적인 것으로 보이는 그 존립에서조차 이미 의미를 부여하는 일차적인 기능에 의해 조건이 부여되고 규정되어 있음이 드러난다. 모든 상징형식의 참된 비밀을 형성하는 것, 항상 새롭게 철학적 경이를 불러일으키는 것은 이차적인 형성작용이 아니라 바로 이러한 일차적인 형성작용 속에 존재한다.

여기서도 또한 철학적 근본 문제는 신화적 사유가 어떠한 정신적 메커니즘에 의해 순수하게 질적인 구별을 공간적 구별과 연관 짓는지, 이를테면 질적 구별을 공간적 구별로 변환하는지를 파악하는 데 있지 않다. 여기서 생기는 물음은 신화적 사유가 바로 이러한 공간적 구별을 정립할 때 어떠한 근본 동기에 의해 이끌려지는가 하는 것이다. 신화적 공간의 전체 안에서, 어떻게 개별 '구역'

과 개별 방위가 강조되는가? 어떻게 하나의 구역과 하나의 방위가 다른 것들과 대비되면서 다른 것들에 대해 '강조되고' 특별한 징표를 부여받는가? 이것이 결코 쓸데없는 한가한 물음이 아니라는 것은, 신화적 사유가 이러한 구분을 수행할 때 이론적·과학적 사유가 동일한 과제를 수행할 때 사용하는 것과는 전적으로 다른 징표와 기준을 따른다는 사실을 고려해보면 곧 분명해진다. 이론적-과학적 사유는 특정한 공간적 질서를 확정하면서 다양한 감각인상들을 순수하게 사유되며 순수하게 이념적인 형성물의 체계와 연관 짓는다. 순수하게 기하학적인 도형의 이념적 세계에 '비추어', 플라톤의 표현을 빌려 말하자면 직선 '자체', 원 '자체', 구(球) '자체'에 비추어 경험적인 직선, 경험적인 원, 경험적인 구가 규정되고 이해된다. 기하학적 관계와 법칙의 총체가 우선 정립되고, 이러한 총체가 경험적-공간적인 것에 대한 모든 파악과 해석에 규범 및 확고한 기준을 제공한다. '물리학적' 공간에 대한 이론적 고찰도 동일한 사유동기에 의해 지배되고 있음이 분명하다. 물론 여기서는 감성적인 직관뿐 아니라 직접적인 감성적 감각도 모든 경우에 함께 참여하는 것 같다. 여기서는 공간의 개별 '구역', 개별 방위는 우리가 우리 자신의 신체조직의 어떠한 실질적 구별에, 즉 우리의 신체 부분의 구별에 그것들을 결부함으로써 비로소 구별 가능해지는 듯하다. 그러나 물리학적 공간관이 이렇듯 신체 부분의 구별에 의거해야만 성립할 수 있다고 해도, 그것은 더욱더 그러한 구별로부터 벗어나려 노력한다. '정밀한' 물리학, 엄밀한 의미에서의 과학적 물리학의 모든 진보는 물리적 세계상에 숨어 있는 한낱 '의인적(擬人的)'인 구성 부분들을 제거해가는 방향을 취한다. 따라서 특히 물리학의 우주 공간에서는 '위'와 '아래'라는 감성적 대립은 의미를 상실한다. '위'와 '아래'는 더 이상 절대적 대립이 아니라 단지 중력이라는 경험적 현상과 이러한 현상의 경험적 법칙과의 관계 내에서만 의미를 갖는다. 일반적으로 물리학적 공간은 **힘의 공간으로** 규정된다. 그러나 힘이란 개념이 순전히 수학적으로 파악되면 그것은 법칙의 개념으로, 즉 함수의 개념으로 귀착된다. 그러나 우리가 신화의 구조공간에서 보는 것은 전혀 다른 구별이다. 여기서는 법칙이라는 근본 개념에 의해 특수하고 우연적인 것으로부터 보편타당한 것이, 가변적인 것으로부터 불변적인 것이 구별되지 않는다. 여기서 **유일하게** 타당한 것은 성과 속의 대립으로 표현되는 **신화적** 가치의 악센트[강약]뿐이다. 여기서는 단순한 기하학적 구별이나 단순한 지리학적 구별, 즉 단지 이념적으로 사유된 구별이나 단지 경험적으로 지각된 구별은 전혀 존재하지 않는다. [신화적 사유에서] 모든 감각적 직관 및 지각과 마찬가지로 모든 사유는 어떤 근원적인 감정을 근거로 한다. 신화적 공간의 구조가 아무리 섬세해지고 정교해지더라도 이 공간은 전체로서 여전히 이러한 감정적 근거 안에 묻혀 있고 잠겨 있다. 따라서 우리는 이 신화적 공간의 특정한 분리와 구별을 진보한 사유의 규정에 의해,

즉 지적인 분석과 종합에 의해 정립하는 것이 아니다. 공간의 분화는 결국 바로 이러한 감정적 근거 속에서 수행되는 분화로 귀착된다. 공간 내에서 여러 위치와 방위가 나뉘는 것은, 이것들에 상이한 강약을 갖는 의의가 결부되고 그것들이 신화적으로 여러 의미와 대립된 의미를 갖는 것으로 평가되기 때문이며, 그리고 이러한 한에서이다.

신화적-종교적 의식의 자발적 활동은 이러한 가치평가의 형태로 수행된다. 이와 동시에 이 가치평가는 객관적으로 보면 어떤 특정한 물리적 근본 사실과 결부되어 있다. 왜냐하면 신화적 공간감정은 도처에서 **밤과 낮, 빛과 어둠**의 대립으로부터 출발해 전개되기 때문이다. 이러한 대립이 신화적-종교적 의식에 행사하는 지배력은 최고도로 발달된 문화종교에서도 보인다. 이러한 종교 가운데 어떤 것들, 특히 이란의 종교는 바로 이러한 **하나의** 대립을 완전히 전개시키면서 철저하게 체계화한 것으로 볼 수 있다. 그러나 이러한 구별과 항쟁이 이렇게 명확하게 사상적으로 규정되거나 거의 변증법적이라고 말해도 좋을 정도로 첨예하게 나타나지 않는 경우에도, 그것들은 우주를 종교적으로 구성하는 잠재 동기 중 하나로 간주될 수 있다. 이른바 '자연민족'의 종교에 대해 말하자면, 예를 들어 프로이스가 상세하게 묘사했던 코라 인디언의 종교는 이러한 빛과 어둠의 대립에 의해 전적으로 지배되고 규정된다. 코라족 특유의 신화적 감정과 신화적 세계관 전체가 이러한 대립을 중심으로 하고 있고, 이 대립에 입각하여 그러한 감정과 세계관이 전개된다.[18] 그 외에도 거의 모든 민족과 거의 모든 종교의 창조설화에서 창조 과정은 빛의 생성 과정과 직접 융합되어 있다. 바빌로니아의 창조설화에서는 아침의 태양과 봄의 태양의 신인 마르둑(Marduk)이 괴물 티아마트(Tiamat)로 표현되는 혼돈과 암흑에 맞서 벌이는 투쟁으로부터 세계가 생겨난다. 빛의 승리가 세계 및 세계질서의 기원이 되는 것이다. 사람들은 이집트의 창조설화도 매일 일어나는 일출 현상을 모방한 것으로 해석해왔다. 여기서 최초의 창조 작용은 시원수(始原水, Urwasser)로부터 떠오르는 알을 만드는 것과 함께 시작된다. 이 알에서 빛의 신인 라(Ra)가 출현하는데, 이러한 출현은 극히 다양한 방식으로 묘사된다. 그러나 이 모든 것은 **하나의** 근원적 현상, 즉 밤으로부터 빛이 터져나오는 현상으로 귀착한다.[19] 이 동일한 근원적 현상에 대한 생생한 직관이 모세의 천지창조 설화에서도 생동하고 있으며, 그러한 직관에 의해 비로소 설화에 완전한 구체적 '의미'가 부여된다. 이 사실은 헤르더가 처음으로 이러한 연관을 지적하고 극히 섬세한 감수성과 매력적인 표현으로 이를 서술한 이래 특별히 설명할 필요가

---

18) 이에 대한 상세한 실례는 Preuß, *Die Nayarit-Expedition*, 1권: Die Religion der Cora-Indianer, XXIII쪽 이하를 참조할 것.

19) 이에 대한 상세한 내용은 예를 들어 Brugsch, *Religion und Mythologie der alten Ägyter*, 102쪽과 Lukas, *Die Grundbegriffe in den Kosmogonien der alten Völker*, Leipzig 1883, 48쪽 이하를 볼 것.

없어졌다. 모든 정신적인 것을 단순한 형성물로 보지 않고 그것들이 비롯되는 형성 과정 안으로 직접 자신을 옮겨놓고 보는 헤르더의 재능은 다름 아닌 모세의 창세기 제1장에 대한 이러한 해석에서 가장 강력하면서도 찬란하게 나타난다. 그에게 세계 창조의 서술은 빛의 창조를 이야기하는 것과 다름 없다. 이러한 신화적 정신은 새로운 날이 탄생할 때마다, 즉 아침 해가 떠오를 때마다 빛의 탄생을 항상 새롭게 경험하는 것이다. 하루의 탄생은 신화적 고찰방식에서는 단순한 하나의 사건이 아니라 진정한 창조인 것이며, 주기적으로 반복되고 일정한 규칙에 따라 진행되는 자연 과정이 아니라 단적으로 개체적인 것이며 유일무이의 것이다. '태양은 날마다 새롭다'라는 헤라클레이토스의 말은 진정으로 신화적인 정신에서 비롯된 것이다. 여기서 우리는 이를테면 신화적 사유가 최초로 시작될 때의 특징을 보게 되지만, 그 이후의 진행 과정에서도 '빛과 어둠', '낮과 밤'의 대립은 생생하게 계속 작용하는 동기로 드러난다. 트뢸스-룬트(Troels-Lund)는 섬세하면서도 매력적인 책에서 이러한 동기가 생겨나고 성장하는 과정을 최초의 원시적인 시원으로부터 점성술적 사유방식이 성취하는 저 보편적 완성에 이르기까지 추적하고 있다. 그는 다음과 같이 지적한다. "우리는 빛의 인상에 대한 감수성과 장소에 관한 감정이 인간 지성의 가장 근본적이며 가장 심층에 숨어 있는 두 가지 발현형식이라는 사실로부터 출발한다. 개인과 종족의 가장 본질적인 정신적 발달은 이러한 두 길을 통해 진행된다. 존재가 우리들 각자에게 던지는 세 가지의 위대한 물음—그대는 어디에 있는가? 그대는 누구인가? 그대는 무엇을 해야만 하는가?—에 대한 답은 항상 그 두 개의 길로부터 획득된다. (…) 자기 자신은 빛을 발하지 않는 구(球)인 이 지구에 거주하는 모든 사람에게는 빛과 어둠, 낮과 밤의 교체가 그의 사유능력을 최초로 자극하는 것이자 그러한 사유능력이 겨냥하는 최후의 목표가 된다. 우리의 지구뿐 아니라 우리 자신, 우리의 고유한 정신적 자아는 빛 앞에서 최초로 눈을 깜박거리는 것에서부터 최고의 종교적·도덕적 감정에 이르기까지 태양에 의해 탄생되고 태양에 의해 길러진다. (…) 낮과 밤, 빛과 어둠의 구별을 파악하는 것의 진보야말로 인간의 모든 문화 발전의 가장 내밀한 정수에 해당한다.”[20]

바로 이러한 구별은 개별 공간 영역의 모든 분리와 아울러 신화적 공간 전체의 모든 종류의 분절화가 결부된 것이기도 하다. ‘신성한 것’과 ‘성스럽지 않은 것’이라는 신화 특유의 악센트가 여러 가지 방식으로 개개의 방위와 구역에 부여되며 이와 함께 방위와 구역 각각에 특정한 신화적-종교적 각인이 부여된다. 여기서 동서남북의 구별은 경험적 지각세계 내부에서의 방위결정과 본질적으로 동일한 방식으로 수행되지 않는다. 동서남북 모두에는 각각 고

---

20) Troels-Lund, *Himmelsbild und Weltanschauung im Wandel der Zeiten*, 독일어판 3판, Leipzig 1908, 5쪽.

유의 특수한 존재와 특수한 의의, 어떤 내적인 신화적 생명이 내재한다. 여기서는 각각의 특수한 방위가 추상적—이념적인 **관계**로서가 아니라 고유한 생명이 부여되어 있는 자립적 '형성물'로서 간주된다. 이 사실은 특히 그러한 방위들에게 무릇 신화에서 가능한 최고의 구체적 형태화와 구체적 자립화가 일어나는 것이 드물지 않으며, 방위들 각각이 특별한 **신**으로 높여진다는 사실로부터 분명해진다. 신화적 사유의 비교적 낮은 단계에서조차 이미 고유의 방위신들, 즉 동쪽의 신과 북쪽의 신, 서쪽의 신과 남쪽의 신, 하계(下界)의 신과 상계(上界)의 신이 나타난다.[21] 그리고 극히 '원시적인' 우주론에서도 어떠한 방식으로든 하늘의 네 방위 사이의 대립이 세계를 파악하고 설명하는 핵심으로 나타난다.[22] 따라서 "동쪽 땅은 신의 것이고 서쪽 땅도 신의 것이며, 북쪽과 남쪽 땅도 신의 손의 평화 속에서 쉬고 있다"라는 괴테의 말은 가장 본래적인 의미에서 신화적 사유에 걸맞은 것이다. 그러나 보편적 공간감각과 신들에 대한 보편적 감정이 이런 식으로 통일되고 이러한 통일에서 모든 개별적 대립이 해소되는 것으로 나타나기 전에, 신화적 사유는 먼저 이러한 대립들 자체를 통과하고 이러한 대립들 자체를 분

---

21) 이러한 방위의 신은 예를 들면 코라족에서 보인다. 이에 대해 상세한 것은 Preuß, *Die Nayarit—Expedition* I, LXXIV쪽 이하 참조.
22) 이에 대해서는 예를 들어 Brinton, *Religions of primitive peoples*, 118쪽 이하 참조.

명하게 서로에 대해서 구별해야만 한다. 각각의 개별적 공간규정에는 신적인 혹은 악마적인, 호의적인 혹은 적대적인, 신성한 혹은 신성하지 않은 '특성'이 주어진다. 동쪽은 빛의 근원으로서 모든 생명의 원천이자 근원이다. 서쪽은 일몰의 장소로서 죽음의 공포가 지배한다. 살아 있는 자의 영역과 맞서서 죽은 자의 영역을 분리하고 분할하는 방식으로 사유하는 곳에서는, 죽은 자의 영역은 반드시 세계의 서쪽에 위치하게 된다. 그리고 낮과 밤, 빛과 어둠, 탄생과 무덤의 이러한 대립은 더 나아가 극히 다양한 매개 및 극히 다양한 굴절을 거쳐, 개개의 구체적 생활 환경을 신화적으로 파악하는 데서 나타난다. 개개의 구체적 환경은 모두, 그것들이 일출 및 일몰 현상과 어떠한 관계를 갖느냐에 따라 각각 상이한 조명을 받는다. 우제너의 『신들의 이름』에서는 이렇게 서술되고 있다. "빛에 대한 숭배가 인간 생활의 전체에 스며들어 있다. 빛의 숭배가 갖는 근본 특징들은 인도 게르만어족의 모든 구성원에 공통될 뿐 아니라 훨씬 더 넓게 분포되어 있다. 오늘날에도 우리는 자주 무의식적으로 빛에 대한 숭배에 의해 지배된다. 햇빛은 잠이라는 반쯤 죽어 있는 상태로부터 우리를 소생시키는 것이며, '빛을 본다' '태양의 빛을 본다' '빛 안에 있다'라는 것은 살아 있음을 가리킨다. '빛을 [처음으로] 본다'라는 것은 '태어남'을 의미하고 '빛을 떠난다'라는 것은 죽는다는 것을 의미한다. (⋯) 호메로스의 서사시에서 이미 빛은 치유이자 구원이며 (⋯) 에우리피데스는 대낮의 햇빛을 순수하다고 말한다. 방해받지 않고 흐르는 빛으로 가득한, 구름 한 점 없는 파란 하늘은 순수함의 신적인 원형인 동시에 신들의 나라와 구원받은 자들의 거주지에 대한 이미지의 기초가 되었다. (…) 이러한 직관은 전이되어 보다 깊이 최고의 윤리적 개념인 진리와 정의에까지 직접 미치고 있다. 이러한 근본 직관으로부터 모든 신성한 행위, 즉 하늘의 신들이 후견인 혹은 증인이 되는 모든 것은 오직 활짝 열려 있는 대낮의 하늘 아래서만 수행될 수 있었다는 귀결이 따른다. (…) 서약이 갖는 신성함은 모든 것을 보고 알고 있으며 벌하는 신들을 증인으로서 불러내는 것에 기초하기 때문에, 서약은 본래 오직 활짝 열려 있는 푸른 하늘 아래서만 행해질 수 있었다. 하나의 공동체 내에서 가정을 갖고 있는 자유인들이 회의와 재판을 위해 모이는 참된 민회는 열려 있는 하늘 아래의 '신성한 링(Ring, 원형광장)'에서 개최되었다. (…) [빛에 대한] 이러한 표상은 전적으로 소박하고 본능적인 표상이다. 그러한 표상은 감각인상들이 갖는 불가항력의 힘에 의해 생기며, 우리 역시 그러한 감각인상들에 대해서는 무감각하지 않은 것이다. 그러한 감각인상들은 하나의 완결된 원환(圓環)을 형성한다. 그러한 감각인상들이야말로 종교성과 도덕성의 근원이 되는 마르지 않는 샘이다."[23]

이러한 이행 과정의 전체에서 우리는 모든 진정한 정신적 표현

---

23) Usener, *Götternamen*, 178쪽 이하.

형식의 본질에 속하는 어떤 역학(Dynamik)을 다시 직접 보게 된다. 이러한 표현형식의 결정적 성과는 거기에 '내적인 것'과 '외적인 것', '주관적인 것'과 '객관적인 것' 사이의 고정된 경계가 그 자체로서 존속한다는 데 있지 않고 그러한 경계가 유동화하기 시작한다는 데 있다. 내적인 것과 외적인 것이 각기 독자적인 분리된 구역으로서 병존하는 것이 아니라 양자는 서로를 반영하며 이러한 상호 반영을 통하여 비로소 자신들의 고유한 내용을 드러낸다. 따라서 신화적 사유가 구상하는 **공간형식** 안에는 신화적인 **생활형식** 전체가 각인되어 있으며, 이러한 생활형식은 어떤 의미에서 이 공간형식으로부터 읽혀질 수 있게 된다. 이러한 상호관계의 고전적 표현이 로마의 종교제도에서 발견된다. 이 제도는 이러한 지속적 치환이라는 특징을 갖는 것 같다. 니센은 그의 기초적인 저작에서 이러한 치환 과정을 모든 측면에서 조명한 바 있다. 그는 신성한 것에 대한 신화적–종교적 근본 감정이 최초로 객관적인 표현을 얻게 된 것은 그것이 외부로 향함으로써, 즉 공간적 관계들에 대한 직관으로 표현된 것에 의해서라는 사실을 보여준다. 신성화는 우선 공간 전체에서 어떤 특정 영역이 분리되면서 다른 영역으로부터 구별되고 이를테면 종교적으로 둘러싸여 보호되는 것으로부터 시작된다. 공간적 구별로서 나타나는 종교적 신성화라는 개념은 언어상으로는 templum(템플룸, 신전)이란 표현에 침전되어 있다. 템플룸(그리스어로는 τέμενος[테메노스])은 어근 τεμ(템), 즉 '자르다'

에서 유래하며 잘린 것, 경계 지어진 것을 의미한다. 이러한 의미로부터 템플룸이라는 말은 우선 신성한 영역, 신에 속하고 신에 바쳐진 영역을 가리킨다. 그 다음에 이 단어는 구획된 한 뙈기의 모든 토지, 즉 신 혹은 왕과 영웅에 속하는 전답이나 농원을 가리킨다. 그러나 태고의 종교적 근본 표상에 따르면 하늘 **전체**도 그 자체로 완결된 신성화된 영역으로서 나타난다. 즉 **어떤** 신적인 존재가 거주하고 **어떤** 신적인 의지에 의해 지배되는 템플룸으로서 나타나는 것이다. 그리고 이러한 통일에 이윽고 종교적 분절화가 행해진다. 하늘 전체가 방위에 의해 네 부분으로 나뉘는데, 전방이 남쪽, 후방이 북쪽, 왼쪽이 동쪽, 오른쪽이 서쪽이 된다. 이렇듯 순수하게 장소적이며 근원적인 구분으로부터 로마 '신학'의 체계 전체가 전개된다. 신탁관이 지상에서 일어날 일에 대한 전조를 읽어내기 위해 하늘을 관찰할 경우, 관찰은 항상 하늘을 일정하게 구획하는 것으로부터 시작했다. 태양의 궤도[황도]에[24] 의해 표시되고 정해지는 동-서의 선은 이것과 수직으로 만나는 또 하나의 선인 남-북의 선에 의해 횡단된다. 신관의 언어로 decumanus(데쿠마누스)와 cardo(카르도)라 불리는 이러한 두 선의 횡단과 교차를 가지고, 종교적 사유는 그 최초의 기본적인 좌표도식을 **만들어낸다**. 니센은 이러한 도식이 종교생활의 영역에서부터 법적 · 사회적 · 국

---

24) [역주] 황도(黃道)는 1년 동안 별자리 사이를 움직이는 태양의 경로를 가리킨다.

가적 생활의 모든 부분으로 전이되고 이러한 전이와 함께 갈수록 더 섬세하게 규정되며 분화되는 모습을 상세하게 보여주었다. 소유권의 개념과 소유권 자체를 표시하고 보호하는 상징체계의 발달은 이러한 도식에 기초한다. 왜냐하면 종교적—법적 의미에서 고정된 재산 소유권을 비로소 창출하게 된 이러한 경계 설정, '한정'이라는 근본적 작용은 도처에서 종교적 공간질서와 결부되기 때문이다. 로마의 측량기사들이 저술한 글에 따르면 이러한 한정은 주피터(Jupiter)가 도입했으며 세계창조와 직접 결부되었다고 한다. 이러한 한정의 도입에 의해 우주를 지배하는 확고한 경계 설정이 지상에 전이되고 지상의 모든 개별적 상황에 전이되는 셈이다. 이러한 한정도 세계의 방위로부터, 즉 동—서의 선인 데쿠마누스와 남—북의 선인 카르도에 의해 표시되는 세계의 구분으로부터 시작한다. 그것은 가장 단순한 자연적인 구분인 낮과 밤을 구별하는 것으로부터 시작하며, 이러한 구별에 따르는 두 번째 구별로서 증대하거나 감소하는 낮이라는 관점에서 아침과 저녁이 구별된다. 이러한 한정의 형식은 로마의 국가법과 극히 밀접한 연관을 갖는다. ager publicus[공유지]와 ager divinus et adsignatus[분할된 사유지]로의 구별은 그러한 형식에 기초한다. 왜냐하면 고정된 경계를 지니고 있으며 확고한 수학적 선에 의해 둘러싸인 토지, 즉 한정되고 양도된 토지만이 사유재산으로 간주되기 때문이다. 이전에 신이 소유하고 있었던 것처럼, 이제는 국가와 공동체와 개인이 템플룸이라는 관념을 매개로 하여 특정한 공간을 자기 것으로 만들고 그곳에 거주하게 된다. "신탁관이 하늘을 어떤 식으로 한정하는지는 매우 중요하다. 왜냐하면 실로 주피터의 의지는 가장(paterfamilias)이 집 전체를 지배하고 있는 것처럼 하늘 전역에 미치지만, 상이한 지역들에는 다른 신들이 거주하고 있으며 사람들이 이 신의 의지에 귀를 기울이는가 아니면 저 신의 의지에 귀를 기울이는가에 따라 다른 경계선이 그어지게 되기 때문이다. 이러한 경계 설정의 결과로 둘러싸이게 된 공간은 하나의 정령에 의해서 소유된다. (…) 도시뿐 아니라 사거리(Compitum)와 집도, 경지 전체뿐 아니라 각각의 전답과 포도원도, 집 전체뿐 아니라 집 내부의 각 공간도 자신의 고유한 신을 가지고 있다. 신성은 그것의 작용과 그것이 깃들어 있는 영역에 의해 인식된다. 그 때문에 하나의 공간에 사로잡혀 있는 모든 정령은 개성과 특정한 이름을 갖게 되며 사람들은 정령의 이름을 불러 그를 소환할 수 있는 것이다."[25] 그 후로도 계속 고대 이탈리아 도시들의 구조 및 로마 병영 내부의 편제와 서열, 로마 가옥의 기본 구조와 내부 시설까지 지배하게 되는 이러한 체계로부터 진보해가는 공간의 한정, 즉 신화적 사유와 신화적·종교적 감정에 의해 공간 내에 설정된 모든 새로운 경계가 정신적·도

---

25) Nissen, *Das Templum. Antiquarische Untersuchungen*, Berlin 1869, 8쪽. 전체에 대해서는 특히 Nissen의 글, "Orientation", *Studien zur Geschichte der Religion*, Erstes Heft, Berlin 1906을 참조할 것.

덕적 문화 전체의 경계가 되어간다는 사실이 직접 분명해진다. 이러한 연관은 이론 과학이 시작되는 시점에 이르기까지 관찰될 수 있다. 로마에서 학적인 수학의 발단이 된 것은 측량 기사들의 글과 그들에 의해 이용되었던 방위 결정의 기본 체계라는 사실을 모리츠 칸토르가 자신의 저서에서 보여준다.[26] 그리스인들이 시도한 수학의 고전적 정초에도 태고의 신화적 근본 표상의 잔향이 도처에 남아 있으며, 거기서도 우리는 공간적 '경계'를 처음부터 둘러싸고 있던 저 외경의 숨결을 느낄 수 있다. 논리적-수학적 규정의 형식은 공간적 한정에 대한 이러한 사상으로부터 발전한 것이다. 한계와 무한한 것, 즉 πέρας(페라스)와 ἄπειρον(아페이론)은 피타고라스학파와 플라톤에게서는 규정된 것과 무규정적인 것, 형태와 무정형, 선과 악처럼 서로 대립한다. 따라서 우주에 대한 순수한 사고에서 비롯된 방위결정도 시원의 신화적, 공간적 방위결정으로부터 생긴 것이다. **언어**는 이러한 연관의 흔적을 여전히 생생하게 보존하고 있다. 실로, 순수하게 이론적인 고찰 및 관찰을 의미하는 라틴어 contemplari[관조]는 어원 면에서도 사태 면에서도 신탁관이 하늘을 관찰하기 위해 구획한 공간인 '템플룸'에서 유래한다.[27] 그

---

26) Cantor, *Die römischen Agrimensoren*, Leipzig 1875; 또한 Cantor의 *Vorles. über Geschichte der Mathematik*, 1권, 2판, Leipzig 1894, 496쪽 이하 참조.

27) 이것에 대한 상세한 내용은 프란츠 볼의 훌륭한 강연 *Vita contemplativa*, Sitzungsber. d. Heidelb. Aka. d. Wiss., Philos.-hist. Klasse, 1920을 참조할 것.

리고 이렇게 이론적이면서도 종교적인 '방위결정'이 고대세계로부터 그리스도교와 중세 그리스도교 교의에까지 침투하고 있다. 중세 교회의 근본 윤곽과 구조는, 본질상 신화적 공간감정에 속하는 방위들이 갖는 상징적 의의의 특색을 잘 보여준다. 태양과 빛은 이제 더 이상 신성 자체는 아니지만, 그것들은 여전히 신적인 것 그리고 신적인 구원의 의지와 힘을 가장 가까우면서도 직접적으로 보여주는 상징으로 기능한다. 그리스도교가 역사적으로 힘을 갖고 승리할 수 있었던 이유도 바로 이 종교가 태양과 빛에 대한 이교적 숭배의 근본 사상을 받아들이면서 자신의 것으로 만들 수 있었기 때문이다. sol invictus[불굴의 태양]에 대한 숭배 대신 이제 '정의의 태양'인 그리스도에 대한 신앙이 생겼다.[28] 초기 그리스도교에서도 신의 집[교회]과 제단의 방향은 **동쪽**으로 정해져 있었으며, **남쪽**은 성령의 상징으로서 나타나고, **북쪽**은 거꾸로 신으로부터의 이반(離反) 및 빛과 신앙으로부터 멀어지면서 방황하는 상태의 형상으로서 나타난다. 세례를 받으려는 아이는 악마와 악마의 유혹을 거부하기 위해 우선 서쪽을 향해 서야 하고 그다음에는 천국의 방위인 동쪽을 향해 서서 그리스도에 대한 신앙을 고백한다. 십자가를 이루는 네 개의 끝은 하늘과 땅의 네 방위와 동일시된다. 여기서도

---

28) 이것에 대한 상세한 내용은 Usener, *Götternamen*, 184쪽. 특히 Franz Cumont, La théologie solaire dans le paganisme romain, *Mém. de l'Acad. des Inscriptions XII* (1909), 449쪽 이하 참조.

또한 이 단순한 기본 구도 위에 이후 갈수록 더욱 세련되어가고 심화되어가는 상징체계가 구축되며, 이러한 체계에서는 내면적 신앙 내용의 전체가 이를테면 외부로 향하면서 기본적 공간관계로 객관화된다.[29]

이러한 모든 사례들을 지금 다시 한 번 개관해보자. 내용만으로 보면 극히 상이한 문화들, 신화적–종교적 사유의 극히 상이한 발전 단계에 속하는 이러한 사례들에서 신화적 공간의식의 동일한 특성과 기본 방향이 나타나고 있다는 사실을 알 수 있다. 이러한 공간의식은 신화적 정신의 극히 다양한 표현형식을 관통하면서 이것들을 서로 결부시키는 정묘한 에테르와 유사하다. 쿠싱은 주니족에 대해, 이들은 공간을 일곱 개로 구분함으로써 그들의 세계상 전체 그리고 생활과 행동의 모든 것을 완벽하게 체계화한다고 말한다. 예를 들어 그들이 어떤 공동의 야영지에 들어갈 경우 그 안에서 개별 집단과 부대가 갖는 지위는 미리 규정되고 확정되어 있는데, **로마** 병영의 구조와 질서가 그것과 완전한 유사성을 보여준다는 것이다. 로마 역시 병영의 구도(構圖)가 **도시**의 구도에 따라 형성되었고, 도시의 구조는 다시 **세계**의 일반적인 구조와 세계의 여러 영역에 상응하는 방식으로 형성되었기 때문이다. 폴리비오스[로마 흥성기의 역사를 쓴 그리스의 역사가]는 로마군이 병영

---

29) 이에 대해서는 특히 Joseph Sauer, *Symbolik des Kirchengebäudes und seiner Ausstattung in der Auffassung des Mittelalters*, Freiburg i. B., 1902를 참조할 것.

으로 선정된 장소에 들어가는 것은 시민이 자신의 고향으로 귀환하면서 각자 자신의 집에 들어가는 것과 같다고 말했다.[30] 주니족과 로마인들에게 개별 부대에 장소가 지정되는 방식은 단지 표면적이고 우연한 것이 아니라, 완전히 규정된 **신성한** 근본 사상에 의해 요구되고 미리 지시된다. 그러한 종교적 사상은 어디에서든 공간에 대해 전체적으로 파악하는 일 그리고 공간 내의 특정한 경계들을 파악하는 일과 결부된다. 독특한 신화적─종교적 근본 감정은 공간상의 '문턱(Schwelle)'과 결부되어 있다. 거의 모든 곳에서 동일한 방식으로 혹은 유사한 방식으로 문턱을 숭배하고 그것의 신성함을 경외하는 불가사의한 관습이 있다. 로마인들에게도 테르미누스(Terminus, 경계의 신)는 특별한 신이며 테르미날리아의 축제에서 사람들은 경계석을 꽃다발로 장식하고 제물로 바친 짐승의 피를 뿌리면서 그것에 경배한다.[31] 전적으로 상이한 생활권 및 문화권들에서 종교적·법적 개념으로서의 소유권 개념은 신의 집을 외부의 속된 세계로부터 분리하는 신전의 문턱에 대한 이러한 숭배로부터 발전했던 것 같다. 신성한 문턱은 본래 신의 거처를 수호하는 것이었지만, 나중에는 토지와 전답의 경계라는 형태로 토지·전답·집을 적의 침해와 공격으로부터 수호하게 된다.[32] 종교적 경

---

30) Polybios, *Historiae*, cap. 41,9. 또한 Nissen, *Das Templum*, 49쪽 이하 참조.

31) Ovid, Fast. II, 641쪽 이하. 또한 Wissowa, *Religion und Kultus der Römer* 2판, 136쪽 이하 참조.

외와 숭배를 표현하기 위한 **언어**상의 명칭들도 원래는 감성적—공간적인 기본 표상에서, 즉 특정한 공간적 영역으로부터 삼가면서 물러난다는 표상에서 유래하는 경우가 많다.[33] 바로 이러한 공간적 상징체계가 공간과는 무관하거나 기껏해야 간접적인 관계밖에 갖지 않는 생활 영역들에 대한 생각과 표현으로도 전이된다. 신화적 사유와 신화적—종교적 감정이 어떤 내용에 특별한 가치를 부여하려 할 경우에, 즉 그 내용을 다른 내용으로부터 특별히 구별하면서 그 내용에 독자적인 의미를 부여하려 할 경우에, 이것은 항상 공간상에서 그 내용을 다른 것들로부터 **분리하는** 형태로 이루어진다. 신화적으로 중요한 모든 내용과, 아무래도 좋은 일상적인 것의 영역으로부터 두드러진 모든 생활 영역은 이를테면 독자적인 존재권을 형성한다. 이러한 존재권은 일종의 울타리에 의해 둘러싸인 존재권이라 할 수 있는바, 그것은 확고한 경계에 의해 주위로부터 단절되고 이렇게 단절됨으로써 비로소 고유의 개성적—종교적 형태를 갖게 된다. 이러한 존재권으로 들어가기 위해서도, 그것에서 나오기 위해서도 전적으로 신성한 규정에 따라야 한다. 어떤 신

---

32) 이것에 대한 풍부한 자료가 H. C. Trumbull의 '문턱의 주술(Schwellenzauber)'에 관한 연구에 수집되어 있다. *The Threshold Covenant or the beginning of religious rites*, Edinburgh 1896.

33) 이와 같이 그리스어 σέβεσδαι(세베스타이)는 어원적으로는 산스크리트어에서 tyaj(버리다, 배척하다)로 표현되는 어근으로부터 유래한다. Williger, *Hagios*, 10쪽 참조.

화적-종교적 영역으로부터 다른 영역으로 옮겨가기 위해서는 항상 **통과의례**를 행해야만 하며 이러한 의례는 주의 깊게 준수되어야만 한다. 이러한 의례는 또한 어떤 도시에서 다른 도시로, 어떤 토지에서 다른 토지로의 이행뿐 아니라 인생의 새로운 국면으로의 이행—유년기에서 성년기로의 이행, 독신에서 결혼생활로의 이행, 어머니 지위로의 이행 등—도 규정한다.[34] 정신의 모든 표현형식들이 전개되는 과정에서 인식될 수 있는 보편적 규준이 여기서도 다시 한 번 나타난다. 순수하게 내적인 것이 객관화되고 외적인 것으로 변화될 수밖에 없다고 해도, 다른 한편으로 외적인 것에 대한 모든 견해는 내적인 규정에 의해 지속적으로 관통되며 이것과 얽혀 있다. 따라서 고찰이 전적으로 '외적인 것'의 영역에서 행해지는 듯 보이는 경우조차, 이러한 고찰에서 여전히 내적인 생명이 약동한다는 사실을 느낄 수 있다. 인간이 신성한 것을 느끼면서 그것 주위에 치는 울타리가 공간에서의 경계를 설정하는 최초의 출발점이 되며, 이러한 경계 설정은 조직화·분절화를 통해 물리적 우주 전체로 확장된다. 이 점에서 신성한 것에 대한 느낌은 인간의 근본 감정이라고 할 수 있다.

---

34) 이러한 통과의례들은 van Genneps, *Les rites de passage*, Paris 1909에 총괄적으로 정리되어 있다.

3. 신화적 시간 개념

신화적 대상세계의 구성에서 공간이라는 기본 형식이 중요한 역할을 하는 것은 사실이지만, 만약 공간이라는 기본 형식에만 머문다면 우리는 아직 신화적 대상세계의 **본래적** 존재로, 즉 그것의 참된 내면으로 진입하지 못한 것이라고 보아야 할 것이다. 이러한 사실은 우리가 신화적 세계를 가리키기 위해 사용하는 언어표현이 시사한다. '뮈토스(Mythos)'라는 말 자체가 그것의 근본 의미로 볼 때 공간적인 관점이 아니라 **시간적인** 관점을 포함하고 있기 때문이다. 그것은 세계 전체를 해석하는 특정한 시간적 '관점'을 가리킨다. 우주와 그것의 개별 부분들 및 힘들에 대한 견해가 악령이나 신이라는 특정한 형상이나 형태로 형성될 뿐 아니라 이러한 형태들에 시간 속에서의 발생, 하나의 생성, 하나의 생명이 귀속될 때에야 비로소 진정한 신화가 시작된다. 신적인 것을 조용히 관찰하는 데 그치지 않고, 신적인 것이 자신의 존재와 본성을 시간 속에서 표현하며 신들의 형상으로부터 신들의 **역사**와 신들에 대한 **이야기**로 나아갈 때에야 비로소 우리는 그 말이 갖는 좁고 특수한 의미에서의 '신화'와 관계하는 것이다. 이 경우 '신들의 역사'라는 개념 자체를 그것의 계기로 분해해보면, 강조점은 앞부분의 '신들'이 아니라 뒷부분인 '역사'에 있다. 시간적인 것에 대한 직관이 자신의 우위를 입증하기 위해서는 그 직관이 신적인 것이라는 개념을 완성하기 위한 조건 가운데 하나임이 입증되어야만 한다. 신은 자신의 역사를 통해 비로소 구성된다. 신은 자연의 비인격적인 힘들로부터 분리되면서 그러한 힘으로부터 독립해 있는 독자적 존재로 설정된다. 신화적인 것의 세계가 유동화되고 단순한 존재의 세계가 아닌 사건의 세계라는 것이 분명하게 됨으로써 비로소, 자립적이고 개성적인 특징을 갖는 특정한 개별적 형상들을 신화적인 것의 세계에서 구별하는 것이 가능해진다. 특수한 생성, 특수한 능동과 수동이 여기서 비로소 구획과 규정의 기반을 형성한다. 물론 여기서 전제되는 첫걸음은 모든 신화적—종교적 의식이 일반적으로 의존하고 있는 구별, 즉 '신성한 것'의 세계와 '세속적인 것'의 세계 간 대립이 보편적인 형태로 형성되었다는 점이다. 이미 공간적인 분리와 경계 설정에서 표현되고 있는 이러한 보편성 내부에서 이제 참된 특수화, 신화적 세계의 참된 분절화가 일어난다. 이는 신화적 세계에서 시간이라는 형식에 의해 이른바 심층의 차원이 열림으로써 비로소 가능하게 되는 것이다. 신화적 세계의 참된 성격은 그것이 **기원**의 존재로서 등장할 때 비로소 드러난다. 신화적 세계의 모든 신성함은 궁극적으로는 기원의 신성함에서 유래한다. 어떤 내용이 갖는 신성함은 그 내용에 직접 결부되어 있는 것이 아니라 그것의 유래에 존재하며, 그것의 성질과 상태가 아니라 그것의 **생성**에 존재하는 것이다. 어떤 특정한 내용이 시간적으로 멀리 거슬러올라감으로써, 다시 말해 과거의 심원한 곳에 속함으로써 비로소 그것은 신성한 것으로서, 즉 신화적-종교적으로 중요한 것으로서 단지 정립될 뿐 아니라 그 자체로서 또한 **정당화되는** 것으로 나타난다. 시간은 이러한 정신적 정당화가 수행되는 최초의 근원적 형식이다. 신화적인 태고와 시원의 규약으로 소급됨으로써 신성한 것으로 간주되는 것은 인간 특유의 존재방식인 풍습, 관습, 사회적 규범과 제약만이 아니다. 존재 자체, 즉 사물들의 자연적인 본성 자체도 그것들의 기원으로 소급됨으로써 비로소 신화적 감정과 신화적 사유에게 참으로 이해 가능한 것이 된다. 자연의 형상 가운데 어떤 현저한 특징이나 특정한 사물 또는 종의 성격도 과거의 일회적인 사건과 결부되고 이를 통해 그것의 신화적 **기원**이 제시될 때, '설명된' 것으로 간주된다. 이러한 설명방식의 구체적 예는 모든 시대, 모든 민족의 신화적 설화에서 풍부하게 나타난다.[35] 여기서 사유는 단순히 **주어진 것**—**그것이** 사물이든 습관이나 규칙이든 간에—과 그것의 단순한 존재(Dasein)와 단순한 현재(Gegenwart)에 더 이상 안주할 수 없는 단계에 도달한다. 사유는

---

35) 특히 식물과 동물의 유(類)와 그것들이 갖는 특성의 기원에 관련된 이러한 '설명적'인 신화적 설화의 형식에 대한 예는 Graebner, *Das Weltbild der Primitiven*, 21쪽을 볼 것. 여기에는 이렇게 쓰여 있다. "검은 매의 깃털에 있는 붉은 반점은 큰 화재로 인해 생겼다. 고래의 등에 있는 물을 뿜는 구멍은—고래가 아직 인간이었을 때—머리 뒤쪽에서 창으로 찔렸기 때문에 생겼다. (…) 물떼새가 항상 조금 달리다가 한동안 조용히 서 있는 독특한 걸음걸이를 반복하게 된 것은, 옛날에 바다의 파수꾼을 몰래 따라다니면서 그가 뒤를 돌아볼 때는 움직이지 않고 조용히 서 있어야 했기 때문이다."

이제 이러한 현재를 어떠한 방식으로든 과거의 형식으로부터 설명할 수 있을 경우에야 비로소 멈추게 되는 것이다. 이러한 과거 자체는 더 이상 그것이 존재하게 된 원인을 갖지 않는다. 그것 자체가 사물들의 원인으로 **존재하기** 때문이다. 바로 이 점 때문에 시간에 대한 신화의 고찰방식과 역사의 고찰방식이 구별된다. 신화에게는 더 이상의 설명이 불가능할 뿐 아니라 더 이상 필요하지도 않은 **절대적** 과거가 존재하는 것이다. 역사는 존재를 생성의 연속적 계열로 해소한다. 그러한 생성에는 어떠한 탁월한 시점도 존재하지 않으며 오히려 모든 시점은 자신보다 이전의 시점을 지시할 뿐이다. 따라서 역사에서는 과거로의 소급은 무한 소급이 된다. 이에 반해 신화는 존재와 생성된 것, 현재와 과거를 구분하면서 과거에 일단 도달하자마자 과거를 그 자체로 불변적이고 의심할 여지가 없는 것으로 간주하면서 과거에 안주한다. 신화에서 시간은 현재와 과거 그리고 미래의 순간들이 서로 부단히 위치를 바꾸고 서로를 대체하는 단순한 관계의 형식이 아니다. 신화에서는 확고한 경계가 경험적 현재를 신화적 기원으로부터 분리하며 양자 각각에 고유의 교환 불가능한 '특성'을 부여한다. 이러한 의미에서 사람들이 신화적 의식을—**보편적인** 시간 직관이 신화적 시간을 구성하는 근본 의미를 갖고 있음에도—가끔 '무시간적인' 의식이라고 불렀던 것은 이해할 만하다. 왜냐하면 객관적–우주적 시간이나 객관적–역사적 시간과 비교해보면 신화적 의식에 존재하는 것은 사실상 그러한 무시간성이기 때문이다. 신화적 의식은 초기 단계에서는 상대적 시간 단계들을 구별하는 데 무관심한데, 이는 언어적 의식의 특정한 단계가 지닌 특징이기도 하다.[36] 셸링의 말을 빌리자면, 신화적 의식을 지배하는 것은 "단적으로 역사 이전의 시간"이며 "본성상 분할될 수 없는 절대로 동일한 시간이다. 따라서 사람들이 이러한 시간을 아무리 지속적인 것으로 보아도 그것은 단지 **순간**으로서만, 즉 끝이 시작이고 시작이 끝인 시간으로서만 고찰될 수 있다. 또한 그것 자체는 많은 시간들이 잇달아 일어나는 것이 아니라 단지 '하나의' 시간(Eine Zeit)이기 때문에 일종의 영원이다. 그러한 시간은 시간들의 연속인 현실적 시간이 아니라 자신에 이어지는 시간들에 대해 단지 상대적으로 시간(즉 과거)이 되는 것일 뿐이다."[37]

이제 이러한 신화적 '근원 시간(Urzeit)'이 어떠한 방식으로 점차 '본래적 시간', 즉 **잇달아 일어남에** 대한 의식으로 이행해가는지를 추적해보자. 언어를 고찰할 때 이미 시사되었던 근본 관계가 여기서도 확인된다. 여기서도 시간관계의 표현은 처음에는 공간관계의 표현에 입각하여 전개된다. 양자는 처음에 선명하게 구별되지 않는다. 시간상의 방위결정은 공간상의 방위결정을 전제한다. 공간

---

36) 이것에 대해서는 제1권, 334쪽 이하『상징형식의 철학 I: 언어』, 334쪽 이하] 참조.
37) Schelling, *Einleitung in die Philosophie der Mythologie*, S. W., 2. Abteil., I, 182쪽.

상의 방위결정이 성공적으로 수행되고 그것을 나타내는 정신적 표현수단을 만들어냄에 따라 비로소, 직접적인 감정과 사유하는 의식에게도 시간의 개별 규정들이 서로 구별된다. 공간에 대한 일차적 직관도 시간에 대한 일차적 분절도 동일한 하나의 구체적인 근본 직관, 즉 빛과 어둠, 낮과 밤의 교체에 근거한다. 그리고 방위결정의 동일한 도식이, 즉 우선은 단순히 느껴질 뿐인 방위와 방향의 동일한 구별이 공간의 분할과 시간의 구분을 똑같이 지배하는 것이다. 태양의 궤도를 따라 기본선인 동-서의 선이 정해지고, 그 다음에 두 번째 선인 남-북 선이 이것을 직각으로 가로지르는 것에 의해 좌우·전후와 같은 극히 단순한 공간관계가 생겨나는 것처럼, 시간의 부분들도 이러한 횡단과 교차를 통해 파악된다. 이러한 체계를 가장 명료하게 정신적으로 완성한 민족들의 경우, 시간을 가리키는 극히 일반적인 언어표현에도 이러한 관계가 자주 반영되어 있다. 라틴어 tempus(템푸스, 시제)에는 그리스어 τέμενος(테메노스)와 τέμπος(템포스, 복수형인 τεμπεα[템페아]로 보존되어 있다)가 상응하지만, 템푸스는 템플룸이라는 관념과 명칭에서 생긴 것이다. "테메노스(τέμενος, 라틴어로 tempus)와 **템플룸은** 절단·교차를 의미할 뿐이다. 후대의 목수들도 두 개의 서로 교차하는 서까래나 들보가 하나의 템플룸을 형성한다고 말한다. 그로부터 이러한 방식으로 분할된 공간이란 의미가 생겨난 것은 자연스러운 일이다. 템푸스에서는 하늘의 일부(예를 들면 동쪽)가 하루 중 어떤 시간(예를 들면 아침)으로 이행했고 다음에는 일반적인 시간으로 이행했던 것이다."[38] 공간을 개별 방위와 방역으로 나누는 것은 시간을 개개의 국면으로 나누는 것과 병행하여 일어난다. 양자는 빛이라는 **물리적** 원(原)현상(Urphänomen)에 대한 직관으로부터 출발한 **정신**이 빛이 되어가는 점진적 과정의 상이한 두 계기를 표현할 뿐이다.

이러한 연관 때문에 여기서도 전체로서의 시간과 아울러 무엇보다 개개의 구분된 시간에 독자적인 신화적-종교적 '성격', '신성함'이라는 특별한 강조가 덧붙여지게 된다. 신화적 감정에서 공간 내의 위치와 방위는 단순한 **관계**의 표현이 아니라 어떤 고유한 **존재**, 즉 신이나 악령 같은 것이라는 사실은 이미 보았다. 동일한 사실은 시간 및 시간의 개별 부분들에 대해서도 타당하다. 고도로 발달된 문화종교들에서도 이러한 기본적 직관과 신앙이 보존되어 있다. 페르시아의 종교에서 시간 자체 및 개개의 시간 부분들—세기, 한 해, 계절, 12달, 하루, 시각 등—에 대한 제사는 빛에 대한 일반적인 숭배로부터 발전한 것이다. 특히 미트라교의 전개에서 이러한 숭배는 극히 중요해졌다.[39] 일반적으로 시간에 대한 신화적 견해는

---

38) Usener, *Götternamen*, 192쪽.

39) 이것에 대해서는 Cumont, *Textes et monuments figurés relatis aux Mystères de Mithra*, Bruxelles 1896, I, 18쪽 이하, 78쪽 이하, 294쪽 이하; *Astrology and Religion among the Greeks and Romans*, New York and London 1912, 110쪽.

공간에 대한 신화적 견해와 마찬가지로 전적으로 질적·구체적으로 표현되며, 양적·추상적으로 표현되지는 않는다. 신화에는 시간, 즉 동질적인 지속과 규칙적인 주기나 연속 '자체'는 존재하지 않는다. 존재하는 것은 특정한 내용을 갖는 형태들, 즉 왕복이라든가 어떤 리듬을 갖는 존재와 생성을 보여주는 특정한 '시간 형태들' 뿐이다.[40] 이를 통해 시간의 전체는 몇 개의 한계점으로, [악보(樂譜)의] 소절(小節)과 같은 것으로 분할된다. 이러한 부분들은 우선은 단지 직접 느껴진 것으로 존재할 뿐이며 측정되고 헤아려진 것으로 존재하는 것은 아니다. 특히 인간의 종교적 **행위**는 모두 그러한 리듬을 갖는 분절을 보여준다. 의례에서는 특정의 신성한 행위가 특정 시간과 시간 부분들에서 행해져야만 한다. 그것을 정해진 시간에 하지 않으면 그 의례는 모든 신성한 힘을 잃게 된다. 모든 종교적 행사는 전적으로 특정한 기간에 행해진다. 예를 들어 7일 혹은 9일 동안 행사가 치러지고 일주일이나 한달 주기로 반복된다. '신성한 시간', 즉 축제의 시간은 사건의 동질적인 진행을 중단시키면서 이것에 일정한 분리선을 도입한다. 이러한 일련의 '위기[분리]의 날'을 결정하는 것은 달의 변화다. 카이사르의 보고에 따르면 [게르만족에 속하는 수에비(Suebi)족의 족장인] 아리오비스트(Ariovist)는 전투 개시를 새 달(Neumond)이 뜰 때까지 연기했다고 한다. 라케데

---

40) '시간 형태'라는 개념에 대해서는 그것에 상응하는 언어에 관한 제1권의 서술을 참조할 것. 제1권, 177쪽 이하[『상징형식의 철학 I: 언어』, 336쪽 이하].

몬인들은[41] 만월이 뜨고서야 진격했다. 공간에 대해서와 마찬가지로 이러한 모든 사례의 근저에는, 시간적 경계선과 분리선을 설정하는 것은 사고의 관습적 특징이 아니며 개별적 시간 부분들이 자체 안에 하나의 질적 형식과 특성, 어떤 독자적인 본질과 효력을 갖추고 있다는 생각이 깔려 있다. 그러한 시간 부분들은 단일하면서 동질적이며 순전히 외연적인 계열을 결코 형성하지 않는다. 시간 부분 각각은 내적으로 충만해 있기 때문에 그것들은 서로 유사하거나 유사하지 않으며, 일치하거나 대립하며, 우호적이거나 적대적이다.[42]

사실 수·시간·공간의 **객관적인** 기본 구별에 대한 최초의 확고한 개념이 형성되기 훨씬 전부터 인간의 의식에는 인간 생활을 지배하는 독특한 주기성과 리듬에 대한 극히 섬세한 감수성이 존재했던 것 같다. 문화의 가장 낮은 단계, 즉 수를 세는 행위의 맹아조차 보이지 않았고 따라서 시간 계열에 대한 정밀한 양적 파악 방법이 전혀 존재하지 않았던 자연민족들에게도 시간적 사건의 생생한 역동성에 대한 이러한 주관적인 감정이 이미 놀랄 정도로 예민

---

41) [역주] 라케데몬은 스파르타를 가리킨다. 스파르타는 건국 왕 라케다이몬의 아내인 스파르타의 이름을 딴 것이며, 당시의 공식 명칭은 라케다이몬(Λακεδαίμ ον=라케데몬)이었다.

42) 이에 대해서는 Hubert&Mauss, Etude sommaire de la représentation du temps dans la religion et la magie(*Mélanges d'histoire des religions*, Paris 1909, 189쪽 이하) 참조.

하고 섬세하게 형성되어 있는 경우가 많다. 그들에게는 삶의 모든 사건, 특히 인생의 중대한 주기—즉 인생의 결정적인 변화와 이행—에 결부된 특유의 신화적-종교적 '국면감각(Phasengefühl)' 같은 것이 있었다. 가장 낮은 단계에서조차 이러한 이행점, 즉 개인의 생애와 종족 생활의 극히 중요한 구분점은 종교적 의례에 의해 어떠한 방식으로든 특별시되며 단조로운 일상으로부터 두드러지게 부각되는 것이 보통이다. 극히 주도면밀하게 준수되는 무수한 의례가 이러한 이행의 시작과 끝을 수호한다. 이러한 의례에 의해 항상 똑같은 삶의 흐름이나 시간의 단순한 경과가 종교적으로 분절되고, 삶의 모든 특수한 국면이 특별한 종교적 특징을 갖게 되며 이를 통해 고유의 특수한 의미를 획득한다. 탄생과 죽음, 임신, 출산, 성인이 되는 것, 결혼 등 이 모든 것이 특유의 통과의례와 입문의례를 갖는다.[43] 이러한 의례에 의해 삶의 개별 시기가 종교적으로 너무 선명하게 분화되기 때문에 삶의 연속성이 상실된다. 하나의 생활권에서 다른 생활권으로 이행할 때, 인간이 그러한 생활권 각각에서 다른 **자아**로 나타난다는 사고방식은 널리 퍼져 있

43) 이러한 '입문의례'에 대해서는 특히 Spencer와 Gillen이 오스트레일리아의 원주민 부족과 관련하여 제공하고 있는 풍부한 자료를 볼 것. 예를 들어 *The native tribes of Central Australia*, 212쪽 이하; *The nothern tribes of Central Australia*, 382쪽 이하. 또한 van Gennep, *Les rites de passage*와 Brinton, *Religions of primitive peoples*, 191쪽 이하를 참조할 것. 남태평양의 민족들에 대해서는 Skeat, *Malay Magic*, London 1900, 320쪽 이하 참조.

고 여러 형태로 반복해서 나타난다. 예를 들어 성인식에서 어린아이는 죽고 청년으로서 그리고 성인 남자로서 다시 태어난다는 것이다. 일반적으로 인생의 이 중요한 두 시기 사이에는 짧건 길건 간에 항상 어떤 '위기[분리]의 국면'이 존재하며 이러한 국면은 외면적으로도 수많은 적극적 규칙이나 소극적 금욕 및 터부에 의해 규정되곤 한다.[44] 이러한 사실로부터 우리는 신화적 세계관과 신화적 감정에는 본격적으로 **우주적** 시간에 대한 견해가 형성되기 전에 어떤 의미에서 하나의 **생물학적** 시간, 즉 리듬에 의해 구분되는 삶 자체의 기복(起伏)이 존재한다는 사실을 통찰할 수 있다. 사실 우주적 시간이라고 해도 이것이 우선 신화에 의해 파악될 때는 이러한 특유의 생물학적 형성과 변형을 겪는 식으로 체험될 수밖에 없다. 왜냐하면 자연현상의 규칙성도 천체의 운행 및 계절 변화의 주기성도 신화에게는 전적으로 생명 과정 자체로 여겨지기 때문이다. 낮에서 밤으로의 이행, 식물계의 성장과 소멸, 계절의 순환 등의 이러한 현상 모두를 신화적 의식은 우선 인간의 존재방식에 투영하면서 인간이라는 거울에 비추어 보는 식으로 파악한다. 이러한 상호연관 속에서 주관적 생활형식과 객관적인 자연 직관 사이에 교량을 놓는 신화적 시간감각이 생겨난다. 주술적 세계관의 단계에서도 이미 이러한 주관적 형식과 객관적 형식이 직

---

44) 이에 대해서는 B. Marett, *The threshold of religion* 3판, 194쪽 이하 참조.

접 얽혀 있고 서로 결합되어 있다는 사실이 입증되고 있다. 주술이 객관적 사건을 규정한다는 것도 이러한 결합에 의해 비로소 설명된다. 태양의 운행, 계절의 변화는 주술 세계에서는 결코 불변적인 법칙에 의해 정해지지 않으며 정령에 의해 영향을 받고 주술적인 힘에 의해 좌우된다. 여기서 작용하는 힘들에 영향을 미치고 이것들을 지원하거나 강요하기 위해 극히 다양한 형식의 '모방주술(Analogiezauber)'이 행해지는 것이다. 오늘날에도 일년의 오르막[전반]과 내리막[후반]의 결정적 전환점, 특히 동지와 하지에 결부된 여러 민속적 관습에서 이러한 근원적인 사고방식을 아직도 어렵지 않게 볼 수 있다. 개개의 제전(祭典)들과 결합된 모방적 경기와 의례, 즉 축제 기마행진이나 다양한 화관식(花冠式), 오월제 · 성탄제 · 부활제 · 하지제 때 놓는 불 등의 근저에는 생명을 부여하는 태양의 힘과 자연의 번식력이 인간의 행위에 의해 촉진되고 적대적인 힘에 맞서 틀림없이 수호되리라는 생각이 존재한다. 이러한 관습이 널리 퍼져 있다는 것은—힐데브란트는 빌헬름 만하르트가 그리스 · 로마 · 슬라브 · 게르만의 세계에 관해 수집한 포괄적 자료에, 특히 고대 인도의 하지제 관습을 덧붙였다[45]—우리가 여기

---

45) Mannhardt, *Wald—und Feldkulte*, I, II권, Berlin 1875쪽 이하. 인도의 하지제 (夏至祭)에 대해서는 Hillebrandt, Die Sonnenwendfeste in Alt—Indien(*Roman. Forschungen*, 5권), 아리안 세계 전체에서 행해졌던 이러한 관습들을 모아놓은 책으로는 L. v. Schroeder, *Arische Religion*, 2권, Leipzig 1916이 있다.

서 다루고 있는 것이 신화적 의식이 갖는 하나의 근본 형식에서 유래한 사고방식이라는 사실을 입증한다. 원초적인 신화적 '국면감각'이란 바로 시간을 인생의 이미지로 파악하는 것이며, 따라서 시간 안에서 일어나는 것, 시간 안에서 일정한 리듬에 따라 생기고 소멸하는 모든 것을 직접 인생의 형식으로 변형하고 환원하는 것이다.

따라서 수학적–물리학적 **개념**에 표현된 것과 같은 종류의 '객관성'에 대해, 또한 '그 자체로 어떠한 외적 대상도 고려하지 않고 흐르는' 뉴턴의 저 '절대시간'에 대해 신화는 아무것도 알지 못한다. 신화는 이러한 수학적–물리학적 시간과 마찬가지로 엄밀한 의미에서의 '역사학적인' 시간도 알지 못한다. 왜냐하면 역사학적 시간조차 완전히 규정된 '객관적인' 순간들을 자체 안에 담지하고 있기 때문이다. 그것은 고정된 '연대기', 전후의 엄밀한 구별, 개별적 순간들이 연속되는 과정에서 확고하게 규정된 일의적인 순서를 지키는 것에 기초한다. 시간 단계들을 그렇게 분리하면서 그것들을 확고하게 조직된 유일한 체계 안으로 수용하고 각각의 사건에 그러한 체계 내에서의 **하나의** 위치, 더 나아가 오직 하나의 위치만을 할당하는 것은 신화에게는 낯선 것이다. 신화적 사유형식 일반의 본질에는, 그 사유형식이 어떤 **관계**를 정립하는 경우에는 항상 그렇게 관계지어지는 항들이 서로 유입하고 이행한다는 사실이 속하는데, 이러한 관계항들의 합생(合生, Konkresenz)의 규칙—즉 그것들이 함께 성장하면서 하나로 결합된다는 규칙—이[46] 신화적 시간의식 또한 지배하고 있다. 여기서도 시간을 과거, 현재, 미래라는 선명하게 구분된 단계로 나누는 것은 유지될 수 없다. 신화적 의식은 끊임없이 이러한 차이를 없애고 이것을 궁극적으로는 순수한 동일성으로 변환하려는 경향과 유혹에 빠진다. 특히 주술은 자신의 일반적인 원리, 즉 'pars pro toto[부분 즉 전체]'라는 원리를 공간뿐 아니라 시간에까지 적용하는 특징이 있다. 물리적·공간적 의미에서 각각의 부분이 전체를 대표할 뿐 아니라 주술적인 사고방식에서는 각 부분이 그대로 전체인 것처럼, 주술적인 작용연관은 모든 시간적인 차이와 분리선마저 넘어선다. 주술상의 '지금'은 결코 단순한 지금, 다른 시점들로부터 분리된 단순한 현시점이 아니다. 그것은 라이프니츠의 표현을 빌리자면 chargé du passé et gros de l'avenir—과거를 짊어진 채 미래를 잉태한 지금—인 것이다. 이런 의미에서 모든 시간계기들의 이러한 독특한 질적 '상호포섭'을 가장 분명하게 보여주는 점술이야말로 특히 신화적 의식의 통합체라고도 할 만한 지위를 점하게 된다.

그러나 신화적 의식이 주술처럼 **개별적** 효과를 획득하는 것만을 목표하면서 이것으로 만족하고 끝나는 것이 아니라, 존재와 사건의 **전체**로 향하면서 더욱더 이러한 전체에 대한 직관이 될 때 신

---

46) 신화적인 '관계항들의 합생(合生)'에 대해서는 이 책 150쪽 이하 참조.

화적 의식은 하나의 새로운 단계로 올라가게 된다. 신화적 의식은 이제 감각적 인상과 순간적인 감각 자극에 구속된 상태로부터 점차 벗어나게 된다. 즉 신화적 의식은 개별적인 현재의 점들과 이러한 점들의 단순한 연속, 즉 사건의 개별 국면들의 단순한 경과 속에서 살지 않고 갈수록 더 사건의 영원한 **순환**에 대한 고찰로 향하게 되는 것이다. 물론 이러한 순환은 사유되기보다는 아직은 느껴지고 있을 뿐이다. 이렇게 느끼는 가운데 신화적 의식에는 이미 어떤 보편적인 것, 즉 **보편적 세계질서의** 존재에 대한 확신이 싹트는 것이다. 자연에 영혼이 깃든 것으로 보는 그때까지의 신화적 의식에서는 개개의 사물, 특별한 물리적 존재가 특정한 영적 내용이나 개성적−인격적 힘으로 충만해 있는 것으로 여겨졌다. 하지만 이제는 더이상 그렇게 여겨지지 않고, 어디서든 반복해서 나타나는 동일한 규칙이 세계에서 일어나는 사건 전체를 지배하고 있는 것으로 느끼는 것이다. 이러한 느낌이 강하게 형성될수록 그것은 신화적 **사유**도 각성시키면서 새로운 문제에 직면하게 만든다. 이제 신화적 사유가 고찰해야 하는 것은 더 이상 사건의 단순한 내용이 아니라 사건의 순수한 형식이기 때문이다. 여기서도 또한 매개로 작용하는 것은 시간이라는 계기다. 비록 신화에서 시간은 어디까지나 구체적인 것, 특정한 물리적 사건, 특히 천체의 변화에 입각하여 파악될 수밖에 없다고 해도, 시간은 다른 한편으로 이러한 것들과는 다른 순수하게 이념적인 '차원'에 속하는 계기를 갖고 있기 때문이다. 개별적 자연력들이 각각 특수한 것으로서 신화적 해석 및 종교적 숭배의 대상이 된다는 것과 그것들이 보편적인 시간질서의 담지자로 나타난다는 것은 서로 전혀 다른 것이다. 전자의 경우 우리는 아직 완전히 실체적인 관점의 권역 안에 서 있다. 태양·달·별은 영혼을 갖는 신적인 존재자들이지만, 그럼에도 그것들은 전적으로 특정한 개별적 힘을 갖춘 개성적인 **사물**이다. 이러한 관점에서 보면 이 신적 존재들은 자연에서 지배하는 하위의 정령적 힘들과 정도 차이만 있을 뿐 질적인 차이는 없다. 그러나 이제 더 이상 신화적─종교적 감정이 단지 개별적인 자연대상의 직접적인 존재와 개별적 자연력의 직접적인 작용으로 향하지 않고 이 양자가 직접 존재한다는 의미 외에 또 하나의 특징적인 표현 의미를 갖게 된다면, 즉 그것들이 이제 우주를 지배하고 통치하는 **법칙적 질서의** 이념을 파악하기 위한 매체가 된다면, 신적인 것에 대한 새로운 이해와 새로운 의미가 무르익게 된다. 이제 의식이 향하는 것은 자연의 이런저런 개별 현상─그것이 아무리 강력하고 거대한 것이라도─이 아니다. 이제 모든 자연현상은 그것에 입각해서 또는 그것에서 자신을 계시하는 보다 포괄적인 다른 것을 위한 기호로 기능할 뿐이다. 태양과 달이 단지 그것들의 물리적 존재와 물리적 작용에 따라 고찰되지 않고 또한 그 광휘(光輝) 때문에 숭배되거나 또는 빛과 열, 습기와 비를 낳는 것으로서만 숭배되지 않고 시간의 불변적인 척도로서, 즉 그것에 입각하여 사건 전체의 진행과 규칙이 읽혀질 수 있는 척도로서 받아들여질 때, 우리는 근본적으로 변화되고 심화된 정신적 조망의 입구에 서 있게 되는 것이다. 이제 사유는 모든 직접적인 존재와 삶에서 느껴지는 리듬 및 주기성으로부터 벗어나 모든 존재와 생성을 지배하는 보편적 **운명의 질서로서의 시간질서**의 이념으로 고양되는 것이다. 이렇게 운명으로서 파악됨으로써 신화적 시간은 참으로 우주적인 힘(Potenz)이 된다. 즉 신화적 시간은 인간뿐 아니라 악령이나 신도 구속하는 힘이 되는 것이다. 이러한 힘 속에서만 그리고 그 힘이 거역하기 어려운 척도와 규범으로 작용하는 것에 의해서만 인간이나 심지어 신들의 모든 삶과 작용도 가능하기 때문이다.

[신화적 시간이 갖는] 그러한 구속력에 대한 표상은 낮은 단계에서는 아직 극히 소박한 감각적 형상과 표현을 통해 나타난다. 뉴질랜드의 마오리족에게는 다음과 같은 신화적 설화가 있다. 설화에 따르면 그들의 선조이자 문화적 영웅인 마우이(Maui)가 한때 태양을 함정에 빠뜨려 그때까지 확고한 규칙 없이 하늘을 운행하던 태양을 규칙적으로 운행하게 만들었다는 것이다.[47] 그러나 발전이 계속되고 주술적인 세계관으로부터 진정으로 종교적인 세계관이 선명하게 분리되어감에 따라 이러한 기본적 사태도 보다 더 순수한 **정신적** 표현을 얻게 된다. 감각적-개별적인 것으로부터 보편적인 것

---

47) Waitz, *Anthropologie der Naturvölker*, VI, 259; Gill, *Mythos and Songs of the South Pacific*, 70쪽.

으로의 전환, 즉 개별 자연력의 신격화로부터 보편적인 시간 신화로의 이러한 전환은 모든 '별'의 종교의 고향이자 발상지인 바빌로니아와 아시리아에서 특히 명확하게 추적될 수 있다. 바빌로니아-아시리아 종교의 발단도 원시적인 애니미즘권으로 거슬러올라간다. 그 종교들에서도 정령신앙, 즉 기분과 자의에 따라 사건에 개입하는 우호적이거나 적대적인 힘들에 대한 신앙이 기초가 된다. 하늘의 정령과 폭풍의 정령, 목장과 들의 정령, 산과 샘의 정령이 동물숭배나 보다 오래된 토테미즘적 세계관의 흔적이 아직도 남아 있는 혼합물과 더불어 존재한다. 바빌로니아적 사유가 점점 더 별의 세계를 관찰하는 데 집중하게 되면서 이러한 사유의 형식 전체가 변화한다. 원시적인 정령신앙이 제거되는 것은 아니지만, 이제 그것은 민간신앙의 보다 낮은 층에만 속하게 된다. 이에 반해 지식인과 신관의 종교는 '신성한 때'와 '신성한 수'의 종교가 된다. 천문학상의 사건이 갖는 규정성, 즉 태양·달·행성의 운행을 지배하고 있는 시간적 규칙성 안에 이제 신적인 것의 참된 근본 현상이 나타나는 것이다. 개개의 별은 그것의 직접적인 물체성 때문에 신적인 것으로서 사유되고 숭배되는 것이 아니라, 오히려 그것에 보편적인 신적 힘이 부분적으로 계시되어 있다고 간주된다. 이러한 힘은 사건들 전체에서뿐 아니라 개개의 사건에서도, 그리고 가장 큰 사건에서뿐 아니라 가장 작은 사건에서도 불변적인 규범에 따라 작용하는 것으로서 파악된다. 이러한 보편적인 신적 힘이 우리에게 가장 명료하게 나타나는 것은 하늘이지만, 이러한 신적 조직은 하늘에서부터 지상의 질서와 인간에게 특유한 질서인 국가와 사회의 질서에 이르는 연속된 단계들에서 추적될 수 있다. 즉 존재의 극히 다양한 권역들에서 실현되는 동일한 기본 형식으로서 추적될 수 있는 것이다.[48] 따라서 시간의 가시적 형상인 천체의 운동에서 새로운 **의미**의 통일이, 즉 이제 신화적–종교적 사유에 대해 존재와 사건 전체의 진상을 분명하게 밝혀주기 시작하는 새로운 **의미**의 통일이 나타나게 된다. 바빌로니아인들의 창세신화는 혼돈스러운 근원으로부터 세계질서가 생겨나는 것을 태양신 마르둑이 괴물 티아마트에 맞서서 벌이는 투쟁의 이미지로 묘사한다. 승리를 거둔 후 마르둑은 천체의 별들을 위대한 신들의 자리로 지정하고 별들의 궤도를 정했다. 그는 별자리를 정하며 일년과 열두 달을 제정한다. 그는 어떤 날도 궤도를 벗어나 길을 잃지 않도록 고정된 경계를 확립한다. 이와 같이 전적으로 혼돈스러운 존재 안으로 시간이라는 빛의 형태가 침입하고 이러한 시간이 개개의 국면들로 구별되고 서로 대조적으로 뚜렷이 부각됨으로써, 모든 운동과 아울러 모든 인생이 전개되는 것이다. 그리고 여기서는 외적 사

---

48) 이에 대해서는 M. Jastrow, *Die Religion Babyloniens und Assyriens*, Gießen 1905, I/II; Carl Bezold, *Himmelsschau und Astrallehre bei den Babyloniern*. Sitzungsbericht der Heidelberger Akad. der Wiss., 1911; Hugo Winckler, *Himmels-und Weltenbild der Babylonier* 2판, Leipzig 1903을 참조.

건의 이러한 불변성이—신화적 감정과 사유에서의 안과 밖이라는 두 계기들의 밀접한 관계 때문에—직접적으로 내적인 사건의 불변성, 즉 인간의 행위를 지배하는 흔들릴 수 없는 규칙과 규범이라는 사상과 결합된다. "마르둑의 말은 영속한다. 그의 명령은 변하지 않는다. 그의 입에서 나오는 것은 어떠한 신도 변하게 할 수 없다." 이렇게 그는 정의의 최고 수호자이자 감독자이며, "가장 내밀한 것도 꿰뚫어보고, 악인을 도망치게 내버려두지 않으며, 거역하는 자들을 굴복시키고 정의를 승리하게 한다."[49]

모든 사건을 지배하는 보편적 **시간질서**와 이러한 사건이 복종하는 영원한 **법질서** 사이의 동일성, 천문학적 우주와 도덕적 세계 사이의 결합이 거의 모든 문화종교들에서 발견된다. **이집트**의 신전에서 달의 신 토트(Thoth)는 측량하는 자이고 시간을 분할하는 자인 동시에 모든 올바른 척도의 지배자이기도 하다. 신전을 설계하고 토지를 측량할 때 사용되는 신성한 엘레는[50] 그에게 바쳐진다. 그는 신들의 서기이자 하늘의 재판관이고 인간에게 말과 문자를 선사한 자이며, 헤아리고 계산하는 기술을 통해 신과 인간으로 하여금 자신들에게 적합한 것이 무엇인지 알려주는 자인 것이다. 완

---

49) 바빌로니아의 창세신화에 대해서는 Jensen, *Die Kosmologie der Babylonier*, Stuttgart 1809, 279쪽 이하 및 독일어 번역본 Gunkel, *Schöpfung und Chaos in Urzeit und Endzeit*, Göttigen 1895, 40쪽 이하 참조.

50) [역주] 엘레(Elle)는 옛날의 길이 단위로서 약 55~85cm이다.

벽하게 정확하고 불변적인 척도를 가리키는 명칭인 마아트(maāt)가 여기서도 또한 자연과 인륜을 지배하는 영원히 불변적인 질서를 가리키는 명칭이 된다. 사람들은 이러한 이중의 의미를 갖는 '척도'라는 개념을 이집트 종교체계 전체의 기반으로 보았다.[51] 중국의 종교 또한 데 흐로트(de Groot)가 우주교(Universismus)라고 불렀던 사유와 감정의 기본적 특성에 뿌리를 내리고 있다. 이러한 기본적 특성이란 인간 행위의 모든 규범이 세계와 하늘의 근원적 법칙에 근거하고 있기 때문에 이것으로부터 [인간행위의 모든 규범을] 직접 읽어낼 수 있다는 확신이다. 천체의 운행을 아는 자, 시간의 행로를 이해하는 자, 자신의 행동을 일정한 날, 일정한 달과 날에 연관시킬 줄 아는 자만이 올바르게 처신할 수 있다. "하늘[天]이 결정하는 것, 그것이 인간의 본성이다. 인간의 본성에 따르는 것이 인간의 도(道)다. 도를 지키는 것이 교(敎, 가르침)다."(『예기』 중용편). 이와 같이 여기서도 또한 기(紀, 12년), 연(年), 계절, 월(月)이라는 개별 기간이 신적인 것으로 숭배되는 것처럼 행위의 도덕적 구속이 시간에 의한 구속뿐 아니라 역(曆)에 의한 구속으로 이행한다. 인간의 의무와 미덕은 대우주가 소우주에게 보여주는 '길'을 알고 지키는 것과 다름 없으며 그 이상의 무엇도 아니다.[52]

---

51) Le Page Renouf, *Vorlesungen über Ursprung und Entwicklung der Religion*, 1881, 233쪽; Moret, *Mystéres Égyptiens*, Paris 1913, 152쪽 이하 참조.

52) 이에 대해서는 de Groot, *Universismus*, Berlin 1918 및 Legge, *The Texts of*

인도−게르만족의 종교적 세계관에서도 동일한 특징적인 이행을 추적할 수 있다. 여기서도 또한 다신교의 성격을 갖는 자연종교를 지배하는 신들의 특화(特化, Besonderung)와 개별화 대신, 보편적 자연질서가 동시에 정신적−도덕적 질서로서도 나타난다는 사상이 점차 등장한다. 그리고 이 두 개의 근본 의미 사이에서 출현하고 궁극적으로 양자의 결합을 초래하는 것은 다시 **시간**에 대한 견해다. 종교의 이러한 발전 과정은 베다에서는 **리타**(Rita, 하늘의 법칙)라는 개념에서, 그리고 『아베스타』(조로아스터교의 성전)에서는 내용상으로도 어원상으로도 **리타**와 상응하는 아샤(Asha)라는 개념에서 나타난다. 리타도 아샤도 규칙적인 '운행'과 확고한 질서를 갖는 사건들의 연관을 표현하는 것이며, 존재의 관점으로도 당위의 관점으로도 파악되는 사건의 질서임과 동시에 정의의 질서이기도 하다. 『리그베다』에는 다음과 같은 노래가 있다. "리타를 따라서 강은 흐르고, 리타를 따라서 아침노을이 빛난다. 질서의 좁은 길을 리타는 올바르게 거닌다. 정통한 자로서 그녀는 하늘의 방향에서 벗어나지 않는다."[53] 그리고 동일한 질서가 한 해의 진행도 관리하고 지배한다. 하늘을 둘러싸고 열두 개의 바퀴살을 갖는 리타의 수레바퀴가 돌며 이것은 늙는 법이 없다. 이것이 연(年)이다. 『아타르바베다』의 유명한 찬가에서는 시간 자체인 칼라(Kala)가 많은 고삐를 찬 말이 되어

Taoism(Sacr. Books of the East, vol. XXXIX 및 XL, Oxford 1891)을 볼 것.
53) _Rigveda_ I, 124, 3(Hillebrandt, Lieder des Rigveda, 1쪽).

달린다. "만물이 그의 수레바퀴다. 일곱 개의 바퀴와 일곱 개의 바퀴통[바퀴 중앙의 축을 끼우는 부분]과 함께 칼라는 달린다. 그의 차축은 불사(不死)의 것이다. 그는 만물을 드러나게 하고 제1의 신으로서 달린다. 시간은 만물을 받아들이고 최고의 하늘에서 군림한다. 시간은 만물을 완성하고 능가했다. 칼라는 만물의 아버지임과 동시에 만물의 아들이기도 하다. 따라서 칼라보다 높은 힘은 없다."[54] 이러한 시간관에서는 종교의 두 가지 근원적 주제인 운명과 창조 사이의 투쟁이 인식될 수 있다. 실로 시간적인 것으로 나타나지만 본질적으로는 초시간적인 힘인 운명과 항상 시간 안에서 일어나는 개별 행위로서 사유될 수밖에 없는 창조 사이에는 독특한 변증법적 대립이 존재한다. 비교적 새로운 베다 문헌에서는 프라자파티(Prajapati)를 세계의 창조자, 신과 인간의 창조자로 보는 사상이 보인다. 그러나 프라자파티가 시간과 맺는 관계는 이중적이며 분열되어 있다. 한편으로 프라자파티는 만물이 생겨나는 원천으로서 연(年)과 동일시되며, 따라서 일반적으로 시간 자체와 동일시된다. 프라자파티가 연으로 **존재하는** 것은 그가 연을 자신과 동일한 형상으로 창조했기 때문이다.[55] 다른 한편 방금 언급된 『아타르바베다』의 찬가와 같

---

54) *Atharvaveda* 19, 53(Geldner에 의한 독일어 번역 Bertholet, *Religionsge-schichtliches Lesebuch*, 164쪽).

55) 이러한 동일시가 행해지는 부분들에 대한 개관(槪觀)은 Deussen, *Allgemeine Geschichte der Philosophie* I, 1, Leipzig 1894, 208쪽에서 이루어진다.

은 다른 곳에서는 관계가 역전된다. 시간이 프라자파티에 의해 창조된 것이 아니라 시간 자체가 프라자파티를 창조했다. 시간은 신들 중 최초의 것이며 만물을 산출했고 그 모든 것보다 오래 존속하는 것이다. 여기서 우리는 시간이 신적인 힘으로서 동시에 어떤 의미에서는―초인격적인 것이라는 의미에서―신을 초월하는 것이되기 시작했다는 사실을 알 수 있다. 그것은 괴테의 「프로메테우스」에서와 동일하다. 일단 전능한 시간과 영원한 운명이 등장하면, 다신교의 개별 신들뿐 아니라 최고의 창조신조차 왕좌에서 밀려나게된다. 신들이 영원히 산다고 할지라도, 그들은 더 이상 그 자체로서가 아니라 그들 자신이 편입되고 종속되어 있는 우주의 운명적 질서에 대한 감시자이자 관리자로서 숭배된다. 신들은 더 이상 자연세계와 윤리세계의 무조건적인 입법자가 아니며, 자신의 행위와 작용에서 자신을 넘어선 보다 높은 법칙을 가지고 있다. 따라서 호메로스가 묘사하는 제우스는 비인격적 힘인 **모이라**[운명의 신]의 지배를 받는다. 게르만족의 신화권에서도 생성의 운명적 힘(wurd)은 운명의 여신 노르네(Norne)가 짠 천으로 나타나며, 이와 동시에 근본법칙(Urgesetz, urlagu, 그리고 고대의 고지[高地] 독일어 urlag, 고대 작센어 orlag)으로도 나타난다. 이 운명의 힘은 여기서도 측정하는 힘이다. 예를 들면 북유럽의 창조신화에서는 세계수(世界樹)인 위그드라실(Yggdrasil)이 올바른 척도를 가진 나무, 척도를 부여하는 나무로 묘사되고 있다.[56] 창조라는 주제가 가장 선명하게 관철되고 있는 『아베스타(*Avesta*)』에서는 최고의 지배자인 아후라 마즈다(Ahura Mazda) 가[57] 만물의 창조자이자 지배자로서 숭배되는데, 그 역시 자연의 질 서인 동시에 도덕의 질서이기도 한 아샤(Asha)라는 비인격적 질서 의 집행자로 여겨진다. 아샤는 아후라 마즈다에 의해 창조되었지만 하나의 자립적인 근원적 힘이며, 빛의 신이 어둠과 허위의 세력과 싸울 때 함께 싸우고 그와 협력하여 이 전쟁을 승리로 이끈다. 선 의 신은 아흐리만(Ahriman)과의 싸움을 돕기 위해 여섯 명의 대천사 인 아메샤 스펜타(Amesha Spenta)를 만들어내는데, '선한 심성(Vohu Manah)'과 함께 대천사들의 정점에 서 있는 것이 '지고의 성실함'인 아샤 바히슈타(Asha Vahishta)다. 이러한 정신적 힘들—[그리스의 전기 작가인] 플루타르코스(Plutarchos)는 그것들을 그리스어 εὔνοια(에우

---

56) Paul-Braun, *Grundriß der germanischen Philologie* 2판, 281쪽 이하에 수록 되어 있는 Mogk, Golther, *Handbuch der germanischen Mythologie*, 104쪽 이 하, 529쪽 참조.

57) [역주] 아후라 마즈다는 조로아스터교의 최고 신으로 Ormizd, Ormazd라고 도 쓴다. 아후라 마즈다는 우주와 우주의 질서를 창조했고 이것을 유지한다. 그는 쌍둥이 영(靈)인 스펜타 마이뉴(Spenta Mainyu)와 앙그라 마이뉴(Angra Mainyu,아흐리만이라고도 불린다)를 창조했는데, 스펜타 마이뉴는 선·진리· 빛·생명을 지향하는 선한 영이며 앙그라 마이뉴는 거짓·어둠·죽음을 지향하 는 파괴적인 영이다. 세계의 역사는 두 영이 서로 투쟁하는 장이다. 조로아스터 교의 최고 경전인 『아베스타』에서 아후라 마즈다는 선한 영과 동일시되며 파괴 적인 영과 직접 대결하는 것으로 나타난다. 3세기 이후의 조로아스터교에서는 시간의 신인 주르반(Zurvān)이 쌍둥이인 아후라 마즈다(선한 영)와 아흐리만(악 한 영)의 아버지로 나타나고 있다.

노이아, 선한 심성)와 ἀλήθεια(알레테이아, 진리)로 번역했다—을 정립하고 지칭하고 있다는 점을 고려할 때 우리는 이미 신화적인 것의 단순한 **형상세계**의 한계를 넘어 참으로 변증법적이고 사변적인 주제들에 의해 관통되어 있는 종교적 사유의 권역에 서 있게 된다. 이러한 주제들의 영향은 다시 시간 개념을 파악하고 규정하는 데서 가장 선명하게 표현된다. 여기서 영원의 사상과 창조의 사상 사이의 긴장이 가장 커진다. 이러한 긴장은 점차 종교체계 전체를 내면으로부터 변형하고 거기에 변화된 성격을 각인하는 것으로 보인다. 『아베스타』는 시간의 **두 가지** 근본 형식을 구별한다. 하나는 무한정한 시간인 영원이며, 또 하나는 아후라 마즈다가 세계의 역사가 전개되는 시간으로 정한, 즉 어둠의 영혼과의 투쟁 기간으로 정한 '오랫동안 인간을 지배하는 시기'다. '고유한 법칙에 복종하는 오랜 시간'인 이 기간은 다시 네 개의 주요 부분으로 나뉜다. 창조와 함께 제1기의 3000년이 시작된다. 이것은 선사시대(Vorzeit)로서, 세계에 빛은 존재하지만 세계가 아직 지각될 수 없고 우선은 정신적으로 존재하는 시대다. 다음에 '근원시대(Urzeit)'가 뒤따르는데, 세계가 이미 존재하는 형식들을 기초로 하여 감각적으로 지각될 수 있는 형태로 변형되는 시기다. '투쟁시대'는 아흐리만과 그의 동료들이 아후라 마즈다의 순수한 창조에 침입하면서 지상에서의 인류 역사가 시작되는 시기다. 마지막으로 '종말시대'는 악령의 힘이 타파되고 이와 함께 '오랫동안 인간을 지배하는 시간'이 다시 무한의 시간으로, 세계시간이 다시 영원으로 사라져가는 시간이다. 문헌상으로는 비교적 후세에 증언되고 있지만 조로아스터의 개혁에 의해 한때 억눌렸던 이란 신앙의 특정한 근원적 주제들을 다시 수용하는 것으로 보이는 즈루반교(Zruvanismus)의 체계에서는[58] 무한의 시간(Zruvan akarano)이 궁극적인 최고의 원리가 된다. 이러한 무한의 시간은 만물 그리고 선과 악이라는 두 개의 대립적 힘이 생기는 근원이다. 무한의 시간은 자체 내에서 두 개로 분열되어, 서로를 필요로 하면서도 끊임없이 서로 싸워야만 하는 쌍둥이 형제로서 선과 악을 낳는다. '시간'과 '운명'이 분명하게 동일시되는―그리스 자료에서는 즈루반(Zruvan)을 τύχη(튀케, 운명)로 번역한다―이 체계에서도 시간 개념에는 특유의 이중적 성격이 존재한다. 즉 시간이라는 개념은 여러 곳에서 극히 난해하고 극히 미묘하며 추상적인 것으로 높여져 있으면서도, 다른 한편으로는 여전히 신화에 특유한 시간감정의 색채를 띠고 있다. 여기서는 세계시간이면서도 운명의 시간인 시간은 이론적 인식, 특히 수학적 인식에서의 시간, 즉 관계와 위치의 체계인 순수하게 이념적인 질서형식이 아니라 생성의 힘 자체이며 신적인 힘과 악마적인 힘, 창조적인 힘과 파괴적인 힘을 지니고 있다.[59] 실로 시간의 질

---

58) [역주] 즈루반교는 조로아스터교의 일파다. 조로아스터교는 아후라 마즈다와 아흐리만을 서로 대립하는 것으로 보는 이원론의 관점을 취하는 반면, 즈루반교는 양자를 초월하는 근본 원리로서 즈루반(시간)을 내세웠다.

59) 이란 종교의 시간 개념과 '즈루반교'의 체계에 대해서는 특히 Heinrich Junker, *Über iranische Quellen der hellenistischen Aion-Vorstellung* (Vorträge der

서는 보편성과 침범할 수 없는 성격을 갖는 것으로 여겨지지만, 다른 한편으로는 그 자체가 **질서를 가진** 것으로도 여겨진다. 모든 사건을 지배하고 있는 시간의 법칙은 반쯤은 인격적이고 반쯤은 비인격적인 힘에 의해 **정립된 것으로** 나타나는 것이다. 신화는 자신의 형식과 자신의 정신적 표현수단이 갖는 제약 때문에 이러한 최후의 장벽을 넘어설 수 없다. 그러나 신화적-종교적 관점이 시간의 개별적 계기들을 다양하게 강조하고 이것들 각각에게 전적으로 상이한 가치를 부여하면서 이를 통해 시간의 전체에 상이한 '형태'를 각인할 수 있는 한, 신화형식의 내부에서는 시간 개념과 시간감정의 광범한 분화가 가능하다.

4. 신화적 · 종교적 의식에서의 시간 형성

이론적 인식, 즉 수학과 수리 물리학이 취하는 길의 특징은 시간을 **동질적인 것으로** 보는 관념이 갈수록 더욱 예리하게 형성되고 강조된다는 점이다. 이러한 관념에 의해 비로소 수학적-물리학

Bibliothek Warburg, 1권 1921~1922, Leipzig 1925, 125쪽 이하)를 볼 것. 또한 Darmesteter, *Orzmad et Ahriman*, Paris 1877, 316쪽 이하 및 Cumont, *Textes et monum. figurés rel. aux mystères de Mithra* I, 18쪽 이하, 78쪽 이하, 294쪽 이하도 참조할 것.

적 고찰의 목표인 시간의 점진적 **양화**(量化)가 달성된다. 시간은 그것의 개별 규정들에서 순수한 수의 개념과 연관될 뿐 아니라 최종적으로는 수 개념으로 완전히 해소되는 것 같다. 이것은 근대의 수학적−물리학적 사유가 발전하는 과정에서 그리고 일반 상대성 이론이 형성되는 과정에서 시간이 자신의 모든 특수한 분화를 사실상 제거했다는 사실에서도 나타난다. 세계 안의 모든 지점은 그것의 공간−시간 좌표 x_1, x_2, x_3, x_4에 의해 규정된다. 그러나 이 경우 이러한 공간−시간 좌표는 단순히 수치를 표현할 뿐이며 이러한 수치가 각각이 갖는 특수한 성격에 의해 서로 구별되는 것은 아니다. 따라서 수치들은 서로 치환 가능하다. 그러나 신화적−종교적 세계관에서 시간은 결코 동질적인 양이 아니며, 시간 개념이 최종적으로 아무리 보편적인 것으로 형성된다 해도 여전히 하나의 특유한 '질(Quale)'로서 주어진다. 바로 시간의 이러한 질화(質化, Qualifizierung)에 의해 여러 시대와 문화 그리고 종교적 발전의 기본 방향이 다양하고 극히 독특한 방식으로 서로 나뉘게 된다. 신화적 공간과 관련해 분명해졌던 것은 신화적 시간에 대해서도 타당하다. 신화적 시간의 형식은 독특한 신화적−종교적인 강약(Akzent) 부여방식에, 즉 '신성한 것'과 '성스럽지 않은 것'의 강약을 어떻게 배분하느냐에 달려 있다. 종교의 관점에서 볼 때 시간은 결코 사건의 단순하고 동질적인 진행이 아니며, 그것의 개별 국면들을 부각시키고 구별함으로써 비로소 의미를 갖게 된다. 종교적 의식(意識)이 빛과 그림자를 다양하게 배분하는 방식에 따라, 또한 특정한 시간적 규정에 머물고 이것에 몰입하면서 이것에 특별한 가치의 징표를 부여하는 방식에 따라 시간 전체가 서로 다른 형태를 갖게 된다. 물론 현재·과거·미래는 시간의 근본 특징으로서 시간에 대한 모든 상에 들어가 있다. 그러나 시간상(時間像)의 종류와 명암의 배치는 의식이 이 계기 혹은 저 계기로 향할 때, 그때마다의 에너지에 따라 변한다. 신화적–종교적 견해에서 문제인 것은 순수하게 논리적인 종합, 즉 통각의 '초월론적 통일'에서 '지금'을 '이전'이나 '이후'와 결합하는 것이 아니기 때문이다. 신화적–종교적 견해에서는 시간의식의 어떠한 방향이 다른 방향에 대해 우위와 우선권을 갖는가에 모든 것이 달려 있다. 구체적인 신화적–종교적 시간의식 속에서는 항상 감정의 특정한 역학(Dynamik)이 작동한다. 이 역학이란 자아가 현재·과거·미래에 자신을 내맡기면서, 그렇게 내맡기는 행위로부터 그리고 이러한 행위를 통해 현재·과거·미래가 특정한 상호 귀속관계 또는 의존관계를 갖게 되는 상이한 강도(强度)를 의미한다.

시간감정이 갖는 이러한 다양성과 변화를 종교사 전체를 통해 추적하면서, 시간을 보는 관점의 변화와 시간의 존립·지속·변화에 대한 파악방식이 어떻게 개별 종교들의 성격을 가장 깊은 곳에서부터 차이나게 만드는지 보여주는 것은 매력적인 과제일 것이다. 이러한 차이를 여기서는 더 이상 상세하게 살펴볼 수 없으며,

다만 몇몇 커다란 전형적인 예를 제시하는 데서 그칠 것이다. 순수한 일신교 사상의 출현은 종교적 사유에서 시간문제를 형성하고 파악하는 데 중대한 전환점을 이룬다. 일신교에서 신적인 것의 근원적 계시는, 스스로 변화하면서 주기적으로 반복되는 형태의 자연을 우리 앞에 제시하는 시간의 형식에서는 일어나지 않기 때문이다. **이러한** 시간형식의 생성을 통해서는 신의 불변적 존재를 나타내는 어떠한 상도 제공될 수 없다. 따라서 특히 **예언자들**의 종교적 의식에서는 자연과 자연현상의 시간적 질서로부터의 단호한 이반(離反)이 수행된다. 「시편」은 신을 자연의 창조자로서, 즉 낮과 밤을 종속시키고 태양과 별로 하여금 각각의 궤도를 돌게 하고 달을 만들고 달의 운행에 따라 일년을 분할하는 창조신으로서 찬양한다. 이 경우 예언자들의 직관은—이러한 직관에서도 위대한 [자연의] 형상들이 반복해서 나타난다 하더라도—전체적으로는 전혀 다른 길을 보여주게 된다. 신의 **의지**는 자연 안에 자신을 나타내는 어떠한 징표도 창조하지 않았기 때문에 예언자들의 순수한 윤리적–종교적 열정은 자연에 대해 무관심하게 된다. 희망 때문이든 공포 때문이든 사람들이 만약 자연에 의지한다면, 신에 대한 신앙은 미신이 되고 만다. 예레미아는 이렇게 선포하고 있다. "너희는 이교도의 관습을 배워서는 안 된다. 또한 이교도들처럼 하늘에 나타나는 징조를 두려워해서는 안 된다."(「예레미아서」 31장 35절, 10장 2절) 예언자의 의식에서는 자연과 함께 우주적 · 천문학적 시간 전체도 몰락하며 그 대신에 순전히 인류의 **역사**에만 관계하는 새로운 시간관이 생겨난다. 인류의 역사도 과거의 역사로서가 아니라 종교적인 미래의 역사로 파악된다. 예를 들면 [아브라함, 이삭, 야곱과 같은] 선조들에 대한 전설이 예언자들의 자기의식과 신(神)의식에 의해 종교적 관심의 중심으로부터 완전히 배제되었다는 사실이 지적되어왔다.[60] 이제 모든 진정한 시간의식은 철저하게 미래의 시간을 향하게 된다. 이제 "너희는 선대의 일을 회상해서는 안 되며 과거의 것을 생각해서는 안 된다"라고 분명하게 명령이 내려진다.[61] 근대 사상가 가운데 예언자 종교의 이러한 기본적-시원적인 사유를 가장 깊이 느끼면서 가장 순수한 형태로 갱신했던 헤르만 코엔은[62] 이렇게 말한다. "미래가, 그리고 미래만이 시간이다. 과거와 현재는 이 미래의 시간에서 몰락한다. 시간으로의 이러한 회귀는 가장 순수한 이상화다. 모든 존재는 이상이라는 이러한 관점 앞에서 사라지고 만다. 인간의 존재는 미래의 이러한 존재 안으로 지양된다. (…) 그리스의 주지주의가 산출할 수 없었던 것이 예언자적인 일신론에 의해 달성된 것이다. **역사**는 그리스적 의식에서는 지식과 전적으로 동일하다. 따라서 그리스인들에게

---

60) Goldziher, *Der Mythos bei den Hebräern*, 370쪽 이하.
61) 「이사야서」, 43장 18절.
62) [역주] 헤르만 코엔(Hermann Cohen, 1842~1918)은 에른스트 카시러와 함께 신칸트주의의 마르부르크학파를 대표했던 철학자다. 신칸트주의는 마르부르크 학파와 서남(西南)학파로 나뉘어 있었다.

역사는 오직 과거로만 향해 있다. 이에 반해 예언자는 예견하는 자(Seher)이지 학자는 아니다. (…) 예언자들은 역사의 이상가들이다. 예견자인 예언자들에 의해 **미래**의 존재로서의 역사라는 개념이 생겨났다."[63] 미래에 대한 이러한 사상으로부터 모든 현재, 즉 인간의 현재도 사물들의 현재도 개조되어야만 하고 새롭게 다시 태어나야만 한다. 있는 그대로의 자연은 예언자의 의식에게는 결코 의지처가 될 수 없다. 인간에게 새로운 마음이 요구되는 것처럼 "새로운 하늘과 새로운 땅"이―이를테면 시간과 사건을 하나의 전체로 보는 새로운 정신의 자연적 기반으로서―필요한 것이다. 이처럼 신화와 단순한 자연종교의 우주발생론이나 신통기(神統記, Theogonie, 신들의 계보)도 전적으로 다른 형식과 기원을 갖는 정신적 원리를 통해 극복된다. 본래의 창조사상조차 적어도 바빌론 유수(幽囚)[64] 이전의 예언자들에게는 전혀라고 해도 좋을 만큼 중요하지 않게 된다.[65] 그들의 신은 시간의 처음이 아니라 종말에 서 있는 것이다. 신은 모든 사건의 기원이 아니라 모든 사건의 도덕적-종교적 완성이다.

---

63) Hermann Cohen, *Die Religion der Vernunft aus den Quellen des Judentums*, 293쪽 이하 및 308쪽.

64) [역주] 바빌론 유수는 BC 598년(또는 597년)과 BC 587년(또는 586년)에 바빌로니아가 유대 왕국을 정복한 뒤 유대인을 바빌로니아에 강제로 억류시킨 사건을 가리킨다.

65) 이에 대해서는 Gunkel, *Schöpfung und Chaos*, 160쪽 참조.

페르시아 종교의 시간의식도 미래에 관한 이렇듯 순수하게 종교적인 이념에 의해 지배되고 있다. 선의 힘과 악의 힘의 대립이라는 이원론이 여기서 도덕적–종교적 근본 주제를 형성한다. 이러한 이원론이 분명히 일정한 시기, 즉 '오랫동안 인간을 지배하는 시기'에 제한되어 있는 한 그것은 결코 궁극적인 것이 아니다. 이 기간의 마지막에서 아흐리만의 힘은 분쇄되고 선의 정신이 승리를 거둔다. 이와 같이 여기서도 종교적 감정은 결코 주어진 것에 대한 직관에 근거하는 것이 아니라 오로지 새로운 존재와 새로운 시기를 여는 데로만 향해 있다. 그러나 '시간의 종말'에 관한 예언자들의 사상에 비하면 미래를 향한 페르시아 종교의 의지는 보다 제한되고 보다 지상에 묶여 있는 것 같다. 여기서 종교적으로 철저하게 정당화되고 있는 것은 오히려 **문화**에의 의지이며 어떤 낙관주의적인 문화의식이다. 전답을 경작하고 관개(灌漑)하는 자, 식물을 심고 유해한 동물은 살해하면서 유익한 동물을 보호하고 번식시키는 자는 그러한 행위를 통해 신의 의지를 수행하는 것이다. 이러한 '농민의 선행'이야말로 『아베스타』에서 거듭해서 찬양된다.[66] 정의의 사도이자 아샤를 수호하고 돕는 자는 생명의 원천인 곡물을 대지로부터 생산하는 자다. 곡식을 돌보는 자야말로 아후라 마즈다의 법을 지키는 자다. 괴테가 『서동시집(西東詩集)』에 수

---

66) Yasana 12, 51 등을 볼 것.

록된 「고대 페르시아 신앙의 유산」에서 "수고로운 일을 매일 수행하는 것, 그 이외에는 어떠한 계시도 필요하지 않다"라고 묘사했던 것이 바로 이 종교다. 여기서는 인류 전체도 개인으로서의 인간도 우주의 거대한 전쟁 바깥에서 이러한 전쟁을 단지 외적인 운명으로 느끼고 경험하는 것이 아니라 자발적으로 그 전쟁에 개입하도록 정해져 있기 때문이다. 인간이 끊임없이 협조해야만 선과 정의의 질서인 아샤가 승리할 수 있다. 정의롭게 생각하는 자들, 즉 아샤를 돕는 사람들의 의지와 행동의 공동작업에 의해서만 아후라 마즈다는 궁극적으로 해방과 구원이라는 과업을 성취하게 된다. 인간의 모든 선행, 모든 선한 생각 하나하나가 선한 정령의 힘을 증대시키는 것처럼 모든 악한 생각은 악의 왕국의 힘을 증대시킨다. 따라서 외적인 문화를 형성하는 것으로 향해 있음에도 여기서 신의 관념이 자신의 참된 힘을 끌어내는 곳은 결국 '**내면**에 있는 우주'다. 종교적 감정의 역점은 행위의 목적—그것에서 **시간의 단순한 경과가** 유일한 최고의 정점으로 압축됨으로써 폐기되기에 이르는 행위의 목표—에 두어지는 것이다. 여기서 다시 모든 빛은 위대한 세계 드라마의 종국에, 즉 빛의 정령이 암흑의 정령을 극복하게 되는 시간의 종말 위에 쏟아진다. 그때 구원은 신을 통해서뿐 아니라 인간을 통해서 그리고 인간의 도움으로 달성된다. 모든 인간들은 한목소리로 아후라 마즈다를 소리 높여 찬양한다. "그의 의지에 의해 세계에 갱생이 일어난다. 세계는 언제까지나 사멸하지 않고 영원할 것이다."[67]

　이러한 근본 견해를 인도의 철학적·종교적 사변에서 나타는 시
간 및 생성의 형상과 비교해보면 둘 사이의 대립을 바로 실감할 수
있게 된다. 인도의 종교에서도 분명히 시간과 생성의 지양이 추구
된다. 그러나 인도의 종교에서 모든 유한한 행위를 최종적으로 유
일한 최고의 궁극 목표로 응집하는 것은 의지의 힘이 아니다. 이러
한 지양은 명석하고 깊이 있는 사유에 의해 일어나리라고 기대된
다. 초기의 베다 종교가 갖는 최초의 자연발생적 형식이 일단 극복
된 뒤, 이 종교는 갈수록 더욱 사변적인 색채를 띠게 된다. 반성이
사물의 다양성이라는 가상의 배후로까지 진입하게 되면, 즉 반성
이 모든 다양성의 피안에 절대적인 일자가 존재한다는 확증을 획
득하게 되면, 반성 안에서는 세계의 형식과 함께 시간의 형식조차
소멸해버린다. 인도의 근본 사상과 이란의 근본 사상 사이에 보이
는 이러한 대립은 어떤 특징적 경향, 즉 **잠**이 갖는 종교적 위치와
평가에서 가장 잘 나타난다. 『아베스타』에서 잠은 사람들의 활동을
마비시키기 때문에 사악한 악령으로 나타난다. 빛과 어둠, 선과 악
처럼 여기서는 깨어 있음과 잠이 대립한다.[68] 이에 반해 고대 우파
니샤드에서조차 이미 인도의 사유는 비밀로 가득 찬 주술에 의한

---

67) Bundahish 30, 23, 32(Geldner에 의한 독일어 번역 *Bertholet*, 358쪽).
68) Yasana 44, 5, 수면(睡眠)의 악령(Bušyansta)에 대한 상세한 내용은 Jackson, *Die
iranische Religion im "Grundriß der iranischen Philologie"* II, 660을 볼 것.

것처럼 꿈도 꾸지 않는 깊은 잠이라는 관념으로 이끌리며, 이것을 점차 종교적인 이상으로 변형시킨다. 바로 여기서 존재의 모든 명확한 경계가 용해되고 서로 혼합되며 마음의 모든 고뇌가 극복된다. 여기서 사멸할 자는 죽지 않게 되며 브라만[우주의 근원적 실재 또는 원리]에 도달한다. "사랑하는 아내 품에 안겨 있는 자가 무엇이 안에 있고 무엇이 밖에 있는지를 모르는 것처럼 정신적인 아트만[인간의 내면에 존재하는 영원불변의 진정한 자아]에 완전히 안겨 있는 인간의 정신도 무엇이 밖에 있고 무엇이 안에 있는지 알지 못한다. 바로 이것이야말로 그의 소망이 이루어져 있고 소망으로부터 자유롭게 되어 고통을 전혀 알지 못하게 된 정신의 모습이다."[69] 나중에 불교의 원천으로서 가장 명료하면서도 가장 심도있게 나타나는 저 특징적인 시간감정의 맹아가 바로 여기에 있다. 부처의 가르침은 시간에 대한 이러한 견해에서 단지 생성과 소멸의 계기만을 인정한다. 생성과 소멸은 모두 본질적으로 고통이다. 고통은 삼중의 갈증으로부터 생긴다. 이러한 삼중의 갈증이란 쾌락에의 갈증, 생성에의 갈증, 무상(無常)에의 갈증이다. 여기서 생성의 전적인 무의미함과 덧없음을 단번에 드러내는 것은 모든 경험적 사건의 시간형식 안에 직접 포함된 생성의 **끝없음**이다. 생성 자체에는 아무런 종결도 없으며, 따라서 아무런 목적도 목표도 있을 수 없다. 우

---

69) *Brhadaranyaka Upan*, 4, 3, 21쪽 이하(독일어 역 Geldner, 위의 책, 196쪽).

리가 이러한 생성의 바퀴에 묶여 있는 한 우리는 끊임없이 그리고 가차 없이, 휴식도 목적도 없이 윤회하게 된다. 『밀란다왕문경』에는 밀란다 왕이 신성한 승려 나가세나에게 영혼의 윤회에 대해 비유를 하나 들어달라고 요청하는 부분이 있다. 이에 대해 나가세나는 땅에 원을 그리고 이렇게 묻는다. "이 원에 끝이 있습니까, 위대한 왕이시여?" "그렇지 않습니다. 존사(尊師)여." — "탄생의 순환도 그렇게 움직입니다." — "그러면 이러한 연쇄의 끝이 있습니까?" "없습니다. 존사여."[70] 불교에 본질적인 종교적−사상적 방법은 다음과 같은 것이라고 할 수 있다. 일반적으로 일상적인 경험적 세계관이 어떤 존재, 어떤 지속, 어떤 존립을 보고 있다고 믿는 곳에서 불교는 이렇게 겉보기에 존재하고 있는 듯 보이는 것으로부터 생성과 소멸의 계기를 보면서 [생성의] 잇달아 일어남이라는 단순한 **형식**을 이러한 형식에서 움직이고 형성되는 모든 내용과는 무관하게 **고통**으로 느끼는 것이다. 불교에서 모든 지(知)와 무지는 이 **한** 점에 뿌리내리고 있다. 부처는 한 제자에게 이렇게 가르친다. "무지한 범부는 생성에 내맡겨진 형상에 대해 그 진상을 알지 못하고 형상이 생성에 내맡겨져 있다는 사실을 알지 못한다. 그는 또한 소멸에 내맡겨진 형상에 대해 그 진상을 알지 못하고 형상이 소멸에 내맡겨져 있다는 사실을 알지 못한다. (…) 그는 생성에 내

---

70) Oldenberg, *Aus Indien und Iran*, Berlin 1899, 91쪽 참조.

맡겨진 **감각**에 대해서도 **표상**에 대해서도 **행위**에 대해서도 그 진
상을 알지 못하고 그것들이 생성과 소멸에 내맡겨져 있다는 사실
을 알지 못한다. (…) 제자여, 이것이야말로 무명[무지]이라고 불리
는 것이며 사람들은 무명에 사로잡혀 있는 것이다."[71] 이와 같이 예
언자들의 종교가 갖는 능동적인 시간감정 및 미래감정과 가장 첨
예하게 대립하면서, 행, 즉 우리의 행위 자체가 고통의 근거이자
뿌리로서 나타난다. 우리의 고통과 마찬가지로 우리의 행위[업] 자
체가 참된 내적 삶의 진행을 저해한다. 우리의 행위는 참된 내적
삶을 시간의 형식 안으로 끌어들여 옭아매기 때문이다. 모든 행위
가 시간형식 안에서 움직인다는 것, 또한 모든 행위가 시간 안에서
그리고 시간을 통해서 갖는 실재성 외에는 실재성을 갖지 못한다
는 점에 의해 업과 고통의 구별은 수평화되고 폐기되고 만다. 이러
한 시간적 기반, 모든 고통과 업의 기체(基體)인 시간을 본질을 결
여한 것[공(空)]으로 통찰함으로써 시간을 지양할 때 업과 고통으로
부터의 구제가 성취된다. 즉 고통과 업의 극복은 시간형식의 파괴
에 의해 이루어지고 이러한 파괴 후에 정신은 열반의 참된 영원 안
으로 진입하게 된다. 여기서 목표는 조로아스터와 이스라엘의 예
언자들처럼 '시간의 종언'에 있지 않고, **전체**로서의 시간이 시간 안

---

71) *Samyutta-Nykāya* XXII, 12(Winternitz의 독일어 역, *Bertholet*, 229쪽). K.
  E. Neumann, *Buddhist. Anthologie*, Leiden 1892, 197쪽 이하 참조. 행(行,
  Sankhara)의 교설에 대해서는 특히 Oldenberg, *Buddha* 4판, 279쪽 이하 참조.

에 있는 것과 시간 안에서 '이름과 형상'[名色]을 받게 되는 것과 함께 완전히 사라져버린다는 데 있다. 삶의 불길은 인식의 순수한 시선 앞에서 사라져버린다. "[시간의] 수레바퀴는 부서졌고, 시간의 강(江)은 고갈되어 더 이상 흐르지 않는다. 부서진 수레바퀴는 더 이상 구르지 않는다. 이것이 고통의 종말이다."[72]

우리가 **중국**의 종교가 형성되는 과정에 눈을 돌리게 되면, [인도의 시간관과] 전혀 다르면서도 그 자체로는 똑같이 중요한 유형의 시간관에 접하게 된다. 인도와 중국을 연결하는 끈이 아무리 많고, 특히 인도 신비사상의 개별 형식들이 중국 신비사상의 개별 형식들과 아무리 밀접한 관계에 있다고 해도, 양자가 특징적인 시간감정이나 시간적인 것에 대해 취하는 지적·정서적 태도는 서로 다른 것 같다. 도교의 윤리조차 부동(不動)과 무위의 가르침을 정점으로 삼는다. 부동과 정적이야말로 도 자체의 주요한 근본 특성이기 때문이다. 하늘의 확고한 운행과 영원한 질서인 도와 합일하려면 인간은 무엇보다 먼저 도의 '비어 있음(Leere)'을 자신 안에 산출해야 한다. 도는 만물을 낳지만 그것들을 소유하려 하지는 않는다. 도는 만물을 만들지만 그것들을 내버려둔다. 이러한 것이야말로 도의 현묘(玄妙)한 덕이다. 도는 만물에 대해 아무런 욕심도 갖지 않고 그것들을 내버려두면서 창조하는 것이다. 이와 같이 무위

---

72) *Udana* VII, 1, VII, 3.

가 중국 신비사상의 원리가 된다. 중국 신비사상의 최고 계율은 "부동(不動)을 익히고 무위에 전념하라"는 것이다. 그러나 우리가 이러한 신비사상의 의의와 핵심을 보다 깊이 살펴본다면, 그것이 불교에서 지배하고 있는 종교적 경향과 정면으로 대립한다는 사실이 분명해진다. 삶으로부터의 **구제**, 끝없는 윤회로부터의 구제가 불교 가르침의 본래적 목표라면, 도교의 신비사상에서는 **연명장수**가 추구되고 약속된다. 한 도교 경전[『장자』재유(在宥)편 11]에서 어떤 도사[廣成子]는 황제에게 이렇게 가르치고 있다. "최고의 도를 소유함으로써 가능하게 되는 정수(精髓)는 가장 깊은 고독이며 가장 어두운 암흑입니다. 이것에서는 아무것도 볼 수 없고 아무것도 들을 수 없습니다. 이것은 혼을 침묵으로 감싸며 이것에 의해 육신은 저절로 올바른 상태로 돌아옵니다. 그러니 묵묵히 침묵을 지킴으로써 청정하게 되십시오. 육신을 피로하게 하지 말고 정신을 움직이지 마십시오. 왜냐하면 바로 이것이 장수할 수 있는 비결이기 때문입니다."[73] 불교의 무, 즉 열반이 시간의 소멸을 목표로 하는 반면, 도교적인 신비사상에서 말하는 무위는 시간을 존속시키고 존재 일반뿐 아니라 궁극적으로는 신체 자체와 신체의 개체적인 형태조차 무한히 존속시키는 것을 목표로 한다. "그대의 눈이 더 이상 보지 않고 그대의 귀가 더 이상 듣지 않고 그대의 마음이 더 이

73) de Groot, *Univerismus*, 104쪽, 특히 43쪽 이하, 128쪽 이하를 참조할 것.

상 느끼지 않는다면 그대의 혼은 그대의 육신을 지키고 그대의 육신은 영원히 살게 될 것입니다." 보다시피 여기서 부정되어야 하는 것, 극복되어야 하는 것은 시간 자체가 아니라 오히려 시간에서의 **변화**다. 바로 이러한 변화가 폐기될 때 이와 함께 순수한 지속, 불변의 영속, **동일한 것의** 무한한 반복이 달성되고 확보된다. 존재란 시간 속에서의 단순하면서도 불변적인 영속으로서 파악된다. 바로 이러한 영속이야말로 인도적 사유의 근본 견해와 첨예하게 대립하는 것이며, 중국적 사변에게는 종교적 소원의 목표가 되고 적극적인 종교적 가치를 표현하는 것이 된다. 칸트는 이렇게 말한 바 있다. "현상들의 모든 변화는 시간 안에서 일어나는 것으로 사유되는 바, 이러한 시간은 정지해 있으며 변화하지 않는다. 시간이란, 그 안에서만 잇달아 일어남과 동시성이 시간의 규정으로서 표상될 수 있는 것이기 때문이다." 모든 변화의 기체를 형성하고 있는 이러한 불변의 시간이 중국적 사유에 의해 파악되고, 구체적으로 하늘[天]과 항상 반복하는 하늘의 형태라는 상(像)으로 직관된다. 하늘은 아무것도 하지 않고 지배한다. 하늘은 모든 존재를 규정하면서도 자기 자신으로부터, 즉 자신의 항상 동일한 형식과 규칙에서 벗어나지 않는다. 현세의 지배와 통치 또한 모두 이 하늘을 본받아야만 한다. "천도(天道)는 움직이지 않으면서도 하지 않는 것이 없다. 제왕(帝王)이 만약 이러한 부동(不動)을 체현할 수 있다면 만물이 저절로 발현하게 될 것이다."[74] [『장자』 천도(天道)편 13] 이와 같이 여기서는 시간과 하늘에 귀속되고 동시에 최고의 윤리적-종교적 규범으로까지 높여지는 것은 변화의 계기, 즉 생성과 소멸의 계기가 아니라 오히려 순수한 실체성의 계기다. 존재 속에서 변하지 않고 순수하게 **영속하는 것이야말로** 시간과 하늘이 인간을 위해 정한 규칙이다. 하늘과 시간이 창조되지 않고 영원으로부터 존재해왔고 앞으로도 영원히 존재할 것처럼, 인간의 행위도 유위(有爲)와 창조라는 환상에 빠지는 것을 그만두고 그 대신 지금 존재하는 것을 유지하고 보존하는 것을 목표로 해야 한다.

시간 개념의 이러한 종교적 형태 속에 또한 전적으로 특수하고 특정한 문화감정이 나타난다는 것은 굳이 특별히 언급할 필요가 없을 것이다. 유교 윤리도 이러한 감정에 의해 극히 강하게 규정된다. 유교 윤리도 무엇보다 천도(天道)와 인도(人道)의 '불변성'을 강조하기 때문이다. 따라서 [유교의] 윤리설은 인간의 네 가지 불변적인 성질에 대한 가르침이 되지만, 이러한 성질은 하늘의 성질과 동일하며 하늘 자체와 똑같이 영원불변한 것이다. 이러한 근본 전제로부터 유교 윤리에 각인되어 있는 엄격한 전통주의도 이해될 수 있다. 공자는 자기 자신에 대해 "나는 전승하는 자일 뿐 창조하는 자는 아니며 옛것을 믿고 좋아한다[述而不作 信而好古]"라고 말했다[『논어』 술이(述而)편]. 이는 옛날의 도를 고집함으로써 현재의 존재를 지

---

74) de Groot, 위의 책, 49쪽; Grube, *Religion und Kultus der Chinesen*, 86쪽 이하 참조.

배한다는 『노자 도덕경』[14장 찬현(贊玄)]의 내용과 전적으로 동일하다. "역사와 시간의 첫 근원을 알 수 있는 것, 이것을 일러 도의 본질이라고 말한다[能之古始 是謂道紀]."[75] 여기에는 '새로운 하늘'과 '새로운 땅'에 대한 요청은 존재하지 않는다. 미래는 과거의 단순한 계속, 과거의 정확하면서도 충실한 모사로서 인정될 수 있는 한에서만 종교적 정당성을 갖게 된다. 우파니샤드와 불교에서는 사변적 사유가 모든 다양성과 모든 변화와 모든 시간형식을 넘어선 피안에서 하나의 존재를 추구하고, 메시아를 믿는 종교들에서는 미래에의 순수한 **의지**가 신앙의 형식을 규정한다. 이에 반해 여기서는 있는 그대로의 주어진 사물의 질서가 그대로 영원한 것으로 간주되고 신성한 것으로 불린다. 그리고 사물들의 **공간적** 배치와 배열의 세부까지 이렇게 신성한 것으로 인정된다.[76] 만물의 유일하고 불변적인 질서를 직관함으로써 정신은 정적에 이르고 시간 자체가 정지하게 된다. 이제는 가장 먼 미래조차 끊을 수 없는 실들에 의

---

75) 『도덕경』 찬현(贊玄) 제14(독일어 역 Grube, *Bertholet*, 65쪽).

76) 예를 들어 풍수(風水) 체계에 대한 de Groot의 설명을 참조할 것. de Groot, *The religious system of China*, 3권(Leiden 1897), 1041쪽. "집의 수리, 벽과 주거의 건축, (⋯) 기둥을 세우고 나무를 자르는 등, 간단히 말해 일상적인 사물의 위치를 변경하는 것은 인근과 그 구역 안에 있는 집과 사찰의 풍수를 교란하고 사람들에게 재난과 불행과 죽음을 초래하게 된다. 어떤 사람이 갑자기 아프거나 죽을 경우, 그 사람의 친족들은 사물의 기존 질서를 변경했거나 자신의 소유물을 건드려서 변화시킨 사람에게 책임을 돌린다. 죽은 사람의 친족들이 이 사람의 집을 습격해 가구를 파괴하고 그 사람을 공격한 사례가 적지 않다."

해 과거에 묶여 있기 때문이다. 따라서 중국의 윤리가 근본적으로 요구하는 것은 조상숭배와 효이며 이것이 중국 종교의 기초를 형성한다. 데 흐로트는 중국에서 행해지는 조상숭배의 본질을 이렇게 묘사한다. "한편으로는 자식들이 태어남으로써 일족의 수는 늘지만, 일족의 정점을 이루는 자들부터 또한 순서대로 죽는다. 그러나 죽은 자들은 가족을 떠나지 않는다. 피안에서도 그들은 계속해서 지배하며 후손들에게 축복을 주려고 한다. (…) 그들의 영혼은 그들의 이름이 쓰인 위패(位牌)를 통해 지상에 현존하게 되며, 집안의 제단과 제사를 지내는 사원에서 자신이 있을 곳을 발견한다. 그들은 그곳에서 충실하게 숭배되고 조언을 구하는 대상이 되며 음식을 공양받는다. 이와 같이 살아 있는 자와 죽은 자가 함께 하나의 큰 일족을 이룬다. (…) 조상들은 그들이 살아 있을 때와 마찬가지로 후손들의 당연한 보호자이며 후손들에게서 악령의 유해한 영향을 제거하고 이를 통해 그들의 행복과 번창과 다산(多産)을 보증한다."[77] 조상신앙과 조상숭배의 이러한 형식에서 우리는 다시 한번 미래나 직접적인 현재가 아니라 과거에 종교적·도덕적 강조점이 두어지는 시간감정의 명백한 예를 보게 된다. 그러한 시간감정에서는 잇달아 일어나는 개별적 순간들이 그것들의 지속적인 병존과 상호 포섭으로 변형된다.

---

77) de Groot, *Universismus*, 128쪽 이하.

이렇게 존재의 항상성을 지향하는 종교적 특성은 다른 형태이긴 하지만 **이집트 종교의** 형식을 규정하는 근본 견해들에서도 마찬가지로 나타난다. 이집트 종교에서도 종교적 감정과 종교적 사유는 현세에 집착한다. 이집트 종교 역시 현재 주어진 것을 넘어서 그것의 형이상학적 원근거로 되돌아가지 않으며, 현재 주어진 것의 피안에 또 다른 윤리적 질서, 즉 주어진 것이 끊임없이 접근하면서 그것을 통해 새로운 모습을 얻어야 하는 윤리적 질서가 상정되고 있지도 않다. 추구되고 열망되는 것은 오히려 단순한 영속이며 무엇보다 개인적 존재와 개인적 모습의 영속이다. 개인적 모습의 이러한 보존, 즉 불사성은 생명의 물리적 기체(基體), 즉 인간의 신체가 자신의 모든 특수성을 보존하는 데 전적으로 달려 있는 것으로 여겨진다. 미래에 대한 순수한 생각도 이러한 기체[신체]의 직접적인 현재에 입각해서만 성립하고, 이러한 기체에 대한 지속적이고 구체적인 직관에 입각해서만 관철될 수 있는 것으로 여겨진다. 따라서 신체 전체가 파괴되지 않도록 하는 데 최대의 주의를 기울여야 할 뿐 아니라 신체의 개별적인 부분을 보존하는 데도 최대한 신경을 써야만 한다. 신체의 각 부분, 즉 각각의 기관은 어떤 종류의 주술적 의식에 의해서든 혹은 미라로 만드는 물리적 방법에 의해서든, 무상한 존재로부터 불변적이고 불사의 상태로 이행해야 한다. 오직 이러한 방식으로만 혼의 영원한 존속이 보증되기 때문이다.[78] 따라서 여기서는 '죽음 이후의 생'에 대한 모든 표상은 경험적 존재를 단순히 연장한 것에 불과하며, 이러한 경험적 존재의 모든 세부가 그것의 직접적이고 물리적인 구체적 모습 그대로 보존되어야 하는 것으로 여겨진다. 윤리와 관련해서도 질서는 신들에 의해 보호될 뿐 아니라 인간도 끊임없이 질서의 유지를 위해 협력해야 한다고 보는 사상이 지배한다. 그러나 여기서는 이란 종교에서처럼 미래의 새로운 존재를 준비하는 것이 문제가 되지 않고 기존의 것을 유지하고 단순히 존속시키는 것이 문제가 될 뿐이다. 악의 정신은 결코 최종적으로 극복되지 않는다. 오히려 세계가 시작된 이래로 선한 힘들과 악한 힘들의 동일한 균형이 존재하며 이러한 힘들 간 투쟁의 개별적인 국면들에는 주기적인 상승과 하강이 존재한다.[79] 이러한 근본 견해에 의해 시간의 동역학(動力學, Dynamik)은 모두 최종적으로 시간의 정역학(靜力學, Statik)으로 해소되고 만다. 이러한 해소는 이집트 **예술**에서 가장 명료하게 표현된다. 이집트 예술에서는 고정화로의 이러한 경향이 가장 장대하면서도 가장 수미일관된 형태로 표현된다. 이집트 예술에서는 모든 존재, 모든 생명, 모든 운동이 흡사 마력에 의해 영원한 기하학적인 도형들 안에 사로잡힌 듯 보인다. 인도에서는 사변적인 사유

---

78) 이 방법에 대한 상세한 내용은 예를 들어 Budge, *Egyptian Magic* 2판, London 1901, 190쪽 이하를 참조할 것.

79) 이에 대해서는 푸카르(Foucart)의 주석을 참조할 것. *Histoire des religions et méthode comparative*, 363쪽 이하.

를 통해, 중국에서는 국가적–종교적 생활질서를 통해 **한낱** 시간적인 것의 말살이 추구되었다면, 여기 이집트에서는 예술적 조형이라는 수단으로, 즉 사물의 순수하게 직관적이고 조형적이며 건축적인 형식을 통해 달성된다. 이러한 형식은 명료함과 분명함 그리고 영원성이라는 점에서 모든 시간적 형태가 단순히 잇달아 일어나고 끊임없이 흐르고 사라지는 것에 대해 승리를 거둔다. 이집트의 피라미드는 이러한 승리의 가시적(可視的) 표시인 동시에 이집트 문화의 미학적·종교적 근본 사상의 상징이다.

우리가 이제까지 고찰한 시간 개념의 모든 전형적 형태들에서는 순수사유, 감정, 직관이 시간을 사상(捨象)하거나 그렇지 않으면 시간을 어떠한 형태로든 **부정하는** 방식으로 시간의 주인이 되었다. 마지막으로 이러한 단순한 추상과 부정에 의거하지 않는 다른 길이 아직 남아 있다. 시간과 운명의 진정한 극복은 시간적인 것의 특징적인 근본 계기들이 사상되거나 도외시되지 않고 오히려 견지되고 정립되며 적극적으로 **긍정될** 경우에만 가능할 수 있다. 이러한 긍정을 통해서만 비로소 시간의 진정한 극복, 즉 외적인 것이 아니라 내적인, 초월적인 것이 아니라 내재적인 극복이 가능하게 된다. 일단 이러한 길을 걷게 되면 그와 함께 시간의식과 시간감정의 전개가 새로운 국면으로 들어서게 된다. 이제 시간과 운명에 대한 직관이 그것들의 신화적인 원근거로부터 분리되기 시작한다. 시간 개념은 새로운 형식인 철학적 사유의 형식 안으로 들어간다.

이러한 커다란 전환—아마도 인류의 정신사에서 가장 중요하고 가장 중대한 결과를 낳았던 전환 가운데 하나—에 관해서도 **그리스인들의 철학이** 비로소 그 기반을 마련해주었고 근본적인 전제들을 형성했다. 그리스적인 사유는 초기에는 동방(오리엔트)의 사변적–종교적 시간설과 극히 밀접히 결부되어 있던 것으로 보인다. 즈루반교적인 사변과 오르페우스교적 우주발생론 및 우주론 사이에 어떤 직접적인 역사적 연관이 존재한다는 사실이 입증될 수 있을지는 차치하고,[80] 개별적인 근본 주제들 사이에 실질적인 유사성이 존재한다는 사실은 어떠한 경우에도 부인될 수 없다. 시로스(Syros)의 페레퀴데스[피타고라스의 스승]의 신통기(神統記)—이것은 현재는 대략 기원전 6세기 것으로 간주되고 따라서 그리스 철학이 위대한 사상적 창조기에 접어들던 시기에 생겨난 것으로 여겨진다—에서는 시간이 제우스와 크토니아(Chtonia, 대지모신[大地母神]) 곁에 만물을 낳는 근원적인 신성(Urgottheit)으로서 나타난다. Ζὰς μὲν καὶ χρόνος ἦσαν ἀεὶ καὶ χθονίη–ὁ δὲ χρόνος ἐποίησε ἐκ τοῦ γόνου ἑαυτοῦ πῦρ καὶ πνεῖμα καὶ ὕδωρ[제우스와 크로노스

---

80) 이러한 직접적 연관은 특히 로버트 아이슬러(Robert Eisler)에 의해 상정되고 있다. 그는 즈루반교에서 인도의 칼라(Kâla)설과 오르페우스교 크로노스 아게라토스(Χρόνος ἀγήρατος, 노화를 알지 못하는 시간)에 대한 교설의 원형을 본다. *Weltenmantel und Himmelszelt*, München 1910, II, 411쪽 이하, 499쪽 이하, 742쪽 이하를 볼 것. 특히 위에서 인용된(이 책 254쪽 이하) H. Junker의 강연 *Über iranische Quelle der hellenistischen Aion–Vorstellung*을 참조할 것.

그리고 크토니아는 영원한 태고로부터 존재했다. 그리고 크로노스가 자신의 종(種)으로부터 불과 대기와 물을 만들었다.][81] 이와 같이 여기서도 창조작용은 그 안에 포함된 모든 것과 함께 시간의 소산이 된다. 이는 오르페우스교의 다른 시들에서 밤과 혼돈이 만물의 근원으로 나타나는 것과 같다. 그리고 더 나중에도, 즉 그리스적인 사변이 정점에 달한 시대에도 우리는 이러한 신화적인 근본 사상과 근본 기분의 잔향을 감지할 수 있다. 엠페도클레스의 윤회설, 구제설에서도 크로노스(χρόνος, 시간)와 아낭케(άνάγκη, 운명·필연성)가 다시 직접적으로 하나의 것으로서 파악되고 있다. "아낭케의 신탁이 있도다. 이것은 신들이 제정한 법령으로서 오래되고 영원한 것이며, 강한 맹세들에 의해 튼튼히 봉인되어 있네. 신탁이 이르기를, 누군가가 허물들이나 살생[에 의해 흘린 피]으로 자신의 사지를 더럽히고, 또 불화에 의해 잘못을 저질러 자신의 맹세를 거짓으로 만든다면, 그가 영생을 몫으로 받은 영들에 속하긴 하지만 지극히 복된 자들로부터 쫓겨나 3만 년 동안 헤매야 한다. 시간이 흐름에 따라 가사적인 것들의 온갖 모습들로 [번갈아] 태어나 생의 힘겨운 길들을 계속 바꾸어가면서."(딜즈, 단편 115)[82] 똑같이 여기서도 하나의 세계질서, 즉 스파이로스(Sphairos, 구[球]) 안에서 전개

81) Pherekydes, fragm. I(Diels), Damasc. 124b(Diels 71 A8)를 참조.
82) [역주] 번역은 김인곤 외 번역, 『소크라테스 이전 철학자들의 단편 선집』, 아카넷 2005, 426쪽 이하를 따랐다.

되는 객관적인 생성과 대립들은 부서질 수 없는 시간법칙과 시간 척도의 지배를 받기 때문에, 그러한 대립들 각각에는 자신을 완성할 수 있는 특정한 '시기'가 주어진다. 때가 무르익으면(τελειομέν οιο χρόνοιο), 어떤 대립이 다른 대립과 교체되고, 사랑은 증오와, 증오는 사랑과 교체된다(딜즈, 단편 30). 그러나 엠페도클레스에게 이러한 오랜 시간 개념과 운명개념은 철학적 사유에게는 이미 침몰해버린 먼 세계로부터 울려오는 잔향에 지나지 않는다. 엠페도클레스가 예언자이자 속죄사제로서가 아니라 철학자이자 연구자로서 말할 때 그의 설은 파르메니데스의 설에 근거하기 때문이다. 이 파르메니데스에게서 그리스적 사유는 시간의 문제에 대해 전적으로 새로운 입장에 도달하게 되었다. 파르메니데스의 위대한 업적은 그에게서 처음으로 사유, 즉 논리(Logos)가 존재의 척도로 높여지고 논리가 존재와 비존재에 대해 최종적인 결정, 즉 크리시스 (κρίσις, 분리)를 내리게 된다는 데 있다. 그에게서 시간과 생성의 힘은 이제 한낱 환영으로 간주된다. 신화에게만 존재의 시간적 기원과 존재의 '발생'이 문제될 뿐, 로고스에게는 그러한 기원에 대한 물음조차 의미를 잃고 만다. "길에 관한 이야기가 이직 하나 더 남아 있다. [바로] '있다' 라는 [이야기다]. 이 길에 아주 많은 표지들이 있다. 있는 것은 생성되지 않고 소멸되지 않으며, 온전한 한 종류의 것이고 흔들림 없으며 완결된 것이라는 [표지다]. 있는 것은 언젠가 있었던 것도 아니고, 있게 될 것도 아니다. 왜냐하면 지금 전부 함께 하나로 연속적인 것으로 있기에. 도대체 그것의 어떤 생겨남을 그대가 찾아낼 것인가? (…) 어떤 필요 때문에 그것이 먼저가 아닌 나중에, 아무것도 아닌 것으로부터 시작되고 자라도록 강제되었는가? 따라서 전적으로 있거나 아니면 전적으로 없거나 해야 한다. (…) 그것을 위해 디케(정의)는 족쇄를 풀어서 생겨나도록 또 소멸하도록 허용하지 않았고, 오히려 꽉 붙들고 있다(τοῦ εἵνεκεν οὔτε γενέσθαι οὔτ᾽ ὄλλυσθαι ἀνῆκε δίκη χαλάσασα πέδηισιν, ἀλλ᾽ ἔχει)."(딜즈, 단편 8)[83] 이와 같이 파르메니데스의 교훈시가 일관되게 말하고 있는 신화적 **언어**에서도 존재의 존속은 다시 운명, 즉 디케(Δίκη)의 명령과 질서에 결부되어 있다. 이러한 운명은 더 이상 낯선 힘의 표현이 아니라 오히려 사유 자체의 필연성의 표현인 바, 이제 운명은 무시간적인 것이 되었다. 즉 운명은 파르메니데스가 진리의 이름으로 생성의 세계를 가상의 세계라고 판정했을 때의 진리와 똑같이 무시간적인 것이다. 이와 같이 모든 시간이 배제된 후에야 비로소 운명이라는 신화적 개념이 필연성이라는 논리적 개념으로 이행하게 되며, 이러한 개념에서 비로소 디케(운명)는 아낭케(필연성)가 된다. 파르메니데스의 교훈시는 고대풍의 절도 있고 견고한 문체로 주관적 · 개인적 감정의 표현을 억제하고 있지만, 그럼에도 우리는 이 시의 여러 구절에서 신화적 운

---

83) [역주] 번역은 김인곤 외 번역, 『소크라테스 이전 철학자들의 단편 선집』, 아카넷 2005, 280쪽 이하를 따랐지만 약간 수정했다.

명의 힘들에 대해 로고스가, 또한 시간적 현상계에 대해 순수사유 및 이러한 사유의 난공불락의 영원한 존립이 승리를 거두고 있다는 사실을 간취(看取)할 수 있다. "이런 식으로 생성은 꺼져 없어졌고 소멸은 들리지 않는다. (…) 그러나 존재는 강력한 속박의 한계 안에서 부동(不動)이며 시작이 없으며 그침이 없는 것으로 있다. 생성과 소멸이 아주 멀리 쫓겨나 떠돌아다니게 되었는데, 참된 확신이 그것들을 밀쳐냈기 때문이다. 같은 것 안에 같은 것으로 머물러 있음으로써, 그 자체만으로 놓여 있고 또 그렇게 확고하게 그 자리에 머물러 있다. (…) 죽기 마련인 자들이 참되다고 확신하고서 붙여놓은 모든 이름들이, 즉 생겨나고 있음과 소멸되어감, 있음과 있지 않음, 그리고 장소를 바꿈과 밝은 색깔을 맞바꿈 등이 모두 공허한 울림에 지나지 않는다."(단편 8, 21행 이하)[84] 여기서 직접 언표되고 있는 것은 철학적 사유의 힘, 즉 참된 확신의 힘이 신화적인 근원적 힘으로서의 생성이나 경험적–감각적인 형태로 나타나는 생성 모두를 자기 자신으로부터 배척한다는 것이다($\dot{\epsilon}\pi\epsilon\grave{\iota}$ $\gamma\acute{\epsilon}$ $\nu\epsilon\sigma\iota\varsigma$ $\kappa\alpha\grave{\iota}$ $\ddot{o}\lambda\epsilon\theta\rho\sigma\varsigma$ $\tau\tilde{\eta}\lambda\epsilon$ $\mu\alpha\lambda'$ $\dot{\epsilon}\pi\lambda\acute{\alpha}\chi\theta\eta\sigma\alpha\nu,$ $\dot{\alpha}\pi\tilde{\omega}\sigma\epsilon$ $\delta\grave{\epsilon}$ $\pi\acute{\iota}\sigma\tau\iota\varsigma$ $\dot{\alpha}\lambda\eta\theta\acute{\eta}\varsigma$[생성과 소멸이 아주 멀리 쫓겨나 떠돌아다니게 되었는데, 참된 확신이 그것들을 밀쳐냈기 때문이다]). 철학적 고찰의 관점에서 볼 때 시간이 변증법적으로 자기 자신을 해체하고 고유의 내적 모순을 드러내는

---

84) [역주] 번역은 기본적으로 김인곤 외 번역, 『소크라테스 이전 철학자들의 단편 선집』, 아카넷 2005, 283쪽 이하를 따랐지만 약간 수정했다.

한, 시간의 힘은 분쇄되고 만다. 종교적 감정, 특히 인도의 종교적 감정은 시간에서 무엇보다 **고뇌**의 무게를 느끼지만 철학적 사유에서는, 즉 [그리스의 철학적 사유처럼] 비로소 완전한 자립성 및 의식성과 함께 출현한 철학적 사유에서 시간은 **모순**의 무게를 견디지 못하고 붕괴하는 것이다.

비록 다양한 변형을 겪기는 하지만 이러한 근본 사상이 그리스 철학이 전개되는 과정에서 지속적으로 영향을 미치는 힘이라는 것은 확실하다. 데모크리토스도 플라톤도 파르메니데스가 유일한 '참된 확신'의 길이라고 불렀던 길을 걷고 있다. 그것은 로고스의 길이며 데모크리토스와 플라톤에게도 존재와 비존재를 결정하는 가장 높은 단계의 법정이 된다. 그러나 파르메니데스가 생성 변화는 사유에 의해 부정된다고 믿었던 데 반해, 그들은 오히려 생성을 사유에 의해 관통할 것을 요구하면서 생성 자체에 대한 '**이론** (Theorie)'을 추구했다. 변화의 세계는 부정되어서는 안 되고 오히려 '구제'되어야 하는 것이다. 이러한 구제는 감각적 현상계의 근저에 확고한 사상적 기체(基體)가 존재한다고 상정되어야만 가능하다. 이러한 요청으로부터 데모크리토스는 원자의 세계를, 플라톤은 이데아의 세계를 구상하기에 이른다. 이와 같이 시간적 생성과 소멸에 대해, 한편으로는 물체에 일어나는 모든 사건을 지배하는 불변적인 자연법칙의 존립이, 다른 한편으로는 모든 시간적 존재가 분유(分有)하는[85] 순수한 무시간적 형상[이데아]들의 왕국이 대치하게 된다. 데모크리토스는 엄밀하면서도 보편적인 자연법칙이란 개념을 생각해냄과 동시에 그가 제시한 새로운 척도의 힘으로 모든 신화적 사유를 한갓 주관적이며 의인관적인 사유라며 폄하했던 최초의 사람이다. "사람들은 자신의 우유부단에 대한 핑계로서 운(Tyche)이라는 허상을 만들어냈다."(딜즈, 단편 119)[86] 이러한 인간적 우상에 대해 어떠한 우연도, 자연의 보편법칙으로부터의 어떠한 일탈도 인정하지 않는 로고스의 영원한 필연성이 대립한다. οὐδὲν χρῆμα μάτην γίνεται ἀλλὰ πάντα ἐκ λόγου τε καὶ ὑπ' ἀνάγκης[어떤 것도 우연히 생기는 것은 없고 모든 것은 로고스로부터 필연적으로 생긴다.─딜즈, 단편 2] 필연성(아낭케)에 대한 이 새로운 **논리적** 개념과 나란히 그리스적 사유에서는 필연성의 새로운 **도덕적** 개념이 점점 더 명확하면서도 의식적으로 형성된다. 이러한 도덕적 개념은 무엇보다 그리스의 시에서 전개되고, 또한 운명의 전능한 힘에 대해 자아, 즉 도덕적 자기가 갖는 새로운 의미와 힘은 비극에서 처음으로 발견된다. 그리스적 사유는 비극이 뿌리내리고 있는 신화적─종교적 기반으로부터 점진적으로 이탈해가는 이러한 과정

---

85) [역주] 여기서 '분유하다'로 번역한 용어(그리스어 μέθεξις, methexis)는 플라톤 철학의 기본 용어로 개개의 사물들이 사물의 이상적 원형인 이데아에 참여하면서 그 일부를 갖는다는 것을 의미한다. 예를 들면 개개의 아름다운 사물들은 미(美)의 이데아에 참여하고 그 일부를 갖기 때문에 아름다운 것이 된다.

86) [역주] 번역은 기본적으로 김인곤 외 번역, 『소크라테스 이전 철학자들의 단편 선집』, 아카넷 2005, 638쪽 이하를 따랐지만 약간 수정했다.

에 단지 **수반되는** 것이 아니라 과정 자체에 비로소 참된 발판을 제공한다. 동방(오리엔트)의 종교들과 마찬가지로 그리스 철학도 처음에는 시간적 질서를 자연적 질서이자 윤리적 질서로 파악한다. 그리스 철학에서 시간적 질서는 도덕적 정의의 질서의 수행이자 집행으로 간주되는 것이다. 아낙시만드로스는 이렇게 말했다. "사물들은 그것들이 생긴 곳으로 필연성에 따라 다시 되돌아가야 한다. 사물들은 [자신들이 행한] 불의에 대한 벌과 보상을 서로 치러야 하기 때문이다." 이러한 문장들을 전한 테오프라스토스(Theophrast)는[87] 그것들의 신화적−시적인 음향을 느꼈고 또한 그것을 강조했다.[88] 그러나 동시에 운명이기도 한 시간의 신화적 개념은 윤리적인 면에서도 점차 새로운 정신적 심화와 내면화를 경험하게 된다. 헤라클레이토스는 이미, "인간의 성격은 그의 운명이자 그의 숙명이다(ἦθος ἀνθρώπῳ δαίμων―단편 119)"라는 심원한 말을 한 바 있

---

87) [역주] 테오프라테스(Theophrastos von Eresos, B.C.371~287)는 그리스의 철학자이자 자연탐구자로서 아리스토텔레스의 제자이자 페리파토스(소요)학파의 지도자였다.

88) Theophrast, Phys. Opin., fr. 2 D. 476(Diels 2, 9) 참조. ἐξ ὧν δὲ ἡ γένεσίς ἐστι τοῖς οὖσι, καὶ τὴν φθορὰν εἰς ταῦτα γίνεσθαι κατὰ τὸ χρεών διδόναι γὰρ αὐτὰ δίκην καὶ τίσιν ἀλλήλοις τῆς ἀδικίας κατὰ τὴν τοῦ χρόνου τάξιν, ποιητικωτέροις οὕτως ὀνόμασιν αὐτὰ λέγων. [그렇지만 사물들은 소멸할 때는 자신이 생성되어 나온 곳으로 필연적으로 돌아가게 된다. 이는 그것들이 정해진 시간에 따라, 자신들이 범한 부정(不正)으로 인해 서로 벌을 받고 서로 벌의 보상을 해야 하기 때문이라고 그[아낙시만드로스]는 약간 시적인 언어로 말하고 있다.]

다. 플라톤에서 이 사상은 사자(死者)의 심판에 대한 저 서술에서 완성되었다. 이러한 서술은 이란의 사자(死者)신앙과 영혼신앙의 동기로부터 유래한 것이면서, 바로 이러한 동기에 새로운 의미와 표현을 부여하고 있다. 『국가』 제10권에는 "필연성의 축(Ἀνάγκης ἄτρακτον)"이라는 형상이 나오는데, 이것을 매개로 모든 천체가 회전한다. "흰 옷을 입고 머리에는 화관을 쓴 필연성의 딸이자 운명의 여신인 라케시스와 클로토, 아트로포스는 세이렌의 화음에 맞추어 노래를 부르는데, 라케시스는 이미 일어난 일을, 클로토는 현재의 일을, 아트로포스는 미래의 일을 노래한다네. (…) 영혼들은 도착하면 즉시 라케시스에게 가야 했다네. 한 예언자가 우선 혼들을 정렬시키고 나서, 라케시스의 품에서 제비와 여러 삶의 방식들의 견본을 뽑아 들고는 높은 단상에 올라가 이렇게 말했다네. '내가 말하는 것은 필연성의 딸이며 처녀이신 라케시스의 말씀이시다. 하루살이밖에 안 되는 영혼들이여! 죽기 마련인 종족에게 죽음을 가져다주는 새로운 순환이 시작된다. 너희를 선택하는 것은 숙명이 아니다. 오히려 너희들이 숙명을 선택할 것이다. (…) 덕에는 주인이 없다. 덕을 존중하는가 아니면 경시하는가에 따라 각각의 혼은 덕을 더 많이 혹은 더 적게 갖게 될 것이다. 책임은 선택하는 자에게 있지 신에게는 없다.'"(『국가』, 616 C 이하) 이러한 장대한 환상에는 신화를 형성하는 그리스 특유의, 특히 플라톤 특유의 힘 전체가 다시 한 번 응집된 형태로 나타나고 있지만, 그럼에도 우리는 더 이상 신화의 지반 위에 서 있지 않다. 여기서는 **소크라테스적** 근본 사상, 즉 도덕적인 자기책임의 사상이 신화적 죄와 신화적 숙명의 사상에 대항하고 있기 때문이다. 인생의 의미와 핵심, 인간의 참된 운명을 형성하는 것은 그의 고유한 내면에 있는 것으로 간주된다. 파르메니데스에서는 순수사유가 그랬던 것처럼 여기서는 윤리적 의지가 시간과 운명을 극복했다.

그리스 정신에서 비로소 참으로 성숙하게 되는 저 특징적인 시간 감정도 이러한 내적인 정신적 해방 과정으로부터 설명된다. 여기서 처음으로 사유와 감정이 시간적 **현재**에 대한 순수하면서도 완전한 의식으로 해방되었다고 말할 수 있을 것이다. 파르메니데스가 말하는 존재만이 '현재 있다'고 사유되어야만 하며 또한 그렇게 사유될 수 있다. 그것[파르메니데스가 말하는 존재]은 이제까지 존재하지 않았고 앞으로도 존재하지 않을 것이다. 그것은 나눌 수 없는 하나이며 모든 것이 함께 오직 지금 속에만 존재하기 때문이다(οὐδέ ποτ᾽ ἦν οὐδ᾽ ἔσται, ἐπεὶ νῦν ἔστιν ὁμοῦ πᾶν ἕν, συνεχές). 이러한 순수한 현재는 플라톤의 이데아의 특성이기도 하다. 항상 존재하고 결코 변화하지 않는 것으로서만 이데아는 동일성에 대한 사유의 요청에, 즉 [사유될 수 있는 것은] 항상 자기 자신과 동일한 규정성을 가져야 한다는 요청에 응할 수 있기 때문이다. 플라톤에게 철학자는 추론의 힘에 의거하여 항존하는 것에 끊임없이 전념하는 자다.[89] 보통 참된 '생성의 철학자'로 간주되곤 하는 [그리스의] 사상가조차 단지 외관상으로만 그리스적인 철학적 사색의 이러한 근본 성격을 갖지 않는 것으로 보일 뿐이다. 헤라클레이토스의 '만물은 흐른다'라는 테제를 **부정적인** 의미로만 받아들이는 것은 그의 학설을 오인(誤認)하고 오해하는 것이 되기 때문이다.[90] 그는 '시간의 흐름'에 대한 직관을 잊을 수 없는 이미지로 표현하고 있다. 흐름은 모든 존재자들을 불가항력의 힘으로 휩쓸어가며, 어느 누구도 동일한 흐름 안으로 다시 들어갈 수 없다는 것이다. 그의 시선은 이렇게 흐르고 흘러가버린다는 사실로만 향하지 않고 그가 그러한 흐름에서 파악하고 있는 영원한 **척도**로 향하고 있다. 이러한 척도는 세계의 참으로 유일하고 참으로 불변적인 로고스다. 헤라클레이토스조차 이렇게 고지한다. "이 세계는 모두에게 동일한데, 어떤 신이나 인간이 만든 것이 아니라 언제나 있어왔고 있고 있을 것이며, 영원히 살아 있는 불로서 적절한 만큼 타고 적절한 만큼 꺼진다."(딜즈, 단편 30)[91] 모든 사건에 필연적으로 내재하고 있는 척도에 관한 이 사상이 신화적으로 의인화된 것이 바로 다시 디케(Dike), 즉 심판하는 숙명이라는 형상이다. "태양은 적도(適度)를 뛰어넘지 않을 것이

---

89) Platon, *Sophistes* 254 A.

90) 이러한 견해에 대해 나는 특히 Karl Reinhardt, *Parmenides und die Geschichte der griechschen Philosophie*, Bonn 1916(특히 206쪽 이하)과 일치한다. Karl Reinhardt가 이 책에서 행한 논증을 참고하라.

91) [역주] 번역은 김인곤 외 번역, 『소크라테스 이전 철학자들의 단편 선집』, 아카넷 2005, 245쪽을 따랐다.

다. 만일 뛰어넘는다면 디케를 보좌하는 [복수의 여신들인] 에리뉘에스가 그를 찾아낼 것이다."(단편 94)[92] 모든 변화 속에서도 자신을 불변적으로 유지하는 척도(Metron), 즉 확고하면서도 필연적인 리듬의 이러한 확실성은 "보이는 조화보다 더 뛰어난 보이지 않는 조화"의 확실성의 근거가 된다. 헤라클레이토스가 생성에 대한 직관으로 끊임없이 되돌아가는 것은 이렇게 은닉되어 있는 조화를 거듭 확인하기 위해서일 뿐이다. 따라서 그를 사로잡고 매료시키는 것은 생성의 적나라한 사실이 아니라 그것의 의미다. "지혜는 오직 하나, 모든 것을 관통하면서 그 모든 것 각각을 철저하게 지배하는 의미를 파악하는 것이다."(딜즈, 단편 41) 이러한 관점이 갖는 이중성, 즉 시간적 직관에 집착하면서도 이것의 한가운데에서 직접 생생하게 파악될 수 있는 통일적인 법칙이 있다는 사상으로 이러한 시간적 직관을 극복하려 한다는 이중성 안에, 그리스 사상가로서의 헤라클레이토스가 갖는 고유성이 다시 극히 선명하게 나타난다. 올덴베르크는 생성과 영혼에 대한 헤라클레이토스의 설과, 동일한 문제에 대한 **부처의** 설 사이에 보이는 많은 유사성을 지적했다. 그는 이렇게 말한다. "서양과 동양이 창조했던 것들 사이에는 많은 측면에서 놀라울 정도의 동질성이 존재한다. 중요한 문제에 대해서든, 부차적인 문제에 대해서든, 종교적 의식이 의거하고

---

92) [역주] 번역은 김인곤 외 번역, 『소크라테스 이전 철학자들의 단편 선집』, 아카넷 2005, 250쪽 이하를 따랐다.

자 하는 슬로건을 형성하는 방법에 대해서든, 상상으로 사건의 위대한 질서를 나타내는 비유에 대해서든 말이다. 외면적으로도 내면적으로도 멀리 떨어져 있는 두 민족 사이의 사상의 일치가 우리가 지금 다루고 있는 발전의 바로 이 시점에 그것 이전의 시기에서보다 여러 면에서 강하게 부각된다는 것은 우연이 아니다. 그것 이전에 지배적이었던 상상력은 신화를 형성하는 형태로 나타났지만 계획도 목표도 없이 자신의 나래를 펼쳤다. 상상력은 우연에 의해 움직였고 서로 멀리 떨어져 있는 것들을 자신의 기분에 따라 결합했으며, 의미심장한 것과 기괴한 것들을 비롯하여 항상 새로운 형상들을 유희하듯이 풍부하게 쏟아냈다. 그러나 숙고가 급속하게 탐구적인 사유로 변화하고 갈수록 더 높은 목적의식을 가지고 세계와 인간존재의 문제를 파악하게 되자, 가능성을 가지고 유희할 수 있는 여지는 좁아졌다. 비록 보는 기술에서 아직 경험은 적지만 주의 깊었던 그 시대의 눈에는 거의 불가피하게 현실로서 나타나는 것이, 표상의 흐름을 어떤 고정된 하상(河床) 안으로 붙잡아놓고 그렇게 함으로써 그리스정신 및 인도정신이 몰두했던 비슷한 사유과정과 놀라울 정도로 유사한 극히 다양한 특징을 각인하는 것이다."[93] 바로 이러한 유사성을 추적해보면, 다른 한편으로 사유방식 및 전체적인 지적 분위기의 전형적인 대립이 명백하면서도 보다

---

93) Oldenberg, *Aus Indien und Iran*, 75쪽 이하.

의미심장하게 드러난다. 불교에서는 사건들의 종교적 의미가 드러나기 위해서는 우선 만물이 구속되어 있는 유한한 형태가 파괴되어야 하며 그 자체로 고유하게 한정된 형태라는 환상이 폐기되어야 한다. 형상(rupa, 색[色])은 모든 고통의 원천과 근거를 자체 안에 포함하고 있는 다섯 개의 존재 요소[오온(五蘊)] 중 첫 번째 것이다. 부처는 설법에서 이렇게 말했다. "그대 승려들이여, 나는 그대들에게 번뇌에 대해서, 번뇌하는 자에 대해서, 번뇌의 지양과 폐기에 대해서 설명할 것이다. 번뇌란 무엇인가? 그것에 대해서는 다음과 같이 답할 수 있다. 다섯 개의 존재 요소라고. 그 다섯 개의 요소란 무엇인가? 그것은 **형상**[색(色)], **감각**[수(受)], **표상**[상(想)], **활동**[행(行)], **의식**[식(識)]이라는 존재 요소다." 다른 곳에서 부처는 이렇게 묻는다. "형상[색]은 영원한가 아니면 무상한가? 무상한 것이다. 벗이여. 그렇다면 무상한 것은 고통인가 아니면 기쁨인가? 고통이다. 벗이여."[94] 통상적인 견해에서 사물의 '형태'라고 불리는 것이 얼마나 무상한 것인지를 헤라클레이토스만큼 날카롭게 강조한 사람도 없다. 그러나 그는 이러한 무상함으로부터 부처의 설법과는 정반대의 결론을 끌어낸다. 그는 이러한 무상함으로부터 존재의 부인이 아니라 오히려 존재에 대한 정열적인 긍정을 끌어내

---

94) *Samyutta-Nikāya* XXII, 22, 85(독일어 번역 Winternitz, 위의 책, 232쪽, 244쪽), 특히 *Die Reden Gotamo Buddhos aus der mittleren Sammlung*, Karl Eug. Neumann 2판, München 1921, 14부, 7번째 화(Bd. III, 384쪽).

기 때문이다. 불교의 전설에 의하면 왕자 싯다르타는 사람들이 늙어가고 병들고 죽는 광경을 한 번 본 후에 출가하여 고행하고 참회하는 자가 되는 반면, 헤라클레이토스는 이 모든 것을 **탐구하면서** 그것에 머무른다. 그는 이 모든 것을, 항상 대립으로 끊임없이 **분열되는** 방식으로만 **존재하는** 로고스의 비밀을 파악하기 위한 수단으로서 필요로 하기 때문이다. 신비가[부처]가 시간적 생성에서 무상함의 고통만을 감지하는 것에 반해, 헤라클레이토스는 자신을 자기 안에서 다시 발견하기 위해 자신을 자체 내에서 양분해야만 하는 위대한 일자의 직관에 몰두하고 있다. "대립하는 것은 한 곳에 모이고, 불화하는 것들로부터 가장 아름다운 조화가 이루어진다. 이러한 조화는 마치 활과 리라[고대 그리스에서 신성시되던 현악기]의 경우처럼, 반대로 당기는 조화다."(단편 8, 51)[95] 헤라클레이토스에게는 이러한 '대립 속의 조화'에 대한 직관을 통해 형상의 수수께끼가 풀리고 이와 함께 우리는 생성의 짐으로부터 벗어날 수 있게 된다. 이제 시간적인 것은 더 이상 단적으로 결여·한계·고뇌로 나타나지 않으며 그것에서는 신적인 것의 가장 내밀한 생명 자체가 개시되고 있다. 생성이 소멸하고 아무런 대립도 없는 완성된 상태에서는 휴식도 지복도 없다. "병이야말로 건강의, 사악함이야말로 선함의, 배고픔이야말로 배부름의, 노고야말로 휴식의 기쁨

---

95) [역주] 번역은 김인곤 외 번역, 『소크라테스 이전 철학자들의 단편 선집』, 아카넷 2005, 237쪽과 238쪽을 따랐지만 약간 수정했다.

을 느끼는 것을 가능하게 한다."(단편 111) 삶과 죽음의 대립조차 이제는 상대화된다. "동일한 것……. 살아 있는 것과 죽은 것, 깨어 있는 것과 잠든 것, 젊은 것과 늙은 것. 왜냐하면 이것들이 변화하면 저것들이고, 저것들이 다시 변화하면 이것들이기 때문에."(단편 88)[96] 부처와 마찬가지로 헤라클레이토스도 자신의 교설 내용을 표현하기 위해 **원**(圓)의 이미지를 즐겨 사용한다. 어떤 단편에서 헤라클레이토스는 이렇게 말한다. "원에서는 시작과 끝이 동일하다." (단편 103) 부처에게 원은 끝없음의 상징이고 따라서 생성에 목적도 의미도 없음을 나타내지만, 헤라클레이토스에게는 완전성의 상징이다. 자기 자신 안으로 귀환하는 선은 형상의 완결성, 우주를 지배하는 근본 법칙으로서의 형상을 의미한다. 이와 동일하게 플라톤과 아리스토텔레스도 원에 의해 우주에 대한 그들의 지적인 이미지를 완성하고 형상화했다.

인도의 사유가 본질적으로 시간적인 것의 무상함에 주목하고 중국의 사유가 그것의 존속에 대한 직관으로 향하고 있다면, 다시 말해 전자가 변화의 계기를 후자가 영속의 계기를 각각 일면적으로 주장하고 있다면, 그리스적 사유에서는 두 개의 계기가 순수한 내적 균형을 이루고 있다. 가변성의 사상과 실체성의 사상이 서로 하나로 결합되어 있다. 이러한 결합으로부터 새로운 감정이 생기는

---

96) [역주] 번역은 김인곤 외 번역, 『소크라테스 이전 철학자들의 단편 선집』, 아카넷 2005, 238쪽 이하를 따랐다.

바, 이것을 우리는 순수하게 사변적인 시간감정과 현재감정이라고 부를 수 있을 것이다. 여기서는 이제 신화에서처럼 더 이상 만물의 시간적 **시원**으로 거슬러 올라가는 것도 아니고 예언자적인, 즉 종교적–윤리적 감정에서처럼 만물의 **최종 목적, 텔로스**를 가리키지도 않는다. 사유는 이제 만물의 영원히 자기동일적인 근본 법칙을 순수하게 관조하는 상태에 머무른다. 이러한 현재감정에서 자아는 순간에 몰입하지만 그렇다고 해서 순간에 의해 사로잡히는 것은 아니다. 자아는 그 안에서 자유롭게 부유하며, 현재의 직접적인 내용에 의해 흔들리지 않으며 현재의 기쁨에 의해 사로잡히지도 않고 현재의 고통 때문에 괴로워하지도 않는다. 이러한 사변적인 '지금'에서는 경험적인 시간형식의 차이는 폐기된다. 세네카에 의해 "모든 날은 동일하다(unus dies par omni est)"(단편 106)라는 헤라클레이토스의 말이 인용되고 있다. 이 말이 의미하는 것은 [매일 일어나는] 사건들의 내용이 동일하다는 것이 아니다. 오히려 사건들의 내용은 매일, 매 시간, 매 순간마다 변한다. 그 말에서 문제가되는 것은, 최소의 것에서도 최대의 것에서도 극히 단순한 현재의 한순간에도 시간의 무한한 지속에서도 똑같이 분명하게 나타나는 세계 과정의 항상 동일한 형식이다. 근대인 가운데 이러한 헤라클레이토스적이고 진정으로 그리스적인 시간감정과 생활감정을 가장 깊이 느끼고 가장 강렬하게 자신 안에서 복원했던 사람은 괴테였다. "오늘은 오늘, 내일은 내일, 그 이전의 것과 그 이후의 것은 아무래도 좋은 것이며 존재하지 않는 것이다." 사실상 시간에 대한 사변적 견해에는 시간에 대한 예술적 견해와 극히 유사해 보이는 특징이 있다. 양자는 부처의 가르침에서 극히 충격적으로 표현되고 있는 생성의 **무거운 짐을** 우리에게서 제거하기 때문이다. 시간을 직관할 때 사건의 내용에 집착하지 않고 사건의 순수한 형식을 파악하는 자에게 이러한 내용은 궁극적으로는 형식으로 해소되고, 존재와 사건의 소재는 순수한 유희로 해소되는 것이다. "시간은 장기를 두면서 노는 아이. 왕국은 아이의 것이니(αἰὼν παῖς ἐστι παίζων, πεττεύων. παιδὸς ἡ βασιληίη)."(단편 52)[97]

바로 이 점에 근거하고 있는 시간에 대한 사변적인 파악이 그후 어떻게 전개되었고 마침내는 경험과학적 **인식**의 영역으로 어떻게 결정적으로 침투하게 되었는지를 지금 여기서는 더 이상 추적할 수 없다. 여기서도 그리스 철학, 특히 플라톤의 철학이 중간고리와 연결고리가 된다. 비록 플라톤의 학설이 이데아라는 순수한 존재와 생성의 세계 사이에 아무리 예리하게 경계선을 긋는다 해도, 시간과 생성을 단순히 부정적으로 평가하는 것으로 끝나지는 않기 때문이다. 플라톤의 후기 저작에서는 '운동'이란 개념이 순수한 이데아 세계 자체에 대한 서술에도 스며들어 있다. 즉 순수한 형식[이데아]들 자체의 운동, κίνησις τῶν εἰδῶν[에이도스의 운

---

97) [역주] 번역은 기본적으로 김인곤 외 번역, 『소크라테스 이전 철학자들의 단편 선집』, 아카넷 2005, 249쪽을 따랐지만 약간 수정했다.

동]이 있다는 것이다. 시간 개념이 이제 플라톤 철학의 구성 전체에서 갖게 되는 새로운 의미가, 그가 **자연철학**을 형성하는 과정에서 보다 구체적이면서도 명료하게 나타나게 된다.『티마이오스』에서 시간은 보이는 세계와 보이지 않는 세계의 매개자다. 즉 보이는 것이 순수한 형식의 영원성을 분유(分有)할 수 있음을 설명해주는 것이 시간인 것이다. 세계의 창조자[데미우르고스]는 영원의 모델인 영원한 존재자, 즉 이데아를 보면서 감성계를 가능한 이것과 유사하게 만들려고 했다. 그러나 영원한 원형들의 본성을 생성된 것에 완전히 전이하는 것은 불가능했다. 그래서 그는 영원성의 움직이는 모상을 만들어내기로 결심했다. 동일한 하나의 것으로 영속하는, 영원성의 움직이는 모상이야말로 우리가 '시간'이라고 부르는 것이며 이렇게 하여 낮과 밤, 월(月)과 연(年)이 데미우르고스의 의지에 의해 전체의 구조와 일치되는 방식으로 나타났던 것이다. 수에 따라 원환운동을 하는 시간이야말로 생성된 것이 모방할 수 있는 한도 내에서의, 영원성의 가장 완전한 최초의 모방이다.[98] 이와 함께 이제까지는 단지 [영원히] 존재하지 않고 생성하는 것만을 표현하면서 사유의 원칙적인 한계를 보여주는 것 같았던 시간이 우주에 대한 인식의 근본 개념이 되었다. 시간질서라는 매개 개념이야말로 플라톤의 철학체계에서 우주의 정당성을 변

---

98) *Timäos* 37 D 이하.

호하는 것이며, 우주에 영혼을 불어넣으면서 우주가 정신적 전체로 승격되는 것을 보증하는 것이다.[99] 플라톤은 여기서도 여전히 의식적으로 신화의 언어로 말하고 있다. 동시에 그는 엄밀한 역사적 연속성 속에서 근대의 과학적 세계상으로 통하는 하나의 길을 지시했다. 케플러가 『티마이오스』의 근본 사상에 크게 영향을 받았다는 것은 분명하다. 그 사상은 그의 처녀작인 『우주의 신비(Mysterium Cosmographicum)』(1596)에서 성숙기의 저작인 『세계의 조화(Harmonia mundi)』(1619)에 이르기까지 끊임없이 그를 인도하고 있다. 여기서 처음으로 새로운 시간 개념, 수학적 자연과학의 시간 개념이 극히 분명하게 나타난다. 케플러의 세 가지 법칙들의 정식화에서 시간이 기본 변수로 나타나고 있다. 즉 시간은 '언제나 균일하게 변하는 양'으로서 균일하게 일어나지 않는 모든 변화 및 운동에 관계되며, 이것들의 변화량 역시 시간에 비추어 규정되고 읽힌다. 이후 이것이 시간의 이념적인 의미, 순수하게 논리적인 의미가 되며, 이것이 곧바로 이어 수학적 물리학의 새로운 입장으로부터 라이프니츠에 의해 보편적인 철학적 개념으로 확립되는 것이다.[100] 시간 개념이 함수개념에 의해 채워지고 함수적 사유가 적

---

99) 상세한 것은 졸저, *Platonische Philosophie im Lehrbuch der Philosophie*, hg. von M. Dessoir, I, 111쪽 이하 참조.

100) "일련의 표상은 우리 안에 지속의 관념을 불러 일으키지만, 그러한 표상이 이러한 관념을 만드는 것은 결코 아니다. 우리의 표상은 직선처럼 균일하고 단순한 연속체인 일련의 시간에 상응하기에 충분할 정도로 항상적이고 규칙적인

용되고 형성되는 극히 중요한 것 가운데 하나로 나타남으로써, 시간 개념은 전적으로 새로운 의미를 갖는 지위로 올라갔다. 시간에 대한 플라톤의 개념이 참인 것으로 입증된 것이다. 현상들은 시간이라는 연속체 속에 배치되고 이러한 '영원성의 움직이는 모상'에 관계됨으로써 인식에 적합한 것으로까지 성숙하게 되었으며 이데아를 분유하게 된 것이다.

이러한 통찰이 **행성의 운동에** 입각해서 획득되었다는 사실 또한 전형적인 의미를 갖는 하나의 정신사적 연관으로 우리의 주의를 이끈다. 행성, 즉 '변화하는 별, 방황하는 별(Wandelstern, Irrstern)'은 옛날부터 신화적이고 종교적인 관심을 불러 일으켰다. 그것은 태양과 달과 함께 신으로 숭배되었다. 바빌로니아의 천체 종교에서는 특히 샛별(Morgenstern)이자 저녁별(Abendstern)인 금성(Venus)이 이러한 숭배를 받았으며 이슈타르(Ischtar) 여신의 모습으로 바빌론 신전의 주신 가운데 하나가 되었다. 훨씬 멀리 떨어져 있는 다른 문화권,

---

연속성을 갖지 않는다. 표상의 변화가 우리에게 시간의 변화를 생각할 기회를 주며, 우리는 시간을 균일한 변화에 의해 측정한다. 그러나 자연 안에 균일한 것이 아무것도 없을 때 시간은 결정될 수 없다. 이는 고정된 부동의 물체가 없을 때 장소가 결정될 수 없는 것과 동일하다. 우리는 항상 균일하지 않은 운동의 규칙을 알고 있으며 그것을 가지적(可知的)인 균일한 운동에 관련짓고 이를 통해 상이한 운동들을 서로 결합함으로써 무엇이 일어나는가를 예측할 수 있다. 이러한 의미에서 시간은 운동의 척도다. 즉 균일한 운동이 균일하지 않은 운동의 척도가 되는 것이다." Leibniz, *Nouveaux Essais*, Liv. II, chap. XIV, § 16.

예를 들어 고대 멕시코에서도 이러한 행성숭배가 있었다는 사실이 입증되었다. 종교가 발전하는 과정, 특히 일신교적인 근본 사상으로 이행하는 과정에서, 이러한 옛 신들에 대한 신앙은 오랫동안 살아 있었다. 그러나 이제 이러한 신들은 악마로 격하되고, 만물의 질서와 법칙성에 적대하며 이를 교란하는 방식으로 개입하는 것이 된다. 이란 종교에서 행성은 선한 세계질서인 아샤에 저항하는 악한 세력으로 간주된다. 행성은 아흐리만(Ahriman)의 부하로서 천상 세계로 침입하여 멋대로 운행하고 천상 세계의 규칙적인 체제를 교란한다.[101] 행성을 이렇게 악마시하는 것은 그 이후, 특히 그노시스 사상에서 다시 보인다. 악마적인 행성의 힘은 그노시스파의 참된 적이며, 이러한 행성에는 운명의 힘, 즉 헤르마르메네(εἱμαρμένη)의 힘이 나타나 있다. 그노시스파는 이것으로부터의 해방을 추구하는 것이다.[102] 행성의 운동이 불규칙적이라는 생각은 근대의 철학, 예를 들면 르네상스의 자연철학적 사변에 이르기까지 영향을 미친다. 고대에서도 이미 플라톤 아카데미의 수학자이자 천문학자였던 크니도스(Knidos)의 에우독소스(Eudoxos)가 행성의 운동에 대해 엄밀한 수학적 이론을 세웠으며, 이것에 의해 행성은 결코 방황하

---

101) Bundahish 2, 25, Jackson, *Grundriß der iranischen Philologie* II, 666 및 672와 Darmesteter, *Ormazd et Ahriman*, 277쪽.

102) 이에 대해서는 Bousset, *Hauptprobleme der Gnosis*, Göttingen 1907, 특히 38쪽 이하와 Bousset, *Kyrios Christos* 2판, 185쪽 이하.

는 별이 아니라 확고한 법칙에 따라 운행하는 별이라는 사실이 증명되었다. 그러나 케플러조차 행성의 운행을 교차하는 원(圓) 궤도, 원과 주전원(周轉圓)에 의해 규정하려는 수학적 천문학의 모든 노력이 쓸모없다는 파트리치(Pattrizzi)의 구상과 대결해야 했다. 파트리치에 따르면 행성은 사실 이성을 갖춘 존재로, 유동하는 에테르 속에서 속도를 변화시키며 우리 자신에게 보이는 그대로의 저 기묘하게 구부러진 극히 다양한 궤도들을 달리고 있기 때문에 행성의 운행을 규정하려는 수학적 천문학의 노력은 헛된 수고로 끝난다는 것이다. 케플러의 사고방식의 특징은, 이러한 견해에 우선 방법적 논증—그 자신이 '철학적'이라고 부르고 있는 논증—을 대립시킨다는 점에 있다. 외관상의 모든 무질서를 질서로 환원하고 외관상의 모든 불규칙성에서 은닉된 규칙성을 찾아내는 것이야말로 모든 '철학적 천문학'의 근본 원리라며 그는 파트리치를 반박한다. "건전한 철학의 신봉자 가운데 이러한 견해를 갖지 않는 자는 없다. 그리고 오류의 원인을 발견하여 행성의 참된 운동과 외관상의 우연한 궤도를 구별하고, 이러한 방식으로 행성 운행의 단순성과 규칙적인 질서를 증명하는 데 성공했을 경우, 자신과 천문학에 대해 최상의 행운을 바라지 않는 자는 없다."[103] 케플러가 티코 브라헤(Tycho Brahe)를 변호하면서 썼던 저술에 나오는 이 솔직하면서도 깊이 있는 말과, 그

---

103) Kepler, *Apologia Tychonis contra Ursum*, Opera ed. Frisch, I, 247.

직후 케플러가 화성의 운동에 대해 썼던 저술에서 행한 이 말의 구체적인 입증 속에서, 행성은 시간과 운명을 지배하는 신이라는 이제까지의 지위를 잃게 되었다. 또한 시간과 시간적인 사건에 대한 전체적 견해가 신화적─종교적 상상에 의한 형상세계로부터 과학적 인식의 정밀한 개념세계로 이행하게 되었다.

5. 신화적 수와 '신성한 수'의 체계

공간, 시간과 아울러 신화적 세계의 구성을 지배하는 세 번째 중요한 형식적 계기로 나타나는 것은 수라는 계기다. 이 경우에도 수의 신화적 기능 자체를 이해하려 한다면, 이것을 수의 이론적 의의와 성과로부터 예리하게 구별하는 일이 중요하다. 이론적 인식의 체계에서 수는 아무리 이질적인 내용들이라도 이것들을 포섭하면서 통일적인 개념으로 변형시킬 수 있는 훌륭한 결합 수단을 의미한다. 모든 다양성과 상이성을 이렇게 통일된 인식으로 해소함으로써 수는 여기[이론적 인식의 체계]서 인식 자체의 이론적인 주요 목표 · 근본 목표의 표현으로, 즉 '진리' 자체의 표현으로 나타난다. 수가 최초로 철학적 · 과학적으로 규정되었을 때부터 수에게는 이러한 근본 성격이 이미 인정되었다. 필로라오스[B.C. 475년경에 활동했던 피타고라스학파의 철학자]는 한 단편에서 이렇게 말하고 있다.

"수의 본성은 인식을 제공하는 것, 의심스럽고 알려지지 않은 모든 사물에 대해 모든 사람에게 지도와 가르침을 주는 것이다. 만약 수와 수의 본질이 없다면 사물은 그 자신과의 관계에 있어서든 다른 것들과의 관계에 있어서든 어느 누구에게도 명료하게 되지 않을 것이다. 이와 같이 수는 혼 안에서 모든 사물을 감성적인 지각과 조화시키며 이를 통해 사물들을 인식될 수 있는 것으로 만들고 서로 상응하게 만든다. 이는 수가 사물들에 물체성을 부여하면서 한정되는 사물과 한정되지 않은 사물의 관계를 따로따로 분리하기 때문이다."[104] 바로 이러한 결합과 분리, 확고한 경계와 확고한 관계의 이러한 정립에 수의 참으로 논리적인 힘이 존재한다. 감각적인 것 자체, 즉 지각의 '소재'가 수에 의해 점점 자신의 특수한 성질을 상실하고 보편적인 지적 근본 형식으로 변형된다. 인상의 직접적인 감각적 성질, 즉 인상의 볼 수 있음, 들을 수 있음, 만질 수 있음 등은 현실적인 것의 '참된' 본성에 비추어 볼 때는 단순한 제2성질이다. 그것들의 참된 원천과 본질적인 근거는 순수한 양적 규정에서, 즉 최종적으로는 순수한 수의 관계에서 발견되어야만 한다. 근대의 이론적 자연인식의 발전은 감성적인 지각의 특수한 성질뿐 아니라 이에 못지않게 순수한 직관형식의 특수한 성질, 즉 공간과 시간의 본성도 수의 형식으로 환원함으로써 인식에서의 이러한

---

104) Philolaos, fragm. II(Diels 32, B 11).

이상을 완성으로 이끌었다.[105] 그리고 여기서 수는 의식 내용의 '동질성'을 산출하기 위한 참된 사상적 수단으로 기능하며, 그와 동시에 수 자체도 점점 더 전적으로 동질적인 것, 동일한 형태의 것으로 발전해가는 것이다. 개별적인 개수(個數, Zahlindividuum)들은 그것들이 체계 전체 내에서 점하는 위치에 따른 차이 외에는 어떠한 차이도 갖지 않는다. 수들은 그것들이 점하는 이러한 위치에 의해, 즉 하나의 이념적 총체 내부에서의 관계에 의해 그것에 귀속되는 것 외에는 어떠한 존재도 성질도 본성도 갖지 않는다. 따라서 여기서 특정한 수들은 이러한 관계에 의해 분명하게 규정됨으로써 '정의'되고 구성적으로 산출될 수 있으며, 그것들에는 이것이라고 말할 수 있는 감성적이거나 직관적인 어떤 기체가 직접 대응하지 않는다. 예를 들어 데데킨트(Dedekind[1831~1916, 독일의 수학자]) 이래로 지배적이 된 무리수에 대한 잘 알려진 설명에서 무리수는 유리수의 체계 내부에서의 '절단(Schnitt)'으로서(즉 일정한 개념적 지시에 의해 유리수 체계가 두 개의 집합으로 완전히 분할되는 것으로서) 나타난다. 수학의 순수한 사유는 어떠한 '개별적인' 수든 간에, 즉 어떠한 개수(個數)든 간에 근본적으로 항상 이러한 형식으로만 파악할 수 있다. 수는 수학적 사유에서는 개념적 관계의 표현에 지나지 않으며, 이러한 관계는 하나의 전체를 형성함으로써 비로소 수 '자체'

---

105) 이것에 대한 상세한 내용은 졸저 *Zur Einsteinischen Relativitätstheorie*, Berlin 1921, 119쪽 이하를 참조하라.

와 수의 영역 일반의 자기완결적이고 통일적인 구조를 표현한다.

그러나 우리가 사유와 순수하게 이론적인 인식이라는 '양상'을 떠나서 수가 정신적 형성작용의 다른 영역들에서 겪는 형성 과정을 고찰해보면, 수가 갖는 전적으로 다른 성격이 드러난다. [제1권에서 행한] 언어에 대한 고찰에서 이미 우리는 모든 특정한 수가 하나의 체계 내의 항(項)을 의미하지 않으며, 아직 전적으로 개성적인 특징을 가지고 있는 수 형성의 단계가 있다는 사실을 보았다. 이러한 단계에서 수에 대한 표상은 추상적인 보편타당성을 갖지 않고 그것과 떼어질 수 없는 어떤 구체적인 개별 직관에 기초한다. 여기서는 아직 어떤 임의의 내용에도 적용될 수 있는 보편적 규정으로서의 수는 없고 수 '그 자체'도 없으며, 수에 대한 파악과 명명(命名)은 하나씩 셀 수 있는 것으로부터 출발하며 이것에 대한 직관에 구속된다. 따라서 여기서는 이 셀 수 있는 것의 내용상 차이에 의해, 즉 특수한 수량에 결부된 특수한 직관적 내용과 특수한 감정적 색조에 의해 여러 수들도 단적으로 동질적인 형상으로서가 아니라 질적으로 다양한 차이를 갖는 것으로 이를테면 그 자체의 색조를 갖는 것으로 나타난다.[106] 수가 갖는 이러한 독특한 감정적 색조와 순수하게 개념적인 규정, 즉 추상적-논리적 규정과의 대립 관계는 우리가 신화적 표상의 영역으로 시선을 돌리면 훨씬 더 선

---

106) 이것에 대해서는 제1권, 192쪽 이하[『상징형식의 철학 I: 언어』, 363쪽 이하]를 볼 것.

명하면서도 첨예하게 드러난다. 일반적으로 신화가 **한낱** 이념적인 것을 알지 못하고 내용들 사이의 동일성이나 유사성은 신화에게는 내용들 사이의 단순한 관계로서 나타나지 않으며 내용들을 결합하고 서로에게 묶는 실재적인 끈으로서 나타나는 것이지만, 이러한 사실은 특히 수적인 동일성의 규정에 대해서도 타당하다. 두 개의 수가 '동일한 수'로서 나타날 경우, 즉 그 두 수의 항들이 일대일로 서로 일의적으로 대응될 수 있다는 사실이 분명해질 경우, 인식에게는 이러한 대응의 가능성이 순수하게 이념적인 관계로서 나타난다. 반면 신화는 그러한 가능성을 이 두 수가 어떤 신화적 '본성'을 공유하고 있다는 사실에 의해 '설명'한다. 동일한 수를 지닌 것들은 그것들의 감각적인 모습이 아무리 달라도 신화적으로 '동일한 것'이 된다. '하나의' 본질이 극히 상이한 현상형식들 안에 은폐되고 숨겨져 있을 뿐이라는 것이다. 이렇게 수를 자립적인 존재로, 또한 자립적인 힘으로 격상시키는 것에서 나타나는 것은 신화적 '실체화'의 기본적 형식의 특히 중요하고 특징적인 개별 사례에 지나지 않는다.[107] 그리고 이것으로부터 더 나아가, 수에 대한 신화적인 파악이—공간과 시간에 대한 파악과 동일하게—보편성의 계기와 일관된 특수화의 계기를 자체 내에 동시에 포함하고 있다는 사실이 명확해진다. 여기서 수는 결코 순서를 나타내는 단순한 수가 아니며

---

107) 이것에 대해서는 이 책 130쪽 이하 참조.

포괄적인 체계 전체 내에서의 위치를 나타내는 것에 불과한 것도 아니다. 모든 수는 자신의 고유한 본질, 자신의 고유한 개성적인 본성과 힘을 갖는다.[108] 그러나 수가 단순한 경험적 지각에게는 서로 전혀 다른 것으로 나타나는 극히 다양한 것들 안으로 침투하고 그렇게 함으로써 이것들을 서로 관여하게 하는 것인 한, 수가 갖는 바로 이러한 개성적 성질은 보편적인 것이라고 볼 수 있다. 이와 같이 수는 신화적 사유에서도 일차적이고 근본적인 관계형식으로서 기능한다. 다만 여기서는 바로 이러한 관계가 단순히 관계로서 받아들여지지 않고, 그 자체로 어떤 직접적이고 현실적인 것, 직접 효력을 발휘하는 것이라는 방식으로, 즉 독자적인 속성과 힘을 갖는 하나의 신화적 대상으로서 나타난다. 논리적 사유에서 수는 어떤 보편적 기능과 보편타당한 의미를 갖는 데 반해, 신화적 사유에서 수는 전적으로 자신 아래에 포착되는 모든 것에게 자신의 본질과 힘을 나누어주는 근원적인 '실체'다.

이와 함께 이론적 사유와 신화적 사유라는 두 개의 상이한 영역에서 수 개념이 동일한 방향으로 전개되지 않았다는 사실이 분명해진다. 물론 어떠한 영역에서도 수 개념이 감각과 직관 그리고 사유의 점점 더 넓어져가는 영역을 포괄하면서 점차 자신을 확장하고 마침내는 의식의 거의 모든 영역을 자신의 세력권 안으로 끌어

---

108) 신화적 사유에서 개개의 숫자들에 귀속되는 이러한 '개성적 형상'의 예는 특히 Lévy-Bruhl, *Das Denken der Naturvölker*, 178쪽 이하에서 발견된다.

들이는 과정이 추적될 수 있다. 그러나 이 경우 우리가 보게 되는 것은 두 개의 전혀 다른 목표와 두 개의 전혀 다른 정신적 근본 입장이다. 순수한 인식의 체계에서 수는―공간이나 시간과 유사하게―주로 그리고 본질적으로 현상의 구체적인 다양성을 그 근거인 추상적·이념적인 통일성으로 환원하는 역할을 한다. 즉 수의 통일성이야말로 감성적인 것이 비로소 지적인 것으로 형성되기 위한 매체인 것이다. 감성적인 것은 수를 통해 자기완결적인 하나의 우주로, 즉 순수하게 지적인 구조를 갖는 통일체로 집약된다. 현상하는 모든 존재가 수와 관계되고 수로 표현되는 것이다. 이러한 관계와 이러한 환원이야말로 현상들 간의 일관된 일의적 **법칙성**을 산출하기 위한 유일한 길이라는 것이 분명하기 때문이다. 이와 같이 인식, 즉 과학이 '자연'이라는 이름으로 포착하는 모든 것은 최종적으로는 수적인 요소와 규정으로 구성되며, 이러한 요소 및 규정은 여기서는 모든 한낱 우연적인 존재를 사유의 형식으로, 즉 법칙적 필연성의 형식에 적합하도록 만들기 위한 참된 수단으로서 기능한다. 신화적 사유에서도 수는 그러한 정신화의 매체로서 나타난다. 그러나 여기서 이러한 정신화의 과정은 다른 방향을 취한다. 과학적 사유에서는 수가 **근거 확립**을 위한 중요한 도구라면, 신화적 사유에서 수는 특수한 종교적 **의미 부여**의 매체다. 한편에서[과학적 사유에서] 수는 경험적으로 존재하는 모든 것을 순수하게 이념적인 연관과 순수하게 이념적인 법칙의 세계 안으로 수용하는 것을 준비하고 이것을 성취하기 위해 기능한다. 다른 편에서[신화적 사유에서] 수는 현존하는 모든 것, 직접적으로 주어진 모든 것, 한낱 '세속적인' 모든 것을 '신성한 것으로 만드는' 신화적─종교적 과정 안으로 끌어들인다. 어떠한 방식으로든 수에 참여하며 그 자체로 특정한 수의 형태와 힘을 계시하는 것은, 신화적─종교적 의식에게는 아무래도 좋은 **존재**가 아니라 바로 그것에 의해 전적으로 새로운 **의미**를 획득한 것이 되기 때문이다. 신화적 사유에서는 전체로서의 수뿐 아니라 각각의 개별적인 수가 이를테면 고유한 주술적 향기로 휩싸여 있으며, 이러한 향기가 수와 결합된 모든 것, 외관상으로는 아무래도 좋은 것으로 보이는 것에게조차 전달되고 있다. 신화적 사유의 최저층에 이르기까지, 주술적 세계관과 가장 원시적인 주술적 실천에 이르기까지 우리는 수를 둘러싼 신성한 것에 대한 이러한 두려움을 느낄 수 있다. 모든 주술은 수의 주술이기 때문이다. 이론적 과학이 발전하는 과정에서도 수에 대한 주술적인 파악으로부터 수학적 파악으로의 이행은 극히 점진적으로만 일어났다. 천문학이 점성술에서, 화학이 연금술에서 유래하는 것처럼 인류 사유의 역사 가운데 산술과 대수학 또한 고대의 주술적 형식의 수론(數論)에서, 즉 알마카발라(Almacabala)의 학에서 유래했다.[109] 참된 이론적 수학의 기초를 쌓았던 사람들, 즉 피타고라스학파 사

109) 이것에 대해서는 맥 기의 관찰을 참조할 것. Mc Gee, "Primitive numbers", *19th Annual Rep. of the Bur. of Ethnology*, Washington 1900, 825쪽 이하 참조.

람들만이 수에 관한 두 견해의 중간에 서 있었던 것이 아니라 근대로의 이행기인 르네상스 시대에서조차 우리는 동일한 정신적 혼합 형태나 중간 형태와 마주치는 것이다. 여기에는 페르마 · 데카르트 뿐 아니라 자신들의 저서에서 수가 갖는 주술적 · 신화적 신비력을 논한 조르다노 브루노(Giordanio Bruno)와 로이힐린(Reuchlin)이 있다. 한 사람 안에 두 개의 사유형식이 결합된 경우도 적지 않다. 예를 들어 카르다노(Cardanus)는 사유의 이러한 이중적인 유형을 최고로 특징적이고 역사적으로 가장 매력적인 형태로 보여준다. 물론 이러한 모든 경우에서 사유의 이 두 가지 형식이 만약 내용적으로도 체계적으로도 적어도 **하나의** 특징적인 동기에서, 즉 어떤 정신적 기본 경향에서 일치하지 않는다면 두 사유형식의 이러한 역사적 혼합도 생기지 않았을 것이다. 이미 신화적인 수는 어떤 정신적 전환점에 서 있다. 즉 그것은 직접적 세계관, 다시 말해 감성적 · 사물적 세계관의 협소함과 구속에서 벗어나 보다 자유롭고 보편적인 전체적 관점으로 향하고 있는 것이다. 그러나 정신은 여기서 생기고 있는 새로운 보편자를 자신의 창조물로서 파악하고 통찰할 수 없으며, 그러한 보편자는 오히려 낯선 정령의 힘으로서 정신과 마주 서 있는 것이다. 따라서 필로라오스조차 '수의 본성과 힘'을 모든 인간의 작품과 말 안에서, 또한 모든 종류의 조형능력과 음악에서 찾을 뿐 아니라 모든 '정령적이고 신적인 사물' 안에서 찾고 있는 것이다.[110] 그 결과 여기서는 수가 플라톤이 말하는 에로스처럼 '위대한 중개자'가 되며, 지상적인 것과 신적인 것, 사멸할 것과 불사의 것이 수를 통해 서로 교류하며 통일적인 세계질서로 통합된다.

수가 신격화되고 신성한 것으로 간주되어가는 이러한 과정을 특별히 추적하고, 이 과정의 지적·종교적 동기를 상세하게 발견하려 하는 것은 물론 쓸모없는 시도로 보인다. 언뜻 여기서는 모든 확고한 규칙을 무시하는 신화적 상상력의 자유로운 유희만이 지배하고 있는 듯 보이기 때문이다. **개개의** 수가 '신성함'이라는 특수한 성격을 갖게 되는 선택의 원리와 근거는 그 이상 탐구될 수 없는 것 같다. 어떠한 수도 무차별적으로 신화적 해석과 숭배의 대상이 될 수 있기 때문이다. 우리가 기수(基數)의 계열을 살펴본다면 우리는 모든 수에서 그러한 신화적—종교적 실체화에 부딪히게 된다. 숫자 1, 2, 3에 대한 그러한 실체화의 예는 자연민족의 사유에서뿐 아니라 오늘날의 모든 문화적으로 위대한 종교들에서도 분명하게 보인다. 일자가 자기 자신으로부터 나와서 '타자', 즉 제2의 것이 되고, 마지막으로 제3의 자연에서 다시 자기 자신과 결합되는 것—이러한 문제는 인류의 참된 정신적 공통 자산인 셈이다. 이 문제의 순수한 사상적 표현은 사변적 종교**철학**에서 비로소 등장하는 것이지만, '삼위일체의 신'이라는 관념이 보편적으로 퍼져 있다

---

110) Philolaos, fr. 20(Diels 32, B 11).

는 사실은 이러한 관념에 어떤 궁극적이고 구체적인 감정의 기반이 존재하고 그 관념은 이러한 기반으로 거슬러 올라가며 이것으로부터 항상 새롭게 생겨난다.[111] 처음의 세 개의 수에 4가 이어지는데, 4라는 숫자가 갖는 보편적인 종교적—우주적 의미는 특히 북아메리카의 종교들에서 보인다.[112] 이 수들과 동일한 존엄성은 훨씬 강한 정도로 7에게도 속한다. 이러한 사실은 인류의 가장 오래된 문화 발상지 메소포타미아에서부터 시작하여 모든 곳에서 보이며, 바빌로니아 및 아시리아의 종교나 문화의 영향이 전혀 입증될 수 없고 이러한 영향이 있을 법하지 않은 곳에서조차 7이라는 숫자가 특별히 '신성한' 수로 나타난다.[113] 그리스 철학에서도 7이라는 숫자는 이러한 신화적—종교적 근본 성격을 지닌다. 필로라오스가 썼다고 알려진 한 단편에서 7은 어머니 없는 처녀 아테네에 비유되며, "만물의 영도자이자 지배자로서, 즉 유일하고 영원히 존속하며

---

111) '삼위일체'의 관념이 종교적 발전의 극히 원시적인 단계들에서 발견된다는 사실은 Brinton, *Religions of primitive peoples*, 118쪽에서 강조되고 있지만, 그가 그러한 사실을 순수하게 논리적인 기본적 사실, 즉 근본적인 '사유법칙'의 형식과 특성으로 환원하려 하는 한 그는 그러한 사실을 지나치게 추상적으로 설명하고 있는 셈이다.

112) 이 책 313쪽 이하를 참조.

113) '신성한 수'로서의 7이라는 숫자가 갖는 의미와 분포에 대해서는 특히 Franz Boll, Hebdoma[요일] 항목, in:*Pauly-Wissowas Reallexikon des klassischen Altertums*, Bd. VII, Sp. 2547 ff를 참조할 것. 또한 Ferd. v. Andrian, *Die Siebenzahl im Geistesleben der Völker, Mitteilungen der Anthropol. Gesellschaft in Wien*, Bd. XXXI, Wien 1901도 참조할 것.

부동의 것이며 다른 모든 것과 다르고 자기 자신과 동일한 신"으로 간주된다.[114] 그리스도교가 지배하는 중세에도 교부(敎父)들은 7을 충만과 완성의 수, 참으로 보편적이고 '절대적인' 수라고 생각했다. "Septenarius numerus est perfectionis[7은 완전한 수다]."[115] 이 점에서 7과 일찍부터 경쟁하고 있는 수는 9다. 그리스인들의 신화 및 제사에서는 게르만족의 신앙에서와 마찬가지로 7의 주기와 나란히 9의 주기와 9일로 이루어지는 주간(週間)이 나타난다.[116] 우리가 더 나아가 '단순한' 수들에 속하는 동일한 근본 성격이 합성된 수로도 전이된다는 사실을, 예를 들어 3, 7, 9, 12와 같은 수뿐 아니라 이 수들을 곱한 것들에도 특수한 신화적—종교적 힘이 귀속된다는 사실을 고려한다면, 결국 이러한 견해의 영역 안으로 그리고 '신성화'의 과정 안으로 끌려들어오지 않는 수적인 규정은 거의 없다는 사실이 분명해진다. 여기서는 신화적 형성충동에 무제한의 활동 공

---

114) Philolaos, fr. 20(Diels 32 B 20).

115) 이것에 대한 실례들은 Jos. Sauer, *Symbolik des Kirchengebäudes*, 76쪽과 Boll, *Die Lebensalter*, Leipzig 1913, 24쪽 이하에 있다.

116) W. H. Roscher, Die enneadischen und hebdomadischen Fristen und Wochen der ältesten Griechen u. Die Sieben—und Neunzahl im Kultus und Mythus der Griechen(*Abh. der Kgl. Sächs. Ges. der Wiss.*, Philo.—histor. Kl., XXI, 4 및 XXIV, 1.)를 참조할 것. 게르만의 종교들에 대해서는 Karl Weinhold, Die mystische Neunerfristen bei den Deutschen, *Abh. der Berlin. Akad. d. Wiss.*, 1897을 볼 것. 점성술에서의 7일 주기와 9일 주기에 대해서는 Bouché—Leclercq, *L'astrologie grecque*, Paris 1899, 458쪽 이하, 476쪽 이하를 볼 것.

간이 열리며, 이 충동은 어떠한 고정된 논리규범에 의해서도 또한 어떠한 '객관적' 경험법칙에 대한 고려에 의해서도 구속되지 않고 자유롭게 활동할 수 있는 것이다. 수가 과학에게는 진리의 기준이 되고 엄밀하게 '합리적인' 모든 인식의 조건이자 그 인식을 준비해주는 것이 되는 반면, 신화에서는 수가 신화의 영역 안으로 들어오는 모든 것, 이 영역과 접촉하고 이러한 영역에 의해 침투되는 모든 것에 신비—이성의 연추(鉛錘)[117]가 도달할 수 없는 깊이를 지닌 신비—의 성격을 각인한다.

그렇지만 신화적 사유의 다른 영역들에서와 마찬가지로, 외관상으로는 불가해하게 착종된 양상을 보여주는 신화적–신비적 수의 영역에서도 전적으로 분명한 정신의 윤곽이 인식될 수 있고 묘사될 수 있다. 여기서 또한 단순한 '연상(聯想)'의 충동이 아무리 발휘되더라도, 형성작용은 주요한 길과 부차적인 길로 나뉜다. 즉 여기서도 수가 신성한 것이 되며 이와 함께 세계가 신성한 것이 되는 과정을 규정하는 일정한 전형적 원칙이 점차 분명해진다. 언어적 사유에서 수 개념이 전개되었던 과정을 돌이켜 본다면, 우리는 이러한 원칙을 인식하기 위한 확고한 입각점을 이미 가지고 있는 셈이다. 언어적 사유에서 수량적 관계에 대한 모든 정신적 파악과 표시가 항상 어떤 구체적–직관적인 기초에 기원을 두고 있고, 수와

---

117) [역주] 연추는 납에 실을 단 추로서 건물의 높이를 잴 때 쓰인다.

그것의 의미에 대한 의식이 생겨나는 주요한 영역이 공간과 시간 그리고 '인칭'에 대한 견해라는 사실이 명확하게 되었다.[118] 우리는 유사한 분절화가 신화적인 수론(數論)의 전개 과정에서도 일어나리라고 추정해도 될 것이다. 만약 우리가 개개의 '신성한 수들'에 결부된 감정적 가치를 그것의 기원으로까지 소급해 추구하고 그것의 참된 뿌리를 드러내려고 한다면, 거의 항상 그것이 신화적 공간감정·신화적 시간감정·신화적 자아감정의 독자성에 근거하고 있다는 사실이 드러난다. **공간**에 관해서 말하자면, 신화적 사유에서는 개별 영역과 방위 자체에 전적으로 특정한 종교적 가치의 악센트가 주어져 있을 뿐 아니라 이러한 방위들의 전체, 즉 이러한 방위들이 결합되는 전체에도 그러한 악센트가 결부돼 있다. 동서남북이 세계의 '주요한 지점들'로서 구별되어 있는 곳에서는, 이러한 특수한 구별이 세계의 내용 및 세계의 사건에 대한 그 이외의 모든 분절에 대해서도 모델과 모범이 되고 있는 것이 통례다. 이제 4라는 숫자가 참된 '신성한 숫자'가 된다. 왜냐하면 그것에서 바로 모든 개별적 존재가 우주의 근본 형식에 대해 맺게 되는 연관이 표현되고 있기 때문이다. 어떠한 형태로든 실제로 사지석(四肢的)인 분절을 보여주는 것은—그 분절이 감각적 관찰에게 직접적으로 확실한 '현실'로서 나타나는 것이든 어떤 특정한 방식의 신화적 '통각'

---

118) 이에 대해서는 제1권 187쪽 이하, 203쪽 이하[『상징형식의 철학 I: 언어』, 181 쪽 이하]를 볼 것.

에 의해 순수한 이념으로서 나타나는 것이든—이[사지적 분절을 보여주는 것]와 함께 저절로 그리고 내적인 주술적 구속에 의한 것처럼 공간의 특정 부분들에 결부된 것으로 나타난다. 신화적 사유로부터 볼 때 여기서 일어나고 있는 것은 단순한 간접적 **이행**이 아니다. 신화적 사유는 직관적인 어떤 것으로부터 다른 것을 직관적으로 명료하게 보는 것이다. 신화적 사유는 네 개로 구성된 모든 특별한 형태로부터 우주적인 4의 보편적 형식을 파악한다. 4는 북아메리카의 많은 종교들에서뿐 아니라[119] 중국의 사유에서도 이러한 기능을 갖는 것으로 나타난다. 중국의 체계에서는 동서남북이라는 4개의 주요한 방위 각각에 특정한 계절, 특정한 색, 특정한 원소, 특정한 동물, 인체의 특정 기관 등이 대응하며 최종적으로는 존재의 다양한 모든 것들이 이러한 관계에 의해 어떠한 방식으로든 분할되어 있고 직관의 특정한 영역 안에 고정되어 있고 정주(定住)하고 있는 것으로 나타난다.[120] 4라는 숫자가 갖는 동일한 상징체계는 [이로쿼이족 계열의 북아메리카 인디언인] 체로키족에게서도 보인다. 그곳에서도 똑같이 세계의 주요한 네 지점에 특수한 색, 특수

---

119) 이에 대한 실례는 Buckland, Four as a sacred number, *Journal of the Anthropol. Institute of Great Britain*, XXV, 96쪽 이하와 Mc Gee, "Primitive numbers," 위의 책, 834쪽을 참조.

120) 이에 대해서는 de Groot, *Universalismus*, 119쪽; *The religious system of China* I, 316쪽 이하, 상세한 내용은 졸저 *Begriffsform im mythischen Denken*, 26, 60쪽 이하 참조.

한 일 또는 특수한 운명적 상태, 예를 들어 승리·패배·병·죽음 등이 배속(配屬)된다.[121] 신화적 사유는 그것의 특성상 이러한 모든 관계와 배속을 그 자체로 파악하며, 이를테면 그것들을 추상적으로(in abstracto) 파악하는 데 만족하지 않고 그것들을 참으로 확보하기 위해 그것들을 하나의 직관적 형상으로 집약하면서 이와 같은 형태로 감각적·형상적으로 자신 앞에 제시해야 한다. 이렇게 해서 4라는 숫자에 대한 숭배가 십자(十字) 형상에 대한 숭배가 되며, 이 형상이야말로 가장 오래된 종교적 상징 가운데 하나로 입증되고 있다. 십자 형상의 가장 오래된 형태인 만(卍)자 형상으로부터 십자 형상에 대한 직관 안에 그리스도교 교의의 내용 전체가 있다고 보는 중세의 사변에 이르기까지, 여기서 우리는 종교적 사유의 공통된 근본 방향을 추적할 수 있다. 중세 시기 십자의 네 끝부분이 하늘과 대지의 네 방위와 동일시되고 동서남북이 그리스도교적인 구원사의 특정한 단계와 결합하게 된 것은 특정한 우주적−종교적인 근원 주제가 부활한 것이었다.[122]

　방위에 대한 제사에서 4에 대한 숭배가 행해진 것과 마찬가지

---

121) Mooney, Sacred formula of the Cherokees, *7th Ann. Rep. of the Bur. of Ethnology* (Smithson, Inst.), 342쪽 참조.

122) 이에 대한 상세한 내용은 Joseph Sauer의 *Symbolik des Kirchengebäude* 안의 "Symbolik der Himmelsrichtungen" 87쪽 이하를 참조(이 책 223쪽 이하 참조). 만(卍)의 의미와 분포에 대해서는 특히 Thomas Wilson, *The Swastika, the earliest known symbol and its migrations*, Washington 1906 참조.

로, 5와 7에 대한 숭배도 이 제사에서 발전되어왔다. 동서남북이
라는 네 방위와 아울러 부족 혹은 민족에게 할당된 자리로서 세계
의 '중심'이란 것이 고려되며 또한 위와 아래, 천정(天頂, Zenith)과
천저(天底, Nadir)가 특별한 신화적-종교적 우대를 받게 된다. 이러
한 공간적-수적 분절로부터 예를 들어 주니족에서는 '칠두정치(七
頭政治, Septuarchie)'라는 형식이 생겨났는데, 이것은 그들의 세계
상을 이론적으로나 실천적으로, 지적인 관점에서나 사회학적 관점
에서 모두 규정한다.[123] 주니족 외에도 도처에서, 무엇보다 **7이라
는 숫자가** 갖는 주술적-신화적인 의미에서 그 숫자가 우주의 특
정한 기본 현상과 근본 표상에 대해 갖는 연관이 명료하게 드러난
다. 여기서 즉시 명확해지는 것은, 신화적 공간감정이 신화적 시간
감정과 불가분하게 결합되어 있다는 것이며 양자가 함께 수에 대
한 신화적 이해의 출발점을 형성하고 있다는 것이다. 신화적 시간
감정이 갖는 하나의 근본 특성으로서 밝혀진 것은 '주관적' 계기와
'객관적' 계기가 아직은 나누어지지 않은 채 병존하면서 서로 침투
하고 있다는 것이다. 여기서 존재하는 것은 단지 저 특유한 '국면
감정(Phasengefühl)', 사건 자체의 단계적 구분에 대한 감각뿐이며,
이 사건이 두 개의 서로 다른 절반, 즉 '안'과 '밖'으로 분열되어 있
는 것은 아니다. 따라서 신화적 시간은 항상 자연적 과정의 시간으

---

123) Cushing, *Outlines of Zuñi Creation Myths*(이 책 204쪽 이하 참조)를 볼 것.

로서 사유됨과 동시에 생명 과정의 시간으로서도 사유된다. 신화적 시간은 생물학적-우주적 시간이다.[124] 이제 이러한 이중성을 수에 대한 신화적 해석도 공유하고 있는 것이다. 모든 신화적 수는 대상적 직관의 특정한 영역, 즉 그것이 뿌리를 내리고 있으며 그로부터 끊임없이 새로운 힘을 끌어내는 영역을 소급 지시한다. 그러나 이러한 대상이 되는 것 자체는 이 경우 **단순히** 사태적-사물적인 것만이 결코 아니고 독자적인 내적 생명으로 가득 차 있으며 그 생명은 전적으로 특정한 리듬에 따라서 움직인다. 어떤 특수한 변화도 그러한 리듬을 따른다. 그 변화가 아무리 다양한 형태로 일어나고 또 그것이 신화적 세계 공간 내부의 서로 아무리 멀리 떨어진 점들에서 일어나더라도 그 리듬은 관철되는 것이다. 우주적 사건의 이러한 보편적 주기는 무엇보다 **달의 형상들에서** 나타난다. 대부분의 인도 게르만어와 셈계 언어와 함(Ham)계 언어권 내에서 달의 **명칭**이 이미 보여주는 것처럼[125]—달은 도처에서 시간의 분할자, '측정자'로서 나타난다. 그러나 달은 이것 이상의 의미를 갖는다. 자연과 인간 존재에서의 모든 생성변화는 어떤 방식으로든 달

---

124) 이 책 235쪽 이하 참조.
125) 인도-게르만어 및 이집트어에서 달을 시간의 '측정자'로 부르는 것에 대해서는, W. H. Roscher, *Die ennead. u. hebdomadischen Fristen u. Wochen bei den ältesten Griechen*, 5쪽을 참조. 셈계 언어에 대해서는 Joh. Hehn, *Siebenzahl und Sabbat bei den Babyloniern und im alten Testament*, Leipzig 1907, 59쪽 이하를 볼 것.

과 **관계될** 뿐 아니라 '기원'으로서의, 질적인 근거로서의 달로부터 유래하는 것으로 여겨지기 때문이다. 주지하듯이, 이러한 태고(太古)의 신화적 직관이 근대의 생물학 이론에서도 유지·계승되며 이와 함께 7이라는 숫자가 모든 생명을 지배하는 통치자라는 보편적 의미를 획득하고 있다.[126] 7이라는 숫자에 대한 숭배가 7개 행성에 대한 숭배와 결부되는 것은 비교적 늦은 시대, 즉 그리스-로마의 점성술 시대 때부터다. 원래 7일의 주기와 주간은 그러한 연관[7개 행성에 대한 숭배와의 연관]을 갖지 않고 28일로 이루어지는 한 달의 자연스러운 그리고 직관 속에 저절로 나타나는 4분할(分割)로부터 생겨난 것이다.[127] 따라서 여기서 7이라는 숫자의 신성화와 그것을 '완전수', '충만과 전체성'의 수로 보는 견해의 기초가 어떤 전적으로 특정한 직관의 권역에 있는 것은 분명하지만, 이러한 직관의 권역이 **유효하게** 되는 것은 그것이 신화적 사유, '구조적' 사유의 형식과 특성에 의해 점진적으로 확장되고 궁극적으로는 모든 존재와 사건을 포괄하게 될 때까지 확장되는 것에 의해서다. 이런 의미에서 예를 들어 7이라는 숫자에 대한 위(僞)-히포크라테스의 글에서

---

126) 이에 대해서는 Wilhelm Fliess, *Der Ablauf des Lebens*, Wien 1906; Hermann Swoboda, *Das Siebenjahr, Untersuchungen über die zeitliche Gesetzmäßigkeit des Menschenlebens*, Wien u. Leipzig 1917.

127) 이러한 문제를 결정하기 위한 자료는 모두 Boll, Hebdoma 항목, in: *Pauly-Wissowa*에 정리되어 있다. 또한 Roscher, *Ennead. Friesten*, 71쪽 이하 및 Hehn, 위의 책, 44쪽 이하를 볼 것.

7은 우주를 구성하는 참된 숫자로서 나타난다. 즉 7은 우주의 7개 영역에서 작용하고 활동하며 바람과 계절 그리고 연령의 수를 규정하며, 인체 기관의 자연적 분절이나 인간의 영혼 안에 존재하는 힘들의 배분도 그것에 근거한다.[128] 7이라는 숫자의 '생명력'에 대한 신앙은 그 후 그리스의 의학으로부터 시작해 중세와 근대의 의학으로 계승된다. 이 신앙에서는 7년마다 '갱년기(更年期)'가 도래하며, 7년마다 체액의 혼합 정도나 신체와 영혼의 기질에 결정적인 전환이 초래된다고 여겨진다.[129]

이제까지 고찰했던 사례들에서 항상 객관적 직관의 어떤 특정

128) 이에 대한 상세한 내용은 Roscher, Die Hippokrat. Schrift von der Siebenzahl, *Abh. der Kgl. Sächs. Ges. d. Wissensch.* XXVIII, 5, Leipzig 1911, 특히 43쪽 이하 참조.

129) 고대 의학의 '갱년기(klimakterische Jahre)' 이론과 이것의 전파에 대해서는 Boll, *Die Lebensalter*, 29쪽 이하, 또한 Bouché-Leclercq, *L'astrologie grecque*, 526쪽 이하를 참조할 것. 또한 우리가 신화적 시간관의 기본적 구성 부분이라고 보았던 특유한 신화적 '국면감정'은 인생을 각각 독특한 성격을 지니며 선명하게 구별되는 여러 시기로 나누는 데 그치지 않고, 드물지 않게 탄생 이전의 시기까지 거슬러올라간다. 태아가 성장하는 과정도 이미 동일한 규칙적 리듬이 지배하며, 이러한 리듬은 태아가 세상에 태어난 뒤에도 그 사람을 인생 전체에 걸쳐서 지배한다. 예를 들어 셈족의 종교들에서 이루어지는 40이라는 수에 대한 숭배는 모태 속에서의 태아의 성장에 대한 이러한 견해에서 유래하는 것 같다. 이 40이라는 숫자가 갖는 의미는, 로셔가 분석한 것처럼 아마도 280일로 확정되어 있는 임신기간을 40일씩 7개의 기간으로 나누고 그 각각이 태아의 생성과 성숙 과정 전체에서 서로 다른 특징적인 기능을 갖는다고 보는 데 근거한다. Vgl. Roscher, Die Zahl 40 im Glauben, Brauch u. Schrifttum der Semiten, *Abh. der Kgl. Sächs. Ges. d. Wiss.* XXVII, 4, Leipzig 1909, 100쪽 이하 참조.

한 권역이 특정한 수의 신성화를 위한 출발점이자 기초로서 입증되었지만, 우리가 이미 고찰한 수 관계에 대한 언어적 표현을 상기해보면 이러한 객관적 계기만이 그것[특정한 수의 신성화]을 홀로 규정하는 것은 아니라는 사실을 예상할 수 있다. 수에 대한 의식의 성숙은 외적 사물에 대한 지각과 외적 사건의 진행에 대한 관찰에 의해서만 일어나는 것이 아니다. 오히려 그것의 가장 강력한 뿌리 가운데 하나는 주관적-인격적 존재, 즉 나·너·그의 관계가 이끄는 저 근본 구별에 존재한다. 언어는 쌍수(雙數, Dual)와 삼수(三數, Trial)의 예 그리고 '포함적' 복수와 '배제적' 복수의 형식에 입각하여, 특히 2라는 수와 3이라는 수가 이러한 영역에 어떻게 관계하며 이들 수의 표현이 이러한 영역에 의해 어떻게 규정되는지를 보여준다.(제1권, 203쪽[『상징형식의 철학 I: 언어』, 382쪽] 참조) 이제 전적으로 유사한 것을 신화적 사유의 영역에서도 관찰할 수 있는 듯 보인다. 우제너는 신화적 수론의 근거를 마련하려는, 삼수에 대한 자신의 저작에서 다음과 같은 생각을 개진하고 있다. 즉 유형적인 수에는 두 개의 그룹이 있는데, 하나는 시간에 대한 파악과 분절에서 유래하며, 다른 하나는—이것에는 특히 2와 3이 속하는데—다른 기원에서 유래한다는 것이다. 그는 더 나아가 3이라는 숫자가 갖는 신성한 성격과 그것의 특수한 신화적 특성은, 원시문화의 시대에는 3이 수열의 마지막 항을 형성했으며 이와 함께 3이 완성과 절대적 전체성 자체의 표현이 되었다는 것에 근거하고 있다고 생각했다. 그러나 3이라는 개념과 무한성이란 개념 사이에 궁극적으로는 순수하게 지적이고 사변적인 결합을 가정하는 이러한 이론에 대해 민족학적인 견해에서 중대한 이의가 제기되고 있다.[130] 그럼에도 그는 '신성한' 수를 두 개의 상이한 그룹으로 나누고 이 두 그룹의 서로 다른 정신적—종교적 원천을 지적하고 있다는 점에서는 옳다. 특히 3에 관해 말하자면, 고도로 발전한 종교적 **사변**에서 3이 거의 도처에서 갖게 되는 순수하게 '예지적인' 의미는 전혀 다른 관계, 이를테면 소박한 관계에서 생긴 후세의 간접적 소산이라는 사실은 종교적인 근본 표상의 역사가 시사하고 있다. 종교**철학**이 신적인 삼위일체라는 비밀에 몰두하면서 세 가지의 이러한 통일을 성부와 성자와 성령의 삼위일체에 의해 규정하는 것에 반해, 종교**사**는 이러한 삼위일체 자체가 원래는 전적으로 구체적으로 파악되고 느껴지고 있다고 가르친다. 삼위일체에서 나타나는 것은 특정한 '인간 삶의 자연적인 형식'이라는 것이다. 성부와 성자와 성령이라는 사변적 삼위일체의 근저에는 엷은 베일을 통해 아직 아버지와 어머니 그리고 자식이라는 자연적인 삼위일체가 자주 내비치고 있다는 것이다. 특히 셈족의 종교권에서 신들의 삼위일체가 형성되는 과정에서는 이러한 근본적 직

---

130) Usener, *Dreiheit*(*Rheinisches Museum* N. F., Bd. LVII에 처음으로 발표되었음). 우제너의 이론에 대한 민족학적 비판에 대해서는 예를 들어 Lévy-Bruhl, *Das Denken der Naturvölker*, 180쪽 이하를 볼 것.

관이 아직 명료하게 인식될 수 있다.[131] 이러한 모든 예를 통해, 수를 정신의 세계 및 인류의 자기의식을 구성하는 근본적인 힘으로서 출현하게 하는 저 독특한 수의 주술적 힘이 입증된다. 수는 의식의 여러 기본적 능력들이 서로 접합되면서 하나의 혼융체가 되기 위한, 그리고 감각과 직관과 감정의 권역들이 하나의 통일체로 결합되기 위한 연결고리로서 드러난다. 여기서는 피타고라스학파가 조화(Harmonie)에 귀속시켰던 기능이 수에게 귀속된다. 그러한 기능이란 "혼합된 다채로운 사물들을 통일하는 것이며 음조가 다른 것들을 서로 일치시키는 것이다". (πολυμιγέων ἕνωσις καὶ δίχα φρονεόντων συμφηρόνσις, 필로라오스, 단편 10) 수는 자신 아래에 사물들을 결합하기보다는 오히려 사물들을 '영혼 안에서 조화시키는' 주술적인 끈으로서 작용하는 것이다.

---

131) 이것에 대한 실례는 현재 Ditlef Nielsen의 연구논문 Der dreieinige Gott in religionshistorischer Beleuchtung, Bd. I: *Die drei göttlichen Personen*, Kopenhagen, 1922에 정리되어 있다.

제3부

삶의 형식으로서의 신화

신화적 의식에서의 주관적 현실의 발견과 규정

제1장
자아와 영혼

　자아라는 개념과 영혼이라는 개념이 모든 신화적 사유의 **출발점**이라는, 일반적으로 널리 퍼진 이 견해가 정당하다면 주관적 현실이 신화에서 처음으로 **발견되었다**고 말할 수는 없을 것이다. 타일러(Tylor)가 자신의 기초적 저작에서 신화 형성의 기원을 '애니미즘'으로 보는 이론을 제기한 이래, 이러한 이론은 갈수록 더 신화연구의 확실한 경험적 핵심이자 경험적 규준으로서 입증되었던 것으로 보인다. 분트(Wundt)의 민족심리학적 고찰도 전적으로 이러한 이론에 근거한다. 그것조차 모든 신화적 개념과 표상을 근본적으로는 영혼에 대한 표상의 변종으로 보고 있으며, 따라서 영혼에 대한 이러한 표상은 신화적 세계관의 특정한 **목표**가 아니라 이미 주어진 **전제**가 되었다. 이러한 견해에 반대하는 운동은 이른바 전(前)애니미즘 이론에 의해 시작되었지만, 이러한 운동조차 단지 신화적 세계의 **사실적** 상태에 애미니즘적 해석에서는 고려되지 않던 몇 개의 새로운 특징을 덧붙이려고 할 뿐이며 설명의 **원리** 자체는 문제 삼지 않는다. 이러한 운동에서 비록 신화적 사유와 신화적 표상의 어떤 종류의 근원적 기층, 특히 가장 원시적인 주술적 관행과 관련해 영혼과 인격이란 개념이 필연적인 조건으로도 본질적인 구성요소로도 간주되지 않을지라도, 그러한 원시적인 기층을 일단 넘어선 신화적 사유의 모든 내용과 형식에 대해 영혼과 인격이란 개념이 갖는 중요성은 [이러한 운동에서도] 일반적으로 인정되고 있기 때문이다. [이러한 운동에서도] 신화는—타일러의 설을 전(前)애니미즘 식으로 변용한 입장을 취하는 경우조차—그것의 전체적인 구조와 전체적인 기능으로부터 보면 여전히 '객관적인' 생성의 세계를 이를테면 '주관적인' 세계로 다시 흡수하면서 이 후자의 범주에 따라 해석하려는 시도로 간주되는 것이다.

그러나 민족학 및 민족심리학에 의해 아직 여전히 본질적으로 논박되지 않은 이 전제를 우리가 우리의 보편적인 근본 문제와 관련해서 고찰하자마자, 이 전제에 대해 중대한 이의가 제기될 수 있다. 개별 상징형식들의 발전 과정을 언뜻 살펴보는 것만으로도, 상징형식이 수행하는 본질적인 기능은 외부세계를 내부세계에 모사하거나 완성된 내부세계를 외부세계에 투사하는 데 있는 것이 아니라 상징형식에서 그리고 상징형식을 매개로 하여 '내부'와 '외부', '자아'와 '현실'의 두 계기가 비로소 **규정되고** 서로 경계가 나뉜다는 데 있다는 사실이 도처에서 드러나기 때문이다. 이러한 상징형식들 각각이 자아와 현실의 정신적 '대결'을 자체 내에 포함할 경우, 이것은 자아와 현실 양자가 이미 주어진 양, 즉 이미 완성된 형태로 독립적으로 존재하는 '절반들'로서 간주되고 추후에 비로소 하나의 전체로 결합된다는 의미로 해석되어서는 안 된다. 오히려 각 상징형식의 결정적 기능은 자아와 현실 사이의 경계를 이미 결정적으로 확정된 것으로서 전제하는 것이 아니라 이러한 경계 자체를 처음으로 **정립하는** 데 있으며, 또한 모든 근본 형식이 이러한 경계를 **상이하게** 정립한다는 데 있는 것이다. 이러한 일반적인 체계적 고찰로부터 이미 우리는 신화도 자아나 영혼에 대한 어떤 완성된 개념이나 객관적 존재와 사건에 대한 어떤 완성된 상으로부터도 출발하지 않는다고 추정할 수 있다. 오히려 신화는 양자를 비로소 획득해야 하고 자기 자신으로부터 처음으로 형성해야 하는 것이다.[1] 신화적 의식의 현상학은 실제로 이러한 체계적인 추정을 일관되게 뒷받침하고 있다. 이러한 현상학의 틀을 넓히고 그것의 기반과 기층으로 깊이 파내려갈수록, 신화에서 영혼 개념은 신화가 파악하는 모든 것을 무리하게 담아 넣는 완성된 고정틀이 아니라 오히려 유동적이며 조형이 가능하고 변화할 수 있는 요소(Element)를 의미한다는 사실이 점점 더 분명하게 드러난다. 신화는 영혼 개념을 사용함으로써 그것을 자신의 손 안에서 변화시키는 것이다. **형이상학**, 즉 '합리적 심리학'은 영혼이란 개념을

---

1) 이에 대해서는 특히 제1권 23쪽 이하『상징형식의 철학 I: 언어』, 57쪽 이하] 참조.

주어진 하나의 소유물처럼 취급하면서 영혼을 특정한 불변적 속성을 갖는 '실체'로 본다. 신화적 의식은 형이상학과 정반대의 태도를 보여준다. 형이상학이 보통 영혼 개념의 분석적 징표로 간주하는 속성과 특성, 즉 영혼의 통일성과 불가분성 그리고 비물질성과 영속성은 신화에서는 결코 처음부터 그리고 필연적으로 영혼 개념과 결부되어 나타나지는 않는다. 그러한 속성들은 모두 신화적 표상작용과 신화적 사유의 과정에서 극히 점진적으로 그리고 매우 다양한 단계들을 통과하면서 비로소 획득된 것임에 틀림없다. 이런 의미에서 영혼 개념은 신화적 사고의 출발점이라고 말할 수 있는 것과 동일한 비중으로 그것의 도달점이라고도 말할 수 있다. 신화적 사유의 시작인 동시에 종말이라는 데 영혼 개념의 내용과 정신적 폭이 존재한다. 영혼 개념은 끊임없는 진행 속에서, 즉 형성작용들의 부단한 연관 속에서 우리를 신화적 의식의 한쪽 극으로부터 다른 극으로 이끈다. 영혼은 가장 직접적인 것으로 나타나는 동시에 가장 간접적인 것으로도 나타난다. 신화적 사유의 초기에 '영혼'은 사물로서, 즉 물리적 존재처럼 극히 잘 알려져 있고 손으로 붙잡을 수 있을 정도로 가까운 것으로 나타나고 있다. 그러나 이러한 사물적인 것에서 어떤 전환이 일어나면서 그것에 갈수록 더 풍부해지는 정신적 의미 내용이 점차 귀속되어, 궁극적으로 영혼은 정신성 일반의 독특한 '원리'가 된다. 결코 단번에가 아니라 점진적으로만 그리고 많은 우회로를 거쳐서야 비로소 '영혼'이라는 신화적 범주로부터 자아라는 새로운 범주, 즉 '인격'과 인격성이라는 관념이 생겨나는 것이다. 그것의 특유한 내용은 이러한 관념이 극복해야만 하는 바로 그러한 저항들로부터 비로소 완전히 나타난다.

물론 이러한 과정에서 문제가 되고 있는 것은 단순한 반성 과정이 아니다. 즉 순수한 **관찰**에 의해 획득된 성과가 아니다. 중심이 되는 것은 단순한 관찰이 아니라 오히려 행위인 것이며 이것이야말로 현실이 정신적으로 조직될 때 출발점이 된다. 행위에서 우선 객관적인 것과 주관적인 것의 영역, 즉 자아의 세계와 사물의 세계가 구분되기 시작한다. 행위의 의식이 진보함에 따라 이러한 구분은 더욱 선명하게 이루어지며 '자아'와 '비아' 사이의 경계가 더욱 더 명료하게 드러난다. 따라서 신화적 **표상세계**도 그것의 가장 직접적인 최초 형식들에서는 **활동**의 세계와 가장 밀접하게 결부된 것으로 나타난다. 여기에 활동의 분위기로 가득 찬 주술적 세계관의 핵심이 존재한다. 주술적 세계관은 주관적인 정동과 충동의 세계를 감각적─객관적인 존재 안으로 옮겨놓은 것이다. 인간이 독자적이고 자립적인 존재로서의 자기 자신을 사물들에 대해 대치(對置)시키는 최초의 힘은 **소원**(所願)의 힘이다. [어떤 것을] 소원할 때 인간은 세계와 사물의 현실성을 단순히 받아들이지 않고 오히려 스스로 구축(構築)한다. 소원 속에서 일어나는 것이야말로 존재를 **형성**하는 능력에 대한 가장 원시적인 최초의 의식이다. 이러한 의식이 모든 '내적' 직관과 '외적' 직관에 침투함으로써 이제 모든 존재가 그러한 의식에 복속되어 있는 것으로 나타난다. '생각의 전능함'과 소원의 전능함에 궁극적으로 순응하지 않는 어떠한 존재도 사건도 없다.[2] 주술적 세계관에서는 자아가 현실에 대해 거의 무제한적인 지배력을 행사하며 모든 현실을 자신 안으로 끌어들인다. 바로 이러한 직접적인 일체화야말로 원래의 관계가 역전되는 특유의 변증법을 자체 내에 포함하고 있다. 주술적 세계관에서 표현되는 것과 같은 고양된 자아감정은 다른 한편으로 자아가 아직은 참된 자기가 되지 않았다는 사실을 보여준다. 자아는 의지가 갖는 주술적이고 전능한 힘으로 사물들을 파악하고 이것들을 자신의 뜻대로 하려고 하지만, 바로 이러한 시도를 통해 자아가 사물들에 의해 완전히 지배되고 완전히 사로잡혀 있다는 것이 드러난다. 자아의 행위라고 생각되는 것조차 이제는 자아가 수동적으로 받아들여야만 하는 것이 된다. 즉 여기서는 단어와 언어의 힘과 같은 자아의 관념적 힘들조차 주술적 힘을 갖는 존재의 모습으로 직관되며 자아에 낯선 것으로서 외부로 투사된다. 여기서 획득되는 자아라는 **표현**도, 그리고 최초의 주술적-신화적인 '영혼'이라는 개념

---

2) '생각의 전능한 힘(Allmacht des Gedankens)'이라는 용어를 사용해 최초로 주술적 세계관의 특징을 규정한 사람은 프로이트다. 그의 상세한 설명을 참조하기 바란다. *Totem und Tabu*, 3번째 논문, Animismus, Magie und Allmacht des Gedankens, 2판, Wien 1920, 100쪽 이하를 볼 것.

도 아직 이러한 직관에 완전히 구속된 채로 있는 것이다. 영혼조차 인간의 육체를—그리고 이와 함께 그의 생명기능 전체도—외부로부터 규정하고 외부로부터 소유하는 주술적 힘을 갖는 존재로서 나타난다. 이에 따라 자아감정의 증대와 이로부터 비롯되는 활동의 과잉에서 생기는 것은 활동의 환영에 지나지 않는다. 모든 활동의 참된 **자유**는 어떤 내적인 **구속**을 전제하며, 활동이 명확한 객관적 한계를 갖는다는 사실을 인정하는 것을 전제하기 때문이다. 자아는 자신에게 이러한 한계를 설정하고, 이와 함께 처음에는 사물들의 세계에 대해서 자신이 갖는다고 생각했던 무조건적인 영향력을 연속적으로 제한함으로써 자기 자신에 도달하는 것이다. 정동과 의지는 더 이상 자신이 원했던 대상을 직접 파악하여 자신의 권역 안으로 끌어들이려 하지 않고, 단순한 소원과 목표 사이에 갈수록 더욱 명확하게 파악되는 중간항들을 삽입시킨다. 이와 함께 한편에서는 객체가, 다른 한편에서는 자아가 비로소 자립적인 고유의 가치를 획득하게 된다. 양자의 규정성은 이러한 매개를 통해 비로소 획득된다.

이에 반해 이러한 매개가 결여된 경우에는, 활동의 표상 자체에 어떤 특유의 무차별성이 아직 존재하게 된다. 모든 존재와 사건은 전체적으로든 개별적으로든 주술적–신화적 활동에 의해 침투되어 있다. 그러나 이러한 활동에 대한 직관에서는 원리적으로 서로 다른 작용인자인 '물질적인 것'과 '정신적인 것', '물리적인 것'과 '심리

제1장 자아와 영혼 **331**

적인 것'이 아직 구별되고 있지 않다. 그러한 직관에 존재하는 것은 단지 하나의 분할되지 않은 활동권이며, 그것의 내부에서는 우리가 '영혼의 세계'와 '물질의 세계'로 구별하는 두 영역 간의 지속적인 이행과 끊임없는 교환이 일어나고 있다. 활동의 표상이 세계 이해와 '세계 해석'의 모든 것을 포괄하는 보편적인 범주가 된 바로 그 경우에, 이러한 미분화가 가장 분명하게 나타난다. 폴리네시아인의 **마나**(mana), 북아메리카 알곤킨족의 **마니투**(manitu), 이로쿼이족의 **오렌다**(orenda)에서 공통의 기본적 구성요소로서 드러나는 것은 모든 단순한 '자연적' 한계를 넘어서 고양된 **활동력 자체라는** 개념과 그것에 대한 직관뿐이며, 이것들 내부에서는 활동의 개별적 힘들과 활동의 종류 그리고 형식이 선명하게 구별되지 않는다. 마나는 단순한 사물에게도 특정한 사람에게도, '정신적인 것'에게도 '물질적인 것'에게도, '살아 있는 것'에게도 '살아 있지 않은 것'에게도 똑같이 귀속된다. 따라서 순수한 애니미즘의 신봉자들도 그들의 적대자인 '전(前)애니미즘'의 신봉자들과 마찬가지로 자신의 견해를 뒷받침하기 위해 마나라는 표상을 끌어들이지만, 이에 대해 마나라는 말이 "그것 자체로는 전(前)애니미즘적 표현도 애니미즘적 표현도 아니며 이것들에 대해 전적으로 중립적이다"라는 올바른 이의가 제기되었던 것이다. 마나는 힘으로 가득 차 있고 활동적이며 생산적인 것이지만, 이러한 활동력에 좁은 의미의 의식적인 것, '심적인' 것, 인격적인 것이라는 특수한 규정이 속해 있지는 않다.[3] 이 밖의 경우에도 신화적 사유의 보다 '원시적인' 단계로 소급해 갈수록 주관적−인격적인 존재의 선명함, 즉 명료성과 확정성은 감소한다는 것은 극히 명확하다. 인격적 존재에 대한 직관과 개념이 아직도 소유하고 있는 특유의 유동성과 덧없음이야말로 원시적 사유의 특성이다. 따라서 여기서는 신체적인 것으로부터 분리된 자립적이고 통일적인 '실체'로서의 '영혼'은 없으며, 영혼이란 신체에 내재하면서 신체와 필연적으로 결합된 생명 자체와 다름 없다. 이러한 '내재성'은 '복합적인' 신화적 사유의 특성에 따라 공간적으로도 명확한 규정과 한계를 갖지 않는다. 생명은 미분화된 전체로서 신체의 전체 속에 살고 있으며, 신체 각각의 부분에도 현재하고 있다. 이러한 의미에서 생명의 '자리'로 간주되는 생명을 유지하는 데 중요한 기관들, 예를 들면 심장 · 횡격막 · 신장 등만이 아니라 신체의 임의적인 모든 구성 부분은 비록 신체 전체와 '유기적으로' 결합되어 있지 않더라도 그것에 내재하는 생명의 담지자로서 사유될 수 있다. 어떤 사람의 타액, 배설물, 손톱, 잘라진 머리카락조차 이러한 의미에서 생명과 영혼의 담지자이며 이러한 것으

---

3) 이에 대한 상세한 증거들은 Fr. Rudolf Lehmann, *Mana*, 35, 54, 75쪽 등(이 책 140쪽 이하 참조). 이로쿼이족의 오렌다에 대해서도, 휴이트(Hewitt)가 그 것은 '힘 일반'의 표현이며, '심적인' 힘이라든가 단순한 '생명력'의 동의어로 볼 수 없다는 사실을 상세히 보여주고 있다. Orenda and a defintion of religion, *American Anthropology*, N. S. IV, 44쪽 이하를 볼 것.

로 존속한다.[4] 이것들에 가해지는 모든 작용이 [그것들이 속했던] 생명 전체에 직접 타격을 가하면서 생명 전체를 위험에 빠뜨린다. 이 점에서도 다시, 외관상으로는 영혼에 자연적 존재와 사건에 대한 전능한 힘이 인정되는 듯 보이면서도 사실은 그와 함께 오히려 영혼이 더욱더 확고하게 물리적 존재의 영역에 사로잡히고 물리적 존재의 운명 안으로 얽혀 들어가게 된다는 역전(逆轉) 현상이 분명하게 드러난다. **죽음**이란 현상조차 이러한 연관을 해소하지 못한다. 원초적인 신화적 사유가 파악하는 죽음은 결코 영혼과 신체의 명확한 분리, '결별'을 의미하지 않는다. 이미 앞에서 보았던 것처럼 삶과 죽음을 지배하는 **조건들 사이의** 이러한 분리와 분명한 대치(對置)는 신화의 사유양식에는 모순되는 것이며, 신화에서 양자의 경계는 어디까지나 유동적인 것이다.[5] 이와 같이 신화에서는 죽음도 결코 존재를 파괴하는 것이 아니며 단지 다른 존재 **형식**으로 이행하는 것일 뿐이다. 그리고 이러한 다른 존재 **형식** 자체도 신화적 사유의 기본적-근원적 층위에서는 철저하게 감각적인 구체성을 갖는 것으로만 사유될 수 있다. 죽은 자도 여전히 '존재하며', 이러한 존재는 물리적인 것으로 파악되고 기술될 수밖에 없다. 죽은 자가 살아 있는 자에 비해 무력한 그림자로 나타난다 하더라

---

4) 이것에 대한 상세한 내용은, 예를 들어 Preuß, *Ursprung der Religion und Kunst*, Globus 86, 355쪽 이하(이 책 130쪽 이하 참조).

5) 이 책 97쪽 이하를 볼 것.

도 이러한 그림자는 아직 완전한 현실성을 지니고 있다. 이와 같이 죽은 자는 모습과 특징에서뿐 아니라 감각적−신체적 욕구에서도 산 자와 동일하다. 『일리아드』에서는 아킬레스에게 파트로클로스 (Patroklos)의[6] 그림자가 "크기도 모습도 사랑스러운 눈도 [살아 있을 때] 그대로, 목소리도 그대로, 그리고 살아 있을 때와 똑같이 몸에 옷을 걸치고" 나타나며, 이와 마찬가지로 이집트의 기념비에는 죽음 후에도 계속 살아 있는 인간의 카(Ka)가 그 사람이 살아 있을 때의 모습과 동일한 신체를 갖는 분신으로 묘사되고 있다.[7] 영혼은 한편으로는 '상(像, Bild)', εἴδωλον(에이돌론, 그림자)으로서 이를테면 조야한 소재를 벗어나 물질적인 세계보다 더 세련되고 섬세한 재료로 만들어진 것처럼 보이는데, 다른 한편으로 신화적 사유의 관점에서 보면 이러한 상 자체는 결코 한낱 이념적인 것이 아니며 특정한 실재적 존재와 실재적인 활동력을 갖추고 있다.[8] 따라서 그림자라 하더라도 그것에게는 아직 일종의 물리적 현실성과 물리적 형태가 속해 있는 것이다. 휴런족[이로쿼이족에 속하는 북아메리카 원주민]의 표상에 따르면 영혼은 머리와 신체, 양팔과 양다리를 지녔다. 요컨대 영혼은 모든 점에서 '실제의' 신체와 그 조직을 그대로

---

6) [역주] 파트로클로스는 아킬레스가 매우 아꼈던 전우다.

7) 예를 들어 Budge, *Osiris and the Egytian resurrection*, London 1911, II, 119 에 나와 있는 룩소르 사원의 얕은 부조(浮彫)를 참조할 것. 또한 Erman, *Die ägyptische Religion* 2판, 102쪽을 참조.

8) 이 책 109쪽 이하를 볼 것.

모사한다. 영혼에는 대개의 경우 [죽기 전에 사람들이] 볼 수 있었던 신체적인 관계가 다만 보다 작은 공간 안에 압축되어 축소모형처럼 나타난다. 말레이인들에게 영혼은 신체의 내부에 거주하는 소인(小人)으로 여겨진다. 이러한 감각적이고 소박한 근본 표상은 '자아'에 대한 전혀 다른, 순수하게 정신적인 직관으로의 이행이 이미 일어난 곳에서도 때때로 유지되고 있다. 자아의 순수한 본질인 아트만에 대한 우파니샤드의 사변 가운데서도 영혼을 또한 푸루샤, 즉 엄지손가락 크기의 인간으로 보는 견해가 나타난다. "이미 일어났던 것과 앞으로 일어날 것의 주인인 푸루샤가 몸 한가운데에 손가락 한마디 크기로 깃들어 있다. 그를 아는 사람은 더 이상 걱정에 사로잡히지 않는다."[9] 이러한 모든 예에서는 영혼을 상(像)과 그림자로서 존재의 다른 **차원**으로 옮겨놓으려는 노력이 보인다. 그러나 다른 한편으로 영혼은 상과 그림자에 지나지 않기 때문에, 고유의 자립적인 특징을 갖지 못하고 자신의 존재와 자신이 갖는 모든 것을 신체의 물질적 속성들로부터 빌려온다. 신체의 존재를 넘어서 영혼에 귀속되고 있는 생명의 형식조차 우선은 영혼의 감각적-지상적 존재양식의 단순한 연장일 뿐이다. 영혼은 자신의 존재 전체와 충동과 욕구와 함께 물질적인 세계로 향해 있으며 이러한

---

9) *Kathaka Upanishad* IV, 12(Deussen에 의해 *Geheimlehre des Vedas*로 번역되었다. 162쪽) 민족학적 자료에 대해서는 특히 Frazer, *Golden Bough* 3판 II, 27, 80쪽 등을 참조할 것.

세계에 구속되어 있다. 영혼은 자신의 존속과 안녕을 위해 먹을 것과 마실 것, 옷과 집기(什器), 가구와 장식품의 형태로 제공되는 물질적 소유물을 필요로 한다. 영혼을 기리기 위한 제사의 후대의 형식에서 그러한 공물(供物)은 자주 순수하게 상징적인 것이 되지만[10] 본래 실재적인 것으로 여겨졌다는 것은 의심할 여지가 없으며 죽은 사람이 실제로 사용하는 것으로 여겨졌다. 이 점에서 '피안'의 세계도 우선은 차안의 세계의 단순한 중복이자 단순한 감각적 복제로서 나타난다. 이러한 두 세계를 그것들 간의 내용상 대립을 강조하고 상세하게 묘사함으로써 구별하려는 시도가 행해지는 경우에조차, 그러한 **대조**에 의한 형상화도 **유사성**에 의한 형상화 못지않게 '차안'과 '피안'이 그 자체로 동질적이며 동일한 하나의 감각적 존재형식의 상이한 두 측면에 지나지 않는 것으로 파악된다는 사실을 보여준다.[11] 차안의 **사회적** 질서조차 명계(冥界)의 질서가 단

---

10) 예를 들어 중국에서는 죽은 사람에게 희생물을 바치는 제사에서 실제 옷과 함께 다량의 종이로 만든 의복이나 종이 의복 모형을 소각하여 피안에 있는 죽은 사람에게 보내준다. de Groot, *The religious system of China* II, 474쪽 이하를 볼 것.

11) 이러한 사실을 특징적으로 보여주는 증거이 예로 수마트라 **바탁**(Batak)족의 종교나 저승세계에 대한 그들의 사고방식을 들 수 있다. 바르네크는 이러한 사고방식에 대해 다음과 같이 설명하고 있다. "베구(begu, 죽은 자의 정령)의 생활방식은 살아 있는 자의 생활방식과는 정반대다. 베구는 계단을 내려갈 때 머리로 기어 내려간다. 여러 명이 짐을 운반할 때 베구는 앞쪽을 보면서도 뒤로 걸어간다. 그들도 시장을 열지만 밤에만 연다. 그들의 집회와 활동 모두가 밤에 행해진다."(Warneck, *Die Religion der Batak, Ein Paradigma für die*

순히 그대로 연장된 것이라고 여겨진다. 모든 사람은 영계(靈界)에서 지상의 존재에 배정되었던 것과 동일한 지위를 차지하며 동일한 직업과 동일한 직분을 행한다.[12] 이와 같이 신화는 그것이 직접 주어진 감각적–경험적 존재의 세계를 넘어서고 그 세계를 원리적으로 '초월하는' 것처럼 보이는 바로 그곳에서 실은 이 세계에 집요하게 집착하고 있는 것이다. 이집트의 문헌에서 영혼의 보존과 영속은 주술적 수단을 사용함으로써 영혼으로 하여금 개개의 감각적 기능과 감각기관을 다시 사용할 수 있도록 만드는 것과 연계되어 있다. 입 · 귀 · 코 등을 여는 예식을 통해 죽은 자는 다시 감각을 소유하게 되고 시각 · 청각 · 후각 · 미각을 다시 소유하게 되는데, 문헌에는 이러한 예식에 대한 규정들이 세부적으로 서술되어

---

animistischen Religionen des indischen Archipels, Göttingen 1909, 74쪽)

12) 이러한 사고방식은 **중국**과 **이집트**에서 특히 선명한 형태로 발견되는 듯하다. de Groot, *Religious System of China* I, 348쪽 이하 및 Breasted, *Development of religion and thought in ancient Egypt*, 49쪽 이하 참조. 이집트의 『사자(死者)의 서(書)』에 의하면, 죽은 자는 자신의 팔다리를 계속해서 사용한다. 그는 신들이 마련해준 식물로 살며 자신이 경작하는 토지와 경작지를 가지고 있다. 그러나 오비디우스[BC 43~AD 17, 로마의 시인]도 잘 알려진 구절에서 망령은 피도 육신도 뼈도 갖지 못한 채로 이리저리 방황한다고 묘사하고 있다. 어떤 망령은 광장에 모여 있고 다른 망령은 일에 종사하면서 각자가 죽기 이전의 생활방식을 모방한다(『변신이야기』 IV, 443쪽 이하). 그 밖에 로마의 사자(死者)신앙도 그러한 개별 특성들에서뿐 아니라 이러한 특성들의 근저에 있는 일반적인 견해에서 여전히 '원시인들의 신앙'에 근접해 있다는 사실이 특히 최근의 상세한 연구들에 의해 입증되었다. Walter F. Otto, *Die Manen*, Berlin 1923 및 Cumont, *After Life in Roman Paganism*, New Haven 1922, 3쪽 이하, 45쪽 이하 등 참조.

있다.[13] 사람들은 이러한 규정들에 대해, 그것들이 명계에 대한 **표상**을 형성하기 위해서라기보다는 오히려 그러한 표상에 열정적으로 **저항하기** 위해서 만들어진 것이라고 말해왔다.[14] 사실 이집트의 묘비석에서는 항상 강한 어조로 죽은 자를 '살아 있는 자'라고 부른다. 이는 중국에서 관(棺)이 '살아 있는 관', 죽은 자의 시체가 '살아 있는 채로 입관(入棺)되어 있는 유해(遺骸)'라고 불리는 것과 동일하다.[15]

인간의 자아도 그의 자기의식과 자기감정의 통일도 이 단계에서는 신체로부터 분리된 자립적 '원리'로서의 '영혼'에 의해 구성되지 않는다. 인간이 살아 있는 한, 즉 그가 구체적인 신체와 감각적 활동 능력을 갖고 존재하는 한, 그의 자기와 인격성은 **전체**로서의 그의 존재 안에 포함되어 있다. 그의 물질적 존재 및 '심리적' 기능과 작용, 그의 감정·감각·의지는 미분화의 무차별적 전체를 형

---

13) 이에 대해서는 Budge, *Osiris and the Egyptian resurrection*, I, 74, 101쪽 이하 등 참조.

14) 가장 오래된 피라미드 문서에 대한 브레스테드(Breasted, 위의 책, 91쪽)의 다음과 같은 서술을 참조할 것. "전체를 관통하는 주요하면서도 지배적인 어조는 죽음에 대한 집요하면서도 격정적이기까지 한 저항이다. 이 문서는 거대한 암흑과 침묵, 즉 그곳에서 돌아온 자가 없는 암흑과 침묵에 대한 인류의 최초의 숭고한 항거에 대한 기록이라고 말해도 좋을 것이다. 피라미드 문서에는 죽음이라는 말은 부정적인 의미로만 나타나며 적에게만 적용된다. 그리고 죽은 자는 살아 있다는 불굴의 확신이 줄기차게 표명되고 있다.

15) de Groot, 위의 책, III, 924 등 참조

성한다. 따라서 양자의 분리가 눈에 보이는 명백한 형태로 일어난 것 같은 후에조차, 즉 생명 및 감각과 지각이 신체에서 떠난 후에조차, 인간의 '자기'는 이를테면 이제까지 이 전체를 형성해왔던 두 개의 요인들 사이에 아직 나뉘어져 있다. 호메로스에서는 영혼이 인간을 떠났을 때 인간 그 **자신**, 즉 그의 시체는 개들에게 먹이로 주어진다. 그러나 호메로스에게는 이 외의 다른 견해와 다른 표현도 보이며, 이에 의하면 바로 이러한 '자기'야말로 명계에서 그림자와 환영으로서 계속해서 살게 된다는 것이다. 베다의 문헌들도 동일한 특징적 동요를 보여준다. 즉 어떤 때는 죽은 자의 신체가, 또한 어떤 때는 그의 영혼이 참된 '그 자신', 즉 그의 인격의 담지자로 사유된다.[16] 상이하면서도 모두 똑같이 현실적인 존재형식에 구속되어 있어서 이러한 '그 자신'은 아직 자신의 순수하게 이념적인 통일, 자신의 기능적인 통일을 전개할 수 없다.[17]

---

16) 이에 대해 상세한 것은 Oldenberg, *Religion des Veda* 2판, 585쪽 이하와 530쪽 각주 2번을 참조할 것. Rohde, Psyche 2판 I, 5쪽 이하와 비교할 것.

17) 이렇게 인간의 '자기'를 시신과 망령으로 나누는 것에 대해 신화적 사유는 아무런 거부감도 느끼지 않는다. 이는 신화적인 인격 개념이 갖는 유동적이고 무규정적인 성질로 인해 살아 있는 동안에도 그러한 인격에 대해 유사한 분리가 행해질 수 있기 때문이다. 살아 있는 동안에도 한 인간이 자신에게 '속한다'고 생각하는 여러 신체에 동시에 존재할 수 있다. 예를 들어 오스트레일리아 원주민의 토템 체계에서는 나무나 돌로 만들어진 특정한 사물들, 이른바 '추룽가(tjurunga)'—이것은 그 토템 선조의 육신이 변화된 것이다—는 해당 토템에 속하는 사람들의 '일부를 구성하는' 것으로 간주된다. 슈트렐로브는 이렇게 보고하고 있다. "인간과 추룽가 사이의 관계는 nana unta mbbrurka nam, 즉 '이

따라서 영혼 개념의 이론적인 형성과 발전에서는 영혼의 통일성과 단일성이야말로 영혼의 본질적인 특징, 즉 그것의 참으로 구성적인 징표가 되는 데 반해, 신화에서는 오히려 그 정반대가 타당하다. 사변적 사유의 역사에서도 이러한 통일성과 단순성이 서서히 획득되며 확보되어가는 과정이 추적될 수 있다. 플라톤에게서도 아직 통일성이라는 논리적–형이상학적 동기, ἕν τι ψυχῆς(헨 티 퓌시케스, 혼의 통일)는 '혼의 많은 부분들'이라는 대립된 동기에 대해 자신을 주장하고 관철해야만 했다. 그러나 신화에서는 그것의 원초적인 형태들에서뿐 아니라 비교적 발달한 형태에서조차 자주 영혼의 분할이라는 동기가 영혼의 통일이라는 동기를 압도하는 경향이 있다. 엘리스(Ellis)에 의하면 [아프리카 서해안의] 취–흑인족(Tschi-Neger)은 두 개의 영혼을, 메리 킹슬리(Mary Kingsley)에 의하면 서아프리카인은 4개의, 스키트(Skeat)에 의하면 말레이인은 7개의 서로 독립적인 영혼이 있다고 믿는다. [아프리카의 나이지리아 남서부에 사는] 요루바족은 모든 개인은 세 개의 영혼을 가지고 있는데, 그 하나는 머리에, 다른 하나는 배에, 또 다른 하나는 엄지발가락에 깃들어 있다고 믿는다.[18] 그러나 동일한 표상이 훨씬 더

_____

것(즉 추룽가)이야말로 바로 너의 신체다'라는 글에 표현되어 있다. 따라서 모든 인간은 두 개의 신체를 갖게 되는데, 하나는 살과 피로 이루어진 신체이고 다른 하나는 돌이나 나무로 이루어진 신체다 (…)." Strehlow-Leonhardi, *Die Aranda-und Loritja-Stämme in Zentral-Australien*, Veröffentl. des Städt. Völker-Mus. Frankfurt a. M., 1908, I, 2, 77쪽 이하.

세련된 형태, 즉 사유에 의해 이미 거의 분화되어 있고 사유에 의해 체계화된 형태로 나타날 수 있다. 개개의 '영혼들'과 이 영혼들이 갖는 기능의 이러한 체계적 분화는 이집트 종교에서 가장 선명하게 형성되었던 것 같다. 이집트 종교에서는 신체, 즉 살 · 뼈 · 피 · 근육 등을 형성하는 요소들과 아울러 인간의 여러 영혼을 구성하는, 보다 섬세하지만 똑같이 물질적인 것으로 여겨지는 다른 요소들이 있다고 여겨진다. 인간이 살아 있을 때 정신적인 분신으로서 그의 신체에 깃들어 있으며 죽어서도 인간을 떠나지 않고 일종의 수호령으로서 그의 시체에 머물러 있는 카(Ka) 외에, 의미와 존재형식이 다른 두 번째 영혼인 바(ba)가 존재한다. 이것은 죽음의 순간에 새의 모습으로 신체를 떠난 후 공중에서 자유롭게 날아다니며, 가끔씩 무덤 속의 카와 시체를 다시 방문한다. 피라미드 문헌들은 그 외에 제3의 영혼인 쿠(Khu)에 대해서도 말하고 있는데, 이것은 불변적이고 파괴되지 않으며 불사의 것으로서 서술된다. 쿠의 의미는 우리가 지니고 있는 '정신' 개념과 가장 가까운 것 같다.[19] 여기서는 세 가지 상이한 방식으로 신체적 존재에 대한 영

---

18) Ellis, *The Yoruba—speaking Peoples*, 124쪽 이하; Skeat, *Malay Magic*, London 1900, 50쪽을 참조할 것. 더 많은 증거를 보고 싶으면 예를 들어 Frazer, *Golden Bough* 2판, 528, II, 27을 참조할 것. 스펜서와 길렌에 의하면 다수의 영혼이라는 동일한 관념이 오스트레일리아의 원주민에게서도 보인다(Spencer & Gillen, *The native tribes of Central Australia*, 512쪽 이하; *The northern tribes of Central Australia*, 448쪽 이하).

혼의 존재의 특수성을 규정하려는 시도가 행해지고 있는 것이다. 그러나 이처럼 다양한 단서야말로 '인격'이라는 고유의 특수 원리가 완성되는 데까지는 이르지 못했다는 것을 증명한다.[20] 이러한 인격의 원리의 발견을 오랫동안 방해한 것은 단지 소극적인 계기만이 아니다. 거기에는 극히 중요하며 적극적인 계기가 작용하고 있다. 신화적 의식의 지적 무능력만이 문제가 아니라 신화적 생활 감정 자체의 고유성에 깊이 뿌리내린 계기도 작용하고 있는 것이다. 이러한 생활감정은 무엇보다 '국면감정'으로서 나타나며, 이러한 감정 때문에 삶 전체가 전적으로 통일된 연속적인 과정으로서 받아들여지는 것이 아니라 극히 명확한 몇 개의 단절을 통해, 즉 위기의 성격을 갖는 지점들과 시간들을 통해 단절되어 있는 것이

19) 이집트에서의 영혼의 이러한 삼분성과 각각의 영혼이 갖는 기능 및 의미에 대해서는 무엇보다도 Budge, *Osiris and the Egyptian Resurrection*, Bd. II, Kap. 19를 참조하기 바란다. 여기서는 아프리카의 다른 종교들에 보이는 유사한 예들도 자세하게 고찰되고 있다. George Foucart, Body(Egypt)(*Hastings Encyclopaedia of Religion and Ethics*에 수록) 및 Erman, *Ägypten und ägyptisches Leben im Altertum*, II, 414쪽도 참조할 것.

20) 브레스테드는 이집트의 영혼신앙에 대해 이렇게 서술한다. "그렇게 이른 시대의 사람들이 사용하던 영혼과 같은 용어들을 다룰 때 우리가 기억해야 하는 것은 그들이 인격성을 구성하는 요소의 정확한 본성에 대해 명료하게 정의된 관념을 갖지 않았다는 점이다. 이집트인이 감각의 도구나 담지자로서의 신체로부터 인격을 전적으로 분리하지 않았다는 것은 확실하다. 그들은 감각의 다양한 채널을 통괄하는 바(ba)가 신체에서 자신을 분리한 후에도 정교한 방법으로 신체에서 감각의 다양한 채널을 회복하려 했다."(Breasted, *Development of religion and thought in ancient Egypt*, 56쪽)

다. 이러한 단절이 삶의 연속체를 서로 구별되는 몇 개의 단편으로 분할하는 것과 마찬가지로 자기의 통일성도 분할하는 것이다. 여기서는 이념적인 '자기의식의 통일성'이 모든 **내용**의 다양성을 배제하고 자신을 자아라는 순수한 '형식'으로 구성하는 추상적 원리로 작용하지 않는다. [신화적 의식에서는] 이러한 형식적 종합이 내용들 자체에서 그리고 이러한 내용들의 구체적 속성들에서 극히 명확한 경계를 발견하는 것이다. 내용들의 다양성이 완전한 대립으로 전환될 정도의 긴장에 도달하는 곳에서는, 이러한 분열에 의해 삶의 연관조차도 그리고 그것과 함께 자기의 통일성조차 폐기된다. 서로 다른 특징을 갖는 삶의 국면과 함께 새로운 자기가 생기는 것이다. 신화적 의식의 원시적인 층위에서 우리는 이러한 기본적인 사고방식을 거듭 접하게 된다. 특수한 주술적−신화적 관습을 통해 인생 전체로부터 특히 두드러지는 소년에서 성인으로의 이행은 일반적으로 고유한 특성을 갖는 하나의 신화적 과정으로 간주되는데, 그러한 이행은 '발전' 내지 '진화'라는 형태로 일어나는 것이 아니라 새로운 자아와 새로운 영혼을 획득하는 것임은 널리 분포되어 있는 사고방식이다. [서아프리카] 라이베리아의 오지(奧地)에 사는 한 종족의 경우, 소년이 성년식이 행해지는 신성한 숲 안으로 들어가자마자 그는 숲의 정령에 의해 살해당하면서 새로운 생명으로 일깨워지고 새로운 영혼이 불어넣어진다는 보고가 있다.[21] 남동(南東) 오스트레일리아의 쿠르나이족에서는 소년은 성인식 때 통상적인 상태와는 다른 주술적 수면상태에 들어간 후 이로부터 전혀 다른 자로서, 즉 종족의 토테미즘적 선조와 꼭 닮은 모습을 가진 그 선조의 화신으로서 깨어난다.[22] 두 가지 경우 모두에서 드러나는 것은 순수한 기능적 통일체로서의 '자아'는 여기서 아직, 어떤 결정적인 '위기' 국면점(Phasenpunkt)이나 전환점을 통해 분리되어 떨어져나가는 듯 여겨지는 것을 포괄하고 통합하는 힘을 갖고 있지 않다는 것이다. 여기서는 직접적−구체적인 생활감정이 추상적인 자아감정과 자기감정에 대해 우위를 차지하며, 이것은 우리가 신화적 표상작용에서뿐 아니라 순수하게 직관적인 예술적 본성을 지닌 사람들로부터 거듭 접하게 된다. 단테가 베아트리체에 대한 사랑의 체험—이것을 계기로 그는 청년이 되고 남성이 되는 것이지만—을 비타 누오바(vita nuova, 새로운 생)라는 이미지로 표현했던 것은 우연이 아니다. 괴테의 생애에서도 그가 내면적 성장의 가장 중요한 국면들을 통과한 후 얼마 지나지 않아 그것들을 '흘러가고 이미 흘러가버린 상태들을 탈피하는 것'으로 느끼고 자신의 시작(詩作)을 단지 '뱀 껍질이 벗겨져 길에 남겨진 것'

---

21) Schurtz, *Altersklassen und Männerbünde*, 102쪽 이하; Boll, *Die Lebensalter*, 36쪽 이하를 볼 것.
22) Howitt, *The natives tribes of South East−Australia*, London 1904; P. W. Scmidt, *Die geheime Jugendweihe eines australischen Urstamms*, Paderborn 1923, 26쪽 이하를 볼 것.

으로 느낀다는 것은 하나의 일관된 특징을 형성한다.[23] 신화적 사유에게는 동일한 분열의 과정이 잇달아 일어나는 방식으로도 또한 동시에 병존하는 방식으로도 일어난다. 즉 동일한 한 사람 안에, 동일한 경험적 개체 안에 신화적으로는 전혀 다른 '영혼들'이 함께 공존하고 평화롭게 병존할 수 있는 것처럼, 잇달아 일어나는 삶의 사건들도 전적으로 상이한 '주체들'에 배분되고 그것들 각각이 어떤 특수한 존재라는 형태로 신화적으로 사유된다. 그뿐 아니라 인간을 소유하는 직접 살아 있는 영적인 힘으로서 신화적으로 **느껴지고 직관되는** 것이다.[24]

---

23) Goethe가 1809년 6월 23일에 Reimer에게 쓴 편지와 1827년 1월 12일에 Eckermann에게 쓴 편지를 볼 것(*Gespräche*, hrsg. von Beidermann 2판, II, 42, III, 316).

24) 언뜻 보기에 신화적 자아감정과 신화적 영혼 개념에서 거듭 수행되는 이러한 '분열'은 이전에 신화적 사유의 '복합적이고' 비분석적인 성격과 모순되는 듯 보일 수 있다(이 책 117쪽 이하 참조). 그러나 좀더 자세하게 고찰해보면, 여기서 문제가 되는 것은 서로 상응하면서 서로 보완하는 두 계기라는 사실이 드러난다. 이론적 사유는 그것이 발전하면 할수록 더욱더 선명하게 '종합적 통일'의 형식을 형성하고 하나와 다수 사이에 어떤 **상관적** 관계를 설정하는 반면, 신화적 사유는 우선 양자 사이에 단지 **양자택일적** 관계만을 인정한다. 따라서 신화적 사유는 그것이 서로 간에 공간적 · 시간적 · 인과적 관계가 있다고 인정하는 개별 요소들을 서로 동일시하고 이것들을 하나의 형상으로 '유착시킴'으로써 이러한 요소들 사이의 차이를 부정할 수밖에 없다(이 책 149쪽 이하 참조). 이러한 부정이 더 이상 수행될 수 없는 경우, 즉 한낱 차이에 지나지 않는 것이 '대립'으로까지 강화되어 자신을 이러한 대립으로서 직접 드러내는 경우 신화적 사유는 다양한 특수 규정들을 서로 분리된 다수의 **존재들**에게 할당할 수밖에 없다. 따라서 여기서는 차이가 전혀 설정되지 않든가, 차이가 그러한 설정과 동시에 실

자아에 대한 견해가 이러한 속박으로부터 벗어나 자아가 자신을 이념적 자유 안에서 그리고 자신을 이념적 통일체로서 파악하려면, 다른 길을 통해야 한다. 이러한 결정적 전환은 영혼 개념의 강조점이 이동하고 영혼이 삶의 현상들의 단순한 담지자 내지 원인으로 사유되지 않으며 오히려 **윤리적** 의식의 주체로 파악될 때에야 비로소 일어난다. 삶의 권역을 넘어서 윤리적 행위의 권역으로, 생물학적 권역으로부터 도덕적 권역으로 시선을 돌림으로써 비로소 자아의 통일이 물질적인 혹은 반쯤 물질적인 영혼의 표상에 대해 우위를 점하게 되는 것이다. 신화적 사유의 권역 내에서도 이미 이러한 전환이 추적될 수 있다. 이러한 이행에 대한 가장 오랜 역사적 증거는 이집트의 피라미드 문헌들이 제공하는 것 같다. 이 문헌들에 입각하여 우리는 '자기'가 아직 완전히 감성적으로 파악되고 있는 일련의 단계들을 먼저 통과하면서 그것의 새로운 도덕적 형식이 점차 형성되어가는 과정을 명확하게 추적할 수 있다. 사후의 영혼이 계속 살기 위해서는 그것의 물질적 기체가 존속해야 한다는 것이야말로 이집트 영혼신앙의 첫 번째 자명한 전

___

체화되든가 둘 중 하나다. 이론적 사유가 추구하는 의식의 **기능적** 통일은 상이성(相異性)을 설정하는 동시에 이러한 상이성 사이에 다리를 놓으며, 이것을 사유의 순수한 형식 안으로 해소한다. **실체적인** 신화적 사유는 다수를 하나로 만들거나 아니면 하나를 다수로 만든다. 여기서는 합치나 분리만이 존재하며, 의식의 순수하게 지성적인 종합과 의식의 특수한 논리적 통일형식, 즉 '통각의 초월론적 통일'에서 수행되는 상이한 것들의 저 특유한 **통합**은 존재하지 않는다.

제다. 따라서 죽은 자의 '영혼'을 위한 모든 배려는 우선 미라를 보존하는 것에 집중되어야만 한다. 그러나 영혼 자체가 신체의 영혼이면서 동시에 상(像)의 영혼이고 그림자의 영혼이기 때문에, 이러한 계기는 영혼에 대한 제사의 형식에서도 나타난다. 종교적 사유와 종교적 직관이 원래 숭배하는 마음으로 집착하던 물질적인 구체적 신체성으로부터 벗어나 갈수록 순수한 상(像)의 형식으로 고양된다. 이러한 상의 형식이 그리고 특히 이러한 상의 형식이 자기의 존속을 보증한다고 여겨지기 때문에, 미라와 아울러 미라와 동일한 효과를 갖는 불사의 수단으로서 조각상이 등장하게 된다. 이러한 종교적인 근본 견해로부터 조형예술, 특히 이집트의 조각술이 생겨난 것이다. 이집트의 왕릉인 피라미드가 시간적 영원과 자아의 무한한 영속을 추구하는 이러한 정신적 근본 방향의 가장 강력한 상징이 된다. 이러한 지향은 건축과 조상(彫像)에 의한 구체화, 즉 공간의 직관적 가시성 속에서 자아의 무한한 영속을 성취하고 실현한다. 그러나 죽은 자에 대한 신앙과 제사에서 '자기'의 윤리적 계기가 점점 더 선명하게 모습을 드러내면서, 가시성과 그렇게 가시적으로 만드는 것의 전체적인 권역을 우리는 넘어서 나아가게 된다. 영혼의 영속과 운명은 이제 더 이상 영혼과 함께 주어지는 물질적인 보조수단에만 의존하지 않고, 또한 영혼을 주술적으로 수호하고 뒷받침하기 위한 일정한 제의상의 지침들을 수행하는 것에 의존하지도 않으며, 오히려 영혼의 윤리적 존재와 윤리적 행위에 의해 좌우되는 것이다. 이집트의 초기 문서에서는 주술적인 관습에 의해 강요되는 죽음의 신인 오시리스의 은혜도 후대에는 선과 악에 대한 오시리스의 **심판**에 의해 대체된다.『입구(入口)의 서』의 서술에 의하면, 죽은 자는 오시리스 앞에 나가서 자신의 죄를 고백하고 자신을 변호해야만 한다. 그의 심장이 신 앞에 있는 저울에 달아지고 무죄로 판명된 후에야 비로소 그는 지복(至福)의 왕국으로 들어갈 수 있다. 그가 죽음에서 승리를 거두는가 아닌가는 현세에서 그가 가졌던 힘이나 지위 혹은 주술적 힘이 아니라 그가 얼마나 정의롭고 순수한 사람이었나에 의해 결정된다. 문헌 가운데 하나에는 이렇게 적혀 있다. "네가 아침에 일어나면 모든 악이 너에게서 사라져 있다. 너는 네 안에 존재하는 신을 찬양하면서 기쁨에 가득 차 영원 속에서 노닌다. 너의 마음(Herz)은 너와 함께 있고 너를 떠나지 않는다." 여기서는 마음, 즉 그 사람의 도덕적인 자기가 그 사람 안에 존재하는 신과 하나가 된 것이다. "인간의 마음은 그 자신의 신이다." 신화적 자기로부터 도덕적 자기로 나아가는 경위가 전형적으로 명확하게 드러나고 있다. 인간이 주술적 단계에서 종교의 단계로, 정령을 두려워하던 단계에서 신을 믿고 숭배하는 단계로 나아갈 때 이러한 숭배의 마음은 외부가 아닌 내부로 향한다. 이제 그는 세계뿐 아니라, 무엇보다 자기 자신을 어떤 새로운 정신적 형태에서 파악하는 것이다. 죽은 자들에 대한 **페르시아**의 신앙에서 영혼은 신체로부터 분리된 후에도 3일 동안은 시체 곁에 머물다가 4일째에 지옥 위에 걸려 있는 심판의 장소인 친바트(Tschinvat) 다리로 간다. 여기서 올바른 자의 영혼은 선한 생각·선한 말·선한 행위의 집을 통과하여 빛의 왕국으로 올라가며, 올바르지 못한 자의 영혼은 나쁜 생각·나쁜 말·나쁜 행위의 단계들을 통과하여 '거짓의 집'으로 내려간다.[25] 신화적 형상은 여기서는 거의 투명한 얇은 베일에 불과한 것으로 나타나고 있을 뿐이며, 그 배후에서 도덕적 자기의식의 명확한 기본 형식이 갈수록 더 명료하게 드러난다.

이와 같이 신화(Mythos)로부터 윤리(Ethos)로의 전환은 신화적 의식의 현상학 내에서 이미 자신의 전사(前史)를 가지고 있다. 원시적인 정령신앙 및 영혼신앙의 가장 낮은 단계에서 영혼적 존재는 하나의 단순한 사물처럼 인간과 마주 서 있다. 영혼적 존재는 인간 안에서 자신을 고지하는 낯선 외적 힘이며, 인간이 주술적 방어수단을 통해 그것을 자신으로부터 떨어지게 하지 않는 한 인간을 지배하는 정령의 힘이다. 그러나 영혼이 단지 자연의 정령으로서만

---

25) 페르시아의 사자(死者)신앙과 피안신앙에 대해서는 특히 Reitznestein, *Das iranische Erlösungsmysterium. Religionsgeschichtliche Untersuchungen*, Bonn 1821 참조할 것. 또한 Jackson, *Grundriß der iran. Phil.* II, 684쪽 이하도 볼 것. 사자에 대한 심판이라는 이집트의 사고방식에 대해서는 Erman, *Ägyptische Religion* 2판, 117쪽 이하; Wiedemann, Die *Religion der alten Ägypter*, 47쪽 이하, 132쪽 이하; Budge, *Osiris and the Egytian resurrection*, 305쪽 이하, 331쪽 이하의 서술과 텍스트를 참조할 것.

이 아니라 **수호령**으로서도 파악되는 순간 이미 새로운 관계가 시작된다. 수호령은 그것이 깃들어 있는 사람에 대해 보다 가깝고 이를테면 보다 내적인 관계를 지니고 있기 때문이다. 수호령은 그 사람을 지배하지 않을 뿐 아니라 보호하고 인도한다. 그것은 더 이상 전적으로 외적이고 낯선 것이 아니라 그 개인에게 특별하게 속하는 것이며 가장 친밀하고 가까운 것이다. 그래서 로마의 영혼신앙에서는 '라르(Lar)'과 '라르바(Larva)'가 구별되는데, 라르바는 공포와 악을 퍼뜨리면서 떠돌아다니는 유령인 반면, 라르는 우호적인 정령으로서 특정 사람 혹은 특정 장소·집·전답과 결부되어 있고 유해한 영향으로부터 이것들을 지켜준다는 특징을 가지고 있다.[26] 이러한 인격적 수호령에 대한 관념은 거의 모든 민족의 신화에서 보인다. 그리스인 및 로마인과 마찬가지로 아메리카 원주민들의 종교에도, 또한 핀(Fin, 핀란드)족과 고대 켈트인들에게도 이러한 관념이 있었다는 사실이 입증되었다.[27] 물론 이러한 수호령도 대개의 경우 인간의 '자아'라든가 인간의 내적 삶의 '주체'로 여겨지지는 않는다. 그것은 아직 인간 '안에' 깃들어 있기 때문에 공간적으로 그 사람과 결합되고 다시 공간적으로 분리될 수 있는, 그 사

---

26) 이에 대해서는 Cumont, *After Life in Roman Paganism*, 61쪽 이하를 참조할 것. Wissowa, Die Anfänge des römischen Larenkultes, *Archiv für Religionswissenschaft*, VII(1904), 42쪽 이하도 볼 것.

27) 이에 관한 증거는 Brinton, *Religions of primitive peoples*, 192쪽을 볼 것.

체로 객관적인 것으로 간주된다. 예를 들어 우이토토족[남미의 콜롬비아 지역에 살았던 아메리카 인디언 부족]에게 수호령은 어떤 사물들의 영혼, 예를 들어 사람들이 힘으로 포획한 여러 동물의 영혼이며 수호령은 그것을 소유하는 사람에게 깃들어 있을 뿐 아니라 어떤 사명을 수행하도록 그 사람에 의해 파견될 수도 있다.[28] 수호령과 그것이 깃들어 있는 인간 사이에 생각할 수 있는 가장 밀접한 결합이 존재하는 경우에조차, 즉 수호령이 인간의 전체적인 존재와 운명을 규정하는 경우에조차, 그 수호령은 그럼에도 독자적으로 존재하는 것, 분리되어 있는 기묘한 것으로서 나타난다. 예를 들어 [수마트라 섬의] 바탁(Batak)족의 영혼신앙은 다음의 생각에 근거한다. 인간은 태어나기 전에, 즉 그의 감성적-신체적 존재를 얻기 이전에 그의 영혼인 톤디(tondi)에 의해 선택된 것이며 인간에게 일어나는 모든 것, 즉 그의 모든 행복과 불행은 이러한 선택에 달려 있다. 인간에게 일어나는 일은 항상 그의 톤디가 그것을 원했기 때문에 일어난다. 그의 신체적 상태, 그의 심리적 기질, 그의 안녕, 그의 성격은 전적으로 그의 수호령의 특성을 통해 결정된다. 따라서 이것은 "인간 안에 존재하는 일종의 인간이지만 그의 인격과 일치하는 것은 아니며 오히려 그의 자아와 자주 갈등을 일으키고, 인간 안에 있으면서도 독자적인 의지와 소망을 갖는 특수한 존재이

---

28) Preuß, *Religion und Mythologie der Uitoto*, Göttingen 1921, 43쪽 이하를 볼 것.

며 [인간에게] 고통스럽게 느껴지는 방식으로 인간의 의지와 대립하면서 자신의 의지와 소망을 관철하는 힘을 갖는다".[29] 따라서 여기서는 아직 자신의 정령에 대한 두려움의 계기가 신뢰의 계기, 즉 내적-필연적 결합과 귀속의 계기를 압도하고 있다. 그러나 이러한 최초의 '정령적' 형식으로부터 출발하면서 영혼은 점차 또다른, 보다 '정신적인' 의미로 이행하기 시작한다. 우제너는 이러한 정신적인 의미 변화를 그리스어와 라틴어에서 다이몬(δαίμων)이라는 명사와 게니우스(genius)라는 명사가 점차 겪게 되는 **언어상의** 의미 변화를 실마리로 삼아 추적했다. 다이몬[정령]은 우선 우제너가 '순간신, 특수신'이라고 부르는 것의 전형적 표현이다. 어떤 임의적인 표상 내용이나 어떤 임의적인 대상도 그것이 아무리 일시적인 것일지라도 신화적-종교적 관심을 불러일으키는 것이라면, 그것은 어떤 독자적인 신, 즉 정령의 지위로 높아진다.[30] 그러나 이것과 함께 외적인 정령을 내적인 정령으로, 순간신·우연신을 운명적 본질 및 형상으로 전환하려고 하는 다른 운동이 진행된다. 인간에게 우연히 일어나는 것이 아니라 그의 근원적 본질이 그의 정령을 형성한다. 이러한 정령은 태어났을 때부터 그에게 주어져 있으며 일생에 걸쳐 그와 동반하면서 그의 소망과 행위를 이끈다. 이

---

29) Warneck, *Die Religion der Batak*, 8쪽.

30) Usener, *Götternamen*, 291쪽 이하. 다이몬(δαίμων)이라는 말의 역사에 대해서는 Dieterich, *Nekyia* 2판, 59쪽도 볼 것.

러한 근본 관념이 '게니우스(genius)'라는 고대 이탈리아의 개념에서 보다 선명하게 형성되면서 수호신(Genius)이라는 개념이 생겨났다. 이것은 그 명칭이 표현하고 있듯이[31] 인간의 본래적 '산출자'이며, 더 나아가 단지 육체만이 아니라 정신의 산출자로서 인간의 인격적 고유성의 근원이자 표현이다. 따라서 자신 속에 진정한 정신적 '형식'을 소유하고 있는 모든 것은 그러한 종류의 수호신을 갖게 된다. 개인뿐 아니라 가족과 가정, 국가, 민족, 일반적으로 모든 형식의 인간 공동체에 수호신이 존재하는 것으로 여겨졌다. 유사하게 게르만 민족의 표상권에서도 개인과 마찬가지로 씨족 전체, 종족 전체가 자신의 수호신을 가지고 있다. 북구의 전설에서는 개인의 수호령인 만스필기아(mannsfylgia)와 종족의 수호여신인 킨필리아(kynfylgia)가 대립한다.[32] 신화적-종교적 사유가 순전히 자연적인 영역으로부터 정신적인 '목적의 왕국'을 직관하는 것에 육박할수록 수호신이라는 관념은 더욱 선명하게 형성되며 그것에게는 더욱 중요한 역할이 인정되는 것 같다. 예를 들어 페르시아의 종교처럼 전적으로 선과 악이라는 **하나의** 근본 대립에 입각한 종교에서는 선의 수호령 프라바시(Fravashi)가 세계의 위계질서에서 중심적

---

31) [역주] Genius라는 말은 창조적 정신 혹은 창조력이란 의미도 지니고 있다.

32) Golther, *Handbuch der germanischen Mythologie*, 98쪽 이하를 볼 것. 로마인의 언어 용례와 표상권에 대해서는 우제너에 의한 증거들(위의 책, 297쪽) 외에 Wissowa, *Religion und Kult der Römer* 2판, 175쪽 이하; Walter F. Otto, Genius 항목, in: *Pauly-Wissowa*도 참조할 것.

인 자리를 차지한다. 프라바시는 최고의 지배자인 아후라 마즈다가 세계를 창조할 때부터 이미 그를 도왔으며, 또한 아후라 마즈다가 어둠 및 허위의 정령과 맞서 투쟁할 때도 궁극적으로 그에게 유리한 결정을 내릴 것이다. 아후라 마즈다는 차라투스트라에게 이렇게 고지한다. "그것들[프라바시]의 힘과 영광에 의해 나는 하늘을 창조했다. 하늘은 저쪽 위에서 빛나며 희미한 불빛으로 가득 차 땅을 덮고 땅 주위를 집처럼 에워싸고 있다. (…) 그것들의 힘과 영광에 의해 나는 신이 창조한 넓은 대지를 창설했다. 대지는 광대하게 퍼져 있으면서, 많은 아름다운 것과 모든 육체적 생, 산 자와 죽은 자, 바람과 물로 충만한 높은 산들을 지탱한다. 만약 올바른 신앙을 갖는 자들의 강력한 수호천사들이 나를 돕지 않았다면 지상에는 최상의 종인 동물과 인간이 존재하지 않았을 것이다. 허위가 힘을 지니고 허위가 지배하며, 육체적인 세계는 허위에 속하게 될 것이다."[33] 여기서는 수호가 필요하다는 생각이 최고의 지배자, 참된 창조신에게까지 미치고 있다. 예언자적–도덕적 종교로서의 마즈다교[조로아스터교] 고유의 견해에 따르면, 신조차 자신의 압도적인 물리적 힘에 의해서가 아니라 오히려 자신이 집행하는 신성한 질서에 의해 신으로 존재하기 때문이다. 정의와 진리의 이러한 영원한 질서는 프라바시에 구현되어 있으며 이것을 매개로 하

---

33) Yasht 13, 1; 13, 12와 13(Geldner의 독일어 역, *Bertholet*, 341쪽).

여 보이지 않는 세계로부터 보이는 세계로 하강하는 것이다. 『분다히시(*Bundahish*)』[조로아스터교의 창세신화를 담고 있는 성전]의 한 구절에 따르면, 아후라 마즈다는 수호령 프라바시들에게 아직 그것들이 육체를 갖지 않는 순수한 정령이었을 때 이러한 순수한 지복 상태에 머물러 있을 것인지 아니면 신체를 받아 자신과 함께 아흐리만과 투쟁을 벌일 것인지를 선택하게 했다. 프라바시들은 후자를 선택했다. 그것들은 물질적 세계를 적대적 원리의 힘으로부터, 즉 악의 힘으로부터 해방시키기 위해 물질적인 세계 안으로 들어갔다. 이는 그 근본 경향에서 거의 사변적인 종교적 관념론의 정점을 떠올리게 하는 사상이다. 여기서 감각적·물질적인 것은 '예지적인 것'의 장벽으로서 나타나지만 그럼에도 이러한 장벽은 필수적인 것이다. 이는 이러한 장벽에 의해서만, 즉 장벽의 점진적인 극복에 의해서만 정신의 힘이 입증되고 자신을 눈에 보이는 형태로 계시할 수 있기 때문이다. 여기서 '정신적인 것'은 '선한 것'과 일치한다. 즉 '악'은 프라바시를 갖지 않는다. 우리는 이러한 전개 과정에서 신화적 영혼 개념이 도덕적으로 첨예화되면서 도덕적으로 협소해졌으며, 동시에 바로 이러한 협소화가 특수하고 정신적인 내용으로의 전적으로 새로운 응집을 자체 내에 포함하고 있다는 사실을 인식할 수 있다. 한낱 생물학적인 원리, 움직이게 하고 살아 있게 하는 원리로서의 영혼은 인간 안에 있는 정신적 원리와 이제는 더 이상 일치하지 않기 때문이다. 페르시아의 종교에 대한 어떤 해설자는 이렇게 판단한다. "프라바시라는 개념이 인도-유럽어족에서 매우 성행했던 조상숭배로부터 생겼다는 것은 사실일 가능성이 극히 높지만, 그것은 점진적인 정신화를 겪었으며 이를 통해 그것은 궁극적으로는 죽은 자의 망령과는 현저하게 다른 것이 된다. 힌두인[아리아계 인도인]이나 로마인은 죽은 조상들의 영혼을 숭배하지만 마즈다 종교의 귀의자들은 자기 자신의 수호신인 프라바시와 다른 모든 사람들의 프라바시를 숭배한다. 이 사람들이 죽었건 살아 있건 혹은 미래에 태어날 자이건 간에 상관없이 말이다."[34] 실제로, 여기서 갑자기 출현하고 있는 인격성에 대한 새로운 감정은 조로아스터교를 지배하고 있는 새로운 시간감정과 연관을 갖고 있다. 미래에 대한 윤리적-예언자적인 사상으로부터 개성 및 인간의 인격적 자기에 대한 참된 발견이 가능해지는 것이다. 영혼에 대한 원시적 신화의 표상이 도처에서 이 발견의 기초가 되고 있지만, 그러한 발견에서는 궁극적으로 이 재료[영혼에 대한 원시적 신화의 표상]에 전혀 새로운 형식이 각인된다.

바로 여기서, 신화적 의식의 한계를 넘어 나아가도록 정해진 하나의 전개가 신화적 의식 자체의 권역 내에서 수행된다. '자기'에 대한 **사변적** 사상이 자신의 신화적 모태로부터 점진적으로 벗어나

---

34) Victor Henry, *Le Parsisme*, 53쪽 이하, 프라바시에 대한 교설에 관해서는 특히 Sölderblom, *Les Fravashi*, Paris 1899; Darmesteter, Ormesteter, *Ormazd et Ahriman*, 118쪽, 130쪽 이하를 참조할 것.

는 과정은 그리스 철학의 역사 속에서 그 과정의 모든 개별적 국면에 이르기까지 추적할 수 있다. 피타고라스학파의 영혼설은 아직 태고의 신화적 유산에 의해 전적으로 규정되고 있다. 로데는 이러한 영혼설에 대해, 그것의 주요한 특성은 단지 오랜 민간 심리학의 망령(Phantasma)을 재현하는 것에 지나지 않는다고 말한다. 이러한 망령은 신학자와 정화의식을 수행하는 사제 그리고 궁극적으로는 오르페우스교도에 의해 높여지고 변형되면서 완성되는 것이다.[35] 그러나 이러한 주요한 특성들로 피타고라스학파 심리학의 본질적 고유성이 다 해명되는 것은 아니다. 피타고라스학파의 심리학은 그 학파의 세계 개념에 특수한 각인을 부여하는 것과 동일한 계기를 근거로 하기 때문이다. [피타고라스학파에서] 영혼 자체는 물질적인 것도 아니고, 영혼의 윤회에 대한 신화적인 모든 표상에도 불구하고 단순한 호흡이나 그림자와 같은 것도 아니다. 영혼은 오히려 그것의 가장 깊은 존재에서는 그리고 그것의 궁극적인 근거에서는 조화와 수로서 규정된다. 플라톤의 『파이돈』에서 영혼을 '신체의 조화'로 보는 이러한 근본 견해는 필로라오스의 제자인 시미아스(Simmias)와 케베스(Kebes)에 의해 전개되고 있다. 이와 함께 비로소 영혼이 한계와 형식 자체, 즉 윤리적 질서와 논리적 질서의 표현으로서의 **척도**라는 관념에 관계하게 된다. 이리하여 수는 모든

---

35) Rohde, *Psyche* 2판 II, 167.

우주적 존재뿐 아니라 신적인 모든 것과 정령적인 모든 것의 지배자가 된다.[36] 그리고 **이론**에 의한 신화적–정령적 세계의 극복, 수로 표현되는 일정한 법칙으로의 이러한 세계의 종속은 이제 **윤리**의 근본 문제에 대한 그리스의 철학적 사유의 전개에 의해 보완된다. 인간의 마음이야말로 그의 다이몬[정령]이라는 헤라클레이토스의 말로부터 시작해, 이러한 전개는 데모크리토스와 소크라테스로 나아간다.[37] 이러한 연관를 고려할 때에야 비로소 우리는 소크라테스의 다이모니온(Daimonion) 및 그의 '에우다이모니아(Eudaimonie, 행복)'라는 개념에 깃든 특수한 의미와 울림을 감지할 수 있다. 에우다이모니아는 소크라테스에게 열린 새로운 형식의 지식에 근거한다. 에우다이모니아는 영혼이 단순한 자연력으로 존재하는 것을 넘어 자신을 윤리적 주체로서 파악할 때 획득된다. 이제야 비로소 인간은 미지의 것에 대한 두려움, 즉 정령에 대한 두려움에서 벗어나게 되었다. 그는 자신의 자기, 즉 자신의 내면이 더 이상 어두운 신화적 힘에 의해 지배된다고 느끼지 않고 명료한 통찰

---

36) Philalaos, 단편 11번, 또한 이 책 308쪽 이하 참소.

37) 데모크리토스에 대해서는 특히 단편 170, 171(딜즈): εὐδαιμονίη ψυχῆς καὶ κακοδαιμονίη—εἰδαιμονίη οὐκ ἐν βοσκήμασιν οἰκεῖ οὐδὲ ἐν χρυσῷι. ψυχὴ οἰκητήριον δαίμονος[행복과 불행은 혼의 소관이다. 행복은 살찐 가축들에도 황금에도 거주하지 않는다. 혼은 〈좋은 또는 나쁜〉 신령(다이몬)의 거처이다]. 번역은 김인곤 외, 『소크라테스 이전 철학자들의 단편 선집』, 아카넷 2005, 601쪽 이하를 따랐다.

로부터, 즉 인식과 의지의 어떤 원리로부터 자신의 자기를 형성할 수 있다는 사실을 알고 있기 때문이다. 여기서 신화에 대항해 내적 자유에 대한 새로운 의식이 생겨난다. 애니미즘의 원시적 단계에서는 인간이 그의 정령에 의해 선택되고 세부에 이르기까지 형성된다는 견해가 오늘날에도 보이고 있다. 수마트라의 바탁(Batak)족의 경우 영혼은 신체를 얻어 태어나기 전에 신과 인간의 조상으로부터 여러 무생물을 제시받는데, 영혼이 무엇을 택하느냐에 따라 그것이 깃들게 되는 해당 인간의 운명과 특성 그리고 그의 본질과 삶의 여정 전체가 미리 결정된다.[38] 플라톤도 영혼에 의한 선택이라는 이러한 신화적 근본 주제를 『국가』 제10권에서 수용하고 있지만, 그는 그 주제를 이용하여 신화적 사유방식과 신화적 감정세계에 대립되는 새로운 귀결을 끌어낸다. 거기서 라케시스(Lachesis)는 영혼들에게 이렇게 말한다. "다이몬이 그대들을 선택하는 것이 아니라 그대들 자신이 다이몬을 선택하는 것이다. 덕에는 지배자가 없다. 그대들 각자가 덕을 존중하느냐 경시하느냐에 따라 보다 많은 덕을 갖게 되든가 아니면 보다 적은 덕을 갖게 되는 것이다. 책임은 선택하는 자에게 있으며 신에게 있는 것이 아니다."(『국가』 617D) 이러한 말 또한, 필연성인 아낭케―라케시스는 아낭케의 딸이다―의 이름으로 영혼들에게 전해진다. 그러나 신화적 필연성

---

38) 이에 관한 매우 특징적인 신화가 Warneck, *Die Religion der Batak*, 46쪽 이하에서 소개되고 있다.

대신 윤리적 필연성이 들어섬으로써 신화적 필연성의 법칙은 최고의 윤리적 자유법칙과 합치하게 된다. 자기책임의 사상과 함께 인간에게는 이제 그의 참된 자아가 주어지며 비로소 자아가 획득되고 확보된다. 물론 그리스 철학에서 영혼 개념이 그 이후에 전개되는 양상은 철학적 의식에게조차 이제 그 개념이 포함하게 된 새로운 내용을 이 내용의 특수한 고유성 속에서 보존하는 것이 얼마나 어려운지를 보여주고 있다. 우리가 플라톤으로부터 스토아로, 그리고 신플라톤주의로 나아가는 길을 추적해본다면, 오래된 신화적 영혼관이 점차적으로 다시 우월한 지위를 차지하게 되는 경위가 드러난다. 플로티노스의 글 중에는 "우리를 선택한 다이몬"에 관한 논문이 있다.[39]

그러나 윤리적이라기보다 오히려 순수하게 **이론적인** 관점으로 보더라도, 이론적−철학적 의식에서 수행된 주체성의 발견에는 신화적−종교적 의식에서의 주체성의 발견이 선행한다. 이미 신화적−종교적 의식이 '자아', 즉 더 이상 사물적인 것이 아니고 사물적인 것과 전혀 유사하지 않으며 오히려 그것**에게** 모든 객체적인 것이 한낱 '현상'으로만 존재하는 '자아'에 대한 사상을 향해 나아가고 있는 것이다. 신화적 직관과 사변적 고찰 사이에 존재하는 자아

---

39) *Ennead*. III. 4. 스토아와 신플라톤주의에서 '인격적 수호령'이 갖는 지위에 대해서는 특히 Hopfner, *Griechisch−ägyptischer Offenbarungszauber*, Leipzig 1921, § 35쪽 이하(10쪽 이하), § 117쪽 이하(27쪽 이하).

개념을 이렇게 파악한 고전적인 예는 인도 사상에서 보인다. 우파니샤드의 사변에서는 여기서 통과되어야 했던 도정의 개별 단계들이 극히 명료하게 구별된다. 우리는 여기서, 종교적 사유가 파악될 수 없고 개념화될 수 없는 자기나 주체를 표현하는 새로운 형상들을 항상 찾는다는 것, 그렇지만 궁극적으로 종교적 사유가 이 모든 형상적 표현들을 불충분하고 부적합한 것으로 보면서 다시 포기함으로써만 바로 이러한 자기를 표현할 수 있다는 사실을 보게 된다. 자아란 가장 작은 것이면서도 가장 큰 것이다. 마음속의 아트만은 쌀알이나 기장의 낟알보다 작지만, 대기보다 하늘보다 그리고 이 모든 세계보다 더 크다. 그것은 공간의 일정한 경계 안에, 즉 '여기'와 '저기'에 구속되지 않으며, 시간성의 법칙인 생성과 소멸에도 구속되지 않고 능동과 수동에도 구속되지 않으며 모든 것을 포괄하고 모든 것을 지배한다. 존재하는 모든 것, 일어나는 모든 것에 대해 아트만은 한낱 **방관자**로서 마주 서 있으면서, 자신이 보고 있는 것에 휩쓸려 들어가지 않기 때문이다. 이 순수한 바라봄이라는 **작용**에 의해 아트만은 객관적 **형식**을 가진 모든 것, '형상과 이름'을 가진 모든 것으로부터 구별된다. 아트만에 대해서는 '그것은 존재한다'라는 단순한 규정밖에 가능하지 않으며 이 이상으로 그것의 특수성이나 성질이 규정될 수 없다. '자기'는 인식될 수 있는 모든 것과 대립하지만 이와 동시에 인식될 수 있는 모든 것의 핵심이다. 자기를 인식하지 못하는 자만이 그것을 잘 알고 있으며, 자기를 아는 자는 그것을 알지 못한다. 자기는 인식하는 자에 의해서는 인식되지 않고, 인식하지 않는 자에 의해 인식된다.[40] 강렬한 모든 인식충동이 자기에게로 향하지만 동시에 인식의 모든 문제가 자기에 포함되어 있다. 인식이 봐야 하는 것은 사물들이 아니며, 오히려 사람들이 보고 듣고 이해해야만 하는 것은 자기다. 자기를 보고 듣고 이해하고 인식하는 자는 세계 전체를 인식하게 된다. 그렇지만 바로 이렇게 모든 것을 인식하는 자 자체는 인식될 수 없다. "어떤 쌍(雙, Zweiheit)이 있을 경우 하나가 다른 것을 보고 다른 것의 냄새를 맡으며 다른 것을 이해하고 인식한다. (…) 그러나 그 하나는 이 모든 것을 무엇에 의해서 인식하는가, 그 하나는 어떻게 이 모든 것을 인식한다는 것인가, 그 하나는 인식하는 자를 어떻게 인식한다는 것인가?"[41] 여기서 정신에게 어떤 새로운 확실성이 개시되었다는 것을 이보다 더 선명하게 말할 수는 없을 것이다. 그러한 확실성은 **인식**의 원리로서 인식의 어떠한 **대상**이나 형상과도 비교될 수 없으며, 따라서 바로 이러한 대상적 형성물을 파악하는 데 사용되는 어떠한 인식방식이나 인식수단으로도 파악될 수 없다. 그러나 이러한 사실로부터 우파니샤드의 자아 개념과 근대의 철학적 관념론의 자아 개념 사이의 내적인 친족성, 아니 더 나아가 동

---

40) *Kena Upanishad* 11, *Kāthaka Up.* VI, 12(Deußen 역, *Geheimlehre des Veda*, 148, 166쪽)를 볼 것.

41) *Brihadaranyaka Upan.* II, 4, 5와 14(Deußen 역, 위의 책, 30쪽 이하).

일성을 추론하려 한다면 그것은 성급한 일이 될 것이다.[42] 종교적인 신비사상이 순수한 주관성을 파악하고 이것의 내용을 규정하려 할 때 의거하는 **방법**은 인식과 인식의 성립에 대한 비판적 분석과는 명확하게 다르기 때문이다. 그러나 운동 자체의 일반적인 **방향**, 즉 '객관적인 것'에서 '주관적인 것'으로 향하는 방향이—이러한 운동이 최종적으로 끝나는 목표점은 서로 다름에도 불구하고—일치한다는 점은 분명하다. 신화적—종교적 의식의 자기와 '초월론적 통각'의 자아를 분리하는 간극이 아무리 크다고 해도, 신화적 의식 내부에 이미 이에 못지않게 큰 간극이 영혼적 다이몬에 대한 최초의 원시적인 표상 그리고 자아가 어떤 새로운 '정신성'의 형식 속에서 의지와 인식의 주체로서 파악되는 완성된 견해 사이에 존재하는 것이다.

---

42) 이에 대해서는 도이센의 견해나 서술에 대한 올덴베르크의 비판적인 언급 (Oldenberg, *Die Lehre der Upanischeden und die Anfänge des Buddhismus*, 73쪽 이하, 196쪽 이하)을 참조할 것.

신화적 통일감정과 생명감정으로부터
자기감정이 형성되는 과정

1. 살아 있는 것의 공동체와 신화적 유(類) 형성: 토테미즘

'주체'와 '객체'의 대립, 즉 사물적으로 주어지고 사물적으로 규정된 것으로부터 자아를 구별하는 것이 아직 분화되지 않은 보편적 생명감정으로부터 '자기'라는 개념과 의식으로의 진전이 수행되는 유일한 형식은 아니다. 순수한 인식의 영역에서 그러한 진전은 무엇보다 인식의 원리가 인식의 내용으로부터, 인식하는 자가 인식된 것으로부터 분리되는 형태로 행해진다. 하지만 신화적 의식과 종교적 감정은 이것과는 다른, 보다 근본적인 대립을 자체 내에 포함하고 있다. 여기서 자아는 외계와 직접 관계하는 섯이 아니라 오히려 근원적으로 자신과 동일한 종류의 인격적 존재 및 생명과 관계한다. 주체성이 자신의 상관자로 갖는 것은 어떤 외적인 사물이 아니라 오히려 '너'나 '그'다. 이 경우 주체성은 한편으로는 '너'나 '그'로부터 자신을 구별하지만 이는 다른 한편으로는 자신을 그것들과 통합하기 위함이다. 이러한 '너'나 '그'는 자아가 자기 자신을 발견하고 자기 자신을 규정하기 위해 필요로 하는 참된 대립극을 형성한다. 여기서도 개인적 자기감정과 개인적 자기의식은 전개의 출발점이 아니라 종결점이기 때문이다. 이러한 전개 가운데 우리가 거슬러 올라갈 수 있는 최초의 단계들에서 아직 **자기감정**은 특정한 신화적–종교적인 **공동체 감정과** 직접적으로 융합된 것으로 도처에서 나타난다. 자아는 공동체의 일원으로서 자신을 파악하는 한에서만, 즉 다른 사람들과 함께 가족 · 종족 · 사회집단이라는 통일체로 융합되어 있는 한에서만 자신을 느끼고 아는 것이다. 오직 공동체 내에서만 그리고 공동체를 통해서만 자아는 자기 자신을 소유한다. 이러한 자아의 고유한 인격적 존재와 생명은 자아의 모든 표현들 하나하나에서 눈에 보이지 않는 주술적 끈에 묶인 듯 자아를 포괄하는 전체의 생명에 구속된다. 이러한 구속이 완화되고 사라지면서 자아가 자아를 포섭하는 생명권에 대해 자립성을 갖는 일은 극히 점진적으로만 이루어진다. 이 경우에도 신화는 이러한 과정에 **수반될** 뿐 아니라 이러한 과정을 **매개하고 규정한다.** 즉 신화는 이러한 과정의 가장 중요하면서도 가장 강력한 추동력 가운데 하나다. 자아가 공동체에 대해 점하는 새로운 지위는 신화적 의식 속에서 표현되며 우선 영혼신앙의 형태로 신화적으로 객관화되기 때문에, 영혼 개념의 발전은 개체적 자기를 획득하고 파악하는 '주체화' 작용을 표현하는 것이 될 뿐 아니라 이러한 작용을 위한 정신적 도구가 된다.

신화적 의식의 단순한 **내용**을 고찰하는 것만으로도 이미, 신화의 이러한 내용이 결코 전면적으로 직접적인 자연에 대한 직관의 권역에서 비롯된 것이 아니며 주로 거기서 비롯되는 것도 아니라는 것은 분명하다. **조상에 대한 신앙과 숭배를**—특히 허버트 스펜서에 의해서 주창되고 구축되었던 '조상령 숭배(manism)' 이론의 의미에서—신화적 사유의 참된 **근원**으로 간주하지 않는 경우에도, 일반적으로 영혼에 대한 표상이 분명히 완성되어 있고 영혼의 고향과 기원에 대해 일정한 신화적 '이론'이 형성되어 있는 곳에서는 반드시 조상신앙이 결정적인 역할을 수행하고 있다는 사실이 증명될 수 있는 것으로 보인다. 문화적으로 위대한 종교들 중에서 조상숭배에 뿌리 박고 있으며 조상숭배의 근원적 특징을 가장 순수하게 보존하고 있다고 여겨지는 것은 무엇보다 중국의 종교다. 이러한 신앙이 지배하는 곳에서 개인은 자신의 조상과 연속적인 생식 과정을 통해 **결합되어 있다고** 느낄 뿐 아니라 자신이 조상들과 **동일하다고** 생각한다. 조상들의 영혼은 사멸하지 않고 계속 존속하면서 자손들의 형태로 다시 태어나며, 새로 태어난 세대 안에서 자신을 끊임없이 갱신해간다. 이러한 신화적–사회적 식관의 최초 권역이 확대되어 가족에서 부족으로, 부족에서 국가로 나아갈 경우, 이러한 진행의 각 국면은 이를테면 자신의 신화적 '대표자'를 지닌다는 사실이 드러난다. 사회적 의식의 모든 '변화'가 신들의 형식과 형상으로 나타나는 것이다. 그리스인의 경우 가족의 신인 테오이 파트로오이(θεοί πατρῷοι) 위에 씨족의 신인 테오이 프라트리오이 (θεοί φράτριοι)와 부족의 신인 테오이 필리오이(θεοί φύλιοι)가 존 재하며, 다시 이러한 신들 위에 도시국가의 신과 보편적인 민족신 이 존재한다. 이와 같이 신들의 국가는 사회조직에 대한 충실한 모 사가 된다.[1] 신화적 의식의 형식과 내용을 인간 사회가 갖는 그때 마다의 경험적 연관으로부터 **도출하려** 하고, 이러한 의미에서 사 회적 존재를 종교의 **기반**으로 간주하며 사회학을 종교학의 **기초** 로 만들려는 시도에 대해서는 물론 이미 셸링이 하나의 결정적인 이의를 제기한 바 있다. 그는 신화의 철학에 대한 강의에서 이렇 게 말한다. "나에게는 지금까지 어느 누구도 이의를 제기하지 않았 던 바로 이것, 즉 신화가 어떤 민족으로부터 혹은 어떤 민족 내에 서 **발생한다**는 것이 도대체 가능한가라는 물음이야말로 탐구할 만 한 가치가 있는 것 같다. 이렇게 말하는 이유는 무엇보다 민족이란 무엇이며, 무엇이 민족을 하나의 민족으로 만드는가라는 것이야말 로 문제이기 때문이다. 물론 민족을 하나의 민족으로 만드는 것은 많든 적든 일정 수의 신체적으로 동종(同種)인 개인들이 공간적으 로 단순히 공존한다는 것이 아니라 그들 사이에 공통의 의식이 존

---

1) 이미 아리스토텔레스의 『정치학』이 '신들의 국가'라는 사상을 이것과 결부하고 있다. καὶ τοὺς θεοὺς δὲ διὰ τοῦτο πάντες φασί βασιλείεσθαι, ὅτι καὶ αὐ τοὶ οἱ μεν ἔτι καὶ νῦν οἱ δὲ τὸ ἀρχαῖον ἐβασιλεύοντο[모든 사람들은 자기 자신이 지금도 여전히 왕에 의해 다스려지고 있으므로, 모든 신들도 또한 왕에 의해 다스려지고 있다고 말하는 것이다](*Polit.* I, 2, 1252 b).

재한다는 것이다. 이러한 공통의 의식이 직접 표현되는 것은 공동의 언어에서뿐이다. 그러나 이러한 공통의 의식 자체 혹은 그 근거는 공통의 세계관 이외의 어디에 존재하겠는가? 이러한 공통의 세계관은 그 민족의 신화가 아니라면 과연 어디에 근원적으로 포함되어 있고 주어지겠는가? 따라서 신화가 그 민족 내의 누군가가 발명한 것이든 혹은 공통의 본능적 창작에 의해 생긴 것이든, 이미 현존하는 민족에게 나중에 신화가 덧붙여진다는 것은 불가능한 것 같다. 하나의 **민족**이 신화 없이 **존재한다**는 것은 생각할 수 없기 때문에 지금 말했던 것은 불가능해 보인다. 사람들은 아마도 하나의 민족은 예를 들어 농업·상업과 같은 일의 공동 경영과 공통의 관습 그리고 입법·행정 등에 의해 결속을 이룬다고 응수하고 싶어할 것이다. 이러한 것들이 민족에게 속한다는 것은 물론 확실하다. 그러나 모든 민족에서 공권력, 입법, 관습 그리고 직업들이 신들에 대한 표상과 밀접하게 연관되어 있다는 사실은 상기시킬 필요도 없을 것이다. 문제는 오히려 전제되는 이 모든 것 그리고 민족과 함께 주어지는 모든 것이 신화 없이 존재할 수 없는 일체의 종교적 표상을 제외하고 생각될 수 있느냐 하는 점이다."[2]

셸링의 이 구절은 민족 대신 보다 원시적인 사회적 공동체를 상정하면서 실재적인 근본 형식으로서의 그러한 공동체로부터 종교

---

2) Schelling, 위의 책, S. W., 2부, I, 62쪽 이하.

적인 의식의 이념적 형식을 끌어낼 경우에도 방법적으로는 여전히 유효하다. 이 경우에도 우리는 다음과 같은 점에서 고찰의 방향을 역전시켜야 하기 때문이다. 즉 신화적—종교적 의식이 단순히 사회형식의 사실적 존립으로부터 **비롯되는** 것이 아니라 오히려 그러한 의식이야말로 사회구조를 성립시키는 **조건들** 중 하나로서, 즉 공동체감정과 공동체생활의 가장 중요한 **요인들** 중 하나로서 나타난다는 것이다. 신화란 그 자체로 '나'와 '너'의 결합을 비로소 가능하게 하고, 개인과 공동체 사이에 특정한 통일과 특정한 대립, 즉 공속의 관계와 긴장의 관계를 산출하는 저 정신적 **종합** 가운데 하나다. 신화적이고 종교적인 세계가 단순히 이미 현존하는 어떤 분리—이러한 분리가 자연적 존재에 속하는 것이든 사회적 존재에 속하는 것이든—를 표현하고 있을 뿐이라고, 즉 그것을 모사(模寫)하고 있을 뿐이라고 본다면, 우리는 사실상 신화적이고 종교적인 세계의 참된 깊이를 이해할 수 없게 된다. 오히려 우리가 신화적이고 종교적인 세계에서 인식하지 않으면 안 되는 것은 '위기'(Krisis, 분리)의 수단, 즉 최초의 막연한 생명감정의 혼돈으로부터 사회적 의식과 개인적 의식의 특정한 근본 형식을 발생시키는 정신의 위대한 분리 과정의 수단인 것이다. 이러한 분리 과정에서는 사회적 존재의 요소들도 자연적 요소들도 소재만을 제공할 뿐이다. 이러한 소재 안에 포함되어 있지 않고 이러한 소재로부터 연역될 수도 없는 일정한 정신적 근본 범주들을 통해서 이 소재는 비로소 형태를 얻게 된다. 이 경우 신화가 취하는 방향을 무엇보다 잘 보여주는 것은, 신화가 '내적인 것'과 '외적인 것'의 구분을 예를 들면 경험적-인과적 인식형식에서와는 전혀 다른 방식으로 수행하고 양자 사이의 경계선을 전혀 다른 위치에 설정한다는 것이다. 여기서는 객관적인 직관과 주관적인 자기감정 및 생명감정이라는 두 가지 계기가 이론적 인식의 구축에서와는 전혀 다른 상호관계를 맺기 때문에, 이렇게 정신적인 강조점이 이동함으로써 존재와 사건의 모든 **근본 척도**도 변하게 된다. 현실적인 것의 여러 권역과 차원이 지각세계의 순전히 경험적인 질서와 분절, 즉 순수한 경험 및 그 대상의 구조(構造)에 타당한 것과는 전혀 다른 관점에 따라 서로 근접하게 되기도 하고 분리되기도 하는 것이다.

종교의 형식과 사회의 형식 사이에 존재하는 연관을 상세하게 드러내는 것은, 오늘날 독자적인 문제와 방법을 지닌 개별 과학으로서 성립된 특수 종교사회학의 과제다. 이 대신 우리가 관심을 갖는 것은 이런저런 특수한 사회적 조직형식에서 작용하기보다는 오히려 공동체 의식 일반의 근본 형식을 구성하는 데 작용하는 가장 보편적인 종교적 범주들을 제시하는 것이다. 이러한 범주들이 갖는 '선험적' 성격은 비판적 관념론이 인식의 근본 형식에 대해 상정하면서 인정하고 있는 것과 동일한 의미를 갖는다. 여기서도 문제가 되는 것은 항상 도처에서 똑같이 반복되고 공동체 의식이 구축될 때 동일한 방식으로 작용하는 불변의 종교적 표상군을 간추려내는 것이 아니다. [여기서는] 오히려 **물음**의 어떤 특정한 방향, 즉 신화적–종교적 직관도 세계의 분절화도 또한 공동체의 분절화도 그 아래에서 수행되는 어떤 통일적 '시점(視點)'만이 확정될 수 있을 뿐이다. 이러한 시점은 특수한 생활 조건, 즉 개개의 구체적 공동체가 그 아래에서 존립하고 전개되는 생활 조건에 의해 비로소 보다 상세한 규정을 얻게 된다. 이러한 사실이, 여기서도 그 형성작용에 어떤 보편적인 정신적 계기가 작용하고 있음을 우리가 인식하는 것을 방해하지는 않는다. 신화의 발전은 우선 다음과 같은 **하나의** 사실을 극히 명확하게 보여준다. 인간의 유(類)적 의식의 가장 보편적인 형식조차, 즉 인간이 모든 생명 형태로부터 자신을 구별하면서 자신의 동류와 함께 하나의 자연적 '종'으로 결합되는 방식조차 신화적–종교적 세계관의 **출발점**으로서 처음부터 주어지는 것이 아니라 단지 신화적 세계관에 의해 매개된 소산, 즉 신화적 세계관의 **결과**로서 이해되어야 한다는 것이다. '인간'이라는 종의 경계는 신화적–종교적 의식에서 결코 고정된 것이 아니라 전적으로 유동적인 것이다. 신화의 출발점인 보편적 생명감정이 점차적으로 응집되고 좁혀지는 것에 의해서만 신화는 서서히 인간 특유의 공동체감정에 도달하게 된다. 신화적 세계관의 초기 단계에는 인간을 살아 있는 것 전체, 즉 동물과 식물의 세계로부터 분리하는 명확한 선이 어디에도 존재하지 않는다. 이와 같이 특히 **토테미즘**의 표상권은 인간과 동물의 '친족성', 개별적으로는 어떤 특정한 씨족과 그 씨족의 토템이 되는 동물이나 식물 사이의 친족성이 결코 어떤 비유적 의미에서가 아니라 문자 그대로의 엄밀한 의미에서 성립하고 있다는 특징을 갖는다. 인간은 행위와 활동에서도 그리고 전체적인 생활형식과 생활방식에서도 자신이 동물과 다르다고 느끼지 못한다. 부시맨들에게 인간과 동물의 차이를 물으면 오늘날에도 그들은 어떠한 차이도 제시하지 못한다는 보고가 있다.[3] 말레이인들은 호랑이와 코끼리가 정글에 자신들의 마을을 가지고 있으면서 집 안에서 살고 모든 면에서 인간과 동일하게 행동한다고 믿는다.[4] 원시적-신화적 의식은 감각적-구체적 차이나 지각될 수 있는 형태를 갖는 모든 차이를 포착하는 예리함을 특징으로 갖는다. 그러나 원시적-신화적 의식에서 생물의 '종들'이 이렇게 혼동되고 있으며 이러한 종들의 자연적·정신적 경계가 완전히 뒤섞여 있다는 것은—토테미즘의 의미와 발생에 대해 아무리 **특수한** 설명이 가정되더라도—신화적 사유의 '논리'가 갖는 어떤 일반적 특징에, 즉 신화적 사유의 개념 형성과 유(類) 형성 일반의 형식과 방향에 근거하고 있음에 틀림없다.

신화적 유 형성 방식이 우리의 경험적-이론적 세계상에서 이용되고 있는 유 형성 방식과 구별되는 것은 무엇보다 후자가 사용하는 본래적인 지적 도구가 전자에게는 결여되어 있다는 점에 의해서

---

3) Campbell의 보고(Frobenius, *Die Weltanschauung der Naturvölker*, Weimar 1898, 394쪽에서 인용).

4) Skeat, *Malay Magic*, 157쪽.

다. 경험적이고 합리적인 인식이 사물들의 존재를 종과 유로 분류할 경우, 그것이 고찰의 수단과 일관된 실마리로 삼는 것은 인과적 추리 및 추론의 형식이다. 대상들은 순전히 감각적으로 포착된 유사성과 차이에 의해서가 아니라 오히려 그것들 사이의 인과적 의존 관계에 의해 유와 종으로 분류된다. 우리는 대상을 그것들이 외적 지각이나 내적 지각에 어떠한 것으로서 **주어지느냐**에 의해서가 아니라, 그것들이 우리의 인과적 **사유**의 규칙에 따라 '서로 공속하는' 방식에 의해 정리한다. 우리의 경험적 지각공간의 분절 전체가 이러한 사유의 규칙에 의해 규정되는 것이다. 우리가 경험적 지각공간 내에서 개별 형태들을 부각시키고 서로 구별하는 방식, 우리가 그러한 형태들이 서로에 대해서 갖는 위치와 거리를 규정하는 방식은 모두 단순한 감각, 즉 시각적·촉각적 인상이라는 소재적 내용에 근거하는 것이 아니라 그 형태들의 인과적 귀속과 결합의 형식, 인과적 추론의 작용에 근거하는 것이다. 우리가 생물의 형태학적 형식인 생물의 유와 종을 분류하고 구분하는 방식 또한 동일한 원리를 따르는 바, 이는 그것이 본질적으로 혈통의 규칙으로부터, 즉 생식 행위 및 탄생의 연속적인 일어남과 인과적인 연관에 대한 통찰로부터 도출되는 규준에 의거하고 있기 때문이다. 우리가 생물의 특정한 '유'에 대해 말할 때, 그 근저에는 그 유의 발생이 특정한 자연법칙에 따른다는 관념이 깔려 있다. '유'의 통일성이란 관념은 우리가 유라는 것을 연속적인 일련의 생식 행위에 의해 자신을 증식시키고 끊임없이 새롭게 자신을 산출하는 것으로 보는 것에 의거한다. 「여러 인종에 대하여」라는 논문에서 칸트는 이렇게 말하고 있다. "동물의 세계에서 유와 종으로의 자연적 구분은 생식이라는 공통된 법칙에 근거한다. 유의 통일이란 일정 범위의 다양한 동물들에 대해 전체적으로 타당한 생식력의 통일성과 다름 없다. (…) 학교에서 행해지는 유사성에 기초한 분류에서 문제가 되는 것은 종류(Klass)지만, 생식상의 친족관계에 따라 동물을 구분하는 자연적 분류에서 문제가 되는 것은 계통이다. 전자는 기억을 위한 학습용(學習用) 체계를 제공하지만 후자는 지성을 위한 자연적 체계를 제공한다. 전자는 피조물들을 항목별로 분류하려고 의도하지만, 후자는 피조물들을 법칙화하려고 한다." 신화적 사유방식은 종을 계통으로 환원하고 생식이라는 생리학적 법칙으로 환원하는 것에 대해 전혀 알지 못한다. 신화적 사유방식에게는 생식 행위와 출산 자체가 보편적이고 고정된 법칙을 따르는, 순수하게 '자연적인' 과정이 아니라 본질적으로 **주술적인** 사건이기 때문이다. [신화적 사유방식에게는] 성교라는 행위와 출산이라는 행위 자체는 '원인'과 '결과'의 관계, 즉 하나의 통일된 인과연관 속에서 시간적으로 구분된 두 단계라는 관계에 있지 않다.[5] 토테미즘의 특정한 근본 형식을 가장 순

---

5) W. Foy, *Archiv für Religionswissenschaft*, VIII(1905)를 참조할 것(Dieterich, *Mutter Erde*, Leipzig 1905, 32쪽에서 인용). "중앙오스트레일리아의 신앙과 마찬가지로 (오스트레일리아의) 북동부 전체에서 어머니가 되는 것은 성교와 아무

수하게 보존하고 있다고 여겨지는 오스트레일리아 원주민 부족에
서는 여성의 임신은 특정한 장소, 즉 조상의 정령이 머무르고 있는
토테미즘 상의 중심지와 결부되어 있다는 신앙이 지배적이다. 즉
여성이 이 장소에 머물러 있으면 조상의 정령이 다시 태어나기 위
해 그녀의 몸속으로 들어간다는 것이다.[6] 프레이저는 전체적인 토
테미즘 체계의 유래와 내용을 이러한 근본 관념으로 해명하려 시도
했다.[7] 이러한 해명이 과연 허용될 수 있는지 그리고 충분한 것인
지와는 별도로, 이러한 관념 자체는 신화적 유개념과 종개념이 형
성되는 형식에 밝은 빛을 던져준다. 신화적인 사유에서 종의 구성
은 특정한 요소들이 그것들의 감각적 유사성에 근거하여 혹은 그것
들 간의 간접적인 인과적 '공속성'에 근거하여 하나의 통일체로 융
합됨으로써 행해지는 것이 아니다. 특정한 요소들의 통일성은 다른
유래, 즉 근원적으로 **주술적인** 유래를 갖는다. 동일한 주술적 작용
권에 구성원으로서 속하고 서로 협력하면서 특정한 주술적 **기능**을

___

런 관계가 없다. (⋯) 이미 완성되어 있는 인간의 태아가 인간보다 높은 존재에
의해 모태 속으로 들어간다는 것이다." 특히 Strehlow-Leonhardi, *Die Aranda-
und Loritja-Stämme in Zentral-Australien*, I, 2, 52쪽 이하를 참조할 것.

6) 상세한 것은 Spencer und Gillen, *The native tribes of Central-Australia*, 265
쪽, *The northern tribes of Central-Australia*, 170쪽; Strehlow-Leonhardi, 위
의 책, I, 2, 51쪽 이하.

7) [토템 성지에 있는 선조의 영혼이 여성의 몸속으로 들어간다고 믿는] '임신
형 토테미즘(conceptional totemmism)' 이론에 대해서는 *Totemism and
Exogamy*(1910), IV, 57쪽 이하를 참조할 것.

충족시키는 요소들은, 서로 융합하여 그 요소들의 배후에 존재하는 신화적 동일성의 단순한 현상 형식이 되는 경향을 보인다. 우리는 앞에서 신화적 사유를 분석할 때 이러한 융합을 신화적 사유형식의 본질로부터 파악하려 시도했다. 이론적 사유는 특정한 방식으로 종합적으로 결합한 항목들을 바로 이렇게 결합하면서도 자립적인 요소로서 보존하고, 그러한 항목들을 서로 연관 지으면서도 동시에 서로 분리하고 구별한다. 반면 신화적 사유에서는 서로 연관되는 것들이, 즉 하나의 주술적인 끈에 의해 통일된 것처럼 보이는 것들이 **하나의** 무차별한 형태 안으로 용해된다.[8] 이를 통해 직접적인 지각의 관점에서 보면 전혀 유사하지 않은 것 또는 '합리적인' 개념의 관점으로부터 보면 전혀 동질적이지 않은 것도 그것이 동일한 주술적 복합체에 이 복합체를 구성하는 항으로서 들어가기만 한다면 '유사한 것' 또는 '동일한 것'으로 간주되는 것이다.[9] 동일성이라

---

8) 이 책 149쪽 이하.

9) 토테미즘적 견해에서는 '영혼'과 '신체' 사이에도 '주술적인' 연관만이 존재할 뿐 어떠한 '유기적-인과적' 연관도 존재하지 않는다. 따라서 영혼은 자신에게 속하고 자신이 생명을 불어넣는 유일한 신체를 '가질' 뿐 아니라, 생명을 갖지 않는 모든 사물도 이것들이 특정한 토템에 속하는 특징을 갖는 한 그 영혼의 신체로 파악된다. 어떤 토템의 조상이 변화된, 나무나 돌로 이루어진 대상인 추룽가는 그 토템에 따라 명명되는 개인의 **신체**로 간주된다. 할아버지는 손자에게 이렇게 말하면서 추룽가를 보여준다. "이것이 네 몸이고, 너의 두 번째 자아란다. 네가 이 추룽가를 어딘가 다른 곳에 둔다면 너는 고통을 느끼게 될 거야." Strehlow-Leonhardi, *Die Aranda- und Loritja-Stämme in Zentral-Australien*, I, 2, 81쪽(또한 이 책 340쪽, 각주 17번을 참조할 것).

는 범주는 어떤 감각적 특징들이나 추상적-개념적 계기들의 일치를 근거로 적용되는 것이 아니라 주술적인 연관의 법칙, 즉 주술적 '공감'의 법칙을 통해 적용되는 것이다. 이러한 공감에 의해 항상 통일되는 것들, 주술적으로 서로 상응하며 서로를 뒷받침하고 돕는 것들이 하나의 신화적 유로 통일되는 것이다.[10]

　신화적인 '개념 형성'의 이러한 원리를 **인간과 동물의 관계**에 적용한다면, 토테미즘의 특수한 가지들까지는 아니더라도 적어도 토테미즘의 일반적 **근본 형식**을 이해하는 길이 열린다. 우리는 신화적인 통일성 정립의 한 본질적인 계기, 즉 하나의 주요한 조건이 이러한 관계[인간과 동물의 관계]에서 처음부터 충족되었음을 발견하기 때문이다. 원시적 사유가 인간과 동물 사이에 인정하는 근원적 관계는 일면적-실용적 관계도 아니고 경험적-인과적 관계

---

10) 주술적 '융합'의 이러한 과정에 대한 매우 특징적인 증거들이 [멕시코의] 후이촐(Huichol) 인디언의 '상징체계(Symbolismus)'에 대한 룸홀츠의 서술에 포함되어 있다. 단순한 상징표현(Symbolik) 이상의 것을 포함하고 있는 것이 분명한 이 '상징체계'에서는 예를 들어 사슴은 선인장의 일종인 페요테(Peyote)와 본질적으로 동일한 것으로 나타나는데, 이는 양자가 동일한 '주술적' 역사를 지녔으며 주술적-실천적 행동에서 동일한 지위를 차지하기 때문이다. '그 자체로서는', 즉 우리의 경험적이고 합리적인 개념 형성에 따르면 전혀 상이한 종인 사슴과 페요테가 여기서는 '동일한 것'으로 나타난다. 왜냐하면 그것들은 후이촐족의 전체 세계관을 지배하고 규정하는 주술적-신화적 제의에서 서로 상응하기 때문이다. 이에 대해서 보다 상세한 것은 Lumholtz, *Symbolism of the Huichol Indians*(*Memoirs of the Amer. Mus. of Natural History*, New York 1900, 17쪽 이하) 또한 Preuß, *Die geistige Kultur der Naturvölker*, 12쪽 이하도 참조할 것.

도 아니며 순수하게 주술적인 관계인 것이다. '원시인들'의 직관에서 동물은 다른 어떠한 존재자들보다 특별한 주술적 힘을 갖는 것으로 나타난다. 말레이인들은 일찍부터 이슬람교를 받아들였음에도 그들 안에 깊이 뿌리 내린 동물에 대한 두려움과 외경심을 근절할 수 없었다는 보고가 있다. 그들은 특히 코끼리, 호랑이, 무소와 같은 큰 동물들에게 초자연적인 '마(魔)'력이 있다고 믿는다.[11] 잘 알려진 것처럼 원시적 직관에게는 특정한 계절에 나타나는 동물들이 대부분의 경우 그 계절을 낳고 가져오는 자로 여겨졌다. 신화적 사유에서 여름을 '가져오는' 것은 실제로는 제비인 것이다.[12] 동물이 자연과 인간에게 행사하는 작용이 전적으로 이러한 주술적 의미로 이해되는 것처럼, 또한 동물에 대한 인간의 모든 형태의 능동적─실천적 관계도 주술적으로 이해된다. 사냥조차 야생동물을 추적해서 죽이는 단순한 기술이 아니며 그 성공도 단지 일정한 실천적 규칙의 준수에 의해 달성되는 것이 아니고, 인간이 자기 자신과 자신이 사냥하는 동물 사이에 설정한 주술적 관계를 전제한다. 북아메리카 인디언들의 경우 '실제' 사냥이 행해지기 전에 우선 주술적인 사냥이 행해져야 하는데, 이 주술적 사냥은 흔히 며칠에서 몇 주에 걸쳐 이루어지고 전적으로 특정한 주술적 안전조치, 즉 많은 터부 규정에 매여 있다. 예를 들면 들소 사냥이 행해지기 전에 들

---

11) Skeat, *Malay Magic*, 149쪽 이하를 볼 것.
12) 이 책 129쪽 이하 참조.

소 춤을 추어야 하는데, 이러한 춤은 야생동물을 사로잡고 죽이는 모습을 세부적인 부분까지 매우 상세하게 모방한다.[13] 그리고 이러한 신화적 의식은 단순한 유희와 가면극에 불과한 것이 아니라 이 의식의 충실한 실행에 사냥의 성공이 달려 있는 이상, '실제적인' 사냥의 불가결한 일부다. 유사하면서도 엄밀하게 형성된 또 하나의 의식이, 포획물을 발견하고 죽이는 것에 대해서와 마찬가지로 식사를 준비하고 음식물을 향유하는 것에 대해서도 행해진다. 이 모든 것에서 분명한 것은, 원시적인 직관에서는 동물과 인간이 철저한 주술적 연관 안에 존재하며 서로가 갖는 주술적 힘들이 끊임없이 서로 이행하고 용해된다는 것이다.[14] 그러나 바로 **작용**의 이러한 통일은 그 근저에 **본질**의 통일성이 존재하지 않는다면 가능하지 않을 것이다. 따라서 여기서는 우리가 자연을 이론적으로 서로 구별되는 특정한 생명형식인 '종'과 '유'로 분류할 때 타당한 관계가 역전되게 된다. 종의 규정은 생식이라는 경험적-인과적 규칙

---

13) 이 춤에 대한 묘사는 Caltin, *Illustrat. of the Manners, Customs and Conditions of the North American Indians* I, 128, 144쪽 이하를 볼 것. 사냥이나 고기잡이에서 보이는 주술적 습속에 대한 보다 상세한 민족학적 자료는 Lévy-Bruhl, *Das Denken der Naturvölker*, 200쪽 이하에 집성되어 있다.

14) 여기서 상기할 수 있는 점은 의식적 반성, 즉 우리의 분석적-인과적 및 분석적-분류적 사유가 산출한 억압이 제거된 곳에서는 어디서나 인간과 동물 사이에 존재하는 이러한 본질적 동일성에 대한 직관이 다시 나타나곤 한다는 것이다. **정신병리학적인 증상 보고는** Schilder가 *Wahn und Erkenntnis*, 109쪽에서 강조하는 것처럼 이러한 종류의 사례로 가득하다.

에 근거하지 않는다. '유'에 대한 표상은 gignere(기그네레, 출산)와 gigni(기그니, 탄생)의 경험적 연관에 의존하지 않는다. 인간과 동물의 상호 주술적 관계를 근거로 하여 생기는 유의 동일성에 대한 신념이야말로 일차적인 것이며 공통의 '혈통'이라는 표상은 그 신념에서 비로소 간접적으로 생기는 것이다.[15] 이 경우 동일성은 결코 단순히 '추론되는' 것이 아니라 주술적으로 체험되고 느껴지기 때문에 신화적으로 믿어지는 동일성이다.[16] 토테미즘적 표상이 여전

---

15) '임신형 토테미즘'의 관념이 지배하는 곳에서야말로 이것[인간과 동물의 상호 주술적 관계를 근거로 하여 생기는 유의 동일성에 대한 신념]이 특히 분명하게 나타난다. 여기서도 특정한 토테미즘 집단의 통일성은 예를 들면 이 그룹의 구성원들이 태어나는 방식에 **근거하는** 것이 아니라, 오히려 생식의 과정이 이러한 집단의 통일성을 이미 전제한다. 왜냐하면 토템의 정령들은 그것들이 자기 자신과 '본질적으로 친족성을 갖는' 것으로 인식한 여성에만 깃들기 때문이다. 슈트렐로브는 이러한 과정을 다음과 같이 서술한다. "어떤 선조가 환생한 신체가 서 있는 장소를 어떤 여성이 지나가면, 이미 그녀를 내다보면서 그녀 속에서 자신과 동일한 부류에 속하는 어머니를 인식한 라타파(ratapa)가 그녀의 허리를 통해 그녀의 신체 안으로 들어가게 된다. (⋯) 그리고 나서 아이가 태어나면 그 아이는 해당 토템신들(altjirangamitjina)에 속하게 된다."

16) 토테미즘적인 '체계들'이 갖는 이러한 순수한 감정적 기초는 토테미즘의 표상을 이루는 구성 부분들이 이미 구축(驅逐)되고 단지 개별적인 잔존물에서만 인식될 수 있는 곳에서도 여전히 증명될 수 있는 것 같다. 이에 대한 매우 계발(啓發)적인 자료를 최근에 발표된 브루노 굿만의 논문이 제공하고 있다. Bruno Gutmann, Die Ehrerbietung der Dschagganeger gegen ihre Nutzpflanzen und Haustiere(*Archiv für die gesamte Psychologie*, Bd. 48[1924], 123쪽 이하). 여기서는 토테미즘적 '사유형식'의 근저에 있는 토테미즘의 '생활형식'이 눈에 보일 듯 극히 생생하게 제시되고 있다. 우리는 굿만의 묘사에서 인간과 동물의 '동일성'

히 자신의 본래적 철저함과 생명력을 보존하고 있는 곳이라면 어디서든지, 오늘날에도 다양한 부족이 다양한 동물 조상에서 유래할 뿐 아니라 실제로 이러한 동물종 자체, 즉 수서동물 혹은 재규어 혹은 빨간 앵무새**이다**라는 신앙이 보인다. [17]

신화적 사유가 갖는 일반적 경향으로부터 토테미즘이 갖는 근본 전제 중 하나가 이해될 수 있다고 해도, 또한 신화적 사유에서 '생물'의 '종들'은 경험적인 지각과 경험적-인과적 고찰에서와는 전적으로 다른 방식으로 서로 구별된다는 사실이 틀림없다고 해도, 이것으로 토테미즘이 우리에게 제기하는 본래적 문제가 해결되지

과 인간과 식물의 '동일성'이 개념으로서 정립되거나 논리적-반성적으로 사유되지 않고 그러한 동일성이 직접 신화적으로, 즉 운명적 통일성이나 동일성으로서 경험되고 있는 표상의 어떤 층 속을 들여다보게 된다. "근원적인 힘이 되고 있는 것은 (…) 동물과 식물과 함께 생명의 통일성을 이루고 있다는 느낌이며, 또한 동물과 식물을 하나의 공동체로 형성하려는 소망이다. 이러한 공동체는 인간에 의해 지배되며 인간은 그러한 공동체를 모든 것이 서로를 온전하게 보완하면서 외부에 대해 자신을 차단하는 하나의 권역으로 완성한다."(124쪽) 이와 같이 오늘날에도 여전히 샤가(Chaga) 흑인[탄자니아 북부 킬리만자로 산의 비옥한 남쪽 경사지에 사는 종족]은 "자신의 삶의 단계들을 바나나와 동일시하면서 그것들을 바나나의 모사(模寫)로 간주한다. (…) 청년 교육과 그 후에 이루어지는 결혼에 관한 교육에서는 바나나 나무가 지도적인 역할을 한다. (…) 이러한 교육이 조상 숭배에 의해 규정된 현재의 형태에 있어서는 많은 것을 은폐하고 있고 바나나에 입각한 행위들에 순전히 상징적인 본질적 특징만을 인정하지만, 그럼에도 불구하고 그러한 교육은 바나나와 새롭게 시작해야 하는 인간생활 사이에 존재하는 직접적인 생명 연관을 전적으로 은폐할 수는 없다."(133쪽 이하)

17) 이에 대해서는 특히 K. v. 슈타이넨(Steinen)의 보로로(Bororo)족에 관한 보고를 참조할 것(이 책 155쪽 이하).

는 않는다. 왜냐하면 우리가 보통 토테미즘이라는 보편적 개념으로 포괄하곤 하는 현상들이 갖는 특수한 성질은 여기서는 인간 **일반**과 특정한 동물 종들 사이에 일정한 결합이 상정되고 일정한 신화적 동일성이 정립된다는 데 있지 않고, 각각의 **특수한** 집단이 **특수한** 토템동물을 가지면서 이것과 특수한 관계에 있고 좁은 의미에서 '친족관계'와 '공속성'을 갖는 것으로 나타난다는 데 있기 때문이다. 토테미즘의 근본형식을 형성하는 것은 다름 아니라 사회적 후속현상과 부수현상—이중에서도 족외혼의 원칙, 즉 동일한 토테미즘 집단에 속하는 사람들 간의 결혼을 금지하는 것이 가장 중요하다—이 수반되는 이러한 **분화**인 것이다. 그러나 여기서 객관적 존재를 직관하고 이러한 존재를 개별적 종류로 분절하는 것이 수행되는 방식이 최종적으로는 인간의 **작용**의 종류와 방향에서의 차이로 귀착된다는 점을 우리가 확인한다면, 이러한 분화를 보다 잘 이해할 수 있을 것이다. 이러한 원리가 신화적 직관의 세계를 어떤 식으로 지배하고 있는지, 거의 모든 곳에서 신화적 **대상들**의 세계가 인간의 **행위**를 객관적으로 투영한 것에 지나지 않는다는 것이 어떻게 입증될 수 있는지에 대해서는 나중에 다시 상세하게 고찰할 것이다.[18] 여기서는 신화적 사유의 가장 낮은 단계, 즉 '주술적' 세계관의 내부에서도 이미—모든 사건이 의존하는 주술적 힘들이 존재의

---

18) 이 책 413쪽 이하를 볼 것.

모든 영역에 전적으로 불균등하게 퍼져 있는 것이 가능한 한―그러한 발전을 위한 최초의 싹이 보인다는 사실을 분명하게 기억하는 것으로 충분하다. '주체적' 행위에 대한 직관이 아직 개별화되지 않아서 세계 전체가 무규정적인 주술적 힘으로 가득하고 대기(大氣)가 이를테면 정령(精靈)의 전기로 충전되어 있는 듯한 곳에서도, 개별 주체들은 이렇게 보편적으로 퍼져 있으며 그 자체로는 비인격적인 힘에 전적으로 정도를 달리하여 참여한다. 많은 개인들과 개별적 계층과 신분들에는 우주를 관통하면서 지배하는 주술적 힘이 특별히 강하고 심도 있으며 집중된 형태로 나타난다. 힘 자체인 보편적 마나(mana)가 전사(戰士)의 마나, 수장(首長)의 마나, 제사장의 마나, 의사의 마나라는 특수한 형태로 나뉜다.[19] 그러나 주술적 힘이 아직도 공통적이고 전이 가능한 소유물이며 이러한 소유물이 단지 개별 위치와 개별 인격 안에 저장되어 있을 뿐인 이러한 양적인 특수화와 나란히, 이미 일찍부터 질적인 특수화도 나타나는 것이 가능했고 또 나타나고 있음이 틀림없다. 아무리 '원시적인' 종류의 공동체라 할지라도 전체의 존재와 작용에 대한 직관을 넘어서 부분들의 작용을 의식하는 것이 불가능한 단순한 추상적 집합체라고 생각될 수는 없기 때문이다. 오히려 일찍부터 이미 최소한 개인적으로든 사회적으로든 분화로의 최초의 맹아가 생겨났음에 틀림없으며,

---

19) 이에 대해서는 Fr. Rud. Lehmann, *Mana*, 8쪽 이하, 12쪽 이하, 27쪽 이하에 보이는 서술과 증거들을 참조할 것.

인간 활동의 다양한 분할과 계층화가 일어나 그것이 그 후 신화적 의식에도 어떤 방식으로든 표현되고 반영되어 있음에 틀림없다. 각각의 개인이 그리고 각각의 단체와 집단이 모든 것을 할 수 있는 것은 아니고 각자에게는 어떤 특수한 활동권이 맡겨져 있으며, 그것에서 각자는 자신의 힘을 시험해보아야 하고 그 권역을 넘어설 경우 그의 힘은 무력해진다. 신화적 직관에서는 이러한 **능력**의 한계로부터 출발하여 서서히 **존재**의 경계, 존재의 여러 종류의 경계가 규정된다. 순수한 인식, 순수한 '관조'의 본질적 특징은 보는 것의 권역이 작용의 권역보다 더 넓다는 것이다. 이에 반해 신화적 직관은 이 직관이 주술적–실천적으로 이용되고 주술적–실천적으로 지배하는 영역에서 우선 나타난다. 신화적 직관에 대해서는 괴테의 프로메테우스의 말이 타당하다. 신화적 직관에 **존재하는** 것은 그것이 자신의 활동력으로 채우는 권역뿐이며 그 위에도 그 아래에도 아무것도 없다. 그러나 동시에 이러한 사실로부터 여기서는 활동의 특수한 종류와 방향 각각에, 존재와 존재요소들의 연관이 갖는 특수한 측면 각각이 대응하는 것이 틀림없다는 사실도 명확해진다. 인간은 이 모든 것과 자신을 본질의 통일체로 결합하며, 이러한 본질로부터 직접적인 작용을 받으면서 이 본질에 직접적인 작용을 가한다. 동물에 대한 인간의 관점도 이러한 근본 견해에 따라 규정되며, 그것에 따라 특수화되는 것임이 틀림없다. 모든 사냥꾼, 목동, 농민 등은 자신들의 직접적인 활동에서 동물과 결합되고 동물에 의존하고 있으며 따라서—모든 신화적 개념 형성을 지배하는 기본적인 규칙에 따라—동물과 '친족관계에 있다'고 느낀다. 이러한 공동체는 공동체 각각으로부터 전혀 상이한 생명권으로, 즉 동물의 여러 유와 종으로 확대된다. 이러한 사실을 고려하면 아마도, 인간이 살아 있는 모든 것과 똑같은 정도로 결합되어 있다고 느끼는 그 자체로 막연한 근원적인 통일적 생명감정이 점차 보다 특수한 관계로 이행하는 사태, 즉 어떤 특수한 인간집단이 동물의 어떤 특정한 종류와 결합하게 된다는 사태도 이해될 수 있을 것이다. 실제로 극히 면밀하게 관찰되고 연구된 토테미즘 체계로부터, 토템동물의 선택은 원래 단지 외적이고 우연적인 것이 아니라, 즉 결코 단순한 '문장학(紋章學, Heraldik)'으로서의[20] 의미밖에 갖지 못하는 것이 아니라, 그것에는 오히려 어떤 특수한 생활태도와 정신적 태도가 나타나 있고 객관화되었음을 보여주는 많은 징표를 볼 수 있다. 확실히 더 이상 '원시적인' 것으로 간주될 수 없으며 토테미즘 본래의 모습이 많은 우연적 규정에 의해 은폐되어 있고 알아볼 수 없게 된 오늘날의 상태에서도 이러한 근본 특징이 아직까지 명료하게 나타나는 경우가 적지 않다. 주니족의 신화사회학적 세계상에서는 토테미즘적 분절화가 신분적 분절화와 광범위하게 일치하며, 전사(戰士)·사

---

20) [역주] 문장학(紋章學, Wappenkunde)은 귀족들만 참가할 수 있는 기사 무술대회 때 참가자들의 문장을 검사하는 업무를 맡았던 문장관들에 의해 발전된 학문이다.

냥꾼 · 농경민 · 의료무속인은 각각 특정한 토템동물로 규정되는 특수한 집단에 속한다.[21] 때로는 부족과 그의 토템동물과의 친족관계가 너무나 긴밀해서 개개의 부족이 자신의 특성에 따라 특정한 동물을 선택했는지 아니면 그 부족이 이러한 동물의 특성에 따라 자기 자신을 형성했는지 거의 결정할 수 없을 정도다. 거칠고 강한 동물에는 전투적인 부족이, 온순한 동물에는 평화로운 부족과 직업이 대응한다.[22] 이것은 흡사 개개의 부족이 자신의 토템동물 속에서 자기 자신을 객관화하고 자신의 본성, 특수성, 행위의 기본적 경향을 인식하는 것과 같다. 토테미즘의 완성된 체계들에서는 이러한 분절화가 개개의 사회적 집단에 그치지 않고 모든 존재와 사건에 동심원적으로 확대됨으로써[23] 우주 전체가 그러한 '친족관계'에 따라 구분되고, 선명하게 구별된 특정한 신화적 유와 종으로 나뉘는

---

21) Cushing, Outlines of Zuñi Creation Myths(*13th. Ann. Rep. of the Bur. of Ethnol.*, 367쪽 이하)를 볼 것.

22) 이에 관해서는 예를 들어 *The Cambridge Expedition to Torres Straits*, V, 184쪽 이하의 보고를 참조할 것(Lévy-Bruhl, *Das Denken der Naturvölker*, 217쪽 이하에서 재인용). 그리고 Thurnwald, Die Psychologie des Totemismus, *Anthropos* XIV(1919), 16쪽 이하.

23) 이러한 동심원적인 확장은 [뉴기니아의] 마린드-아님(Marind-anim)족의 토테미즘 체계에서 특히 분명하게 나타난다. 이에 대해서는 위르츠(P. Wirz)가 상세하게 서술하고 있다(*Die religiösen Vorstellungen und Mythen der Marind-anim und die Herausbildung der totemistischen Gruppierungen*, Hamburg 1922). 상세한 것은 나의 연구 Die Begriffsform im mythischen Denken, 19쪽 이하와 56쪽 이하를 보라.

것이다.[24]

이러한 구분이 서서히 선명하게 나타나지만, 그럼에도 신화적

___

24) 이러한 구분이 신화의 '구조적 사유'가 갖는 일반적인 근본 특성에 의해 얼마나 크게 규정되어 있는지는 이러한 관점에서 토테미즘적인 체계들을 **내용 면에서** 전혀 다른 신화적인 유(類, Klasse) 형성, 특히 **점성술의** 체계와 비교하면 분명 해진다. 점성술에서도 존재의 '유(Genera)', 즉 존재의 모든 개별적인 요소들 사이의 종속관계는 우선 특정한 주술적 작용권역들이 구분되고 이것들의 정점에 행성들 하나하나가 각 권역의 지배자로서 서 있게 됨으로써 획득된다. σύμπνοια πάντα[만물의 합일]이라는 신화적 원리는 이를 통해 어떤 분화를 겪게 된다. 즉 각각의 존재요소가 모든 다른 존재요소들에 직접 작용할 수 있는 것이 아니라, 각 존재요소는 항상 자신과 본질적으로 친족성을 갖는 것에만, 즉 사물과 사건의 동일한 주술적-점성술적 '연쇄' 내부에 있는 것에만 직접 작용한다. 이러한 연쇄 가운데 하나를 예로 들어보면, 화성은 [중세 유럽의 대표적인 주술서인] 『피카트릭스(*Picatrix*)』의 서술에 따르면 인력(引力)의 원천으로, 자연과학, 수의학, 외과의술, 이를 뽑는 행위, 피를 뽑는 행위, 할례 등을 자신의 보호 아래 둔다. **언어** 중에서는 페르시아어가 화성에 속하며, **외부기관** 중에서는 오른쪽 콧구멍, 신체 **내부**에서는 붉은 담즙, **천** 중에서는 포플린, 토끼와 표범 그리고 개의 털, **직업** 중에서는 철물공과 불을 다루는 일, **맛** 중에서는 심한 쓴맛과 건조한 쓴맛, **귀금속** 중에서는 홍옥수(紅玉髓), **금속** 중에서는 황화비소, 유황, 나프타, 유리와 구리, **색** 중에서는 진홍색 등이 화성에 속한다(상세한 것은 Hellmut Ritter, *Picatrix, ein arabisches Handbuch hellenistischer Magie*, Bibliothek Warburg, I, 1921/22, 104쪽 이하를 참조할 것). 여기서도 존재의 극히 다양한 내용을 포괄하면서 하나의 통일성으로 결합하는 동일한 주술적 유(類, Genus)의 표상에 뒤따르는 것은 생식 행위, 즉 gignere[출산]과 gigni[탄생]의 표상이다. 항상 특정한 행성의 보호 아래 있는 것, 즉 그것의 주술적 작용 영역에 속해 있는 것은 이 행성을 선조로 삼으면서 이것과 행성적 **친자관계**를 통해 결합되어 있기 때문이다. 이에 대한 상세한 내용은 Fritz Saxl, *Beiträge zu einer Geschichte der Planetendarstellung im Orient und Okzident, Islam* III, 151쪽 이하.

의식과 신화적 감정에서는 그러한 모든 구분 안에서 **생명의 통일성의** 이념이 전혀 약화되지 않고 여전히 강하게 유지되고 있다. 생명의 역동성과 리듬은—비록 이러한 역동성과 리듬이 아무리 다양하고 객관적인 형태로 나타날지라도—동일한 하나의 것으로서 느껴지는 것이다. 그러한 역동성과 리듬은 인간과 동물에서만 동일한 것이 아니라 인간과 식물세계에서도 동일한 것이다. 토테미즘의 전개 과정에서도 동물과 식물은 결코 선명하게 나뉘지 않는다. 개개의 부족은 토템동물에 대해 가지고 있는 것과 동일한 외경심을 토템식물에 대해서도 갖는다. 토템동물의 살해를 금하거나 일정한 조건을 준수하고 일정한 주술적 의식을 행한 후가 아니면 허용하지 않는 금령(禁令)은 토템식물을 먹는 것에 대해서도 적용된다.[25] 인간이 특정 종류의 식물에서 비롯되었다는 것, 또한 인간이 식물로 그리고 식물이 인간으로 변할 수 있다는 생각은 신화와 신화적 설화에서 보편적으로 나타나는 주제 가운데 하나다. 여기서도 외적인 모습 및 특수한 물리적 형태와 성질은 너무나 간단하게 단순한 외관으로 격하된다. 살아 있는 모든 것들이 하나의 공동체를 이루고 있다는 감정이 처음부터 모든 가시적인 차이와 분석적-인과적 사유에 의해 정립될 수 있는 모든 차이를 지워버리거나 이

---

25) 예를 들면, Strehlow-Leonhard, 위의 책, I, 2, 68쪽 이하에 나와 있는 [오스트레일리아의 원주민인] 아란다(Aranda)족과 로리챠(Loritja)의 토템식물 일람표를 볼 것.

것들을 한낱 우연적인 것으로 느끼게 하기 때문이다. 이러한 감정은 모든 생명을 도처에서 항상 동일하게 반복되는, 전적으로 특정한 **국면들**로 구분하는 특유의 신화적 시간직관에 의해 가장 강력하게 뒷받침된다.[26] 이러한 모든 국면들은 우리가 사건을 인위적이고 자의적으로 구분할 때 사용하는 단순한 척도가 아니다. 그러한 국면들 속에는 철저한 **질적** 통일체로서의 생명 자체의 본질과 근본 성질이 나타나 있다. 따라서 인간은 특히 식물계의 생성과 성장, 시듦과 소멸에서 단순히 자신의 간접적이고 반성적인 **표현**을 볼 뿐 아니라 직접 자기 자신을 파악하고 인식한다. 그는 그것[식물계의 생성과 성장, 시듦과 소멸]에서 자신의 고유한 **운명**을 경험하는 것이다. 베다의 한 잠언은 이렇게 말하고 있다. "겨울로부터 참으로 봄이 다시 살아난다. 겨울로부터 봄이 다시 존재하게 되기 때문이다. 따라서 이러한 사실을 아는 자 또한 참으로 이 세계에 다시 태어난다."[27] 문화적으로 위대한 종교들 중에서 특히 페니키아의 종교가 이러한 신화적 근본 감정을 가장 순수하게 보존하고 있으며 가장 강력하게 형성했다. '생명의 관념'이야말로 그것으로부터 다른 모든 것이 빛을 발하게 되는 이 종교의 중심적인 관념으로 간주되어왔다. 페니키아의 신들 중에서 바알신[태양신]들은 비교적

---

26) 이 책 237쪽 이하 참조.

27) Oldenburg, *Die Lehre der Upanishaden und die Anfänge des Buddhismus*, 29쪽을 볼 것.

뒤늦게 형성된 것으로 보이는데, 이 신들은 자연적인 힘들의 인격화라기보다는 오히려 부족의 왕이자 대지의 지배자로서 나타난다. 그 반면에 여신 아스타르테(Astarte)는 원래 국가와 연관을 갖고 있지 않다. 이 여신은 오히려 대모신(大母神) 자체를 의미한다. 따라서 아스타르테는 모든 생명을 자신의 품으로부터 낳으며, 부족뿐 아니라 모든 물리적−자연적 존재를 항상 새롭게 낳는다. 영원히 출산하는 자이자 무궁무진한 풍요로움에 대한 형상으로서의 이 아스타르테에 대해 그 아들인 청년신의 형상이 대립한다. 이 청년신은 불사의 존재는 아니지만 항상 거듭해서 죽음으로부터 벗어나 새로운 모습의 존재로 부활한다.[28] 죽은 후 부활하는 신이라는 이미지는 대부분의 역사적 종교에서 나타날 뿐 아니라, 다양하게 변화하면서도 본질상 동질적인 형태로 원시인들의 종교적 표상권에서도 반복해서 나타난다. 그리고 도처에서 바로 이러한 이미지로부터 **종교적 제사**가 갖는 가장 강력한 힘이 비롯된다. 식물(植物)에 대한 원시인들의 제사를 바빌로니아의 [곡물신인] 타무즈(Tamuz) 제사, 페니키아의 [초목의 정령인] 아도니스 제사, 프리기아의 [식물의 신인] 아티스 숭배와 트라키아의 디오니소스 숭배 등과 비교하면, 그 모든 것에서 전개상의 동일한 기본 노선과 종교적 흥분의 동일한 원천이 드러난다. 이러한 것 중 어느 것에서도 인간은 자연을 단순

---

28) 이에 관해 상세한 것은 특히 W. v. Baudissin, *Adonis und Esmun*, Leipzig 1911을 볼 것.

히 직관하는 데 그치지 않고, 자신과 생명 전체를 분리하는 장벽을 돌파하면서 자신 안에서 생명감정의 강도를 높이고 이를 통해 유(類)적인 특수화든 개인적인 특수화든 모든 **특수화**로부터 자신을 해방하는 것이다. 야성적이고 열광적인 춤을 통해 이러한 해방은 달성되며, 모든 생명의 원천과의 동일성이 회복된다. 여기서 중요한 것은 자연에 대한 단순한 신화적-종교적 **해석**이 아니라 자연과 직접 하나가 되는 것이며 종교적 주체가 자신 안에서 경험하는 진정한 드라마다.[29] 신화적 **설화**는 대부분의 경우 이러한 내적 사건의 외적 반영에 지나지 않으며 이러한 드라마가 비쳐 보이는 얇은 베일이다. 이와 같이 디오니소스 숭배에서는 그 제사의 형식으로부터, 티탄들[거인족]에 의해 붙잡혀 갈가리 찢기고 삼켜지면서 그 결과 하나의 신적인 존재가 이러한 세계의 다양한 형상과 다양한 인간이 된다―왜냐하면 제우스가 자신의 번개로 분쇄해버린 티탄들의 재로부터 인류가 생기기 때문이다―는 디오니소스-자그

---

29) 아도니스 제사, 아티스 제사, 오시리스 제사와 이것들의 '원시적' 대응물에 대해서는 특히 프레이저의 총괄적 서술을 참조할 것. Frazer, Adonis, Attis, Osiris(*Golden Bough*, Vol. IV), 3판, London 1907. 또한 식물제사에 관해서는 특히 Preuß, *Phallische Fruchtbarkeitsdämonen als Träger des altmexikanischen Dramas*, *Archiv für Anthropologie* N. F. I, 158쪽 이하, 171쪽 이하. 게르만의 발더(Balder) 신화도 동일한 사고방식의 권역에 속해 있으며, 더 나아가 발더와 아도니스-타무즈 사이에는 발생상의 직접적인 연관이 존재한다는 사실이 최근에 Gustav Nickel, *Die Überlieferungen vom Gotte Balder*, Dortmund 1921에 의해 가능성이 높은 것으로 입증되었다.

레우스에 대한 설화가[30] 생겨난 것이다.[31]

---

30) [역주] 디오니소스는 술과 황홀경의 신으로 제우스와 테베 시를 건설한 카드모스의 딸 세멜레 사이에서 태어났다. 로마 신화의 바쿠스(Bacchus)에 해당하며 올림포스 12신 중 하나다. 인간에게서 태어나 올림포스 12신 안에 든 것은 디오니소스가 유일하다.

세멜레가 제우스의 아이를 임신하고 있을 때 제우스의 아내 헤라는 늙은 유모의 모습으로 찾아가, 세멜레로 하여금 애인이 제우스인지 의심을 품게 하면서 제우스가 오면 증거로 헤라와의 결혼식 때의 모습을 그대로 보여달라 요구하도록 부추겼다. 세멜레는 제우스가 찾아오자 자신의 청을 꼭 들어달라고 부탁했고 제우스는 어떤 소원이라도 들어주기로 약속했다. 내용을 들은 제우스는 후회했지만 약속을 취소할 수 없었기 때문에 번개의 모습으로 나타났고 세멜레는 그 자리에서 새카맣게 타버리고 말았다. 제우스는 세멜레의 뱃속의 아기를 꺼내어 자신의 넓적다리에 넣어 키웠고, 달이 차자 아이는 아버지의 넓적다리를 뚫고 세상에 나왔다. 이 아이가 바로 디오니소스다.

디오니소스를 세멜레의 아들이 아닌 페르세포네의 아들로 보는 신화도 있다. 페르세포네는 제우스와 데메테르의 딸인데 디오니소스가 페르세포네의 아들이라면 제우스는 자신의 딸을 임신시킨 것이 된다. 페르세포네와 뱀의 모습으로 둔갑한 제우스 사이에서 태어난 아들이 자그레우스였는데, 제우스는 그에게 세계의 지배를 맡기려 했다. 그러나 자그레우스는 헤라의 사주를 받은 티탄들에 의해 8조각으로 갈가리 찢겨 삼켜진다. 남은 건 심장뿐이었는데 제우스가 그 심장을 가져가서 삼킨 다음 세멜레와 만나 그녀를 통해 자그레우스를 다시 태어나게 했다고 한다. 자그레우스는 '영혼의 사냥꾼'을 의미하며, 디오니소스의 별명 중 하나다. 이러한 이야기는 디오니소스 신도들이 날고기를 먹는 비의(秘儀)를 행했던 것과 관계있다.

겨울에 죽었다가 봄에 소생하는 디오니소스에 관한 신화는 대지가 겨울에는 활동을 멈추었다가 봄에 소생한다는 고대인들의 생각을 반영한다. 디오니소스는 풍요와 수확을 상징하는 신이며, 생명력·피·포도주·물·정액 등을 상징한다. 따라서 디오니소스는 누구보다 농부들에게 사랑받았다.

31) 디오니소스-자그레우스의 전설의 기원과 의미에 대해서는 특히 Rohde, *Psyche*

이집트의 오시리스 숭배도 신과 인간 사이에 상정되는 동일성에 뿌리를 내리고 있다. 여기서는 죽은 자 자신이 오시리스가 된다. "오시리스가 살아 있는 것이 참인 것처럼 죽은 자도 살아 있다. 오시리스가 사멸하지 않는 것이 참인 것처럼 죽은 자 또한 사멸하지 않는다."[32] 발달된 '형이상학적 의식'에서 불사에 대한 확신은 무엇보다 이러한 의식이 '신체'와 '영혼', 물리적─자연적 존재의 세계와 '정신적' 세계 사이에 설정하는 첨예한 분석적 구분에 근거한다. 그러나 신화적 의식은 근원적으로 그러한 구분과 이원론에 대해서는 아무것도 알지 못한다. 신화적 의식에서 영생에 대한 확신은 오히려 정반대의 견해에 근거한다. 즉 신화적 의식에서 그러한 확신은 자연을 항상 새로운 탄생의 순환으로 보는 견해에 의해 끊임없이 강화된다. 모든 성장과 생성은 서로 연관되어 있으며 주술적으로 서로 침투하고 있기 때문이다. 일년 중 특정한 결정적 국면들에서, 특히 태양이 쇠퇴하는 추분과 태양이 상승하며 빛과 생명이 회

2판, II, 116쪽 이하, 132쪽을 볼 것.

32) Erman, *Die ägytische Religion* 2판, 111쪽 이하; Le Page Renouf, *Lectures on the origin and growth of religion as illustrated by the religion of ancient Egypt*, London 1880, 184쪽 이하를 볼 것. 프리기아의 아티스 숭배에서도 동일한 근본 견해와 동일한 신화적인 정식(θαρρεῖτε, Μύσται, τοῦ θεοῦ σεσωσμένου. ἔσται γὰρ ἡμῖν ἐκ πόνων σωτηρία[용기를 가져라, 신의 충직한 신자들이여, 왜냐하면 우리에게는 구원은 바로 고통에서 일어나기 때문이니라])이 보인다. 상세한 것은 Reitzenstein, *Die hellenistischen Mysterienreligionen*, Leipzig 1910, 205쪽 이하.

복되는 때[춘분]에 행해지는 축제적 관습에서 일어나는 것은 외적 사건의 단순한 반영과 모방적 모사가 아니라는 사실이 도처에서 명확하게 드러난다. 그러한 축제적 관습에서는 인간의 행위와 우주의 생성이 직접 얽혀 있는 것이다. '복합적인' 신화적 표상이 원래 존재를 서로 선명하게 나뉘어진 다수의 생물학적 '종들'로 분해하지 않는 것처럼, 이러한 신화적 표상에게는 생명을 불어넣고 산출하는 자연의 힘들도 서로 분리되어 있지 않다. 식물의 성장 및 인간의 탄생과 성장은 하나의 동일한 생명력에 맡겨진 것이다. 따라서 주술적인 세계관과 주술적인 활동 맥락에서 양자는 전적으로 서로 치환 가능하다. '전답에서 첫날밤을 보내는' 유명한 관습에서 성행위를 하거나 연기하는 것이 직접적으로 대지의 수태와 풍작을 가져오듯이, 거꾸로 대지의 수태를 모방적으로 표현하는 것이 사후의 영혼에 재생의 힘을 부여하고 이것을 가능하게 하는 것이다. 대지를 풍요롭게 하는 비는 인간의 정자를, 쟁기는 남성의 성기를, 밭고랑은 여성의 자궁을 주술적 '대응물'로 갖는다. 한쪽이 정립되고 주어지면 다른 쪽도 주술적으로 정립되고 주어지는 것이다.[33]

따라서 '**어머니인 대지**'에 대한 표상이나 이것에 상응하는 아버지인 대지에 대한 표상이야말로 원시인들의 신앙에서부터 종교

---

33) 이 모든 것에 대해서는 Mannhardt, *Wald-und Feldkulte*를 볼 것. 특히 4~6장 그리고 *Mythologische Forschungen*, Straßburg 1884, VI장, Kind und Korn(351쪽 이하)를 볼 것.

적 의식의 최고 형태들에 이르기까지 항상 거듭해서 나타나고 있는 핵심적이고 근원적인 사상이다. 우이토토족[남미의 콜롬비아 지역에 살았던 아메리카 인디언 부족]의 경우, 결실을 맺지 않은 기간 동안 작물은 지하의 아버지가 있는 곳으로 내려간다고 여겨진다. 작물과 식물의 '영혼'이 아버지의 거주처로 가는 것이다.[34] 대지가 인간의 자식들을 낳는 공통의 어머니이고 인간은 사후에 그곳으로 되돌아가고 생성의 순환에 의해 다시 태어난다는 견해는 그리스적 신앙의 근본 견해이며 이것은 아이스킬로스의 『제주(祭酒)를 바치는 여인들』에서 엘렉트라가 아가멤논의 묘에 바치는 기도에서 직접 표현된다.[35] 플라톤의 『메넥세노스(Menexenos)』[플라톤의 대화편으로 전해오지만 오늘날에는 위서(僞書)로 간주되고 있다]에서도 아직, 대지가 여성의 수태와 출산을 모방하는 것이 아니라 여성이 대지의 수태와 출산을 모방한다는 구절이 있다. 그러나 원래의 신화적 견해에서 보면, 여기에는 선후가 없고 첫 번째 것도 두 번째 것도 없으며, 단지 두 가지 과정의 분리될 수 없는 완전한 융합만이 존재한다. 신비제의(Mysterienkult)는 이러한 일반적인 신앙을 개인적인 것으로 전환한다. 생성과 죽음 그리고 재생의 근원적 비밀을 나

---

34) Preuß, *Religion und Mythologie der Uitoto*, 29쪽과 Preuß, *Archiv für Religionswissenschaft*, VII, 234쪽을 참조할 것.

35) Choephoren Vers 127쪽 이하; Wilamowitz, *Einleitung zur Übersetzung der Eumeniden des Äschylos*, Griechische Tragödie, II, 212쪽을 참조할 것.

타내는 신성한 의식(儀式)을 통해서 신앙에 입문하는 자는 재생을 보장받으려 한다. 이시스(Isis) 제사에서 녹색 종자들의 창조자 이시스는 그것을 숭배하는 자들에게는 모든 인간에게 생명을 선사하는 신성한 어머니이자 대모신(大母神)이며 여주인이다.[36) 여기서는 다른 신비제의에서와 마찬가지로 신앙에 입문하는 자는 그가 자신의 새로운 **정신적** 존재를, 즉 자신의 정신적 '변용'을 획득하기 전에 **자연**과 자연적 생명의 영역 전체를 통과해야 한다는 것, 그리고 그는 모든 원소(元素)들과 모든 형성물 안에—대지, 물, 공기, 동물, 식물 안에—존재해야 하며 하늘의 영역들을 편력하고 동물의 여러 형태들을 통과해야 한다는 사실을 분명하게 가르치고 있다.[37) 이에 따라 정신적인 것과 신체적인 것의 명확한 분리, 심신이원론으로 향하는 근본 경향이 보이는 곳에서조차 이러한 근원적인 신화적 통일감정이 항상 거듭해서 나타나는 것이다. 인간의 사회생활의 근본적 범주들도 우선은 '정신적인' 것과 동일한 정도로 '자연적인' 것으로 파악되며 사용된다. 특히 인간 가족의 근원적인 형식인 아버지 · 어머니 · 아들이라는 삼위일체는 자연의 존재로부터 읽어

---

36) 상세한 것은 Dieterich, *Nekyia* 2판, 63쪽 이하; *Eine Mithrasliturgie*, 145쪽 이하; *Mutter Erde*, 82쪽 이하; 셈족 권역에서 보이는 어머니인 대지의 표상에 대해서는 특히 Th. Nöldeke, Mutter Erde und Verwandtes bei den Semiten, *Archiv für Religionswissenschaft*, VIII, 161쪽 이하와 Baudissin, *Adonis und Esmun*, 18쪽 이하를 볼 것.

37) Reitzenstein, *Die hellenistischen Mysterienreligionen*, 33쪽 이하를 참조할 것.

낸 것이면서 자연의 존재 안으로 직접 투영되는 것이기도 하다. 베다 종교에서 '어머니인 대지'는 게르만적인 북부 유럽에서와 마찬가지로 '아버지인 하늘'을 마주하고 있다.[38] 폴리네시아권에서도 인간의 기원은 인류의 시조로서의 하늘과 대지로 소급된다.[39] 아버지 · 어머니 · 아들의 삼위일체는 이집트 종교에서도 오시리스와 이시스 그리고 호루스의 형태로 표현되고, 더 나아가 거의 모든 셈족들에게서도 반복적으로 나타나며, 그에 못지않게 게르만인,[40] 이탈리아인, 켈트인, 스키타이인, 몽골인에게서도 그 존재가 입증되고 있다. 우제너는 신들의 삼위일체에 대한 표상에서 신화적—종교적 의식의 근본 범주 가운데 하나, 즉 "깊은 뿌리를 지녔고 그 때문에 자연적 충동의 힘이 부여되어 있는 직관형식"을[41] 본다. 그리스도교의 역사에서도 '신의 아들'에 대한 종교적—도덕적 파악은 이러한 관계에 대한 특정한 구체적—자연적 직관으로부터 서서히 전개

---

38) 상세한 것은 Oldenberg, *Religion des Veda* 2판, 244쪽 이하, 284쪽; L. v. Schröder, *Arische Religion*, I, 295쪽 이하, 445쪽 이하를 참조할 것.

39) 'The children of Heaven and Earth'라는 제목으로 Grey, *Polynesian Mythology*, Auckland 1885, 1쪽 이하에서 소개되고 있는 전설을 볼 것.

40) 게르만의 대표적인 신인 발더(Balder), 프리그(Frigg), 오딘(Odin)에 대해서는 특히 Neckel, *Die Überlieferungen vom Gotte Balder*, 199쪽 이하 참조.

41) Usener, Dreiheit, Rhein. Mus. N. F. Bd. 58을 볼 것. 셈족 권역에서의 아버지 · 아들 · 어머니라는 삼중 구조의 분포 상황에 대해 현재로서는 특히 Nielsen, *Der dreieinige Gott in religionshistorischer Beleuchtung*, Kopenhagen 1922, 68쪽 이하를 볼 것. 이집트 · 바빌로니아 · 시리아에 대해서는 Bousset의 논문 'Gnosis' in: Pauly-Wissowa를 볼 것.

되어온 것이다. 여기서도 부활에 대한 희망은, 경건한 자는 아버지인 신과 육체적인 친족관계에 있고 신의 친아들이라는 오랜 원시적 종교의 근본 사상을 여전히 기꺼이 원용하고 있다.[42]

이와 같이 신화에서는 모든 자연적 존재가 인간적–사회적 존재의 언어로 표현되며, 모든 인간적–사회적 존재가 자연적 존재의 언어로 표현된다. 여기서는 한쪽의 계기가 다른 쪽의 계기로 환원되는 것은 불가능하며, 양자는 철저한 **상호관계**를 형성함으로써 비로소 신화적 의식의 특유한 구조와 체질을 규정하는 것이다. 따라서 사람들이 신화의 형상들을 순수하게 사회학적으로 '설명하려' 하는 것은 그것들을 순수하게 자연주의적으로 '설명하려' 하는 것 못지않게 일면적이다. 신화의 형상들을 사회학적으로 설명하려는 가장 철저하면서도 가장 일관된 시도는 현대의 프랑스 사회학파, 특히 이 학파의 창시자인 에밀 뒤르켐(Emile Durkheim)에 의해 행해진 바 있다. 뒤르켐은 애니미즘도 '자연숭배(Naturismus)'도 종교의 참된 근원일 수 없다는 사실에서 출발한다. 만약 애니미즘이나 자연숭배가 종교의 참된 근원이라면, 모든 종교생활은 어떠한 확고한 기초도 없는 단순한 허상의 총체, 환상의 전체에 지나지 않을 것이기 때문이다. 종교는 이렇게 불안정한 근거 위에 설 수는

---

42) 이에 관한 증거는 Nielsen, 위의 책, 217쪽 이하; 특히 Baudissin, 위의 책, 498쪽 이하에서 행해지고 있는 '살아 있는 신'이라는 술어에 관한 종교사적 분석을 참조할 것.

없다. 종교가 어떠한 종류의 내적 진리를 갖는다고 주장할 수 있으려면, 그것은 어떤 객관적 실재의 표현으로서 인정될 수 있어야 한다. 이러한 실재는 자연이 아니라 사회다. 종교는 자연적인 성격을 갖지 않고 사회적 성격을 갖는 것이다. 종교의 참된 대상, 즉 모든 종교적 형성물과 모든 종교적 표현이 귀착되는 유일한 근원적 대상은 개개인이 떼어낼 수 없을 정도로 속해 있고 개인의 존재와 의식을 완전하면서도 철저하게 규정하는 사회적 결합이다. 바로 이러한 사회적 결합은, 그것이 신화와 종교의 형식을 규정하고 있는 것과 똑같이 모든 이론적 파악과 모든 현실 **인식**을 위한 근본 도식 및 모델을 자체 내에 포함하고 있다. 우리가 현실을 파악할 때 사용하는 모든 범주―공간 · 시간 · 실체 · 인과의 개념―는 개인적인 사유의 소산이 아니라 사회적 사유의 소산이며 따라서 자신의 종교적―사회적 전사(前史)를 지니기 때문이다. 범주들을 이러한 전사로 환원하고 외관상으로는 순수하게 논리적으로 보이는 구조를 특정한 사회적 구조로 환원하는 것이야말로 이러한 개념들을 설명하는 것이며, 이것들을 그 참된 '선험성(Apriorität)'에서 이해하는 것이다. 개인에게 '선험적인 것', 즉 보편타당하고 필연적이라고 생각되는 것은 모두 자기 자신의 활동이 아니라 유(類)의 활동에서 유래하는 것이기 때문이다. 따라서 개인을 그의 가족, 그의 부족, 그의 종족과 결합하는 실재적인 끈이야말로 그의 세계의식의 이념적 통일을 위한, 또한 우주의 종교적이고 지적인 구성을 위한 궁극적 근거라는 사실이 입증될 수 있다. 뒤르켐이 자신의 이러한 학설에 부여했던 **인식이론적** 정초에 대해서는, 즉 범주들의 '초월론적' 연역을[43] 그것들의 사회학적 연역에 의해 대체하려는 그의 시도에 대한 것은 여기서는 이 이상 상세하게 다룰 수 없다. 여기서도 물론 다음과 같은 물음이 제기될 수 있을 것이다. 그것은 뒤르켐이 사회의 존재로부터 연역되어야만 한다고 주장하는 범주들이 오히려 바로 사회의 존재의 **조건들**이 아닌가라는 물음, 즉 순수한 사유형식과 직관형식이 우리가 '자연'이라고 부르는 현상들의 경험적 합법칙성을 비로소 가능하게 하고 구성하는 것과 마찬가지로 사회의 존립도 가능하게 하고 구성하는 것은 아닌가라는 물음이다. 그러나 우리가 이러한 물음을 배제하고 오로지 신화적–종교적 의식의 현상들의 권역만을 고려한다 하더라도, 보다 예리하게 고찰하면 이러한 점에서조차 뒤르켐의 이론이 궁극적으로는 ὕστερον πρότερον(휘스테론 프로테론, 부당한 가정의 오류)로 귀착된다는 것이 드러난다. 자연의 객관적 대상들의 형식, 즉 우리 지각세계의 합법칙성이 단순히 직접적으로 **주어진 것이** 아닌 것과 마찬가지로 사회의 형식도 단순히 직접적으로 주어진 것이 아니기 때문이다. 전자가 감각적 내용들에 대한 이론적인 해석과 작업을 통해서 비로소 성립하는 것처럼 사회

---

43) [역주] 범주들의 '초월론적' 연역이란 원래 칸트의 『순수이성비판』에 나오는 용어로 '감각적 경험에서 유래하지 않는 초월론적 범주들이 경험적인 합법칙성을 가능하게 하는 것으로서 객관적 타당성을 갖는다는 사실을 증명하는 것'을 말한다.

의 구조도 이념적으로 규정된, 매개된 존재인 것이다. 사회의 구조는 정신적 범주, 특히 종교적 '범주'의 궁극적인 존재론적—실재적 원인이 아니며 오히려 종교적 범주에 의해 결정적으로 규정된다. 종교적 범주를 사회의 현실적 형태의 단순한 반복이라든가 복사로서 설명하려고 할 경우, 사람들은 바로 사회의 현실적 형태 안으로 신화적—종교적 **형태화**의 과정과 기능이 이미 침투하고 있다는 사실을 망각하고 있는 것이다. 아무리 원시적인 것이라 할지라도 어떤 종류의 종교적 '각인'을 보여주지 않는 사회형식은 존재하지 않는다. 사회 자체가 이와 같이 각인된 형식으로서 간주될 수 있는 것은 이러한 각인의 종류와 방향이 이미 암암리에 전제되기 때문이다.[44] 뒤르켐이 자신의 근본 견해의 정당성 여부를 가늠할 수 있는 시금석으로 보는 토테미즘에 대한 그의 설명도 이러한 연관을 간접적으로 입증한다. 뒤르켐에게 토테미즘은 일정한 내면적—사회적 결합을 외부로 투사한 것에 지나지 않는다. 개인들은 자신의

---

44) '각인'의 이러한 과정, 즉 종교적 의식이 사회의 존재를 자신에 따라서 형성하고 그것에 형식을 부여하는 방식에 대한 구체적이고 역사적인 예를 얻으려면, '종교사회학'에 대한 막스 베버의 기초적인 연구를 참조하는 것으로 충분하다. 이 연구에서는 종교적 의식의 특수한 형식은 특정한 사회구조의 **산물**이라기보다는 오히려 사회구조가 성립하기 위한 **조건**으로 제시되며, 따라서 앞서 인용된 셸링의 명제들에서 표현되고 있는 것과 동일한(이 책 368쪽 이하를 볼 것) '종교의 우위'라는 사상이 현대적인 표현과 용어로 주장된다. 특히 자신의 종교사회학적 방법에 대한 막스 베버 자신의 소견을 참조할 것. *Gesammelte Aufsätze zur Religionssoziologie*, Tübingen 1920, I, 240쪽 이하를 참조할 것.

삶을 어떤 포괄적인 사회집단의 내부에서만 알고 있고 이러한 집단 내에서 다시 특수한 그룹들이 부각되며 자기 나름의 특징을 갖는 단위들로 서로 분리되기 때문에, 객관적인 존재도 체험의 이러한 근본형식으로부터 출발하는 것에 의해서만 정신적으로 파악될 수 있으며 모든 존재와 사건을 '종'과 '유(類)'로 상세하게 분류하는 것에 의해서만 파악될 수 있다. 토테미즘이 행하는 것은 인간이 사회적 조직체의 구성원으로서 직접 체험하는 여러 공속관계를 자연 전체에 전이(轉移)하는 것과 다름 없다. 그것은 사회라는 소우주를 대우주에 투사하는 것이다. 이와 같이 여기서도 뒤르켐에게 종교의 본래적 대상으로 간주되는 것은 사회다. 이에 반해 토템은 그것을 통해 어떤 대상이 사회적으로 유의미한 것으로 인정되고 이와 함께 종교적인 것의 영역으로까지 격상되는 감각적 **기호**에 불과한 것으로 간주된다.[45] 그러나 토템을 단지 우연적이고 다소간 자의적인 기호로 간주하면서 토템의 배후에 전적으로 다른 간접적 숭배 대상이 존재한다고 보는 유명론(唯名論)적 이론은 토테미즘의 중심적 문제를 간과하고 있다. 신화와 종교가 일반적으로 그러한 형상들을, 즉 그렇게 감각적으로 현전하는 기호들을 필요로 한다는 것

---

45) 그 전체에 대해서는 Durkheim, *Les formes élémentaires de la vie religieuse*, Paris 1912, 특히 50쪽 이하, 201쪽 이하, 314쪽 이하, 623쪽 이하를 볼 것. 또한 Durkheim und Mauss, *De quelques formes primitives de classification, Année Socielogique*, VI, 47쪽 이하를 볼 것.

은 인정할 수 있지만, 개개의 신화적−종교적 상징들의 **특수성**은 기호 부여라는 **일반적인** 기능을 지적하는 것만으로는 해결될 수 없는 문제로 여전히 남아 있다. 사실상 [토테미즘이] 모든 존재형태를 왜 특정한 동물 및 식물의 형태들과 연관 짓는가라는 물음이 해명되기 위해서는, 바로 그러한 연관이 갖는 특수한 규정성을 신화적 사유 및 신화적 생명감정의 특정한 근본 방향으로부터 이해해야 하며 이와 함께 토테미즘의 기호들에게 실로 어떤 고정된 사물적 상관항, 즉 fundamentum in re[사물 안에 존재하는 기초]는 아니더라도 신화적−종교적 **의식** 안에 존재하는 어떤 기초를 제공할 수 있어야만 한다. 인간사회의 존재와 형식이야말로 그러한 기초를 필요로 한다. 우리가 경험적으로 가장 이른 시기의 가장 원시적 형태의 사회를 염두에 둘 경우에도 사회는 원래부터 주어진 것이 아니라 정신적으로 규정되고 정신적으로 매개된 것이기 때문이다. 모든 사회적 존재는 공동체와 공동체 감정의 특정한 구체적 형식에 뿌리박고 있다. 사회적 존재의 이러한 참된 뿌리를 성공적으로 드러낼수록, 일차적인 공동체 감정은 우리가 발전된 생물학적 종류 개념에서 [종과 유 사이에] 정립하는 경계에 머무르지 않고 이러한 경계를 넘어 생명체 전체로 확장된다는 사실이 그만큼 더 분명하게 드러난다. 인간이 자신을 특별한 힘과 특별한 가치를 갖는 것으로서 자연 전체로부터 두드러져 있는 특별히 선택된 종과 유로 인식하기 오래 전부터, 인간은 자신을 생명 일반의 연쇄 내의 한 항(項)으로 인식해왔다. 이러한 연쇄 내에서 모든 개별적 존재는 전체와 주술적으로 결합되어 있어 한 존재로부터 다른 존재로의 끊임없는 이행과 변화가 가능할 뿐 아니라 필연적인 것으로 나타나며, 이러한 이행과 변화는 생명 자체의 '자연스러운' 형식으로서 나타난다.[46]

이러한 사실로부터 신화의 형상들, 즉 신화가 그 안에서 근원적으로 살고 존재하며 자신의 본질 유형을 직접적이고 구체적으로 표현하고 있는 형상들에서도 신과 인간 그리고 동물의 특성이 서로 선명하게 분리되지 않는다는 사실이 이해될 수 있다. 여기서 비로소 서서히 어떤 정신적 변화, 즉 인간의 자기의식이 전개되는 과정의 부인할 수 없는 위기[분리]의 징후인 어떤 변화가 준비된다. 이집트의 종교에서 신들이 동물의 형태를 취하는 것이 일관된 규칙으로서 하늘이 암소로, 태양은 새매로, 달은 따오기로, 죽음의

---

46) 토테미즘을 신화적 사유의 근본 현상이자 근원적인 현상으로 제시하려는 시도가 자주 행해져왔지만 원시민족에 대한 연구가 밝혀낸 사실들은 오히려 정반대의 결론으로 우리를 이끄는 것 같다. 일반적으로 토테미즘은 생명을 처음부터 종과 유로 분리하지 않고 하나의 통일적인 힘으로서, 즉 모든 분리에 선행하는 하나의 전체로서 고찰하는 일반적인 신화적 관점에 강하게 사로잡혀 있는 것 같다. 동물숭배도 본래의 토테미즘보다 훨씬 일반적인 현상이다. 본래의 토테미즘은 특정한 조건들 하에서 그러한 동물숭배로부터 발전되어온 것 같다. 예를 들어 동물숭배가 이루어지는 고전적인 지역인 이집트에서 동물제사의 토테미즘적 기초는 입증될 수 없다. 이에 대해서는 특히 조르주 프카르가 이집트학과 비교종교사의 관점으로부터 이른바 '토테미즘 법전'의 보편성에 가한 예리한 비판을 참조할 것(Georges Foucart, *Histoire des réligions et methode comparative* 2판, LII쪽 이하, 116쪽 이하 등을 볼 것).

신은 자칼로, 물의 신은 악어로 형상화되는 것처럼, 베다에서도 지배적인 의인관(擬人觀)과 아울러 보다 오래된 의수관(擬獸觀)의 흔적이 보인다.[47] 신들이 이미 명료하게 인간의 모습으로 나타나는 곳에서도, 신과 동물적 자연의 친족관계가 신들의 거의 무한한 변신능력으로 표현되는 경향이 있다. 게르만신화에서 오딘(Odin)은 모든 임의적인 형태로, 즉 새·물고기·곤충으로 변신할 수 있는 위대한 주술사다. 그리스의 원종교(原宗敎, Urreligion)도 이러한 연관을 부인하지 않는다. [그리스 펠로폰네소스 반도 중앙에 있는 산악지역인] 아르카디아의 위대한 신들은 말의 모습으로 혹은 곰이나 늑대로 묘사되었다. 데메테르와 포세이돈은 말의 머리를 지녔고, 판(Pan)은 산양(山羊)의 모습을 하고 있다. 아르카디아에서 이러한 관점을 추방한 것은 호메로스의 시다.[48] 바로 이러한 사실이 시사하는 바는, 만약 여기서 다른 동기와 다른 정신적 힘들이 함께 작용하지 않았다면 신화는 이 시점(時點)에서 자신의 힘만으로는 고유한 본성과 상충하는, 즉 자신의 '복합적인' 직관과 근본적으로 상충하는 예리한 구별을 하는 상태에 결코 도달하지 못했으리라는 것이다. 인간으로 하여금 자신의 **상**(像)을 갖도록 함으로써 인간의 특수한 **이념**을 발견한 것은 예술이었다. 이와 관련하여 이루어진 발

---

47) 상세한 것은 Oldenberg, *Religion des Veda* 2판, 67쪽 이하를 참조할 것.
48) 이에 대해서는 Wilamowitz의 『에우메니데스(*Eumeniden*)』 번역의 서론, *Griech. Tragödie* II, 227쪽 이하를 참조할 것.

전이 신들을 표현한 조각들에서 매우 상세하게 추적될 수 있다. 이집트 예술에서는 아직 일관되게 신들이 인간의 모습을 하면서도 동물의 머리, 즉 뱀이나 개구리 혹은 매의 머리를 갖거나, 다른 한편으로는 신체가 동물의 모습을 하고 있으면서 얼굴은 인간의 특징을 갖는 이중형식과 혼합형식이 발견되고 있다.[49] 그러나 그리스 조각에서는 이 점에서 분명한 단절이 일어나고 있다. 그리스 조각은 순수한 인간의 모습을 조형함으로써 신적인 것의 새로운 형식과 신적인 것이 인간에 대해서 갖는 관계의 새로운 형식으로까지 돌파해나간다. 조형예술 못지않게 시가 이러한 인간화와 개성화(Individualisierung)의 과정에 강력하게 참여하고 있다. 여기서도 물론 시적인 형성작용과 신화적인 형성작용은 단순히 '원인'과 '결과'의 관계가 아니고 또한 하나가 다른 것에 선행하는 것도 아니며, 동일한 정신적 발전의 상이한 표현일 뿐이다. 셸링은 이렇게 말하고 있다. "신들에 대한 표상을 분리함으로써 의식에 주어졌던 해방이 그리스인들에게 비로소 그들의 시인을 주었으며, 또한 역으로 그들에게 시인을 주었던 시대가 완전히 전개된 신들의 역사도 초래했다. 시가 선행한 것이 아니다. 적어도 실제의 시가 선행한 것은 아니다. 또한 시가 말로 표현되는 신들의 역사를 본래적으로 초래한 것도 아니다. 어떤 것도 다른 것에 선행하지 않으

---

49) 예를 들어 Ermann, *Ägytische Religion* 2판, 10쪽 이하에 나오는 그림 자료를 참조할 것.

며 양자는 그 이전 상태, 즉 감싸고 있음과 침묵의 상태에 대한 공동의 동시적 종언이다. (…) 신들의 세계가 신들의 역사로 전개되는 위기(Krisis)는 시인 바깥에 존재하는 것이 아니라, 시인들 안에서 일어나면서 그들의 시를 **형성하는** 것이다. 신들의 역사를 형성하는 것은 시인들이 아니라 그들 속으로 침입한 신화적 의식의 위기인 것이다."[50] 물론 시는 이러한 위기를 반영할 뿐 아니라 그것을 고조시키고 완성하며 결단으로 몰고 간다. 이 점에서 정신의 모든 발전을 지배하는 근본 규칙이 다시 새롭게 증명된다. 정신은 자신을 **표현**함으로써 비로소 자신의 참된 완전한 내면성에 도달한다는 규칙이 그것이다. 내적인 것이 자신에게 부여하는 형식이 역으로 내적인 것의 내용과 본질도 규정한다. 이러한 의미에서 그리스 **서사시**는 그리스 종교사의 발전에 결정적인 영향을 미치고 있다. 여기서 중요한 것은 서사시라는 기술(技術)적인 형식이 아니다. 전적으로 보편적인 신화적 내용도 서사시라는 형식을 취하고 나타날 수 있으며, 이러한 보편적인 신화적 내용에게 개성화라는 것은 우의적인 얇은 외피에 지나지 않기 때문이다. 예를 들어 바빌로니아의 길가메시 서사시가 아직 보편적인 천체 세계의 성격을 띠고 있다는 것은 분명하다. 여기서도 영웅 길가메시의 행위와 고난에 관한 상(像)에서는 태양신화, 즉 일년 동안의 태양의 운행에 대한 묘

---

50) Schelling, *Einleitung in die Philosophie der Mythologie*, S. W., 2부, I, 18쪽 이하.

사나 두 개의 전환점에서의 이러한 운행의 반전(反轉) 등이 인식될 수 있다. 길가메시 서사시의 12개의 표는 태양이 일년 동안 지나가는 12궁(Tierkreis)의 12개의 상과 연관이 있다.[51] 그러나 호메로스의 시에 나오는 형상들에 대한, 천체와 연관 지은 해석은—사람들이 이러한 해석을 아무리 자주 시도했을지라도—좌절할 수밖에 없다. 여기서[호메르스의 시에서] 문제가 되는 것은 더 이상 태양과 달의 운명이 아니라 **영웅**이며, 이러한 영웅에게서 발견되는 것은 행동하고 고뇌하는 주체로서의 개인적인 인간이다. 이러한 발견과 함께 신과 인간 사이의 최후의 장벽이 붕괴된다. 양자 사이에 영웅이 들어서면서 양자를 매개하는 것이다. 영웅이, 즉 인간적인 인격이 신들의 권역으로 높여지는 것처럼 다른 한편으로 신들이 인간적인 사건의 권역에 긴밀하게 얽히면서 그러한 사건에 단순한 방관자로서가 아니라 전사(戰士)이자 협력자로서 참여한다. 영웅과 관계를 맺음으로써 신들은 처음으로 인격적인 존재와 활동의 영역으로 완전히 끌려들어가며, 그러한 영역에서 신들은 이제 새로운 형태와 규정성을 획득하게 되는 것이다. 그리스 서사시에서 시작되었던 것은 연극에서 종결되고 완성된다. 그리스 비극도 신화적-종교적 의식이라는 근원적인 층에서 자라 나온 것이며, 자신

---

51) 상세한 것은 Ungnad-Gressmann, *Das Gilgamesch-Epos*(1911)와 P. Jensen, *Das Gilgamesch-Epos in der Weltliteratur*, Straßburg 1906, 특히 77쪽 이하를 볼 것.

의 이러한 참된 생명근거로부터 완전히 분리된 것은 아니다. 그리스 비극은 제의적 행위로부터, 즉 디오니소스 제의와 디오니소스의 합창에서 직접 발생했다. 그러나 비극은 발전하는 과정에서 그것이 뿌리내리고 있는 열광적이고 디오니소스적인 근본 기분에 사로잡혀 있지 않았다. 이러한 기분에 대립하여 [비극에서] 이제 인간의 전적으로 새로운 형태, 즉 새로운 자아감정과 자기감정이 나타나고 있다는 사실이 갈수록 더 분명하게 나타난다. 디오니소스 제의는 모든 위대한 식물제사와 마찬가지로 자아라는 것에서 단지 생명의 보편적 근원으로부터의 폭력적인 이탈밖에 느끼지 못한다. 디오니소스 제의가 추구하는 것은 이러한 근원으로 귀환하는 것이며, 영혼이 신체와 개체성의 속박을 부수고 나와 보편적인 생명과 다시 결합하려 하는 '황홀경(Ekstase)'이다. 따라서 여기서는 개체성이 갖는 **단 하나의** 계기, 즉 비극적인 **개별화**라는 계기만이 파악되며, 이것이 티탄에 의해 갈가리 찢겨 삼켜지는 디오니소스–자그레우스의 신화에서 직접적으로 표현된다. 그러나 예술적인 직관은 개체적 존재에서 이러한 **개별화**보다는 오히려 **특수화**를, 즉 자기완결적인 **형태**로의 통합을 본다. 예술적 직관에게는 특정한 조형적 윤곽이야말로 완성을 보증하는 것이다. 이러한 완성 자체는 그것이 확고한 규정과 한정을 요구하는 것인 만큼 유한성을 요구하게 된다. 서사시나 조각에서와 마찬가지로 그리스 비극에서도 이러한 요구가 관철된다. 즉 우선 합창단 전체로부터 지휘자라는 인격이 부각되며 그는 자신 고유의 정신적 개성을 드러낸다. 그러나 연극은 여기서 그치지 않는다. 연극이 요구하는 것은 하나의 인물이 아니라 복수의 인물이며, '너'에 대한 '나'의 관계이고, 둘 사이의 갈등이다. 그래서 가장 먼저 아이스킬로스가 두 번째 배우, 즉 상대역을 도입했으며, 뒤이어 소포클레스가 세 번째 배우를 추가한 것이다. 연극의 이러한 발달과 단계적 진행에, 인격감정과 인격의식의 점진적인 심화가 대응한다. 사실 이러한 의식에 대한 표현으로 사용되는 '인격(Person)'이라는 **단어**도 처음에는 배우가 썼던 가면을 의미하는 것에 불과했다. 서사시에서도 또한 영웅의 형태, 즉 인간적 주체는 객관적인 사건으로부터 두드러지게 된다. 그러나 영웅이 객관적 사건의 권역으로부터 자신을 구별하는 경우에도 그는 이러한 권역에 대해 능동적이기보다는 수동적으로 관계한다. 영웅은 객관적인 사건에 휘말려 있지만, 그 사건은 영웅 자신으로부터 비롯되는 것이 아니며 영웅에 의해 필연적으로 규정된 것도 아니다. 그는 여전히 우호적이고 적대적인 힘들, 신적이고 악령적인 힘들에 의해서 희롱당하며, 이러한 힘들이 그를 대신하여 사건의 진행을 규정하고 조절한다. 이러한 점에서 호메로스의 서사시, 특히 『오디세이아』도 신화나 신화적 전설과 여전히 직접 경계를 맞대고 있다. 영웅은 자신의 술책과 강함 그리고 현명함으로 운명을 스스로 주도하는 것 같지만, 그러한 덕 자체도 그에게 외부로부터 주어진 정령적–신적인 선물이다. 그리스 비극이 비로소 이러한 수동적인 관점에 대해 자아라는 새로운 원천을 발견하고 인간을 자발적이며 자신에 대해 책임지는 존재로 보았고, 이와 함께 그를 비로소 참된 의미에서 윤리적 드라마의 주체로 형상화한다. "어느 누구도 너를 책임에서 면하게 할 수 없다." 아이스킬로스의 『아가멤논』에서 클리타임네스트라(Klytaimnestra)가[52] 남편을 살해한 책임을 자신이 아니라 집안에 깃들어 있는 저주의 악령에게 돌리려고 하자 합창단은 그녀에게 그렇게 응답한다. 그리스 철학 내부에서 헤라클레이토스의 ἦθος ἀνθρώπῳ δαίμων(인간의 경우에는 그 성격이야말로 다이몬인 것이다)라는 말과 이 말이 데모크리토스·소크라테스·플라톤에게 미친 영향 속에서 가장 순수하게 표현되고 있는 것과 동일한 전개 과정이 여기서는 연극의 형태로 표현된다.[53] 신들조차 이러한 전개 안으로 끌려 들어간다. 신들도 비극 속에서 최고의 신인 디케(Dike, 정의의 여신)의 말에 따라야 하기 때문이다. 연로(年老)한 복수의 여신인 에리니에스 자매(die Erinyen)는 아이스킬로스의 『에우메니데스』[자비로운 여신들]에서 최종적으로는 정의의 판결에 복종한다. 비극이 서사시와는 반대로 사건의 중심을 외

---

52) [역주] 클리타임네스트라(Κλυταιμνήστρα)는 미케네의 왕 아가멤논의 아내로서 아가멤논이 트로이 전쟁 때 원정을 떠난 사이 아이기스토스와 통정(通情)했다. 트로이 전쟁 중에 아가멤논이 장녀 이피게네이아를 신의 제물로 바치자 아가멤논에 원한을 품고, 전쟁이 끝난 뒤 돌아온 아가멤논과 그의 애인이었던 카산드라를 살해하였다.

53) 이 책 358쪽 이하 참조.

부로부터 내부로 옮김으로써 도덕적 자기의식의 새로운 형식이 생기며 이와 함께 이제 신들의 본질과 형태도 변하게 된다.

개별 신들의 형태에서 나타나는 종교적 의식의 위기는 동시에 공동체 의식의 내부에서 일어나는 어떤 위기를 시사한다. 원시적 종교, 예를 들면 토테미즘이 움직이고 있는 사유와 감정의 권역에서는 인류와 동식물계의 유(類) 사이에 선명한 구별이 존재하지 않는 것처럼, 전체로서의 인간 집단과 이것에 속하는 개인 사이에도 선명한 구별은 존재하지 않는다. 개인의 의식은 부족 의식 안에 구속되어 있으며 이것 안에 용해되어 있다. 신 자체도 우선 그리고 일차적으로 부족의 신이지 개인의 신이 아니다. 따라서 부족을 버린 개인, 혹은 부족으로부터 추방된 개인은 그의 신도 잃어버린다. 추방되는 자들은 "가서 다른 신을 섬겨라"라는 선고를 받는다.[54] 개인은 자신이 생각하고 느끼는 모든 것, 능동적으로 행하고 수동적으로 겪는 모든 것에서 자신이 공동체와 결합되어 있음을 알고 있으며, 공동체 또한 개인과 결합되어 있음을 안다. 개인이 당하는 모든 오욕, 개인이 범하는 모든 살인이 신체적으로 직접 전염되어 집단 전체로 옮겨진다. 살해된 자의 영혼이 행하는 복수는 살인자에게서 멈추지 않고 그와 직·간접적으로 접촉하는 모든 것에 가해지기 때문이다. 그런데 종교적 의식이 인격적인 신들의 관념과 모

---

54) 「사무엘서」 26장 19절, 이에 대해서는 Robertson Smith, *Die Religion der Semiten*(독일어 번역본, Freiburg 1899, 19쪽 이하)를 참조할 것.

습으로 고양되자마자, 개인이 이렇게 전체에 얽혀 들어가 있는 상태도 해소되기 시작한다. 이제 개인은 유(類)의 생활에 대해 자신의 자립적인 형태와 함께, 이를테면 자신의 인격적인 얼굴을 비로소 갖게 된다. 그리고 개인적인 것으로의 이러한 지향에—외관상으로만 이것과 모순되게 보일 뿐이지 사실은 그것과 상관적 관계에 있는—보편적인 것으로의 새로운 경향이 결부된다. 부족이나 집단이라는 협소한 통일체를 넘어서 이제 보다 포괄적인 사회적 통일체가 성립되기 때문이다. 호메로스의 인격적 신들은 그리스인 최초의 민족신이며, 그러한 것으로서 그 신들은 바로 보편적인 헬레니즘 의식의 창조자가 되었다. 그들은 올림포스의 신들, 즉 보편적인 천상의 신들로서 개개의 장소나 토지에도 또한 제사가 행해지는 특수한 장소에도 결부되어 있지 않기 때문이다. 그리하여 인격적인 의식으로의 해방과 민족적 의식으로의 고양이 종교의 형성이라는 동일한 하나의 근본 작용 안에서 수행된다. 여기서도 다시, 신화적이고 종교적인 표상형식이 사회구조의 일정한 **사실들**을 단순히 반영하는 것이 아니라 오히려 신화적이고 종교적인 표상의 형식이야말로 살아 있는 공동체의식을 구성하는 **요인들**에 속한다는 사실이 입증된다. 인간이 자신의 종의 한계를 정신적으로 규정할 수 있기까지 거쳐온 분화 과정이 인간을 계속 앞으로 이끌면서, 인간으로 하여금 자신의 종 내부에서도 보다 선명한 경계선을 긋고 자신의 자아에 대한 특수한 의식에까지 도달하게 하는 것이다.

2. 인격 개념과 인격신들: 신화적 자아 개념의 국면

이제까지의 고찰은, 신화적 개념을 가지고 사유하고 신화적 형상들 안에서 직관하는 방식으로만 인간은 자신의 고유한 **내면세계**를 발견할 수 있으며 이것을 자신의 의식으로 규정할 수 있음을 보여주려 한 것이다. 그러나 이제까지 기술된 것은 신화적-종교적 의식의 발전 가운데 단지 하나의 방향에 지나지 않는다. 신화적-종교적 의식에서도 내면으로의 길은 외관상으로는 대립된 길, 즉 내부로부터 외부로의 진행과 결합됨으로써 비로소 완전해진다. 인격에 대한 의식의 구성에서 가장 중요한 요인은 어디까지나 **작용**이라는 요인이기 때문이다. 작용에 대해서는, 물리적 의미에서도 순수하게 정신적인 의미에서도 '작용'과 '반작용'이 서로 동일하다는 법칙이 성립된다. 인간이 외부세계에 가하는 작용이란 단순히 완성된 사물로서의, 즉 자체 내에서 완결된 '실체'로서의 자아가 외부의 사물들을 자신의 권역 안으로 끌어들여 그것들을 자신의 소유물로 삼는 것을 의미하지 않는다. 오히려 모든 진정한 작용은 이중적인 의미에서 **형성하는 것**이라는 성격을 갖는다. 자아는 자신에게 처음부터 주어진 고유한 형식을 대상에 각인하는 것이 아니라, 대상들에게 가하고 또한 대상들로부터 받는 전체 작용 속에서 비로소 이러한 형식을 획득하게 된다. 내적 세계의 한계가 규정될 수 있고 내적 세계의 이념적 형태가 **눈으로 볼 수 있는** 것이 되려면 존재의 권역이 행위에 의해 답파(踏破)되어야 한다. 이 경우 '자기(das Selbst)'가 자신의 활동으로 채우는 권역이 커지면 커질수록, 객관적 현실의 성질과 마찬가지로 자아의 의미와 기능도 보다 명료하게 드러나게 된다.

우리가 이러한 과정을, 그것이 신화적-종교적 의식이라는 거울에 반영되어 우리에게 나타나는 그대로 파악하려 할 경우, 이 의식의 최초 단계들에서 '사물'은 자아의 정동(情動)에 작용을 미치는 것을 통해서만—즉 사물들이 자아 안에 희망이나 두려움, 욕망이나 공포, 만족이나 실망이라는 특정한 징동을 불러일으켜야만—자아에게 '존재하는' 것이 된다. 자연도 인식의 대상이 되기 이전은 물론이고 직관의 대상이 되기 훨씬 전부터 오직 이러한 방식으로만 주어졌다. 특정한 자연적 대상들과 특정한 자연력을 '의인화하면서' 숭배하는 것을 신화적 의식의 **시작**으로 보는 모든 이론들은 이미 이 점에서 실패한다. '사물'과 '힘'은 이론적 의식에게도 신화적 의식에게도 처음부터 **주어진** 것이 아니고, 오히려 그것들에는 이미 상당히 멀리까지 진전된 '객관화' 과정이 표현되고 있기 때문이다. 이러한 객관화가 착수되기 이전에, 즉 세계 전체가 지속적이며 특정한 형태로 분해되기 이전에 그 전체가 인간에게 막연한 느낌 속에서 나타나는 단계가 있다. 이러한 막연한 느낌으로부터 특수한 강렬함에 의해, 즉 특수한 강도와 집요함에 의해 공통의 배경으로부터 두드러지게 부각되는 개별적 인상들만이 분리된다. 그리고 이러한 개별적 인상들에 대응하는 것이 최초의 신화적 '형상들'이다. 이 신화적 형상들은 특정한 대상들에 머무르면서 그 지속적인 특징들, 즉 그것들의 불변적인 본질상의 특성들을 확보하려는 고찰의 산물이 아니다. 그것들은 일회적이며 아마도 동일한 형태로는 반복되지 않는 의식상태의 표현으로서, 의식의 순간적 긴장과 이완으로부터 생기는 것이다. 우제너는 신화적 의식의 이러한 독자적이고 근원적인 생산력이 훨씬 진보된 단계에서도 관철되고 계속해서 작용함을 보여주었다. 즉 확고하게 규정된 '특수신들'을 형성하고 명확한 윤곽을 갖는 인격신들의 형상을 형성한다는 특징을 갖는 단계에서도 그러한 '순간신들(Augenblicksgötter)'은 항상 새롭게 창조될 수 있다는 것이다. 이러한 견해가 타당하다면, 우리는 자연신과 자연의 정령은 보편적인 자연력과 자연과정의 의인화에 의해서가 아니라 오히려 개별인상들의 신화적 객관화에 의해 생긴 것으로 생각하지 않을 수 없다. 이러한 인상들이 막연하고 파악하기 어려운 것일수록, 또한 그것들이 '자연적' 사건의 전체 과정에 편입되지 않는 것으로 나타날수록, 그것들이 의식을 불시에 직접적으로 엄습할수록, 그것들이 의식에 행사하는 자연적인 힘도 그만큼 더 커진다. 민간신앙은 오늘날에도 여전히 신화적 표상의 이러한 근원적인 힘이 직접적으로 살아 있으며 직접적으로 작용하고 있음을 보여준다. 들과 전답, 덤불과 숲에 깃들어 있는 자연의 정령들에 대한 신앙은 바로 그러한 사실에 뿌리내리고 있다. 나뭇잎들이 살랑거리는 소리, 바람 소리, 무엇이라고 말할 수 없는 무수한 소리와 음향, 빛의 유희와 깜박임 등 신화적 의식에게는 이 모든 것에서 무엇보다 먼저 숲의 생명이 감지된다. 즉 [신화적 의식에게] 그것들은 숲에 거주하는 무수한 자연적 정령들, 숲의 남자들과 숲의 여자들, 요정과 요마(妖魔), 나무의 정령과 바람의 정령이 직접 나타난 것으로 느껴지는 것이다. **삼림 제사와 경작지 제사가** 전개되는 한 걸음 한 걸음의 과정 속에서, 신화가 어떤 식으로 이러한 형상들을 넘어 점차적으로 성장하는지, 즉 이러한 형상들을 완전히 쫓아 없애버리지는 않지만 이것들에 사유와 감정의 다른 층위에서 유래하는 다른 형상들을 덧붙이게 되는지 드러난다. 자아가 단순한 감정적인 반응으로부터 행위의 단계로 이행하고 자연에 대한 자신의 관계를 더 이상 단순한 인상이 아니라 고유한 행위를 매개로 하여 보게 됨에 따라, 단순한 자연적 정령들의 세계가 새로운 세계에 자리를 양보하게 된다. 이러한 행위의 규칙으로부터, 즉 그러한 행위의 작용이 가변적이지만 항상 특정한 순환 속에서 반복되는 단계들로부터 이제 자연의 존재도 비로소 자신의 참된 존립과 확고한 형태를 얻게 된다. 특히 농경, 즉 전답의 규칙적 경작으로의 이행은 식물신화와 식물제사의 결정적인 전환점을 의미한다. 여기서도 물론 인간은 곧바로 자유로운 주체로서 자연과 **마주**서는 것은 아니며 자연과 내적으로 유착되어 있고 운명을 공유하고 있다고 느낀다. 자연의 발생과 소멸, 자연의 개화(開花)와 쇠락은 인간 자신의 생사와 철저히 연관되어 있다. 모든 위대한 식물제의(祭儀)는 이러한 연관에 대한 느낌에 기초하며 이것을 신화적 **형상들**뿐 아니라 직접적인 **행위**로도 표현하고 있다. 식물세계의 고사(枯死)와 재생이 드라마로서, δρώμενον(드로메논, 행해진 것)으로서 표현되는 것이다.[55] 다른 활동에서도 이러한 운명적 결합이라는 사고방식은 계속해서 살아 있다. 가족과 개인 모두 그 탄생의 나무와 운명의 나무를 가지고 있으며, 이것의 성장과 쇠락이 그 가족과 개인의 건강과 병, 생과 죽음을 결정한다. 그러나 이러한 단순한 귀속성, 즉 이러한 반쯤 자연적이고 반쯤은 신화적인 결속을 넘어서 인간과 자연은 동시에 다른 형태의 공동체에 의해 결합된다. 인간은 단순히 자신의 **존립**과 관련해서만 자연 내의 어떤 특별한 존재나 전체로서의 자연과 결합되어 있다고 느끼는 것이 아니라, 자연을 직접 자신의 **노동**의 권역 안으로 끌어들인다. 인간의 '다이몬'이 그의 수호령이 되고 그의 천분(Genius, 천재)이 되는 것처럼 자연 속의 도깨비들이 수호신이 된다. 민간신앙은 이러한 형상들[자연 속의 도깨비들]을 오늘날까지도 충실하게 보존하고 있다. 만하트르는 이렇게 말하고 있다. "튀링엔(Thüringen)과 프랑켄(Franken)의 숲의 처녀, 바덴(Baden)의 야만인, 티롤(Tirol)

---

55) 이 책 388쪽 이하 참조.

의 숲의 요정들이 추수할 때 농부를 돕는다. (…) 숲의 여인들, 숲의 난장이, 숲의 여자 거인, 숲의 요정은 항상 인간을 섬기면서 축사 안의 가축을 돌보며, 가축과 저장실에 축복을 내린다."[56] 이렇게 여전히 살아 있는 형상들이 신화적 사유와 감정의 전형적인 근본 견해로부터 생긴 것이라는 사실, 그리고 그것들이 신화적 사유와 감정의 일정한 단계에 필연적으로 속한다는 사실은 우리가 '원시인'에 대한 신앙으로부터 문화적으로 위대한 종교들 각각의 권역에 이르기까지 추적할 수 있는 '직업신'과 비교해보면 분명해진다. 토테미즘에 의해 분절된 [서아프리카의] 요르바족의 경우 각각의 씨족이 자신이 비롯된 씨족신을 지니며 이 신이 내린 계율이 생활 과정 전체를 지배한다. 그러나 이러한 분절 외에, 그것으로부터 비교적 독립된 형태로 신들의 세계에서 일종의 직능적 분절이 행해지고 있다. 전사, 대장장이, 사냥꾼, 나무꾼은 그들이 어떠한 토템에 속하는지와는 상관없이 각각 공통된 신을 섬기며 이 신에게 희생물을 바친다. 이러한 기술적 분화, 이러한 '분업'은 신화적 세계 내에서 매우 세부적으로 나타난다. 대장장이의 신, 황동(黃銅) 주조공의 신, 주석 주조공의 신이 있으며 이러한 신이 인간들에게 처음으로 합금(合金)하는 방법을 가르쳐주었다고 한다.[57]

---

56) Mannhardt, *Wald-und Feldkulte* 2판, I, 153쪽 이하.
57) 상세한 것은 Frobenius, *Und Afrika sprach*, 154쪽 이하, 210쪽 이하. 또한 그러한 '직업신'은 다른 곳에서도, 예를 들면 [북아메리카 북서부 해안의 퀸 샤로트

각각의 특정한 활동 영역이 할당되어 있고, 그러한 영역에 주술적으로 속박된 직업신이라는 사상의 가장 정밀하게 완성된 형태는 로마인들의 신앙에서 발견할 수 있다. 여기[로마인들의 신앙]에서는 모든 개별적 업무, 특히 전답을 경작할 때 필수적인 개별 행위 각각이 자신의 신과 독자적인 제관(祭官) 조직을 가지고 있다. 제관들은 이러한 행위 각각에서 그 수호자로 간주되는 신이 올바른 호칭으로 불리는지, 신들의 전체가 올바른 순서로 불리는지를 감독한다. 신들의 이름을 부르는 것에 이러한 규칙이 없다면 행위 그 자체도 규칙 없이 행해질 것이며 그 결과 아무런 결실도 맺지 못할 것이다. "모든 행위와 상태에 대해 특정한 신들이 존재하며 이들은 명확한 특성을 갖는 단어로 호명된다. 어떤 행위와 상태의 전체가 이렇게 신격화되어 있을 뿐 아니라 그러한 행위를 구성하는 어떤 현저한 부분과 행동 그리고 계기도 신격화되어 있다. (…) 농경 희생(農耕 犧牲, Fluropfer)에서 플랑드르인(der Flamen)은 텔루스(Tellus)와 케레스(Ceres) 외에 12명의 신들을 호명해야 했으며, 이 신들은 농부가 행하는 동일한 수의 일에 대응한다. 베루악토르(Veruactor)는 맨 처음 휴한지의 땅을 가는 것에 해당하고, 레파라토르(Reparator)는 두 번째로 쟁기로 땅을 갈아엎는 일에 해당하며, 인포르키토르(Inporcitor)는 세 번째이자 마지막으로

섬들의 원주민인] 하이다(Haida)족에서도 보인다. Swanton, Contributions to the Ethnology of the Haida, *Mem. Americ. Mus. of Natur. History*, VIII, 1, 1905 참조.

쟁기로 땅을 갈아엎는 일에 해당하는데 이때 고랑(lirae)이 파이고 이랑(porcae)이 만들어진다. 인시토르(Insitor)는 씨를 뿌리는 일, 오바라토르(Obarator)는 파종 후에 흙을 덮어주는 일, 오카토르(Occator)는 써레로 농지를 판판하게 고르는 일, 사리토르(Saritor)는 제초작업(sarire), 즉 괭이로 잡초를 제거하는 것, 수브룬키나토르(Subruncinator)는 잡초를 뽑는 일, 메소르(Messor)는 곡식을 베어 수확하는 사람의 일, 콘벡토르(Convector)는 곡식을 창고에 반입하는 일, 콘디토르(Conditor)는 저장하는 일, 프로미토르(Promitor)는 창고와 헛간에서 곡물을 꺼내 인도하는 일에 해당한다."[58] 각각의 행위가 갖는 개별적인 동기에 따라 그리고 명료하게 구별된 방향에 따라 신들의 세계를 이렇게 구성하고 완성하는 작업 속에서, 우리가 언어 속에서 작용하고 있음을 보았던 것과 동일한 형식의 객관화 작업이 수행되고 있음이 입증된다. 음성 형상과 마찬가지로 신화적 형상도 이미 현존하는 차이들을 단순히 지시하는 역할만 하는 것이 아니라, 그러한 차이들을 비로소 처음으로 확정하며 그러한 차이들을 그 자체로서 가시화하는 역할을 하는 것이다. 신화적 형상은 이러한 차이들을 그 전에 성립되어 있는 것으로서 단순히 재현하는 것이 아니라 그들을 참된 의미에서 불러낸다.[59] 의

---

58) Usener, *Götternamen*, 75쪽 이하. 로마의 indigitamenta 신[수호신=기능신]에 대해서는 특히 Wissowa, *Religion und Kultus der Römer* 2판, 24쪽 이하 참조.

59) 이에 관해서는 제1권, 257쪽 이하[『상징형식의 철학 I: 언어』, 478쪽 이하] 참조.

식이 개별적인 활동 권역들을 명확하게 구별할 뿐 아니라 이러한 활동 권역을 규정하는 여러 객관적이고 주관적인 조건들을 명확하게 구별하게 되는 것은, 의식이 이러한 활동 권역의 하나하나를 하나의 고정된 중심점에, 즉 **하나의** 특정한 신화적 형식에 결부함으로써 비로소 가능하게 된다. 모든 개별적 활동에서 그것을 관장하는 특수한 신이 수호자이자 지원자로 호출됨으로써 행위의 '자발성'이 부인되고 모든 행위가 바로 이러한 신의 단순한 '표현'으로서, 따라서 내부에서부터가 아니라 외부에서부터 비롯되는 작용으로 간주되는 듯 보인다. 그러나 다른 한편으로 직업**신**이라는 이러한 매체를 통함으로써, 그렇지 않으면 수확물과 생산물 때문에 망각되기 쉬운, 행위가 갖는 순수한 정신성이 비로소 파악될 수 있게 된다. 자신의 신화적 대표자들에 입각하여 행위는 비로소 자기 자신을 서서히 알고 이해하게 된다. 이러한 다수의 신들의 형상에서 인간은 단지 자연적인 대상과 자연적인 힘의 외적인 다양성을 볼 뿐만 아니라 자기 자신을, 즉 다양하고 특수한 기능들을 갖는 자기 자신을 보는 것이다. 인간이 창조한 무수한 신들의 형상은 인간이 대상적 존재와 사건의 권역을 통과할 때 그를 인도할 뿐 아니라, 인간이 자신의 고유한 의욕과 수행의 권역을 통과할 때도 그를 인도하며 그에게 이러한 권역을 내부로부터 밝게 비춰준다. 개개의 모든 구체적 활동이 자신의 독자적인 방향과 지침을 참으로 의식하게 되는 것은, 그 활동이 자신에게 속하는 특수신의 형상에서 자기 자신을 객관적으로 직관함으로써 비로소 가능하게 된다. 어떤 행위를 명확하게 나누는 것, 즉 그것을 서로 명료하게 구별된 자립적 작용으로 분해하는 것은 추상적이고 논증적인 개념 형성에 의해서가 아니라, 역으로 이러한 작용들 각각이 하나의 직관적인 전체로서 파악되고 하나의 자립적인 신화적 형상 안에 구체화됨으로써 가능하게 된다.

이러한 정신적 과정을 내용 면에서 파악하고자 한다면, 그것은 신화적 의식이 단순한 자연신화에서 **문화신화**로 나아가는 전개 과정에서 가장 명료하게 나타난다. 이제 기원에 대한 물음은 사물의 영역으로부터 점차 인간 고유의 영역을 향해서 이동한다. 즉 신화적 인과성의 형식은 세계의 기원이나 세계 안의 개별적 대상들의 기원을 설명하기보다는 인간에 의해서 만들어진 문화재의 기원을 설명하는 기능을 한다. 물론 이러한 설명도 신화적 표상작용의 특성에 따라서 이러한 문화재가 인간의 힘과 의지에 의해 만들어진 것이 아니라 인간에게 주어진 것이라는 견해에 머물러 있다. 그러한 문화재는 인간을 통해 간접적으로 산출된 것이 아니라 이미 완성되어 있는 것으로서 인간에 의해 직접 받아들여졌다고 간주되는 것이다. 불의 사용, 특정한 도구의 제작, 농사 혹은 사냥의 도입, 개별 치료제에 대한 지식과 문자의 발명 등 이 모든 것은 신화적 힘들이 인간에게 준 선물로서 나타난다. 인간은 이 경우에도 자신의 행위를 자신으로부터 분리하여 외부로 투사함으로써 비로소 이해한다. 이러한 투사로부터 신의 상이 생기며 신은 이제는 더 이상 단순한 자연력으로서 나타나지 않고 문화적 영웅으로서, 빛과 구원을 가져다주는 자로서 나타난다.[60] 그러한 구원자의 형상이야말로 각성하고 진보해가는 문화적 **자기의식**에 대한 최초의 신화적─구체적 표현이다. 이런 의미에서 모든 제의는 모든 문화 발전의 담지자이자 통과점이다. 제의야말로 문화의 발전이 자연에 대한 단순한 **기술적** 극복과 구별되고 그 특유의 성격, 즉 독특한 **정신적** 성격을 형성하게 되는 계기를 온전하게 담고 있기 때문이다. 종교적 숭배가 단순히 실천적인 사용에 **뒤따르는** 것이 아니다. 오히려 종교적 숭배야말로─예를 들어 불의 사용에 대해 추측할 수 있는 것처럼─여러 가지 형태로 인간에게 비로소 이러한 사용을 가능하게 한 것이다.[61] 동물 사육도 종교적 기반과 전적으로 특정한 신화적─종교적 전제에서, 무엇보다 토테미즘적 전제에서 비로소 발전되었다. 여기서도 신화적 형상세계는 언어와 예술의 형상세계와 마찬가지로 자아와 세계의 '대결'이 수행되는 근본 수단 중 하나로 기능하고 있다. 이러한 대결은 신이나 구원자의 형상이 자아와 세계 사이에 들어서서 이것들을 서로 결합하면서도 서로 분리함으로써 가능하게 된다. 자아, 즉 인간의 참된 '자기'는

---

60) '구제자'라는 이러한 사상의 의미와 보편적인 유포에 대해서는 Kurt Breysig, *Die Entstehung des Gottesgedanken und der Heilbringer*, Berlin 1905.

61) Bousset, *Das Wesen der Religion*, Halle 1904, 3쪽, 13쪽을 참조할 것.

신적인 자아를 통한 우회로를 통해 발견되기 때문이다. 신이 협소하게 한정된 특수한 활동 영역에 구속되어 있는 한낱 특수신의 형태로부터 인격신의 형태로 이행한다는 것은 자유로운 주체성에 대한 직관에 이르는 길에서 새로운 한 걸음을 내딛는 일이다. 우제너는 이렇게 말하고 있다. "특수신들의 집단으로부터 보다 포괄적인 세력권을 갖는 인격적인 신들이 출현하는 것은, 오래 전에 형성된 개념이 고유명사로 응고되고 신화적 표상이 그 주위를 둘러싸는 고정된 핵심이 되었을 때이다. (…) 유동적인 표상은 고유명사 속에서 비로소 어떤 인격의 담지자가 될 수 있는 하나의 고정된 핵심으로 응고된다. 이러한 고유명사는 사람의 호칭과 마찬가지로 그것이 유일하게 적용되는 어떤 특정한 인격을 떠올리게 만든다. 이와 함께 의인(擬人)적인 표상의 흐름이 거의 공허한 형식 안으로 들어갈 수 있는 길이 열린다. 이제야 비로소 개념은 신체성, 이를테면 피와 살을 획득하게 된다. 개념은 이제 인간처럼 행동할 수 있고 어떤 일을 당할 수도 있다. 특수신의 투명한 개념에 대해서는 자명한 술어였던 표상이, 고유명사의 담지자에게는 신화가 된다."[62] 물론 이러한 이론은 사람들이 그것의 일반적인 방법상의 전제—즉 언어 형성과 신화 형성 사이에 철저한 상호관계가 있다는 전제—를 받아들인다 하더라도 아직 해결되지 않은 난점과 독특

---

62) Usener, *Götternamen*, 323, 331쪽.

한 역설을 포함하고 있다. 신화가 단순한 '특수신'으로부터 인격적인 신에 대한 직관으로 고양되는 길은, 우제너에게는 언어가 개별적인 것을 표상하고 지칭하던 상태로부터 일반적인 것을 표상하고 지칭하는 상태에 이르는 길과 동일하다. 그에 따르면 두 가지 경우 모두에서 동일한 '추상' 과정, 즉 개별적 지각으로부터 유(類)적 개념으로의 진행이 일어난다는 것이다. 그러나 보편으로의 이러한 전환, 즉 일반화하는 추상으로 향하는 이러한 방향에서 개별화, 즉 '인격신'으로 향하는 경향이 발견된다는 사실은 어떻게 이해될 수 있는가? 객관적인 측면에서 보면 개별 사물로부터 공간적 · 시간적으로 갈수록 더 강하게 등을 돌리면서 나타나는 것이, 주관적인 삶의 측면에서 보면 오히려 인격의 단일성과 단독성의 형성으로 이끈다는 것이 어떻게 가능한가? 여기서는 일반화하는 개념 형성이 취하는 방향과는 작용 방식 면에서 대립되는 방향을 취하는 다른 계기가 함께 작용하고 있는 것임에 틀림없다. 사실상 행위의 세계와 '내적' 체험 세계의 구성에서 '특수'로부터 '보편'으로의 진행은 '외적' 존재의 구축, 즉 사태와 사물의 세계의 형성에서 그러한 진행이 의미하는 것과는 다른 의미를 갖는다. 신화에서 특수신의 형상으로 파악되고 표시되는 것과 같은 행위의 특정한 권역이 확대되면 확대될수록, 따라서 그 행위가 관계하는 대상들의 다양성이 커지면 커질수록, 행위의 순수한 에너지 자체도 더욱 순수하면서도 강력하게 높아지며, 활동하는 주체의 의식도 더욱 순수하면서도 강력하게 부각된다. 이러한 의식이 여전히 그때마다의 **특수한** 종류와 형식의 활동 속에서 표현되는 것은 사실이지만, 그러한 의식은 이제 더 이상 그러한 활동에 구속되지 않으며 이러한 활동에 의해 전적으로 해소되지도 않는다. 따라서 **인격**의 명확성에 대한 감정은 **작업**의 특수성으로부터 점차 벗어나는 것에 의해 사라지지 않고 오히려 이것과 함께 고양되고 강화된다. 이제 자아는 더 이상 자신을 모든 특수한 활동들의 배후에 존립하는 한낱 추상체로서, 즉 비인격적인 보편자로서가 아니라 행위의 모든 다양한 방향들을 서로 결합하고 응집시키는 자기동일성을 갖는 구체적인 통일체로서 자신을 알고 파악하게 된다. 행위의 불변적 근원이 되는 이러한 동일자에 대해, 개개의 특수한 창조작용은 항상 그것의 부분적인 실현에 지나지 않기 때문에 우연적이고 '우유(偶有)적인 것(ein Akzidentelles)'으로만 나타난다. 이와 같이 '특수신'이 자신의 최초의 협소하게 한정된 영역을 넘어서 고양될수록, 그 특수신에게서 인격성의 계기가 보다 명확하게 각인되며 보다 자유롭게 전개된다. 전통적인 논리학의 교설에 따르면, 사물에 대한 단순한 직관의 권역에서는 어떤 개념이 포괄하는 **범위**가 확대될수록 그것이 포함하는 **내용**은 빈곤해진다. 즉 개념이 개별적 표상의 보다 넓은 범위를 포괄할수록 그것은 구체적인 규정성을 상실하게 되는 것이다. 이에 반해 여기서는 보다 넓은 영역으로의 확대, 외연의 증대는 동시에 활동 자체의 강도 및 의식성의 고양을 의미한다. 인격의 통일성은 바로 그것과 대립되는 것에서만, 즉 그것이 활동형식들의 구체적인 다수성과 다양성에서 자신을 표현하고 관철하는 방식에서만 직관될 수 있기 때문이다. 신화적 감정과 신화적 사유가 이러한 길에서 나아가면 갈수록, 최고의 **창조신**의 모습이 한갓 특수신들의 권역으로부터 또한 잡다한 다신론적인 개별신들로부터 보다 분명하게 부각되어 나온다. 이러한 창조신에서 행위의 모든 다양성이 하나의 정점 안으로 결집되어 나타나는 것이다. 즉 이제 신화적─종교적 의식은 규정하기 어려울 정도로 많은 개별적 창조력들의 총체를 보는 것 대신 창조라는 순수한 작용 자체를 보게 된다. 이와 함께 이러한 창조작용은 창조신 자체와 마찬가지로 **하나의 것으로서** 파악되고, 이렇게 해서 신화적─종교적 의식은 갈수록 더욱 강력하게 창조의 통일적 **주체**에 대한 견해가 된다.

물론 **창조자**라는 관념 자체는 그 이상 어떠한 도출도 '설명'도 할 수 없고 그것을 필요로 하지도 않는 것 같은 저 신화적 근본 주제들에 속한다. 창조자라는 관념은 종교적 표상의 가장 원시적인 층위에서조차 자주 놀랄 만큼 분명하게 나타나는 것으로 보인다. 특히 토테미즘적인 표상권의 내부에서, 씨족이 자신의 기원으로 생각하는 조상들에 대한 표상을 넘어서 토테미즘적인 조상과는 명확하게 구별되는 최고의 존재에 대한 사상이 성립하는 과정이 자주 추적될 수 있다. 이러한 최고의 존재는 자연 사물들을 창조하고 다른 한편으로는 신성한 의례와 제사 의식과 춤을 제정한 자로 간주된다. 그러나 그 자신은 보통 제의의 대상이 되지 않으며, 인간은 세계 전체를 채우는 개별의 정령적 힘들에 대해서와 마찬가지로 이러한 존재에 대해서도 직접적인 관계, 즉 무매개적이고 주술적인 관계를 맺지 않는다. [63] 따라서 모든 '원시적인' 종교를 지배하고 이것에 그 특징적인 각인을 부여하는 감정적·의지적인 동기들 중에서 순수하게 사상적이고, '이론적인' 동기가 이미 가장 초기의 단계에서 갑자기 나타나고 있는듯 보인다. 물론 보다 상세하게 고찰해보면, '창조'와 '창조자'라는 외관상 추상적인 표상이 여기서는 아직 참된 보편성 속에서 파악되고 있지는 않다는 것, 요컨대 창조작용이 어떤 개별적이고 구체적인 조형작용과 형성작용으로만 표상되고 있다는 것이 분명해진다. 따라서 원시인에게서 보이는 '창조자 사상'의 형성에 대한 전형적인 예로 통상 인용되는 오스트레일리아의 바이아미(Bäjämi)는 사물의 '조각가'라고 여겨진다. 즉 그는 나무껍질로 인형을 만들고 동물의 털가죽이나 껍질로 신발을 만드는 방식으로 개별 사물들을 만들어낸다. [64] 창조에 대한 사상은 전적으로 장인(匠人)

---

63) '원시적' 종교들의 권역 내에서 '창조자 신앙'이 어떤 식으로 퍼져 있는지에 대해서는 무엇보다 P. W. Schmidt, *Der Ursprung der Gottesidee*, Münster 1912에 집성되어 있는 자료를 참조하기 바란다. 또한 Söderblom, *Das Werden des Gottesglaubens*, 114쪽 이하에 있는 탁월한 요약도 볼 것. 아메리카의 종교들에 대해서는 특히 Preuß, *Die höchste Gottheit bei den kulturarmen Völkern*, *Psychologische Forschung* II, 1922를 볼 것.

이나 조형예술가의 활동에 의거하고 있다. 이는 철학조차, 즉 플라톤조차 아직 최고의 창조신을 '데미우르고스[제작자]'라는 신화적 형상으로 파악하고 있는 것과 동일하다. 이집트에서는 프타(Ptah)신이 위대한 창조신으로서, 최초의 근원적 신으로서 숭배되고 있다. 이 신은 동시에 그의 행위 면에서는 예술가와 유사한 것으로 나타나며, 예술가와 장인의 참된 수호자로도 간주된다. 이 신을 상징하는 물건은 옹기를 만드는 데 쓰는 돌림판이며, 신적인 조각가로서의 이 신은 그것을 사용하여 장중(莊重)한 신들과 인간의 형상을 만든 것이다.[65] 그러나 이렇게 구체적으로 특수화된 행위를 경유하면서 이제 신화적—종교적 사유는 더 행위에 대한 보편적인 파악 방식으로 나아간다. **베다** 종교에서는 이미 일찍부터 순수한 자연신들과 아울러 다른 신들, 즉 행위의 특정한 영역과 유형을 표현하는 신들이 보인다. 불의 신 아그니(Agni)나 뇌우(雷雨)의 신 인드라 외에, 예를 들어 자연과 인간 생활에서의 모든 운동을 일으키는 '자극의 신'이나 '추동(推動)의 신(Savitar)', 수확을 돕는 '수확하는 신', 길을 잃은 가축을 집으로 돌아오도록 보살피는 '돌려보내는 신(Nivarta, Nivartana)' 등이 있다. 이러한 신들에 대해 올덴베르크는 이렇게 말하고 있다. "언어사의 모든 시기에는, 과거로부터 계승되고 완료된

---

64) Brinton, *Religions of primitive peoples*, 74, 123쪽을 참조할 것.
65) 상세한 것은 Brugsch, *Religion und Mythologie der alten Ägyter*, 113쪽, Erman, *Die ägyptische Religion* 2판, 20쪽을 참조할 것.

어형(語形) 안에 보존되어 있을 뿐 이미 효력을 상실한 조어(造語) 요소들 외에, 생명으로 가득 차 있고 말하는 모든 사람들에 의해 끊임없이 새로운 단어들의 산출을 위해 사용될 수 있는 조어 요소들이 있다. 종교사에서 −tar로 끝나는 신들의 이름을 형성하는 방식은 베다 시대와 그 직전 시대에는 최고의 생명력과 생산력을 지녔음에 틀림없다. 트라타르(Tratar, '수호자')·다타르(Dhatar, '제작자')·네타르(Netar, '지도자') 등의 신이 있으며, 이에 상응하는 여성형의 이름 형식인 바루트리트(Varutrit, '수호여신')가 있다.[66] 여기서 언어의 주도 아래 행위와 행위자의 핵심이 되는 표상을 포함하는 어미(語尾)가 새로운 신들의 이름을 만들어내는 데 자유롭게 사용되고 있다는 것에는 물론 행위에 대한 관점이 거의 무제한적으로 분할되어갈 가능성과 위험성이 포함되어 있다. 다른 한편으로 언어상의 공통적 형식의 힘을 빌린 이런 종류의 조어들은 활동의 목표나 대상의 특수성과는 별개로 활동 자체의 보편적 **기능**을 지시한다. 베다 종교에서는 최초의 그룹과 유사한 조어들, 즉 어떤 특정 영역의 '지배자'로서의 특정한 신—예를 들어 '자손의 지배자(prajapati)'라든가 '전답의 지배자', '장소의 지배자', 더 나아가 '사유의 지배자', '진리의 지배자' 등의 신들—을 지칭하는 조어들이 이러한 여러 상이한 지배 권역을 최종적으로는 단 하나의 최고 지배자에게 복속시키는 방

---

66) Oldenberg, *Religion des Veda* 2판, 60쪽 이하; *Vedaforschung*(1905), 78쪽 이하를 참조할 것.

향으로 점점 나아간다. '자손의 지배자'인 프라자파티(Prajapati)도 처음에는 다른 신들과 마찬가지로 한갓 특수신에 불과했지만, 이것이 『브라마나』[베다에 속하는 문헌군(群)] 성립기[기원전 800년을 중심으로 한 수백 년 간]에는 참된 세계 창조자가 되었다. 그는 이제 '세계 공간 전체의 신'이며, "한 번에 대지와 하늘을 변화시켰으며, 세계와 극(極)과 빛의 왕국을 변화시켰다. 그는 세계 질서의 혼란을 끝냈다. 그는 세계를 보고 세계가 되었다. 그 자신이야말로 세계였기 때문이다."[67]

다른 점에서도, 베다 경전에는 신화적-종교적 사유가 세계창조와 세계창조자를 구상하는 데 이르기 전에 필요로 했던 다양한 중간단계들이 나타나 있다. 존재 **전체**를 창조라는 범주 아래 파악한다는 것은 신화가 처음에는 수행하기 어려운 요구다. 신화가 사물들의 발생과 우주의 탄생에 대해 말할 경우에는 항상 이러한 탄생을 단순한 변화로서 파악한다. 그것에서는 대개 전적으로 감성적으로 표상된 특정한 **실체**가 전제되며, 생성은 그것으로부터 출발하고 그것에 입각해서 일어난다. 어떤 때 그 실체는 세계란(卵)이며, 어떤 때는 세계수(樹)이고, 어떤 때는 하나의 연꽃이며, 어떤 때

---

67) Deussen, *Die Geheimlehre des Veda, Ausgewählte Texte der Upanishad's*, Leipzig 1907, 14쪽 이하를 참조. 프라자바티의 역사에 대해서는 특히 Deussen, Philosophie des Veda(*Allgemeine Geschichte der Philosophie*, I, 1), Leipzig 1894, 181쪽 이하를 볼 것.

는 인간과 동물의 신체의 부분들인데, 그것들로부터 우주의 개별적 부분들이 산출되고 형성된다는 것이다. 이집트에서는 근원적인 물인 눈(Nun)으로부터 알이 하나 생겨나고 다음에는 알에서 빛의 신인 태양신 라(Ra)가 태어난다. 이 신은 하늘이 아직 없고 벌레도 아직 창조되지 않았을 때 생겨났다. 즉 그가 있는 장소에는 그 외에는 아무도 없었으며, 그가 서 있을 수 있는 장소도 아직 없었다.[68] 신화적 창조사상은 그것이 명확한 형태로 나타나기 위해서는 한편으로는 반드시 어떤 구체적인 기체에 의거하지 않으면 안 되지만, 다른 한편으로는 바로 이 기체를 갈수록 부정하면서 그것으로부터 벗어나려 한다는 사실이 여기서 이미 분명해진다. 그렇게 진행되는 일련의 부정작용을 우리는『리그베다』의 유명한 창조 찬가에서 볼 수 있다. "그때는 존재도 비존재도 없었다. 공기도 없었고 그 위에 하늘도 없었다. 무엇이 움직였던가? 어디에서? 무엇의 보호 아래서? 깊은 연못은 물로 이루어졌던가? 그때는 죽음도 불사도 없었다. 낮과 밤의 차이도 없었다. 그것(Es)은 바람도 없이 호흡했고, 스스로 존재하는 것은 그것뿐이고 그것 외에는 아무것도 없었다."[69] 이와 같이 여기서는 존재의 **근원**을 순수한 ἄπειρον(아페이론, 무한정한 것)으로서, 일체의 규정을 결여한 '그것'으로서 파

---

[68] Erman, *Die ägyptische Religion* 2판, 20, 32쪽을 볼 것.

[69] 『리그베다』 제10권, 제129찬가, Hillebrandt의 독일어 번역본, *Lieder des Rigveda*, Göttingen 1913, 133쪽.

악하려는 시도가 행해진다. 그러나 다른 한편에서 우주론적 사변은 이러한 '그것'을 어떠한 점에서든 보다 상세하게 규정하고 구체적인 **토대**, 즉 만물이 생긴 '목재(木材)'가 무엇인지에 대해 묻지 않을 수 없다. 이러한 근거, 즉 창조자가 서 있고 창조자가 의지하는 근거에 대한 물음이 항상 거듭해서 제기된다. "모든 것을 보는 비슈바카르만(Visvakarman)이 대지를 창조하면서 자신의 힘으로 하늘을 드러낼 때 서 있었던 그 입지(立地)는 어떠한 것이었던가, 그 거점(據點)은 무엇이고 어떠한 것이었던가? 그것이 하늘과 나무를 만들 때 사용한 목재와 나무는 어떤 종류의 것이었던가? 그대 현자들이여, 비슈바카르만이 하늘과 대지를 떠받쳤을 때 그가 의지했던 것은 무엇인지를 마음으로 탐구해보라."[70] 『우파니샤드』의 후기의 철학적 교설은 창조의 '제1질료', 즉 πρώτη ὕλη(프로테 휠레)에 대한 물음을 자신의 사상적 전제들을 지양함으로써 해결하려고 했다. 만물이면서 일자인 브라만의 사유에서는 다른 모든 대립과 마찬가지로 '질료'와 '형상'의 대립도 사라진다. 그러나 여러 대립을 이렇게 범신론적으로 해소하는 길이 취해지지 않은 경우에는, 즉 그 대신에 종교의 발달이 창조사상 자체를 순수하고 첨예하게 부각시킨 경우에는 이러한 창조사상을 이를테면 다른 차원으로 옮기고, 그것을 자연적–물질적인 것에 접해 있으면서 이것에 붙들려

---

70) 『리그베다』제10권, 제81찬가(Hillebrandt, 위의 책, 130쪽).

있는 상태로부터 해방시켜 그것에 순수하게 '정신적인' 각인을 부여하려는 노력이 점점 더 강화된다. 창조자가 세계를 존재하게 하기 위해서 사용하는 **수단들**에 대한 견해 속에서 이러한 진행이 추적될 수 있다. 이러한 수단들에 대한 묘사는 처음에는 특정한 감각적−사물적인 유비나 비교에 전적으로 의거하는 경향이 있다. 이집트의 가장 오래된 문헌들에서는 창조신 툼−라(Tum-Ra)가 모든 생물의 선조가 되는 신들을 인간처럼 자신의 정자를 방출함으로써 형성했다거나 최초의 신 한 쌍을 자신의 입에서 토해냈다고 가르친다. 그러나 이미 일찍부터 피라미드의 문헌에는 이와 다른, 보다 '정신적인' 견해가 스며들어 있다. 창조작용은 이제 더 이상 어떤 개별적인 물질적 형상에 의해 규정되지 않는다. 창조자가 사용하는 도구로 나타나는 것은 그의 목소리와 **말**의 힘에 집중되어 있는 그의 의지의 힘뿐이다. 이러한 말이 자신으로부터 신과 하늘과 대지를 산출하는 힘을 갖는다.[71] 일단 언어(Sprache)와 말(Wort)이 세

---

71) 이에 대해서는 Moret, *Mystères Égyptiens*, Paris 1913, 114쪽 이하, 138쪽 이하를 참조할 것. "헬리오폴리스에서는 태고적에 토룸−라(Torum-Râ)가 살아 있는 모든 존재들의 조상을 인간과 동일한 방식으로 정자를 방출하여 낳았다거나 헬리오폴리스에 있는 페닉스 신전 땅에 서서 최초의 신 한 쌍을 토해냈다고 알려져 있었다. 똑같이 데미우르고스[조물주]라고 불리는 다른 신들은 다른 곳에서 다른 방법을 사용했다. 멤피스의 [삼주신(三柱神)의 주신인] 프타(Phtah), 엘레판티네의 [나일강의 신] 크눔(Hnoum)은 신과 인간을 옹기를 만드는 돌림판으로 빚어내었다. [지혜의 신인] 토트−이비스(Thot-Ibis)는 헤르모폴리스에서 알을 부화했다. 사이스의 위대한 여신인 네이트(Neith)는 아무것도 존재하지 않았던 때

계창조의 그러한 정신적 도구로서 간주되면, 이와 함께 창조의 작용 자체도 순수하게 '정신적인' 다른 의미를 갖게 된다. 자연적-물질적인 **사물**의 총체로서의 세계와 창조자의 말 안에 포함된 신적인 힘 사이에는 이제 더 이상 어떠한 직접적인 **이행**도 가능하지 않다. 양자는 존재의 분리된 영역들에 속하기 때문이다. 그럼에도 불구하고 종교적 사유가 양자 사이에 요청하는 **관계**는 단지 특정한 **매개항들**에 의지하며 이것들을 통과하는 간접적인 관계일 수밖에 없다. 이러한 관계를 형성하고 표현하기 위해서는 이제 존재 전체를 통과하면서 새로운 단절이 일어나야만 하며, 대상들의 물리적 존재의 근저에 순수하게 '이념적인' 다른 존재형식이 놓여야만 한다. 이러한 [사상적] 동기는 철학적 인식 내에서 비로소, 즉 플라톤의 『티마이오스』의 창조신화에서 비로소 참으로 정신적으로 완성되고 전개된다. 그러나 이러한 사상적 동기가 철학적 인식과는 무

에 태양신 라(Râ)를 출산했던 독수리 또는 암소였다. 이것들이 가장 오래되고 또 가장 널리 퍼져 있던 창조설화다. 세계가 신의 유출물이라는 더욱 섬세하며 더욱 물질적인 설명방식은 피라미드 문헌 이후부터 나타났다. 거기서는 데미우르고스의 목소리가 존재자나 사물을 창조하는 동인 가운데 하나가 되고 있다. (⋯) 이로부터, 파라오 시대, 그리고 그리스도 탄생 이전 몇 천 년에 걸치는 시대의 교양 있는 이집트인들에게 신은 **창조의 도구로서의 지성으로 여겨졌다**는 결론이 나온다. (⋯) 창조자이자 계시하는 자인 로고스에 대한 이론에 의해 헤르메스 문서는 이집트의 고대 사상, 즉 지적이고 종교적이며 도덕적인 문화의 오래된 기반의 본질적인 부분을 형성하고 있던 사상을 새롭게 한 것에 불과하다. (⋯)" 상세한 것은 나의 연구 *Sprache und Mythos*, Leipzig 1924, 38쪽 이하를 참조할 것.

관하게, 순수하게 정신적인 원천과 종교 자체의 문제 구성으로부터도 생길 수 있다는 사실에 대한 독자적이면서도 현저한 예가 종교사 안에도 존재한다. 유대적인 일신교의 권역 바깥의 문화적으로 위대한 종교 가운데 특히 이란 종교야말로 창조의 범주를 극히 명확하게 발전시키면서 창조자의 인격을 정신적–도덕적 인격으로 순수하게 파악했다. 이란–페르시아 종교의 신앙고백은 모든 존재와 존재 내의 질서를, 하늘과 대지와 마찬가지로 인간을 자신의 '신성한 정신'과 '선한 생각'에 의해서 산출한 최고 지배자인 아후라 마즈다의 이름을 부르는 것과 함께 시작한다. 그러나 여기서 창조가 사유와 정신의 근원에서 비롯되는 것처럼, 창조는 우선 이러한 근원 안에 전적으로 포함되어 있다. 물질적–사물적 상태의 우주는 신적인 의지로부터 직접 생기지 않으며, 신적인 의지로부터 우선 생기는 것은 우주 자체의 순수하게 정신적인 **형식**이다. 아후라 마즈다 최초의 창조작용은 감각적 세계가 아니라 '예지적' 세계와 관련되어 있으며, 최초의 위대한 시기인 3,000년 동안 세계는 이러한 비물질적이고 빛으로 충만한 정신적 상태 안에 포함되어 있다. 그 후 예지적 세계의 이미 현존하는 형식들을 근거로, 비로소 세계는 감성적으로 지각 가능한 형태로 변형된다.[72] 우리가 여기

---

72) 상세한 것은 H. Junker, *Über iranische Quellen der hellenistischen Aion-Vorstellung*(*Vort. der Bibl. Warburg* I, 127쪽 이하), 또한 Darmesteter, *Orzmad et Ahriman*, 19쪽 이하, 117쪽 이하를 참조할 것.

서 다시 한 번 활동의 협소하게 한정된 권역에 강하게 붙들려 있고 이 권역에 제한되어 있는 다양한 '특수신들'로부터 유일한 창조신의 정신적–무제약적인 활동으로까지 나아가는 신화적–종교적 구상들의 계열 전체를 살펴보면, 이러한 과정의 '의인(擬人)적' 성격에 대하여 사람들이 갖곤 하는 통상적 견해가 불충분하며 이것은 결정적인 점에서 전도(顚倒)될 필요가 있다는 것이 다시 한 번 분명해진다. 인간은 완전하게 형성되어 있는 자신 고유의 인격을 단순히 신에게 전이하면서 신에게 자신의 자기감정이나 자기의식을 빌려주는 것이 아니라, 신들의 모습에서 비로소 이러한 자기의식을 **발견하기** 때문이다. 신에 대한 직관이라는 매개를 통해서 인간은 행위하는 주체로서의 자기 자신을 행위의 단순한 **내용**과 행위의 물질적 **성과**로부터 분리하게 되는 것이다. 따라서 순수한 일신교가 궁극적으로 도달하게 되는 '**무**로부터의 창조'라는 사상, 창조라는 범주가 비로소 참으로 철저한 형태로 표현되는 이러한 사상은 이론적 사유의 관점에서 볼 때는 어떻든 하나의 역설, 더 나아가 하나의 안티노미[이율배반]에 해당하는 것으로 보일 수 있다. 그럼에도 불구하고 종교적인 관점에서 볼 때 이 사상은 궁극적이면서 최고의 것을 의미한다. 순수한 의지의 존재와 순수한 행위의 존재에 도달하기 위해서 사물의 존재를 폐기하고 파괴해야만 하는 종교적 정신의 강력한 추상력이 이러한 사상에서 자신의 힘을 무제약적으로 완전히 발휘하게 되기 때문이다.

또한 다른 방향에서 행위의 **의식**의 형성은, 행위에서 비롯된 한 낱 대상적인 **산물**이 어떤 의미에서 [의식으로부터] 갈수록 더 멀어 지면서 자신의 감각적 직접성을 점차로 상실하게 된다는 것에 결 부되어 있다는 사실이 추적될 수 있다. 주술적 세계관의 최초 단 계들에서 단순한 소원과 그것이 향하는 대상 사이에는 분명하게 느껴지는 어떠한 긴장도 존재하지 않는다. 여기서는 소원 자체에 어떤 직접적인 힘이 내재해 있다. 소원의 **표현**을 최고도로 고조 시키면, 바로 그러한 표현 안에 깃들어 있는 어떤 **효력**, 즉 소원 된 목적이 달성되도록 하는 어떤 효력을 발현시킬 수 있다. 모든 주술은 인간의 소원이 갖는 이러한 실재적인 힘, 즉 실현하는 힘 에 대한 신앙, '생각의 전능한 힘'에 대한 신앙에 의해 관철된다.[73] 이러한 신앙은 인간에게 가장 가까운 활동 영역 내에서, 즉 자신 의 신체와 사지(四肢)의 운동에 가하는 영향 속에서 인간이 체험하 는 바를 통해 항상 새롭게 강화되는 것임에 틀림없다. 이렇게 직 접 경험되고 느껴지는 것으로 보이는 이러한 영향[인간이 자신의 신 체와 사지의 운동에 행사하는 영향]조차 나중에 인과 **개념**에 대한 이 론적 분석에서는 문제가 된다. 흄은 이렇게 천명(闡明)하고 있다. 나의 의지가 나의 팔을 움직인다는 것은 나의 의지가 달이 궤도를 도는 것을 중지시킬 수 있다는 것보다 더 파악하기 쉽고 '더 이해

---

73) 이 책 329쪽 이하를 참조할 것.

하기 쉬운' 것이 아니라고. 그러나 주술적 세계관은 이러한 관계
를 역전시킨다. 즉 나의 의지가 나의 팔을 움직이기 때문에, 똑같
은 정도로 확실하고 똑같은 정도로 이해하기 쉬운 관계가 또한 나
의 의지와 '외적인' 자연의 모든 사건 사이에도 성립한다고. 객체
의 영역들 사이에 어떠한 고정된 경계선도 없고, 현실적인 요소들
을 인과적으로 **분석**하기 위한 어떠한 단서도 없다는 것에 의해 특
성을 갖는 신화적 사고방식에 대해서[74] 이러한 '추론'은 사실상 설
득력을 갖는다. 여기서는 작용 과정이 시작할 때부터 끝날 때까
지, 특정한 순서에 따라 사건이 진행되기 위한 중간항은 필요하지
않다. 오히려 의식이 출발점 안에서, 즉 한낱 의지작용 안에서 목
적에 해당하는 의지작용의 결과와 성과도 동시에 붙잡으면서 양
자를 서로 결합한다. 이 두 계기가 점점 서로 멀어짐에 따라서 소
원과 충족 사이에 서로를 분리하는 매개물이 들어오게 되며, 이와
함께 의지의 목적이 실현되기 위해서는 특정한 '수단들'이 필요하
다는 사실에 대한 의식이 일깨워지게 된다. 그러나 이러한 매개성
이 이미 상당한 정도로 **성립하고 있는** 경우에도 그것이 곧바로 **그**
러한 것으로서 의식되지는 않는다. 인간이 자연에 대한 주술적인
관계에서 기술적인 관계로 이행한 후에도, 다시 말해 인간이 일정
한 원시적 **도구들**의 필요성과 사용법을 알게 된 후에도, 이러한

---

74) 이 책 110쪽 이하를 참조할 것.

도구 자체는 우선은 여전히 주술적인 성격과 주술적인 작용방식을 갖는다. 인간의 가장 단순한 도구들조차 이제는 그것들 특유의 독립적인 작용형식, 즉 그것들에 내재하는 특정한 정령의 힘을 갖는 것으로 간주된다. 스페인령 기니아(Guinea)의 팡구아(Pangwe)족은 인간이 만든 도구 안으로 인간의 생명력 일부가 들어가서 자립적인 것으로 나타나며 스스로 작용할 수 있다고 믿는다.[75] 특정한 노동기구들, 즉 특정한 도구나 무기에 깃들어 있는 주술적인 힘에 대한 믿음은 세계 전체에 퍼져 있다. 그러한 기구와 도구를 매개로 행해지는 활동은 특정한 주술적 뒷받침과 원조를 필요로 하며, 이러한 것들이 없으면 그 활동은 완전히 성공적으로 수행될 수 없다. 주니족의 경우 여성들이 빵을 만들 때 돌로 만들어진 반죽 그릇 앞에 무릎을 꿇고 앉아 노래 하나를 부르는데, 이는 반죽그릇의 맷돌이 내는 여러 음들을 모방하고 있다. 그들은 이렇게 노래를 부르면 그 기구가 더욱 잘 작동한다고 믿는다.[76] 이에 따라 특별한 기구나 도구에 대한 숭배와 **제사**는 종교 의식 및 기술 문화의 발전에서 중요한 계기를 형성한다. 오늘날에도 [서아프리카의] 에웨족(die Eweern)은 매년 열리는 얌(Jam) 수확제에서 모든 도구

---

75) Tessmann, Religionsformen der Panwe, *Zeitschrift für Ethnologie*, 1909, 876쪽을 볼 것.

76) O. T. Mason, *Woman's share in primitive culture*, London 1895, 176쪽 (Bücher, *Arbeit und Rhythmus* 2판, 343쪽 이하에서 인용).

와 기구, 즉 도끼·대패·톱·고정쇠에[77] 희생물을 바친다.[78] 주술과 기술은 순전히 발생적인 면에서만 보자면 서로 분리될 수 없고 또한 인류가 발전해가는 과정에서 자연에 대한 주술적 관점으로부터 기술적 관점으로 이행해가는 특정한 시점(時點)을 확인할 수도 없지만, 도구 자체의 사용은 정신적 자기의식의 발전과 형성에서 결정적인 전환점을 형성하고 있다. '내적인' 세계와 '외적인' 세계 사이의 대립은 이제 보다 날카롭게 강조되기 시작하며, 소원의 세계와 '현실'의 세계의 경계는 보다 더 명료하게 드러나기 시작한다. 한쪽 세계가 다른쪽 세계에 직접 개입하지 않게 되며, 도구라는 형태로 주어진 매개하는 **객체**에 대한 직관에 입각하여 매개된 행위에 대한 **의식**이 점차 깨어나게 된다. 헤겔의 종교철학은 주술적 활동의 형식과 기술적 활동의 형식 사이에 존재하는 가장 일반적인 대립점을 이렇게 묘사하고 있다. "우리가 주술이라고 부르는 종교의 최초 형식은 정신적인 것이 자연을 통제하는 힘이라고 보지만, 이 정신적인 것은 아직 참된 정신은 아니다. 즉 그것은 아직 보편적인 성격을 갖는 정신이 아닌 것이다. 그것은 단지 개별적이고 우연한 경험적인 자기의식이며, 이 경우 인간은 이러한 자기의식—이것이 단지 한낱 **욕망**에 불과한 것일지라도—에서 자신이 자연보다 더 우월하며 자신이 자연을 통제하는 하나의 힘이

---

77) [역주] 관, 파이프, 홈통 등을 고정시키는 고리.
78) Spieth, *Die Religion der Eweer in Süd-Togo*, 8쪽.

라는 사실을 알고 있다. (…) 이러한 힘은 자연 일반에 대한 **직접적인** 힘이며 우리가 도구를 통해 개개의 자연적 대상에 가하는 간접적인 힘과는 비교가 되지 않는다. 문화적으로 개화된 인간이 개개의 자연적 사물에 대해서 행사하는 이러한 힘은 인간이 세계로부터 뒤로 물러나면서 세계가 인간에 대해서 외부성을 지닌다는 것, 이러한 외부성이 인간에 대해 **자립성**과 독자적인 질적 규정과 독자적인 법칙을 갖는다는 것, 이러한 사물들이 질적 규정 면에서 서로 대립해 있으며 서로 다양한 연관을 맺고 있다는 것을 전제한다. (…) 이것에는, 인간이 **그 자체로 자유롭다는** 사실이 속한다. 인간 자신이 자유로울 때에야 비로소 외부세계, 즉 다른 인간들과 자연적인 사물들을 자신에 대해 자유롭게 대립시키기 때문이다."[79] 인간이 이렇게 사물들에 대해 뒤로 물러서는 것은 인간 고유의 내적 자유의 전제를 형성하는데, 그것은 '문화적으로 개화된' 순수하게 이론적인 의식에서 처음으로 수행되는 것이 아니라 신화적 세계관의 권역에서 이미 최초의 맹아적 단서가 보인다. 인간이 단순한 초상의 주술이나 이름의 주술에 의해서가 아니라 도구에 의해서 작용하려고 하는 순간에, 인간에게는—이러한 작용 자체가 우선은 아직 전적으로 주술의 습관적 궤도에 따라 일어난다고 해도—하나의 정신적 분리, 즉 내적인 '위기'가 일어났기 때문

---

79) Hegel, *Vorles. über die Philosophie der Religion*, T. II, Abschn. I: Die Naturreligion, S. W. XI, 283쪽 이하.

이다. 소원이 갖는 전능한 힘은 이제 붕괴되었다. 행위는 이제 일정한 객관적 조건들 아래에 놓이며 이것들로부터 벗어날 수 없다. 이러한 조건들이 [인간으로부터] 분리됨으로써 외적인 세계는 인간에 대해 비로소 자신의 특정한 존재와 특정한 분절을 획득하게 된다. 인간에게 세계에 속하는 것이란 원래 어떠한 방식으로든 그의 의지와 행위에 관계되는 것뿐이었기 때문이다. 이제 '내적인 것'과 '외적인 것' 사이에 하나의 장벽이 세워짐으로써 감각적 충동으로부터 그것의 충족으로 직접 이행하는 것은 저지되며, 충동과 그것이 향하는 것 사이에 항상 새로운 중간 단계들이 삽입된다. 그럼으로써 비로소 주체와 객체 사이에 존재하는 현실적인 '거리'가 메워진다. 자체 안에 고유한 존립을 갖고 그럼으로써 [인간의] 직접적인 요구와 욕망에 '대립한다'는 바로 그러한 사실을 특징으로 갖는 어떤 확고한 '대상'의 권역이 [인간으로부터] 분리되는 것이다. 특정한 목적의 달성을 위해 불가결한 수단들에 대한 의식이, 우선 '내적인 것'과 '외적인 것'을 하나의 **인과적 구조의** 두 개의 항으로서 파악할 것을 가르치며, 이것들 각각에 그러한 구조 내에서 어떤 고유한 대체 불가능한 위치를 할당할 것을 가르친다. 이로부터 점차 실재적인 '속성'과 상태를 갖는 사물의 세계에 대한 경험적-구체적인 직관이 생겨난다. 작용의 매개성으로부터 비로소 존재의 매개성이 결과로서 생기는 것이며, 이러한 매개성에 의해 존재는 서로 연관되어 있고 서로에게 의존하는 개별 요소들로 분화된다.

이러한 사실과 함께 분명해지는 것은, 도구를 순수하게 그것의 기술적 측면으로부터 물질적인 문화의 구축을 위한 근본 수단으로서 고찰할 경우에도, 도구의 이러한 작용이 참으로 이해되고 그것의 가장 깊은 내용에 따라서 평가되려면 그것만 따로 파악해서는 안 된다는 사실이다. 여기서도 도구의 기계적인 기능에는 순수하게 정신적인 어떤 기능이 대응하며, 이러한 정신적인 기능은 도구의 기계적인 기능으로부터 **발전될** 뿐만 아니라 이것을 처음부터 **규정하며** 그것과 떼려야 뗄 수 없는 상관관계를 갖는다. 이 경우 도구는 완성된 형태로 단순히 주어져 있을 뿐인 '소재'로 간주되는 외부세계를 단순히 지배하고 극복하는 데 사용되는 것만은 결코 아니다. 오히려 도구 사용과 함께 인간에게는 비로소 외부세계의 상, 즉 외부세계의 정신적-이념적 형식이 형성되는 것이다. 이러한 상의 형성과 그것의 개별 요소들의 분절화는 단순히 수동적이고 감성적인 지각이나 단순히 '수용적인' 직관에 의거하는 것이 아니라 오히려 인간이 대상에 미치는 영향의 종류와 방향에서 비롯된다. 에른스트 칸(Ernst Kapp)은 『기술의 철학』에서 이러한 과정을 묘사하고 서술하기 위해 '기관-투사(Organ-Projektion)'라는 개념을 만들어냈다. 이 경우 그가 '기관-투사'라는 개념으로 염두에 두고 있는 것은, 모든 원시적인 도구와 기구는 우선 인간이 자신의 신체기관을 통해, 즉 자신의 사지를 통해 사물에 행사하는 작용의 확장에 지나지 않는다는 사실이다. 자연적 도구로서 대부분의 인공적 도구의 모범이 된 것은 무엇보다 손이다. 손은 아리스토텔레스에 따르면 기관 중의 기관(ὄργανον τῶν ὀργάνων)이다. 원시적인 손도구―망치, 손도끼, 무딘 도끼, 더 나아가 칼, 끌, 송곳, 톱, 집게―는 그것의 형식과 기능 면에서 전적으로 손의 연장이고 손의 힘을 강화하는 것이며, 따라서 손이라는 기관 자체가 수행하고 의미하는 것의 또 다른 발현이다. 이러한 원시적인 도구로부터 그 다음에는 특수한 직업 활동을 위한 도구, 공장기계, 무기, 예술과 과학의 기계와 장치 등, 간단히 말해 기계 기술에 속하며 온갖 필요를 위해 사용되는 모든 인공물에 이르기까지 '기관-투사'라는 개념이 확장된다. 이 모든 것들에서, 그 구조에 대한 기술적 분석과 그것들의 발생에 대한 문화사적 고찰에 의해, 그것들이 인간 신체의 '자연적' 분절과 연관되어 있음을 보여주는 특정한 계기들이 제시될 수 있다. 처음에는 유기체를 원형으로 하여 전적으로 무의식적으로 형성된 기계장치가 이제 거꾸로 인간의 유기조직(Oraganismus)을 해명하고 이해하는 수단으로 사용될 수 있다. 인간은 자신이 만들어내는 도구와 인공물에 입각해서 비로소 자신의 신체의 성질과 구조를 이해하는 것을 배운다. 인간은 자기 자신의 자연(Physis)을 자신이 만들어낸 것을 거울로 해서만 포착하고 파악하는 것이다. 그가 형성한 매개적인 도구들의 존재방식이 그에게 그의 신체와 사지의 각 부분의 생리학적 작동방식을 지배하는 법칙들에 대한 지식을 열어주는 것이다. 그러나 이상으로 '기관-투사'라는 개념이 갖는 가장 깊은 본래의 의미가 아직 다 길어내어진 것은 아니다. 이러한 의미는, 오히려 여기서도 자신의 신체 조직에 대한 점진적인 인식과 나란히 정신적 과정이 진행되며 인간은 이러한 인식을 매개로 하여 비로소 자기 자신에, 즉 자신의 **자기의식**에 도달하게 된다는 사실을 고려할 경우에야 비로소 분명하게 드러난다. 인간이 발견하는 새로운 도구 하나하나는 외부세계의 형성을 위해서뿐 아니라 자기의식의 형성을 향한 새로운 일보를 의미한다. "한편으로 감각기관의 활동을 제고(提高)하기 위한 수단이라는 넓은 의미의 모든 도구는 인간으로 하여금 사물에 대한 직접적이고 표면적인 지각을 초월하여 나아가는 것을 가능하게 하는 유일한 것이며, 다른 한편으로 도구는 뇌와 손의 활동의 산물로서 인간 자신과 극히 밀접한 친족성을 지니고 있기 때문에 인간은 자신의 손으로 창조한 것으로부터 자신의 고유한 존재의 어떤 것, 즉 소재 안에 구체화된 자신의 표상세계를, 자기 내면의 반영과 모상을, 요컨대 자기 자신의 일부를 자신의 눈앞에 존재하는 형태로 통찰하는 것이다. (…) 문화적 수단의 전체를 포괄하는 외부세계의 이 영역을 이와 같이 수용하는 것은, 인간 본성의 사실적인 자기고백이며 모상(模像)을 외부로부터 내부로 환수하는 작용에 의해 자기인식이 된다."[80]

---

80) Ernst Kapp, *Grundlinien einer Philosophie der Technik*, Braunschweig 1877, 25쪽 이하, 특히 29쪽 이하, 40쪽 이하. 전체에 대해서는 Ludwig Noiré,

『기술의 철학』이 여기서 '기관-투사'라고 부르면서 부각하려 시도했던 개념에 기술적인 자연지배와 기술적인 자연인식의 영역을 훨씬 넘어서는 의미가 내재해 있다는 사실은 '상징형식의 철학'의 정초에 의해 분명해졌다. 기술의 철학이 직접적이고 간접적인 감각적-신체적 기관들, 즉 인간이 그것에 의해 외부세계에 자신의 특정한 형태와 각인을 부여하는 기관들과 관계한다면, 상징형식의 철학은 정신적 표현 기능들 전체에 대해서 묻는다. 상징형식의 철학은 이러한 정신적 표현 기능들에서 존재의 모사나 복사를 보는 것이 아니라 형성작용의 방향과 방식을 본다. 즉 지배를 위한 '기관들'이 아니라 의미 부여를 위한 기관을 보는 것이다. 여기서도 이러한 기관들의 작동은 우선 전적으로 무의식적인 형태로 수행된다. 언어·신화·예술 각각은 자신으로부터 고유한 형상들의 세계를 산출하지만, 이러한 형상들은 정신의 자기활동, 즉 '자발성'의 표현으로서만 이해될 수 있다. 그러나 이러한 자기활동은 자유로운 반성의 형태로 수행되지 않으며 따라서 자기 자신에게 은닉되어 있다. 정신은 일련의 언어적·신화적·예술적 형태들을 산출하면서도 이러한 형태들에서 창조적인 원리로서의 자기 자신을 재인식하지 못한다. 이렇게 해서 정신에게 이러한 계열들의 각각은 자립적인 '외부' 세계가 된다. 즉 여기서는 자아가 사물들에, 소우주

Das Werkzeug und seine Bedeutung für die Entwicklungsgeschichte der Menschheit, Mainz 1880, 53쪽 이하도 참조할 것.

가 대우주에 반영되어 있는 것이 아니라, 자아가 자신의 고유한 산물들에서 자신에게 전적으로 객관적인 것으로서, 순수하게 대상적인 것으로서 나타나는 일종의 '대립자'를 창출하는 것이다. 이러한 종류의 '투사'에 의해서만 정신은 자기 자신을 직관할 수 있다. 이런 의미에서 신화 속 신들의 형태조차 신화적 의식의 연속적인 자기 계시와 다름 없다. 신화적 의식이 아직 순간에 전적으로 구속되어 있고 순간에 의해 배타적으로 지배되는 곳에서는, 즉 신화적 의식이 모든 순간적 흥분과 자극에 단적으로 굴복해 있고 이것들에 사로잡혀 있는 곳에서는, 신들조차 이렇게 한낱 감성적인 현재, 다시 말해서 순간이라는 하나의 차원 안에 갇혀 있다. 그리고 행위의 권역이 확장되고 충동이 더 이상 개별적인 순간과 개별적인 대상 안으로 해소되지 않고 미래를 예견하고 과거를 돌아보면서 다양한 여러 동기와 여러 행동을 포괄함으로써, 신적인 작용의 범위도 매우 천천히 다양성과 폭 그리고 풍부함을 획득하게 된다. 우선 이러한 방식으로 서로 분리되는 것은 자연의 대상들이다. 이것들 하나하나가 고유한 신적 힘의 표현으로, 신이나 정령의 자기 계시로 파악됨으로써 그것들은 의식에게 서로 선명하게 분리되어 있는 것으로 나타난다. 이러한 방식으로 생기는 개별 신들의 계열은 단순한 **범위** 면에서 무규정적으로 확장될 수 있지만, 다른 한편으로 그것은 **내용적인** 한정을 위한 맹아와 단서를 이미 포함하고 있다. 신화적 의식이 신적인 작용을 더 이상 그것이 영향을 미치는 객체의 측면에서 고찰하지 않고 그것의 근원이라는 측면으로부터 고찰하자마자, 신적인 작용의 모든 다양성, 즉 모든 특수화와 분열은 중지되기 때문이다. 단순한 작용의 다양성이 이제 창조의 통일성이 되며, 이것으로부터 창조적인 **원리**의 통일성이 갈수록 더 분명하게 나타난다.[81] 그리고 신 개념의 이러한 변화에 이제 인간과 그의 정

---

81) 다신교적 자연종교의 영역 내에서 이러한 경향이 어떤 식으로 점점 지배력을 확장해가는지 **이집트의** 종교에 입각해서 추적될 수 있다. 이집트의 신들이 보여주고 있는 개별적 자연력들의 신격화에서 이미 일찍부터 하나의 신, 즉 '처음부터 존재하고' 있었으며 현재 존재하고 있고 앞으로 존재하게 될 모든 것을 자신 안에 포함하고 있는 하나의 신에 대한 사상으로 전환하는 경향이 보이고 있다.(상세한 것은 Le Page Renouf, *Lectures on the origin and growth of religion as illustrated by the religion of ancient Egypt*, London 1880, 89쪽 이하. 또한 Brugsch, *Religion und Mythologie der alten Ägypter*, 99쪽을 참조할 것.) 종교적 통일관이라는 근본 이념으로의 의식적인 전환은 그 후 유명한 아메노피스(Amenophis) 4세(기원전 1500년경)의 개혁에서 보이고 있다. 물론 이러한 개혁은 이집트 종교사에서 하나의 에피소드에 불과하다. 이 개혁에서 다른 신들은 모두 억압되고, 제사는 여러 태양신들에게만 바쳐진다. 이들 태양신은 모두 유일한 태양신 아톤(Aton)의 다양한 화신에 지나지 않는 것으로 간주되며, 이러한 것들로서 숭배되고 있다. 텔 엘 아마르나(Tell el Amarna)에 있는 묘의 비문에는 이런 의미에서 옛 태양신 호루스(Horus), 라(Râ), 툼(Tum)이 신성의 부분들로서 나타난다. 새매의 머리를 가진 태양신의 옛 형상 옆에, 원판의 모양을 한 태양이 모든 방향으로 광선을 방사하고 있는 다른 형상이 있으며, 광선 하나하나는 생명의 징표를 건네주는 손으로 끝나고 있다. 그리고 여기서도 새로운 종교적 보편주의의 이러한 상징체계 속에서 새로운 윤리적 보편주의, 즉 '인간성'의 새로운 이념이 표현되고 있음이 분명하게 인식될 수 있다. 에르만(Erman)은 이렇게 판단한다. 아톤 숭배에서 생기고 있는 태양에 대한 새로운 찬가를 옛 태양신에 대한 찬가와 비교해보면, "[그것들 사이에는] 근본적인 차이가 있다는

신적-인륜적 인격성에 대한 새로운 견해가 상응한다. 이와 같이 인간은 자신의 신들의 상에 의해 자신을 가시화할 수 있는 한에서만 자신의 고유한 존재를 파악하고 인식한다는 사실이 거듭 입증된다. 도구를 만들고 작품을 만드는 것에 의해서만 인간이 자신의 신체와 사지의 구조를 이해하는 것을 배우게 되는 것처럼, 그는 자신의 정신적인 형성물인 언어와 신화 그리고 예술로부터 자신을 가늠하는 객관적인 척도를 얻게 되며 이러한 척도에 의해 그는 자신을 독자적인 구조(構造)법칙을 갖는 하나의 자립적 우주로서 파악하게 된다.

사실을 간과할 수 없다. 그것들에 공통된 점은 신을 세계와 모든 생명의 창조자이자 수호자로서 찬양한다는 것이다. 그러나 새로운 찬가는 태양신의 옛 이름들, 그것의 왕관, 왕홀(王笏), 신성한 도시에 대해서는 아무것도 알지 못한다. 신의 배와 선원들, 용 아포피스(Apophis)에 대해서도, 명계(冥界)로의 여행과 그곳에 사는 자들의 기쁨에 대해서도 아무것도 알지 못한다. 그러한 찬가는 시리아인이나 에티오피아인도 태양을 찬미하면서 부를 수 있는 노래다. 그리고 이 찬가에는 이러한 나라들과 그곳의 거주자들이 언급되고 있어서, 마치 이집트인들이 **비참한 야만인들에게** 보였던 거만한 멸시에 종지부를 찍으려는 듯 보인다. 모든 인간은 신의 자식이다. 신은 그들에게 상이한 피부색과 상이한 언어를 주었으며 그들을 상이한 나라들에 거주하게 했다. 그러나 신은 모든 인간을 동일한 방식으로 배려한다. (…)"(Erman, *Die ägyptische Religion* 2판, 81쪽, 또한 Wiedemann, *Die Religion der alten Ägypter*, 20쪽 이하 참조).

제3장
제사와 희생

신화적이고 종교적인 의식이 전개되는 과정에서 형성되는 인간과 신의 상호관계는 이제까지는 주로 이러한 관계가 신화적-종교적 **표상**세계에서 표현되는 형식에 입각하여 고찰되었다. 이제 이러한 고찰의 범위를 확대할 필요가 있다. 종교적인 것의 내용은 자신의 본래적이고 가장 깊은 뿌리를 표상세계가 아닌 감정과 의지의 세계에 내리고 있기 때문이다. 이에 따라 인간이 현실에 대해 갖게 되는 모든 새로운 정신적 관계는 일면적으로 그의 표상작용과 '신앙'으로만 표현되지 않고 그의 의지와 행위로도 표현된다. 인간이 자신이 숭배하는 초인간적 힘들에 대해 취하는 태도는 신화적 상상력이 구상하는 개별 형태와 형상에서보다 여기서[의지와 행위에서] 더 명료하게 드러나는 것이 분명하다. 따라서 우리는 신화적-종교적 근본 감정의 진정한 객관화를 한낱 신들에 대한 상(像)에서가 아니라 신들에게 바쳐진 **제사**에서 발견하게 된다. 제사야말로 인간이 자신의 신들과 맺는 **능동적인** 관계이기 때문이다. 제사에서는 신적인 것이 간접적으로 표상되고 표현될 뿐 아니라, 신적인 것에 직접 작용이 가해진다. 이러한 작용의 형식들에서, 즉 제의의 형식들에서 종교적 의식의 내재적 전개가 일반적으로 가장 명료하게 나타난다. 신화적 **설화**는 대부분의 경우 이러한 직접적 관계를 반영한 것에 지나지 않는다. 많은 신화적 주제들에서 명확하게 입증되는 것은, 그것들이 원래 자연 과정에 대한 직관에서가 아니라 제사의 과정에 대한 직관에서 유래한다는 사실이다. 어떤 자연적 존재나 사건이 아니라 인간의 능동적인 **태도**가 그러한 신화적 주제들이 소급되는 원천이며, 그러한 주제들을 통해 자신을 표현하는 것이다. 제사에서 계속 반복되는 특정한 과정은, 이 과정이 어떤 일회적인 시간적 사건에 결부되고 그 재현 내지 반영으로 간주됨으로써 신화적으로 해석되고 신화적으로 '파악된다'. 그러나 여기서 그러한 반영은 오히려 거꾸로 행해진다. 행위가 최초의 것이며 신화적 설명, ίερὸς λόγος(히에로스 로고스, 신성한 말)는 행위에 나중에 결부되는 것이다. 이러한 설명은 신성한 행위 자체 안에 직접적인 현실로서 현존하는 것을 단지 보고의 형식으로 표현할 뿐이다. 따라서 이러한 보고가 제사를 이해할 수 있는 열쇠를 제공하지는 않는다. 오히려 신화의 전(前)단계와 신화의 '객관적인' 기초를 형성하는 것은 제사 자체다.[1]

---

1) 이에 관해서는 이 책 98쪽 이하를 참조할 것. 신화에 대해 제의가 우위를 갖는다는 사상은 최근의 종교사와 종교철학 문헌 가운데 특히 로버트슨 스미스의

현대의 경험적 신화연구가 다수의 개별 사례에 입각하여 이러한 연관을 드러냈지만, 이 연구들은 헤겔의 종교철학에서 사변적이고 보편적인 방식으로 가장 먼저 파악되었던 사상을 확증하고 있을 뿐이다. 헤겔은 일반적으로 제사와 특수한 제의형식들을 종교적 과정을 해석하는 중심에 둔다. 그는 종교적 과정의 보편적 목표와 의의에 대한 자신의 생각이 제사에서 직접 입증된다고 보기 때문이다. 이러한 목표가 자아를 절대자로부터 분리하려는 태도를 지양하는 데 있고, 이러한 태도가 자기 자신을 참된 것으로서가 아니라 공허한 것으로서 자각하는 것으로 정립되는 데 존재한다면, 제사야말로 이러한 정립을 점진적으로 수행하는 것이다. "주체와 그 자기의식의 이러한 통일·화해·회복, 즉 절대자에 참여하고 관여하고 있다는 적극적인 감정과 절대자와의 통일을 참으로

저서에 주장되어 있다(Robertson Smith, *Die Religion der Semiten*, deutsche Ausgabe von Stübe, Freiburg I. Br., 1899, 특히 19쪽 이하). 스미스가 셈족 계통의 종교들을 고찰하여 얻은 기본 견해는 그 후 원시민족에 대한 최근의 연구에 의해 본질적인 점에서 타당하다는 사실이 입증되었다. 마레트는 '의례(Ritus)'가 '교의(Dogma)'에 선행한다는 이론이야말로 원시민족학과 사회인류학의 '주요한 진리'라고 말하고 있다(Marett, The birth of humility, *The threshold of religion* 3판, 181쪽). 이에 대해서는 또한 James, *Primitive ritual and belief*, 215쪽을 참조할 것. "일반적으로 말해서, 의례는 신앙보다 훨씬 앞서서 발전했다. 원시인은 보통 '춤을 춤으로써 종교를 만들어내기' 때문이다. 미개인은 자신의 생각을 말로 표현하는 것이 쉽지 않다는 사실을 알며, 따라서 **시각언어**에 호소하는 것이다. 그는 분절화된 소리에 의해서보다는 오히려 자신의 눈으로 사유한다. 원시종교의 근본 감정은 의례를 탐구함으로써 밝혀진다."

경험하는 것, 요컨대 [주체와 절대자 사이의] 분열의 이러한 폐기야말로 제사의 영역을 형성하는 것이다."[2] 따라서 제사는 헤겔에 따르면 한갓 외적인 행위라는 제한된 의미로만 이해되어서는 안 되고 외적 행위와 마찬가지로 내면성도 포괄하는 행위로 이해되어야 한다. 제사는 "일반적으로 자신을 자신의 본질과 동일한 것으로 정립하려고 하는 주체의 영원한 과정이다." 제사에서는 분명히 신이 **한쪽에** 그리고 자아, 즉 종교적 주체가 **다른 쪽에** 나타나지만 [제사의] 사명은 동시에 양자를 구체적으로 통일하는 것이며 이러한 통일에 의해 자아는 신 안에서 그리고 신은 자아 안에서 인식된다. 이런 의미에서 헤겔의 종교철학은, 그것이 개별적인 역사적 종교들을 개진(開陳)하는 변증법적 순서가 무엇보다 제사의 보편적인 본질과 제사의 특수한 형식들이 전개되는 과정에서 입증되고 있다고 본다. 모든 개별적 종교 각각의 정신적 내용과 그 각각이 종교적 과정 전체 내의 필연적 계기로서 갖는 의미는 각 종교의 정신적 내용이 외적으로 나타나는 제사형식을 통해 완전히 표현된다.[3]

이러한 전제가 옳다면, 헤겔이 변증법적 구성에 의해 드러내려고 하는 연관은 또한 대립된 측면으로부터도, 즉 순수하게 현상학적 고찰의 측면으로부터도 제시될 수 있어야 한다. 우리가 제사의 외적 형식들, 즉 감각적 형식들 자체를 우선 순수하게 경험적으로

---

2) Hegel, *Vorles. über die Philosophie der Religion*, S. W. XI, 67.
3) 위의 책, S. W. XI, 204쪽 이하 등.

다양하고 상이한 것으로서 제시하려는 경우에도, 거기서는 동시에 하나의 통일적인 정신적 '경향', 즉 점진적인 '내면화'로의 방향이 보일 것이다. 이 경우에도 우리는 모든 정신적 표현형식을 이해하기 위한 규준을 형성하는 '내부'와 '외부' 사이의 관계가 입증된다고, 즉 외관상 자아의 외화로 보이는 것이야말로 자아가 자기 자신을 발견하고 파악하기 위해 의거하는 것이라고 말할 수 있을 것이다. 우리는 이러한 관계를 분명하게 하기 위해, 제사와 종교적 의식이 일정한 정도까지 발전한 모든 곳에서 발견되는 하나의 근본 주제를 실마리로 삼을 수 있다. 양자가 보다 분명한 형태로 형성될수록 그만큼 더 명확하게 **희생**이 중심을 점하게 된다. 희생은 극히 다양한 형태로, 즉 물건을 바치는 희생, 또는 정화의 의미를 갖는 희생, 간청 또는 감사의 의미를 갖는 희생, 속죄의 의미를 갖는 희생으로 나타날 수 있다. 희생은 이 모든 현상 형식에서 항상 견고한 핵심이 되며 그것을 중심으로 하여 제사 행위가 형성된다. 종교적 '신앙'은 희생으로 인해 참으로 가시적인 것이 되고, 직접 행위로 전환되는 것이다. 희생의식(儀式)의 양식은 완전히 규정되어 있는 객관적인 규칙, 즉 말과 행위의 정해진 순서에 구속되어 있으며, 희생이 그 목적을 그르치지 않으려면 그러한 규칙이 극히 주의 깊게 준수되어야만 한다. 이렇게 순전히 외적인 규정들에 일어나는 형태화 및 변형에 입각하여 동시에 다른 어떤 것, 즉 종교적 주체성이 점진적으로 전개되고 변용되는 과정이 추적될 수 있다. 종교적인 형식언어의 진보와 마찬가지로 그것의 불변성이 이 점에서 동일하게 명확한 표현을 얻게 된다. 여기에 종교적 태도의 보편적이고 전형적인 근원적 형식이 주어져 있지만, 이러한 형식은 항상 새로운 내용으로 채워질 수 있으며 이러한 방식으로 종교적 감각의 모든 변화에 순응하면서 그 변화를 자신 안에서 표현할 수 있기 때문이다.

그 근원적 의미에서 볼 때 모든 희생은 자체 내에 **부정적인** 계기를 포함하고 있다. 희생은 감각적 욕망의 제한, 즉 자아가 자신에게 부과하는 단념을 의미한다. 여기에 희생의 본질적 동기 가운데 하나가 존재하며 이를 통해 희생은 처음부터 주술적 세계관의 단계를 초월하면서 자신을 고양시킨다. 주술적 세계관은 그러한 자기제한에 대해서 아무것도 알지 못하기 때문이다. 주술적 세계관은 인간의 소원이 전능하다는 믿음에 근거한다. 그 근본 형식으로부터 볼 때 주술은 소원을 충족시키는 원시적 '기술'에 지나지 않는다. 주술과 함께 자아는, 모든 외적 존재를 자신에게 복속시키고 자신의 권역 안으로 끌어들이기 위한 도구를 갖추었다고 믿는다. 여기서 대상들은 어떠한 자립적인 존재도 갖지 못하며, 보다 낮거나 보다 높은 정신적 힘들, 즉 악령이나 신들도 인간이 올바른 주술적 수단을 적용하여 이를 이용하는 일을 거부할 고유의 의지를 갖지 못한다. 주문은 자연의 지배자이며, 이러한 주문에 의해 자연은 자신의 존재와 진행의 확고한 규칙으로부터 이탈할 수 있다.

"carminal vel caelo possunt deducere lunam[주문은 달을 하늘에서 끌어내릴 수도 있다]." 주문은 신들에 대해서조차 무제한의 힘을 행사한다. 주문은 신들의 의지를 굴복시키고 강요한다.[4] 감정과 사유의 이러한 영역에서 인간의 힘에는 분명 경험적–사실적인 한계는 존재하지만 원칙적인 한계는 존재하지 않는다. 즉 자아에게는 아직 자신이 뛰어넘으려고 노력해야 하는 제한이나 경우에 따라서는 뛰어넘을 수 없는 어떠한 제한도 없다. 이에 대해 희생의 최초 단계들에서 이미 인간의 의지와 행위의 다른 **방향**이 드러난다. 희생에 속한다고 인정되는 힘은 희생에 포함된 자기비하에 근거하기 때문이다. 종교적 발전의 극히 초보적인 단계에서 이미 이러한 연관이 입증될 수 있다. 보통 원시적 신앙과 원시적 종교 활동의 근본적인 구성요소에 속해 있는 **금욕**의 형식들은, 자아가 갖는 힘의 확대와 고양이 그에 상응하는 제한에 구속되어 있다는 견해에 근거한다. 중요한 모든 기도(企圖)에는 특정한 자연적 충동을 충족시키는 것을 삼가는 일이 선행해야만 한다. 오늘날에도 여전히 거의 모든 자연민족들은 어떠한 전쟁이나 사냥도 그리고 고기잡이도 그러한 금욕적인 보증조치들, 즉 며칠 동안 금식하거나 잠을 자지 않거나 오랫 동안 성행위를 삼가는 것과 같은 조치들이 선행하

---

[4] 그리스–이집트의 주술에서 신들이 갖는 '강제이름(ἐπάναγκοι)'에 대해서는 호프너가 제시하는 특정적인 증거들을 참조할 것. Hopfner, *Griechisch–ägyptischer Offenbarungszauber*, Leipzig 1921, §690쪽 이하(176쪽 이하).

지 않으면 성공할 수 없다고 믿는다. 인간의 신체적·정신적 삶에서의 모든 결정적인 전환, 모든 '위기'는 그러한 보호조치를 요구한다. 개개의 입문의례에서, 특히 성인식에서는 입문하는 자가 그 전에 일련의 극도로 고통스러운 결핍과 시련을 견뎌내야 한다.[5] 그럼에도 불구하고 단념과 '희생'의 이러한 모든 형식은 우선은 여전히 전적으로 자기중심적인 의미를 지닌다. 즉 자아가 특정한 물리적 결핍을 감내함으로써 달성하려고 하는 것은 다른 한편으로 자신의 **마나**를, 즉 자연적–주술적 힘과 활동력에 대한 자신의 소유를 강화하는 깃일 따름이다. 여기서 우리는 여전히 전적으로 주술의 사유세계와 감정세계 안에 머물러 있지만, 이러한 세계의 한가운데에서 이제 새로운 동기가 출현한다. 감각적 소원과 욕망은 더 이상 모든 측면을 향해 똑같이 분출되지 않으며 또한 더 이상 아무런 방해도 없이 직접 자신을 현실화하려고 하지도 않는다. 그것들은 이제 특정한 지점들에서 자신을 억제하며, 이렇게 억제되고 축적된 힘이 다른 목적을 위해 사용된다. 욕망의 **범위**가 이렇게 좁혀지는 것은 금욕과 희생이라는 부정적인 행동으로 표현되고 있지만, 그러한 협소화에 의해서 욕망은 그 **내용** 면에서 최고로 심도 있게 응축되며 이와 함께 새로운 형식의 의식성에 도달하게 된다. 자아가

---

5) 이에 관해서는 레비–브륄에 의한 민족학적 자료의 집성을 볼 것. Lévy–Bruhl, *Das Denken der Naturvölker*, deutsche Ausgabe, 220쪽 이하, 312쪽 이하. Frazer, *Golden Bough* III, 422쪽 이하.

갖는 외관상의 전능한 힘과 대립하는 힘이 자신을 주장하게 되는 것이다. 다른 한편으로 이러한 힘은 그렇게 자아에 대립되는 것으로 파악됨으로써, 자아에게도 비로소 한계를 부여하며 이와 함께 자아에게 특정한 '형식'을 부여하기 시작한다. 장벽이 장벽으로서 느껴지고 인식될 경우에만 그것을 점진적으로 극복할 수 있는 길이 열리기 때문이다. 즉 인간이 신적인 것을 자신보다 우월한 힘으로서, 즉 주술적 수단에 의해서 강요될 수 없고 기도와 희생에 의해 달래져야만 하는 힘으로 인정할 경우에만, 인간은 신적인 것에 대해 점차 독자적이고 자유로운 자기감정을 획득하게 된다. 이 경우에도 '자기'는 자신을 외부로 투사하는 것에 의해서만 자신을 발견하고 자신을 구성한다. **신들**의 자립성이 이렇게 증대되는 것이야말로 인간이 다양한 방향으로 분출되는 개별적인 감각 충동들에 대해 하나의 확고한 중심점, 즉 의지의 통일성을 자기 자신 안에서 발견하기 위한 조건이다.

희생이 취하는 모든 형식에서 이러한 전형적인 전환이 추적될 수 있다.[6] 물건을 바치는 희생에서 이미 신성에 대해 인간이 갖는,

---

6) 여기서 우리는 이러한 여러 형식들이 갖는 **이념적** 의미만을 고찰한다. 즉 그러한 형식들을 희생의례의 근저에 놓인 통일적인 '이념'의 다양한 표현과 계기로서 고찰한다. 이에 반해, 희생의 서로 다른 모든 형식들이 전개되어 나온 근원적인 희생형식이 입증될 수 있는가라는 발생적인 물음은 이러한 종류의 문제제기에서는 전혀 고려될 수 없다. 주지하듯이 그러한 물음에 대해서는 매우 다양한 답변이 시도되었다. 스펜서(Spencer)와 타일러(Tyler)는 물건을 바치는 희

보다 자유로운 새로운 관계가 나타난다. 이러한 물건은 바로 자유로운 증여물로서 신에게 바쳐지기 때문이다. 여기서도 인간은 어떤 의미에서 직접적인 욕망의 대상들로부터 뒤로 물러선다. 이러한 대상들은 일종의 종교적 **표현수단**, 즉 인간이 자신과 신 사이에 산출하는 결합의 수단이 된다. 이와 함께 자연적 대상들 자체가 다르게 조명된다. 자연적 대상들이 그것들의 개별적인 현상에서의 모습, 즉 그것들이 지각의 대상으로서 혹은 특정한 충동을 직접 만족시키기 위한 수단으로서 존재하는 모습의 배후에, 이제 어떤 보편적인 활동력이 보이기 시작하기 때문이다. 예를 들면 식물에 대한 제사에서는 전답에서 수확한 마지막 이삭은 다른 이삭과 동일하게 수확되지 않고 보호된다. 그것에는 성장의 힘 자체, 미래의 수확의 정령이 깃들어 있다고 여겨지기 때문이다.[7] 다른 한편으로, 물건을 바치는 희생도 주술적 세계관과 아직 극히 긴밀하게

생을 희생의 근본 형식으로 간주한 반면, 제번스(Jevons)나 로버트슨 스미스(Robertson Smith)는 신과 인간 사이의 '친교(Communion)'라는 관점을 근원적이고 결정적인 것으로서 강조했다. 이 문제에 대해 홉킨스가 행한 최근의 상세한 연구는 현존하는 경험적 자료를 근거로 궁극적으로 어느 한쪽의 이론을 옳은 것으로 결정하는 것은 불가능하며 오히려 희생의례가 갖는, 동일한 정도로 근원적인 다양한 동기들을 모두 인정하는 것에 만족할 수밖에 없다는 결론에 도달해 있다(Hopkins, *Origin and evolution of religion*, New Haven 1923, 151쪽 이하). 어떻든 여기서 시도되고 있는 이러한 동기의 정신적인 '계층화'는 그 동기의 경험적-역사적 발생의 문제, 즉 시간적인 선후의 문제와는 무관하다.

7) 상세한 것은 Mannhardt, *Wald-und Feldkulte* 2판, 특히 I, 212쪽 이하를 참조할 것.

결합되어 있고 그것이 나타나는 방식을 고려할때 주술적 세계관으로부터 분리될 수 없는 단계로까지 소급해 추적될 수 있다. 예를 들어 베다에서 왕의 권력에 대한 최고의 종교적 표현으로서 나타나는, 준마(駿馬)를 바치는 희생에서도 그것에 태곳적의 주술적 요소들이 들어가 있음은 부인할 수 없다. 시간이 가면서 점차 이러한 주술적 희생에, 이것을 물건을 바치는 희생의 표상권 안으로 끌어들였던 다른 특성들이 덧붙여졌던 것 같다.[8] 그러나 물건을 바치는 희생의 형식이 순수하게 발달된 곳에서도 어떠한 결정적인 정신적 전환은 이루어지지 않았던 것 같다. 이제 신들을 **강제한다**는 주술적-감성적인 이념은 단지 **교환**이라는, 그에 못지않게 감성적인 이념에 의해 대체될 뿐이기 때문이다. 베다의 한 기도문에서 희생을 바치는 자가 "나에게 주십시오, 나도 그대에게 드리겠습니다. 나를 위해서 지불해주십시오. 그러면 나도 그대를 위해서 지불하겠습니다. 나에게 물건을 주십시오, 그러면 나도 그대에게 물건을 바치겠습니다"라고 신에게 말하고 있다.[9] 주고받는 이러한 행위에서 인간과 신을 서로 결합하고 양자를 동일한 정도로 그리고 동일한 의미로 얽어매는 것은 단지 서로의 필요일 뿐이다. 인간이 신

---

8) 이에 대해서는 베다에 나오는 준마(駿馬)의 희생에 대한 올덴베르크의 서술을 볼 것. *Religion des Veda* 2판, 317쪽 이하. 471쪽 이하. 또한 Hopkins, *The Religions of India*, 191쪽을 볼 것.

9) Oldenberg, 위의 책, 314쪽; Hopkins, *Origin and evolution of religion*, 176쪽을 참조.

에 의존하는 것처럼 여기서는 신도 인간에 의존하기 때문이다. 신은 인간의 힘 안에 존재하며, 그뿐 아니라 자신의 존립을 위해 희생을 바치는 자의 희사(喜捨)에 의존한다. 인도의 종교에서 소마 음료(Somatrank)는 모든 것에 생명을 불어넣는 수단이며 인간의 힘과 마찬가지로 신들의 힘도 그것으로부터 솟아 나온다.[10] 바로 여기에서 보다 첨예하고 보다 명료한 전환이 일어나며, 이러한 전환은 이후 물건을 바치는 희생에 전혀 새로운 의미와 깊이를 부여하게 된다. 이 전환은, 종교적 사유가 더 이상 일면적으로 **공물(供物)의 내용에** 제한되지 않고 그 대신 **증여하고** 바치는 **형식** 자체에 집중하면서 이러한 형식에 희생의 참된 핵심이 포함되어 있다고 생각하게 될 때 이루어진다. 이제 사유는 단순히 물질을 바치는 것으로부터 이것의 내적 **동기**와 규정근거로 나아간다. '숭배(upanishad, 우파니샤드)'라는 이러한 동기만이 희생에 의미와 가치를 부여하는 것이다. 이러한 근본 사상으로 인해 우파니샤드와 불교의 사변은 초기 베다의 제의적-전례적 문헌과 구별된다.[11] 이제 공물은 내면화될 뿐 아니라 인간의 내면성 자체가 종교적으로 유일하게 가치있고 유의미한 공물로서 나타난다. 말과 염소, 소와 양의 폭력적인

---

10) 이에 대해서는 Hillebrandt 옮김, *Lieder des Rigveda*, 특히 29쪽 이하를 참조할 것.

11) Oldenberg, *Die Lehre der Upanishaden und die Anfänge des Buddhismus*, 37쪽, 155쪽 이하. Hopkins, *The Religions of India*, 217쪽 이하.

희생은 결실을 가져올 수 없다. 오히려—불교 경전에서 말하는 것처럼—바람직한 희생은 모든 종류의 생물을 파멸시키는 데 있지 않고 부단히 바치는 데 있다. "그리고 이는 왜 그러한가? 성자들뿐 아니라 신성함의 길에 들어선 자들도 폭력 행위로부터 자유로워진 희생을 행하기 때문이다. 그러한 희생을 바치는 자는 구제되고 재앙은 사라진다."[12]

불교에서는 종교적 근본 물음이 이렇게 완전히 **하나의 유일한** 점에 집중하는 것, 즉 인간의 영혼을 구제하는 길에 집중하는 것에 어떤 주목할 만한 귀결이 결부되어 있다. 모든 외적인 것을 내적인 것으로 전환함으로써 외적인 존재와 행위뿐 아니라 자아의 **정신적-종교적 대립극인** 신들조차 종교적 의식의 중심으로부터 사라지게 된다. 불교는 신들의 존재를 인정하지만 불교가 제기하는 유일한 본질적 근본 물음, 즉 구제의 물음에 대해서 신들은 아무런 의미도 갖지 못하며 아무런 역할도 하지 못한다. 이와 함께 신들은 참으로 결정적인 종교적 과정 일반으로부터 추방되고 만다. 자아를 신성으로 확대하지 않고, 오히려 무로 소멸시키는 순수한 명상에 의해서만 참된 구제가 가능하다. 이렇게 불교에서는 사유의 사변적 힘이 자신의 최종적인 결론 앞에서 두려움 때문에 물러나지 않는 것에 반해, 즉 사유의 사변적 형식이 자아의 **본질**로 나아가기

---

12) Anguthara-Nikāya II, 4, 39; Udana I, 9(Winternitz, 위의 책, 263, 293쪽에서 인용).

위해 자신의 **형식**을 파괴하는 것에 반해 윤리적—일신론적인 종교들의 근본 성격은 정반대의 길을 걷는다. 이 종교들에서는 인간의 자아뿐 아니라 신의 인격성도 최고로 의미심장하고 선명하게 형성된다. 이 두 개의 극이 각각 명확한 특성을 획득하고 서로 명확하게 구별될수록, 양자 사이의 대립과 긴장도 그만큼 명료하게 드러난다. 진정한 일신론은 이러한 긴장을 해소하려고 하지 않는다. 이러한 긴장이야말로 진정한 일신론에게는 종교적 생활과 종교적 자기의식의 본질이 성립하기 위한 독자적인 역학의 표현이자 조건이기 때문이다. 예언자의 종교도 우파니샤드와 불교에서 수행되는 것과 같은 희생 개념의 전환을 통해서 비로소 자신의 본질을 구현하게 된다. 그러나 예언자의 종교에서 이러한 전환은 다른 목표를 지닌다. 신은 「이사야서」에서 "네가 바치는 많은 희생물들이 나에게 무슨 의미를 갖겠느냐"라고 말한다. "나는 숫양의 번제(燔祭)와 살찐 짐승들의 기름에 질렸다. (…) 선행을 하고, 정의를 구현하기 위해 노력하고, 핍박받는 자들을 돕고, 고아들에게도 권리를 인정하고, 소송(訴訟)에서 과부를 도와라."(「이사야서」 1장 11절) 예언자의 종교가 갖는 이러한 윤리적—사회적 열정(Pathos)에서 자아는 자신의 대립물, 즉 자아가 그것에 입각하여 비로소 자신을 참으로 발견하고 자신의 참됨을 입증하는 '너'와 강력하게 대립함으로써 유지된다. 그리고 자아와 너 사이에 순수하게 윤리적인 상호관계가 맺어지는 것처럼, 이제 똑같이 엄밀한 상호관계가 인간과 신 사이에 맺어지게 된다. 헤르만 코엔은 예언자의 종교가 갖는 근본 사상의 특징을 이렇게 규정한다. "인간이 신의 순수함에 참여할 수 있는 것은 희생물 앞에 서는 것에 의해서도 사제(司祭) 앞에 서는 것에 의해서도 아니다. (…) 상호관계가 맺어지고 체결되는 것은 인간과 신 사이에서이며, 그 이외의 다른 항이 그러한 상호관계에 끼어들어서는 안 된다. (…) 다른 것이 협력하는 것은 그것이 어떠한 것이든, 창조를 위해서보다는 구제를 위해서 필요한 신의 유일성을 파괴하는 것이다."[13]

이와 함께 물건을 바치는 희생은 그것이 겪을 수 있는 최고의 종교적 변용을 겪게 되고 자연스럽게 희생의례의 다른 근본 동기와 다시 합류하게 된다. 희생이 신적인 것의 영역과 인간적인 것의 영역 사이에 창출하는 **매개**가, 희생의 모든 다양한 형식들에서 어떠한 방식으로든 반복해서 나타나는 희생의 보편적 의미로 간주될 수 있기 때문이다. 희생이 나타나는 경험적-역사적 현상형식들의 전체를 개관함으로써 획득되고 추출될 수 있는 희생의 보편적 '개념'을 사람들은 바로 다음과 같이 정의하려고 했다. 즉 희생이란 모든 경우에 '신성한 것'의 세계와 '세속적인 것'의 세계의 결합을 산출하려 하고, 더 나아가 신성한 행위가 진행되는 과정에서 파괴되는 축성(祝聖)된 사물을 매개로 하여 그러한 결합을 산출하려 한

13) Hermann Cohen, *Die Religion der Vernunft aus den Quellen des Judentums*, 236쪽.

다는 것이다.[14] 희생은 실제로 그러한 결합을 향한 노력을 특징으로 갖는다 해도, 이러한 노력에서 수행되는 종합에는 극히 다양한 단계가 존재한다. 이러한 종합은 한낱 물질적인 동화(同化)에서부터 시작하여 순수하게 이념적인 공동성의 최고 형식들에 이르기까지 모든 단계를 거칠 수 있다. 여기서 새로운 종류의 방법은 그것이 어떠한 것이든 동시에 그것의 최종점에 존재하는 목표에 대한 견해도 변화시킨다. 종교적 의식에게는 목표에 대한 견해를 규정하고 형성하는 매체가 되는 것은 항상 우선적으로 방법 자체이기 때문이다. 신과 인간 사이의 대립과 이러한 대립의 극복이 파악될 수 있는 가장 초보적인 형식에서는, 분리와 공동성의 회복 양자가 특정한 **물리적** 근본 관계들과 유사한 것으로서 이해된다. 여기서는 단순한 유사성에 대해 말하는 것으로는 충분치 않다. 그러한 유사성은 신화적 사유의 근본 특성에 따라 도처에서 진정한 동일성으로 전환되기 때문이다. 인간을 근원적으로 신과 결합하는 것은 피의 공동체라는 실재적인 끈이다. 부족과 신 사이에는 피의 직접적인 친족관계가 성립한다. 즉 신은 부족 공통의 조상이며 이러한 조상으로부터 부족은 생겨난 것이다. 이러한 근본 견해는 진정으로 토테미즘적 표상방식을 갖는 권역을 훨씬 넘어 광범위하게 퍼져 있다.[15] 이러한 근본 견해에 의해서 희생의 본래적 의미도 규정

---

14) Hubert et Mauss, *Mélanges d'histoire des réligions*, Paris 1909, 124쪽 참조.

15) 이러한 사실은 **셈족 권역에** 대해서는 예를 들면 Baudissin, *Adonis und Esmun*,

된다. 토테미즘의 기본 형식으로부터 고도로 발달된 문화종교들에 이르기까지 이와 관련하여 어떤 특정한 단계가 추적될 수 있는 것 같다. 토테미즘에서는 일반적으로 토템동물에 대한 보호가 의무로 간주되지만, 이와 아울러 그 동물이 개인들에 의해서가 아니라 씨족 전체에 의해서 일정한 의례와 관습의 준수 하에 공통의 성찬(聖餐)에서 향유되는 경우가 있다. 토템동물을 이렇게 공동으로 향유하는 것은 개인들을 서로 결합하고 또한 개인들을 토템과 결합해 주는 공동체의 공통된 혈통을 확인하며 이 공동체를 새롭게 하기 위한 수단으로 간주된다. 특히 이러한 공동체가 위험에 처하고 그 존재가 위협을 받는 고난의 시기에는 그것의 자연적-종교적인 근원력을 갱신할 필요가 있다. 신성한 행위의 참된 강조점은 공동체가 **전체**로서 그 행위를 수행한다는 데 있다. 토템동물의 고기를 향유함으로써 씨족의 통일성 및 씨족의 토템적 조상과의 연관이 직접적인 통일성, 다시 말해 감각적이고 신체적인 통일성으로서 다시 회복된다. 즉 토템동물의 고기를 향유함으로써 그러한 통일성이 항상 새롭게 확인되는 것이다. 생명 공동체와 부족 공동체를 그

Leipzig 1911에 의해 상세하게 논의되었다. 여기서는 여성적 주신들(이슈타르, 아스타르테)에게 항상 하나의 특정한 자연적 기반이 존재한다. 이 신들은 끊임없이 자신을 낳으면서 죽음으로부터 새롭게 재생하는 **생명**이라는 이념을 표현하는 반면에, 바알신들은 번식력도 상징하지만 무엇보다 아버지들을, 그리고 그후 실재적인 생식의 계열에 의해 그들로부터 비롯되는 부족의 지배자들을 상징한다(상세한 것은 위의 책, 25쪽, 39쪽 이하를 참조할 것).

러한 방식으로 공고하게 한다는 이념, 부족의 아버지로서의 신과 인간의 '합일(Kommunion)'이라는 이념이 무엇보다 셈계 종교권에서 동물희생의 근원적 동기에 속한다는 사실은 로버트슨 스미스의 기초적인 연구에 의해 증명되는 듯 보인다.[16] 이러한 합일은 우선 순전히 물질적인 방식으로만, 즉 함께 먹고 마시면서 하나의 동일한 것을 육신을 통해 향유하는 방식으로만 수행될 수 있다. 그러나 바로 이러한 행위가 이제 그것이 지향하는 사태 자체를 동시에 새로운 이념적 영역으로 고양시킨다. 희생은 '세속적인 것'과 '신성한 것'이 그것에서 서로 접촉할 뿐 아니라 뗄 수 없을 정도로 서로 스며드는 지점이다. 희생을 통해 단지 물리적으로 현존하고 거기서 어떤 기능을 수행하고 있는 것이 이후에는 신성한 것, 축성된 것의 권역 안으로 들어서게 된다. 다른 한편 여기에는 다음의 사실이 포함되어 있다. 희생은 원래 일반적으로 인간의 통상적이고 세속적인 일들과 선명하게 분리된 행위가 아니며, 내용 면에서는 아직 극히 감성적–실천적인 모든 임의의 일이 종교의 특유한 '시점(視點)' 아래로 옮겨지고 이러한 시점에 의해 규정되자마자 희생이 될 수 있다는 사실이다. 먹고 마시는 행위 외에 특히 성행위에 이러한 종

16) 특히 Robertson Smith, *Die Religion der Semiten*, deutsche Ausgabe, 212쪽 이하, 239쪽 이하를 참조할 것. 여기서 주장되고 있는 희생에 관한 근본 견해를 J. Wellhausen은 특히 **아라비아**의 종교문헌에 기초하여 확증하고 보완하고 있다(J. Wellhausen, *Reste arabischen Heidentums* 2판, Berlin 1897, 112쪽 이하).

교적 의미가 주어질 수 있다. 사실 종교적 발전이 훨씬 진전된 단계들에서도 여전히 매춘은 '희생'으로서, 즉 신에 대한 봉사를 위한 포기로서 나타나고 있다. 이 경우 종교의 힘은, 종교가 존재와 행위의 아직 미분화된 **전체**를 포괄하면서 물리적-자연적 존재의 어떠한 영역도 자신으로부터 배제하지 않고, 오히려 그러한 존재를 그것의 기본적-근원적 요소에 이르기까지 채우고 있다는 바로 그 점에서 입증된다. 헤겔은 이러한 상호관계에서 이교(異敎)적인 제사를 구성하는 하나의 근본 계기를 보았지만,[17] 종교사 연구에 의

---

17) Hegel, *Vorles. über die Philosophie der Religion*, S. W. XI, 225쪽 이하 참조: (이교의 제사에서는) "사람들이 통상적인 생활방식으로 생각하는 것이 이미 제사다. 따라서 사람들은 이러한 실체적인 통일 속에서 살고 있으며, 제사와 생활은 구별되지 않고 절대적인 유한성의 세계가 무한성에 아직은 대립해 있지 않다. 따라서 이교도들 사이에서는 신이 그들 가까이에서 민족의 신, 도시의 신으로서 존재한다는 지복(至福)의 의식이 지배하며 또한 신들은 자신들에게 호의적이며 그들로 하여금 최상의 것을 향유하게 한다는 느낌이 지배하고 있다. 따라서 여기에서 제사는 결코 **특수한 것**, 즉 생활의 다른 부분으로부터 분리된 것이 아니라 빛의 나라와 선 안에서의 영원한 삶을 형성한다는 규정을 본질적으로 지니고 있다. **현세의 곤궁한 생활**, 즉 이러한 직접적인 생활 자체가 **제사**이며, 주관은 자신의 본질적 삶을 자신의 현세적 삶의 유지나 직접적이고 유한한 실존을 위한 일들로부터 아직 구별하지 않고 있는 것이다. 이 단계에서는 아마도 자신의 신 자체에 대한 명확한 의식, 절대적 존재의 사상으로의 고양, 절대적 존재에 대한 숭배와 찬미가 나타나야만 할 것이다. 그러나 이것은 우선은 구체적인 생활이 끼어들지 않는 독자적이며 추상적인 관계다. 제사라는 사태가 **보다 구체적으로** 형성되자마자 그것은 **개인의 외적인 현실** 전체를 자신 안으로 수용한다. 통상적인 매일의 생활, 즉 먹고 마시고 자는 것 및 자연적 욕구들을 충족시키기 위한 모든 행위가 제사와 연관을 맺고 있으며, 이러한 모든 행위와 일이 하나의 신성한 생활을 형성한다."

해 도처에서 다음과 같은 사실이 드러났다. 즉 **그리스도교**가 시작될 때에도, 그리고 그 후의 전개에서도 바로 희생에 대한 사상이 갖는 감성적 동기와 정신적 동기의 이러한 뒤섞임 및 얽혀 있음이 계속해서 관철되고 있다는 것이다.[18] 이러한 얽혀 있음 속에서 종교적인 것이 비로소 구체적 · 역사적인 **효력**을 갖게 된다면, 물론 그것은 그러한 얽혀 있음으로부터 동시에 자신의 **한계** 또한 발견하게 된다. 인간과 신 사이에 진정한 통일이 성립하려면, 그것들은 궁극적으로는 동일한 피와 살로 이루어져 있어야만 한다. 따라서 희생 행위에 의한 감성적인 것의 정신화는 정신적인 것의 감성화를 직접적인 결과로 갖게 된다. 감성적인 것은 그것의 실존, 즉 그것의 물리적 존재라는 면에서는 파괴되며, 이러한 파괴에 의해 비로소 그것은 자신의 종교적 기능을 수행할 수 있게 된다. 희생되는 동물을 죽이고 먹음으로써 이 동물은 개인과 그의 부족 사이의 '매개자'로서, 그리고 부족과 이 부족의 신 사이의 '매개자'로서 기능할 수 있는 힘을 얻게 되는 것이다. 그러나 이러한 힘은 전적으로 감성적인 규정성을 지녔으며 의례가 규정하고 있는 모든 세부사항과 특수사항을 따르는 종교의식의 수행에 구속되어 있다. 이러한 수행에서 일어날 수 있는 가장 사소한 이탈과 실수도 희생의 의미

---

18) 이러한 관계를 입증하는 많은 개별적인 예를 드는 대신, 여기서 나는 단지 Hermann Usener의 논문 Mythologie, *Archiv für Religionswissenschaft*, VII(1904), 15쪽 이하의 간결한 요약과 판단을 참조해보길 권한다.

와 효력을 박탈한다.

이러한 사실은 거의 모든 곳에서 희생에 수반되고, 희생과 결합됨으로써 비로소 제사행위의 완성을 보여주는 제사의 또 다른 주요 계기에서도 입증된다. 희생과 마찬가지로 **기도** 또한 신과 인간 사이의 간극을 메우는 사명을 지니고 있다. 그러나 기도에서 양자 사이의 간격은 언어의 힘에 의하여, 즉 단순히 자연적인 것이 아니라 상징적—이념적인 것에 의해 지양된다. 그러나 이 경우에도 신화적—종교적 의식이 생겨난 초기에는 감성적인 **존재**의 영역과 순수한 **의미**의 영역 사이에 아직은 명확한 경계선이 존재하지 않는다. 기도에 깃들어 있는 힘은 주술적 기원을 갖는 주술적인 종류의 것이다. 그러한 힘은 언어가 갖는 주술적 힘에 의해 신의 의지에 행사되는 강제의 성격을 갖는다. 기도의 이러한 의미는 베다 종교의 초창기와 그 후의 발전에서 가장 명확하게 나타난다. 여기서는 올바르게 수행된 희생과 기도 행위는 항상 확실하면서도 저항할 수 없는 힘을 갖는 것으로 여겨진다. 즉 그것들은 사제가 신을 사로잡는 그물이고 망이며 덫이다.[19] 신성한 찬가와 잠언, 노래와 운율은 존재를 형성하고 지배한다. 즉 세계가 어떻게 전개될지는 그것들의 사용에, 다시 말해 그것들의 올바른 사용이나 잘못된 사용에 달려 있다. 해뜨기 전 아침에 희생을 바치는 사제들은 이러

---

19) Geldner, *Vedische Studien*, Stuttgart 1899, I, 144쪽 이하를 참조할 것.

한 행위를 통해 태양신 자체를 출현하게 하고 태어나게 하는 것이다. 이와 같이 모든 사물과 모든 힘은 브라만, 즉 기도의 말이라는 **하나의 힘**에 얽혀 있으며, 이러한 기도는 신과 인간 사이의 장벽을 건너뛸 뿐 아니라 그것을 허물어뜨린다. 베다 경전은 기도와 희생을 바치는 행위에 의해 사제는 스스로 신이 **된다**고 말하고 있다.[20] 이와 동일한 근본 견해가 초창기 그리스도교에서도 보인다. 즉 교부들에게도 기도의 참된 목적은 아직 인간과 신의 직접적인 합일과 융합(τὸ ἀνακραθῆναι τῷ πνεύματι[영에 의해서 지탱되고 있는 것])에 있다고 여겨진다.[21] 그러나 그 후 기도의 종교적 전개는 점점 더 이러한 주술적 권역을 넘어서 간다. 이제 기도는 순수하게 종교적 의미로 파악됨으로써 한낱 인간적인 소원이나 욕망의 영역을 넘어서는 것으로 나타난다. 그것은 상대적이며 개별적인 **선**으로 향하지 않고 신의 의지와 동일시되는 객관적인 **선**으로 향하는 것이다. 에픽테토스의 '철학적인' 기도는 신들에게, 신들 자신의 의지 안에 존재하는 것 외에는 그에게 아무것도 허용하지 말라고 간구하고 있으며, 신의 의지에 비해 인간의 자의(恣意)를 허망한 것으로 느끼면서 이것을 제거한다. 종교사의 내부에도 성격 면에서 이러

---

20) 상세한 것은 Gough, *The philosophy of the Upanishads*, London 1882와 Oldenberg, *Die Lehre der Upanishaden und die Anfänge des Buddhismus*, 특히 10쪽 이하를 참조할 것.

21) Origenes, περὶ εὐχῆς[기도에 대하여], c. 10, 2(Farnell, *The evolution of religion* 3판, New York 1905, 228쪽에서 인용).

한 기도에 상응하는 것들이 존재한다.[22] 이 모든 것에서 희생은 기도와 마찬가지로 전형적인 종교적 표현형식으로 입증된다. 하지만 이 표현형식들은 자아라는, 그것들 이전에 이미 규정되어 있고 확고하게 경계지어진 권역으로부터 신적인 것의 권역으로 **이끄는** 것이 아니라 오히려 이 두 권역을 비로소 **규정하며** 양자 사이의 경계선을 계속 다르게 긋는다. 이러한 종교적 과정에서 신적인 것의 영역과 인간적인 것의 영역으로 불리는 것은 서로에 대해 처음부터 고정된 형태로 구획되거나 공간적 장벽과 질적인 장벽에 의해 분리된 존재 영역이 아니다. 오히려 여기서 문제가 되는 것은 종교적 정신 **운동**의 근원적 형식이며, 서로 대립하는 두 개의 극이 끊임없이 서로를 끌어당기면서도 서로를 배척하는 **운동**의 근원적 형식인 것이다. 이와 같이 기도와 희생의 발전에서도 다음과 같은 점이 본래적으로 결정적인 것으로서 나타난다. 기도와 희생 양자는 단순히 신적인 것과 인간적인 것이라는 두 극을 매개하는 **매체**로서 존재하지 않고 오히려 이 두 극의 내용을 비로소 확정하고 그 내용을 비로소 **발견하는 것**을 가르친다는 점이다. 기도와 희생의 모든 새로운 형식 각각은 신적인 것과 인간적인 것의 새로운 내용과 양자 사이의 새로운 관계를 개시(開示)한다. 이 양자 사이에서 산출되는 상호 긴장의 관계야말로 그것들 각각에 비로소 성격과 의미를 부

---

22) 상세한 것은 Marett, From spell to prayer(*The threshold of religion* 3판, 29쪽 이하) 및 Farnell(위의 책, 163쪽 이하)를 참조할 것.

여한다. 종교적 의식에 처음부터 존재했던 간극이 기도와 희생에 의해서 단지 메워지는 것이 아니라, 종교적 의식이 이러한 간극을 **창조한 후** 간극을 메우는 것이다. 즉 그것은 신과 인간 사이의 대립에 갈수록 보다 선명한 형태를 부여하면서 바로 이러한 대립에서 그것을 극복하기 위한 수단을 발견하는 것이다.

이러한 사실은 무엇보다 여기서 수행되는 운동이 거의 전적으로 순수하게 가역적(可逆的)인 운동으로서 나타난다는 것, 즉 그러한 운동의 '의미'에 항상 동시에 일반적으로 동등한 가치를 갖는 특정한 '반대 의미'가 상응한다는 사실에서도 드러난다. 기도와 희생의 목표인 신과 인간 사이의 합일, 즉 헤노시스(ἕνωσις)는 처음부터 이중적인 방식으로 파악되고 묘사될 수 있기 때문이다. 즉 그러한 합일에서는 인간이 신이 될 뿐 아니라 신도 인간이 된다. 이러한 사실은 희생을 바치는 의식의 언어에서 하나의 주제가 되어 나타나는데, 이러한 주제의 중요성과 작용은 가장 '원시적인' 신화적 표상과 관습으로부터 시작해 우리의 문화종교의 근본 형식들에 이르기까지 추적될 수 있다. 희생의 의미는 **신에게** 바쳐진다는 것으로 소진되지 않는다. 오히려 그 의미는 **신** 자신이 희생으로서 바쳐지거나 자신을 희생으로서 바친다는 사실에서 비로소 완전히 나타나며, 참으로 종교적이고 사변적인 깊이와 함께 계시되는 것 같다. 신이 고난을 겪고 죽음으로써, 즉 신이 자연적이고 유한한 존재 안으로 들어가 거기서 죽음에 바쳐짐으로써, 다른 측면에서 이러한 존재가 신적인 것으로 높여지고 죽음에서 해방되는 것이다. 위대한 신비제의들은 예외 없이 신의 죽음에 의해 매개되는 이러한 해방과 재생이라는 근원적 비밀을 중심으로 움직이고 있다.[23] 신의 희생적 죽음이라는 이러한 주제가 인류의 본래적인 신화적−종교적 '근본 사상'에 속한다는 것은, 무엇보다 신대륙이 발견되었을 때 아메리카의 토착종교들에서 [이러한 주제가] 거의 변화되지 않은 형태로 다시 발견되었다는 사실로 입증되었다. 주지하듯이 스페인의 선교사들은 아즈텍족의 희생 관습을 성찬식이라는 그리스도교적인 비의에 대한 악마적인 조소(嘲笑)와 '희화(戲畵, Parodie)'로 간주함으로써만 이러한 연관을 설명할 수 있었다.[24] 사실 여기서 그리스도교가 다른 종교와 구별되는 점은 주제의 내용이라기보다는 그리스도교가 획득한 순수하게 '정신적인' 새로운 의미다. 다른 한편으로 그리스도교적 중세의 의인론(義認論, Rechtfertigungslehre)의 추상적 사변조차 대부분은 아직도, 신화적 사상 행보가 오래 전부터 걸었던 통상적인 궤도 위에서 움직이고 있다. 예를 들어 캔터베리의 안젤무스(Anselm von Canterbury)가 『쿠르 데우스 호모(*Cur Deus homo*)』

---

23) 이 책 388쪽 이하를 참조할 것. 원시민족학적이고 종교사적 자료에 대해서는 특히 Frazer, *Golden Bough*, Vol. III: The Dying God, 3판, London 1911의 집성된 자료들을 참조할 것.

24) Brinton, *Religions of primitive peoples*, 190쪽 이하를 참조할 것. '대속(代贖)의 희생'은 바빌로니아의 비문에서도 발견된다. 이에 관해서는 H. Zimmern, *Keilschriften und Bibel*, Berlin 1903, 27쪽 이하를 볼 것.

라는 글에서 개진하고 있는 속죄론(贖罪論)은 인간의 무한한 죄는 오직 무한한 희생, 즉 신 자체의 희생에 의해서만 보상될 수 있다는 사실로부터 출발하면서 이러한 [신화적인] 사상 행보에 순전히 개념적인 형식, 즉 스콜라적−이성적인 형식을 부여하려했다. 중세의 신비사상은 이 점에서 한 걸음 더 나아간다. 중세의 신비사상은 더 이상 신과 인간 사이의 간극이 어떻게 메워질 수 있는가를 묻지 않는다. 이 사상은 그러한 간극을 알지 못하며, 그것이 취하는 종교적 근본태도에서 이미 그러한 간극을 부정하고 있기 때문이다. 신비사상에서는 인간이 신과 관계할 때 양자 사이에는 어떠한 분리도 더 이상 존재하지 않고 그것들은 오직 '함께 있고 서로를 향해서 있을' 뿐이다. 여기서 신은 인간에 대해 그리고 인간은 신에 대해 필연적으로 직접 관계되어 있다. 이 점에서 모든 민족, 모든 시대의 신비사상은 동일한 말을 하고 있으며, 잘랄 알−딘 루미(Dschelal al-din Rumi[1207~1273, 이란의 신비주의 시인])와 안겔루스 질레지우스(Angelus Silesius[1624~1677, 독일의 신비주의 시인])도 동일한 내용을 말하고 있는 것이다. 잘랄 알−딘 루미는 이렇게 말한다. "우리들 사이의 간극, **나**와 **그대** 사이의 간극은 없어졌다. 나는 내가 아니고, 그대는 그대가 아니며, 또한 그대가 나인 것도 아니다. 나는 나이면서 동시에 그대이고, 그대는 그대인 동시에 나다."[25] 희생 개념

---

25) Dscheelal−al−din Rumi, Goldziher의 번역에 의한 4행시(*Vorles. über den Islam*, Heidelberg 1910, 156쪽).

의 변형과 점진적인 정신화 과정에서 표현되는 종교적 운동은 여기서 종결에 도달했다. 그 전에는 순전히 물리적이거나 이념적인 **매개**로서 나타났던 것이 이제 순수한 **상호관계**로 지양되며, 이러한 관계 내에서 신적인 것과 인간적인 것 각각의 특수한 의미가 비로소 규정되는 것이다.

제4부

신화적 의식의 변증법

이제까지의 고찰은 '상징형식의 철학'이 제기하고 있는 일반적인 과제에 따라서 신화가 정신의 한 통일적 에너지라는 사실을, 즉 신화가 모든 다양한 객관적 표상 재료 속에서 자신을 관철하는 하나의 자기완결적인 파악형식이라는 사실을 보여주려 했다. 이러한 관점으로부터 우리는 신화적 사유의 근본범주들을 드러내려 하면서, 이러한 범주들을 정신의 최종적으로 확정되고 경직된 **도식**으로 보지 않고, 그 범주들에서 [정신의] 형성작용의 특정한 근원적 **방향**을 인식하려 했다. 따라서 헤아릴 수 없을 정도로 많은 신화적 형성물들의 배후에서, 이러한 방식으로 통일적인 형성력과 이 힘이 작용하는 법칙을 드러내야 했다. 그러나 신화가 갖는 이러한 통일성이 대립을 결여한 단순성을 의미하는 것에 불과하다면, 신화는 결코 진정으로 **정신적인** 형식이라 할 수 없을 것이다. 신화에서 항상 새롭게 형성되는 주제나 형태 속에서 그것의 근본 형식이 전개되고 표현되는 것은, 단순한 자연 과정의 방식으로 수행되지 않는다. 즉 신화는 원래부터 현존해 있고 미리 형성되어 있는 싹이 특정한 외적 조건만 갖추어지면 자신을 전개하면서 명료하게 드러내는 식으로 조용히 성장하는 것이 아닌 것이다. 신화의 개별 단계들은 단순히 연이어 전개되는 것이 아니라 오히려 서로 첨예하게 대립하면서 마주하는 일이 잦다. 이러한 진행은 전단계의 어떤 근본적 특징, 어떤 정신적인 규정성이 단순히 계승·발전되고 보완되는 것이 아니라 부정되며 더 나아가 완전히 파괴되는 방식으로 일어난다. 그리고 이러한 변증법은 신화적 의식의 **내용** 변화 속에서 드러날 뿐 아니라 그 의식의 '내적인 형식'도 지배하고 있다. [다시 말해서] 신화적 형태화작용의 **기능**조차 이러한 변증법에 의해 규정될 뿐 아니라 내부로부터 변화된다. 이러한 기능은 그것이 점진적으로 항상 새로운 형태들을—신화의 시선에 보이는 내적 우주와 외적 우주의 객관적 표현으로서—자신으로부터 산출하는 방식으로만 작용할 수 있다. 그러나 이 기능은 이러한 길에서 나아가면서 그 도상(途上)에서 어떤 전환점과 반환점, 즉 그러한 기능에 그것이 따르는 법칙이 **문제**가 되는 지점들에 도달한다. 물론 이러한 사실은 언뜻 이상하게 생각될지 모른다. 사람들은 통상적으로 신화적 의식을 '소박한' 것으로 보면서 그러한 단절이 그 안에 존재한다고 믿지 않으려 하기 때문이다. 사실상 여기서 문제가 되는 것은, 신화가 자신을 파악하면서 자신의 고유한 기초와 전제에 대해 등을 돌리는 의식적 **이론적** 반성작용이 아니다. 결정적인 것은 오히려 이렇게 등을 돌리면서도 신화가 자기 자신 안에 머물러 있으며 자기 자신을 고집한다는 점이다. 신화는 결코 자신의 권역으로부터 벗어나지 않으며 완전히 다른 '원리'로 이행하지 않는다. 그러나 신화가 자기 자신의 권역을 완전히 채우게 될 때 궁극적으로는 그것을 파괴하지 않을 수 없다는 것도 분명하다. 동시에 극복이기도 한 이러한 충족은 신화가 자신의 **형상세계**(Bildwelt)에 대해 취하는 태도로부터 생긴다. 신화는 이러한 형상세계의 방식으로만 자기 자신을 계시하고 표출할 수 있다. 그러나 신화가 진전해갈수록, 이러한 형상세계 자체가 신화가 본래적으로 표현하려고 하는 것에 적합하지 않은 외적인 것이 되기 시작한다. 여기에 갈등의 근거가 존재하며, 이러한 갈등은 점차 더 첨예하게 나타난다. 그것은 신화적 의식을 자체 내에서 분열시키지만 동시에 이러한 분열 내에서 자신의 궁극적 근거와 깊이를 비로소 참으로 발견하게 된다.

특히 콩트에 의해서 정초된 것과 같은 역사와 문화에 대한 실증주의적 철학은 인류가 의식의 '원시적인 단계'에서부터 이론적인 인식으로까지, 그리고 이와 함께 현실을 정신적으로 완전히 지배하는 상태로까지 고양되어가는 방식으로 [인류의] 정신적 발전이 단계적으로 진행된다고 가정한다. [인류는] 저 첫 번째 단계를 채우고 특징을 부여하는 허구·환상·신앙에 입각한 표상으로부터 점점 더 분명하게, 현실을 순수한 '사실들'로 이루어진 현실로서 과학적으로 파악하는 단계로 나아간다는 것이다. 이러한 단계에서는 정신에 의해서 부가된 주관적인 모든 것은 제거되어야 한다. 인간은 이러한 단계 이전에는 실재를 자신의 감정과 욕망 및 자신이 만들어낸 상과 표상이라는 기만적인 매체를 통해서만 보았던 반면, 이 단계에서 인간은 있는 그대로 자신을 드러내는 실재 자체와 마주하고 있다는 것이다. 콩트에 따르면 이러한 진행이 수행되는 세 단계는 본질적으로 '신학적', '형이상학적', '실증적' 단계다. 첫 번째 단계에서는 인간의 주관적인 소원과 주관적인 표상이 인간에 의해 정령과 신적인 존재로 변형되고, 두 번째 단계에서는 추상적인 개념으로 변형되며, 마지막 단계에 이르러서야 비로소 '내부'와 '외부'를 명료하게 분리하고 내적인 경험과 외적인 경험에 주어진 사실들에 만족하려는 태도가 관철된다. 따라서 여기서는 신화적-종교적 의식은 자신에게 낯선 외적인 힘에 의해 점차 구축(驅逐)되고 극복된다. 실증주의적 도식에 따르면, 일단 보다 높은 단계에 도달한 뒤에는 그 이전 단계는 불필요한 것이 되며, 이전 단계의 내용은 이제는 사라져도 되고 사라질 수밖에 없다. 콩트 자신이 이러한 귀결을 끌어냈던 것은 아니며, 오히려 그의 철학이 실증적인 **지식**의 체계로 끝나지 않고 실증주의적 종교, 더 나아가 실증주의적인 제의(祭儀)로 확장되었다는 사실은 잘 알려져 있다.[1) 종교와 제의가 여기서 뒤늦게 인정될 수밖에 없었다는 사실은 콩트 자

---

1) [역주] 이 책 18쪽 역주를 참고할 것.

신의 정신적 전개가 갖는 중요한 특징을 잘 보여줄 뿐 아니라, 그러한 사실에서는 동시에 실증주의적인 역사 구성이 **실질적인** 결함을 갖고 있다는 점이 간접적으로 인정된다. 3단계 도식, 즉 콩트의 '3단계(trois états)' 법칙은 신화적–종교적 의식이 성취하는 것을 순수하게 **내재적으로** 평가하는 것을 허용하지 않는다. 신화적–종교적 의식이 추구하는 목표는 여기서는 그것 자체의 외부에, 즉 원칙적으로 그것과는 다른 것에 존재하는 것으로 간주된다. 그러나 이와 함께 신화적–종교적 정신의 본래적 성질과 순수하게 **내적인** 동성(動性)은 파악되지 않게 된다. 오히려 이러한 동성은 신화적이고 종교적인 것이 자체 내에 고유한 '운동의 근원'을 소유하고 있다는 것, 신화적이고 종교적인 것이 처음 시작되었을 때부터 최고의 성취에 이르기까지 고유한 원동력에 의해 규정되고 고유한 원천으로부터 육성되고 있다는 사실이 제시될 때에야 비로소 참으로 밝혀지게 된다. 신화적이고 종교적인 것이 이 최초의 시작 단계를 훨씬 멀리 넘어서 나아가는 곳에서조차 그것은 자신의 정신적 모태로부터 단적으로 벗어날 수 없다. 그것의 입장들은 그것들을 급격하면서도 직접적으로 부정하는 입장들로 변화되지 않는다. 오히려 그것 자체의 내부에 이미, 그것이 밟아나가는 한 걸음 한 걸음이 어떤 의미에서 이중적인 징후를 담지하고 있는 것이다. 신화적인 형상세계를 지속적으로 **구축(構築)하는 것**에, 그것을 지속적으로 **축출하면서** 넘어서는 것이 상응한다. 그러나 이렇게 어떤 입장을 정립하는 것과 그것을 부정하는 것 양자는 신화적-종교적 의식의 형식 자체에 속해 있으며, 이러한 의식 속에서 불가분한 단 하나의 작용으로 결합된다. 파괴의 과정은 보다 더 깊이 고찰해보면 자신을 주장하는 과정으로 밝혀지며, 이러한 자기주장은 파괴의 힘을 빌려서만 수행될 수 있다. 즉 양자는 서로 결합되어 끊임없이 함께 작용하는 가운데 비로소 신화적-종교적 형식의 참된 본질과 참된 내용을 드러낸다. 우리는 언어형식들이 발전하는 과정을 세 단계로 구별하면서 이것들을 모방적 · 유비적 · 상징적 표현의 단계라고 불렀다. 우리는 이 경우 첫 번째 단계의 특징으로 거기서 언어 '기호'와 이것이 가리키는 직관 내용 사이에 아직은 어떠한 참된 긴장도 존재하지 않고 오히려 양자는 서로에게로 해소되며 상호 일치를 지향한다는 사실을 보았다. 기호는 모방적 기호로서는 자신의 형식 안에 내용을 직접 재현하려고 하며 이를테면 그것을 자신 안에 수용하고 흡수하려 한다. 여기서는 극히 점진적으로 [내용과 형식 사이에] 거리가 생기고 차이가 커지게 된다. 이러한 차이에 의해 비로소 언어를 특징짓는 근본 현상인 **소리**와 **의미**의 분리가 이루어진다.[2] 이러한 분리가 수행된 뒤에야 비로소 언어적 '의미'의 영역 자체가 구성된다. 말이 처음 시작되었을 때 그것은 아직 단지 **존재 영역**에만 속했다. 즉 말에서 파악되는 것은 말의 의미가 아니

---

2) 제1권, 139쪽 이하[『상징형식의 철학 I: 언어』, 268쪽 이하]를 볼 것.

라 오히려 어떤 독자적인 실체적 존재와 어떤 독자적인 실체적 힘인 것이다. 말은 어떤 사물적인 내용을 지시하지 않고 이것을 대신한다. 말은 독자적인 종류의 **근원적 사태**(Ur-Sache, 원인)가 되며, 내용이 되는 사건이나 이것의 인과적 연쇄에 개입하는 힘이 된다.[3] 말의 상징적 기능을 통찰하고 이와 함께 말의 순수한 관념성을 통찰하기 위해서는 이러한 최초의 견해로부터의 전환이 필요하다. 언어기호에 대해 타당한 것은 동일한 의미에서 문자기호에 대해서도 타당하다. 문자기호도 즉각적으로 그 자체로서 **파악되지** 않고 대상세계의 일부로서, 이를테면 대상세계에 포함된 모든 힘으로부터 추출된 것으로 여겨진다. 모든 문자는 모방기호로서, 그림기호로서 시작되지만, 이 경우 그림은 우선은 의미를 담는 성격이나 전달하는 성격을 아직 갖고 있지 않다. 그림은 오히려 대상 자체를 대신하며 이것을 대체한다. 문자도 그것이 처음으로 나타나고 처음으로 형성되었을 때에는 주술적인 영역에 속한다. 문자는 주술을 통한 취득이나 주술을 통한 방어에 사용된다. 대상에 찍혀지는 기호가 대상을 자신의 작용 영역 안으로 끌어들여서 낯선 것이 그 대상에 영향을 미치지 못하게 하는 것이다. 이러한 목표는 문자가 그것이 표현하려고 하는 것과 **동일할수록**, 즉 문자가 순수한 대상문자일수록 더욱 완전하게 달성된다. 따라서 문자기호가 대상

---

3) 상세한 것은 나의 연구 *Sprache und Mythos*, Leipzig 1924, 38쪽 이하를 볼 것. 또한 이 책 105쪽 이하도 참조할 것.

의 표현으로서 파악되기 오래 전에 문자기호는 이를테면 그것으로부터 비롯되는 작용들의 실체적인 전체로서, 즉 대상의 분신과 같은 것으로서 두려움을 자아냈다.[4] 이러한 주술적인 정조가 퇴색했을 때에야 비로소 그림기호나 문자기호와 관련해서도 고찰은 실재적인 것으로부터 이념적인 것으로, 사물적인 것으로부터 기능적인 것으로 전환된다. 직접적인 그림문자로부터 음절문자가 그리고 최종적으로는 표어문자와 표음문자가 전개되며, 이것들에서 최초의 상형문자(Ideogramm)인 그림기호가 순수한 의미기호, 즉 상징이 되었다.

그리고 동일한 관계를 신화의 형상세계에서도 보게 된다. 신화적인 형상도 그것이 처음 나타날 때에는 결코 상으로서, 즉 정신적인 표현으로서 인식되지 않는다. 신화적 형상은 오히려 사태의 세계인 '객관적' 현실과 객관적 사건의 직관에 너무나 강하게 용해되어 있기 때문에, 이러한 현실을 구성하는 부분으로서 나타난다. 따라서 여기서도 실재적인 것과 이념적인 것 사이에, '존재'의 영역과 '의미'의 영역 사이에는 근원적으로 어떠한 구분도 존재하지 않는다. 두 영역 간의 이행은 인간의 표상작용 및 신앙에서뿐 아니라 **행위**에서도 끊임없이 일어난다.[5] 여기서도 신화적 행위의 시

---

4) 이에 대한 증거와 관련해서는 Th. W. Danzel, *Die Anfänge der Schrift*, Leipzig 1912를 볼 것.

5) 이것과 이것에 이어지는 내용에 대해서는 이 책 98쪽 이하를 참조할 것.

초에 존재하는 것은 **모방**이다. 이러한 모방은 단순히 '미적인' 의미, 즉 연기한다는 의미만을 갖는 것은 결코 아니다. 신이나 정령의 가면을 쓰고 나타나는 춤추는 자는 그러한 가면으로 신이나 정령을 모방하는 데 그치지 않고 신의 본성을 받아들여 신으로 변화되고 신과 융합한다. 여기에 존재하는 것은 **한낱** 상(像)과 같은 것, 공허한 대용물이 아니다. 또한 현실적이고 작용하는 힘을 갖지 않는, 한낱 사유되고 표상된 것이나 '사념된' 것에 불과한 것도 아니다. 그러나 신화적 세계관이 점차 진전해가면서 여기서도 분리가 시작된다. 이러한 분리야말로 **종교**에 특유한 의식(意識)의 본래적 시원이 되는 것이다. 종교적 의식의 **내용**은 우리가 그것을 그 근원으로까지 거슬러 올라가면서 살펴볼수록 신화적 의식으로부터 분리되기 어렵다. 양자는 서로 얽혀 있고 연결되어 있어서, 현실적으로 분명하게 분리되고 서로 대립될 수 없다. 종교의 신앙 내용으로부터 기본적인 신화적 구성요소들을 끄집어내 배제하려고 한다면, 종교를 현실적으로, 즉 객관적—역사적으로 나타나는 모습 그대로 담아내지 못하고 단지 종교의 그림자만을, 즉 공허한 추상만을 담아내게 된다. 그러나 신화와 종교의 **내용들**은 이렇게 서로 떨어질 수 없게 얽혀 있음에도 양자의 **형식**은 전혀 동일하지 않다. 그리고 종교적 '형식'의 고유성은 종교적 '형식'에서 의식이 신화적 형상세계에 대해 취하는 변화된 **입장**으로부터 드러난다. 종교적 의식에는 신화적 형상세계가 빠질 수 없으며 종교적 의식은 신화적인 형상세계를 직접 배척해버릴 수 없다. 그러나 신화적 형상세계는 종교적 문제설정이라는 매체를 통해 통찰됨으로써 이제 점차 새로운 의미를 갖게 된다. 종교에 의해서 개시된 새로운 이념성, 새로운 정신적 '차원'은 신화적인 것에 변화된 의미를 부여할 뿐 아니라 '의미'와 '존재' 사이의 대립을 신화의 영역 안으로 처음으로 끌어들이게 된다. 종교는 신화 자체에게는 낯선 절단을 수행하는 것이다. 종교는 감성적 형상과 기호를 이용하면서 동시에 이것들을 형상과 기호로서 **알게** 된다. 즉 종교는 그러한 형상과 기호가 어떤 특정한 의미를 개시할 경우 동시에 필연적으로, 그것들이 이러한 의미에 못 미치는 표현수단이라는 것, 이 의미를 '가리키기는' 하지만 이 의미를 결코 완전히 파악하고 길어낼 수 없는 수단이라는 것을 알게 된다.

모든 종교는 그것들이 발달하는 과정에서 이러한 위기[분리]를 극복하는 어떤 지점, 즉 자신의 신화적 근거와 지반으로부터 벗어나야 하는 어떤 지점으로 이끌려지게 된다. 그러나 이러한 분리는 여러 종교들에서 동일한 방식으로 행해지지 않는다. 오히려 바로 이 점에서 각각의 종교는 자신의 특수한 역사적·정신적 고유성을 드러낸다. 이 경우 항상 거듭해서 분명하게 되는 것은 종교는 신화적 형상세계에 새롭게 관계함으로써 동시에 '현실'의 전체, 경험적 존재의 전체에 대해 새로운 관계를 맺게 된다는 사실이다. 동시에 종교는 현실적 존재를 신화적 형상세계 안으로 끌어들이지 않고서는 이러한 형상세계에 대한 특유의 비판을 수행할 수 없다. 신화적 형상세계에는 분리하는 이론적 인식이 염두에 두고 있는 분리된 '객관적' 현실은 아직 존재하지 않으며 오히려 현실에 대한 견해가 신화적 표상세계·감정세계·신앙세계에 아직 용해되어 있으므로, 의식이 이러한 신화적 세계에 대해 취하는 모든 태도는 존재 일반에 대한 전체적인 견해에 영향을 미치지 않을 수 없기 때문이다. 따라서 종교적인 것의 이념성은 신화적인 형성물과 힘 전체를 보다 낮은 차원에 속하는 존재로 격하할 뿐 아니라 이러한 방식으로 감성적—자연적 존재의 요소들 자체도 부정하게 되는 것이다.

이러한 연관을 분명히 하기 위해서 몇 가지의 의미심장한 예, 즉 자신의 고유한 신화적 기초 및 시원과 투쟁하면서 종교적 사상이 도달하게 되는 몇 개의 전형적인 근본 태도를 살펴볼 것이다. 여기서 수행되고 있는 위대한 전환과 이탈의 참된 고전적인 예는 구약성서의 예언서들을 관통하고 있는 종교적 의식의 저 형식일 것이다. 예언자들은 자신의 모든 도덕적—종교적 열정을 이 **한** 점에 쏟고 있다. 그러한 열정은 예언자들 안에서 생동하는 종교적 **의지**의 힘과 확실성에 근거하는 바, 이러한 의지는 예언자들로 하여금 주어진 것, 즉 한낱 현존하는 것에 대한 모든 견해를 넘어서도록 몰아댄다. 새로운 세계, 즉 메시아적 미래의 세계가 다시 살아나려면 현존하는 세계는 몰락해야만 한다. 종교적 **이념** 속에서만 순수하게 가시화될 수 있는 예언적 세계는 항상 감각적인 현재에만 관계하면서 이것[감각적 현재]에 사로잡혀 있는 단순한 **상**에 의해서는 파악될 수 없다. 따라서 **상을 숭배하는 행위**의 금지, 천상이나 지상에 혹은 지하의 물 속에 있는 것에 대한 모상이나 유사물을 만들어서는 안 된다는 금지는 예언자들의 의식 속에서 전적으로 새로운 의미와 새로운 힘을 얻게 된다. 그러한 금지가 바로 예언자들의 의식 자체를 구성하는 요소가 되는 것이다. 이것은 반성되지 않았던 '소박한' 신화적 의식이 알지 못했던 심연이 갑자기 열어젖혀진 것과 같다. 예언자들이 싸웠던 다신교의 표상세계, 즉 '이교도'의 근본 견해에는 '원상'과 '모상'의 구별 자체가 존재하지 않았기 때문에, 다신교의 표상세계는 신적인 것의 단순한 '모상'을 숭배하는 것을 죄로 여기지 않는다. 이러한 표상세계는 그것이 신적인 것에 대해 만드는 상들을 한낱 기호에 불과한 것으로 여기지 않고 구체적-감성적인 현현으로 여기기 때문에, 그러한 상들 속에서 여전히 직접 신적인 것 자체를 소유하고 있다. 따라서 순수하게 형식적으로 고찰하면, 예언자들이 이러한 견해에 대해서 가하는 비판은 어떤 의미에서 petito principi[선결문제 요구의 오류]에 빠져 있다. 예언자들은 이러한 견해 자체에는 존재하지 않는 사고방식, 그것을 고찰하고 조명하는 새로운 관점에 의해 비로소 그것에 부가되는 사고방식에 입각하여 그것을 비판하고 있기 때문이다. 이사야는 인간 자신이 만들어낸 것, 인간이 자신이 만들어낸 것으로서 익히 알고 있는 것을 그럼에도 불구하고 신적인 것으로서 숭배하는 어리석음에 대해 격렬하게 비판한다. "신상을 만들고 무익한 우상을 주조해 만든 자가 누구냐? (···) 철공은 철을 숯불로 불려 망치로 쳐서 그것들을 만들며 (···) 목공은 줄을 늘여 재고 붓으로 긋고 대패로 밀고 곡선자로 그어 (···) 그중 절반은 불사르지만 (···) 그 나머지로는 신상, 곧 자기의 우상을 만들고 그 앞에 엎드려 경배하며 그것에 기도하여 말하기를 너는 나의 신이니 나를 구원하라 하는구나. 그들이 알지도 못하고 깨닫지도 못하는 것은 그들의 눈이 가려서 보지 못하며 그들의 마음이 어두워져서 깨닫지 못하기 때문이다. 마음에 생각도 없고 지식도 없고 총명도 없으므로 '내가 그 나무의 절반을 [떡과 고기를 굽기 위해서] 불살랐거늘 (···) 어떻게 내가 그 나머지로 가증스러운 물건을 만들겠으며 어떻게 내가 그 나무토막 앞에 엎드려 절하겠는가'라고 생각하는 자도 없도다."(「이사야서」 44장 9절 이하) 보다시피 여기서 신화적 의식에게 낯선 새로운 긴장과 신화적 의식이 알지 못했던 대립이 신화적 의식 안에 도입되며 이와 함께 이 의식은 내적으로 해체되고 붕괴된다. 그러나 참으로 적극적인 것은 이러한 해체 자체가 아니라 오히려 이러한 해체를 낳는 정신적 **동기**에 존재한다. 참으로 적극적인 것은 종교적인 것의 '핵심'으로의 회귀에 존재하며, 이제 이러한 회귀에 의해 신화의 형상세계는 한갓 외적이고 사물적인 것으로서 인식된다. 예언자들의 근본 견해로 보면 신과 인간 사이에는 '너'에 대한 '나'의 정신적-윤리적 관계만이 존재하기 때문에, 이러한 기초적 관계에 속하지 않는 모든 것은 이제 종교적 가치를 상실하게 된다. 순수한 내면성의 세계를 발견하면서 종교적 기능이 외적인 세계, 자연적 존재의 세계로부터 벗어나는 순간, 자연적 존재는 이를테면 자신의 혼을 상실하고 죽은 '사물'로 격하되어버린다. 이와 함께 자연의 영역에서 취해졌던 모든 상은 이제까지처럼 정신적인 것과 신적인 것의 표현이 되지 않고 오히려 이것들의 대립물이 되어버린다. 감각적인 상과 감각적 현상계의 영역 전체는 본래의 '의미 내용'을 박탈당하지 않으면 안 된다. 이를 통해서만, 사물적인 것으로 더 이상 모사될 수 없는 순수한 종교적 주체성이 예언자들의 사유와 신앙에서 심화될 수 있었기 때문이다.

존재의 영역으로부터 본래의 종교적 의미 영역으로, 상(像)적인 것으로부터 상을 갖지 않는 것으로 이행하는 다른 길을 걸었던 것이 페르시아—이란의 종교다. 헤로도토스는 페르시아의 신앙을 묘사하면서 이것의 본질적 계기로서 다음의 사실을 강조하고 있다. 즉 페르시아인은 그리스인과는 달리 자신들의 신이 인간과 유사한 존재라고 생각하지 않기 때문에, 그들에게는 입상(立像)이나 신전이나 제단을 세우는 풍습이 없으며 오히려 그들은 이러한 것을 세우는 사람들을 어리석은 사람으로 간주한다는 것이다.[6] 실제로 여기서는 예언자들에게서 보이는 것과 같은 **윤리적**—종교적 근본 경

---

6) Herdot, I, 131, 특히 III, 29를 참조할 것.

향이 작용하고 있다. 예언자들의 신과 같이 아후라 마즈다는 순수한 존재와 윤리적인 선이라는 술어 이외의 어떠한 술어로도 묘사될 수 없기 때문이다. 그렇지만 이러한 기초 위에서 자연, 즉 구체적-대상적 존재 전체에 대해서는 다른 태도가 생겨난다. 조로아스터교가 자연의 개별적 요소나 자연력을 숭배한다는 사실은 잘 알려져 있다. 여기서 불과 물에 대한 배려, 그것들이 더럽혀질까 두려워하면서 보호하는 것, 그리고 가장 무거운 윤리적 과오에 대해서와 마찬가지로 그렇게 더럽히는 행위에 대해 부과되는 형벌의 엄격함은 여기서는 종교와 자연을 이어주는 끈이 아직 끊어지지 않았다는 사실을 입증한다. 그러나 이 경우에도 우리가 단순히 교의적이고 제의적인 사태 대신 이것의 근저에 존재하는 종교적 **동기**에 주목한다면 다른 연관이 드러난다. 페르시아의 신앙에서 자연의 근본 요소들이 숭배되는 것은 이것들 자체를 위해서가 아니다. 그러한 요소들에 참된 중요성을 부여하는 것은 위대한 종교적-윤리적 결단 속에서, 즉 선한 영과 악령의 투쟁 속에서 그것들에게 귀속되는 지위다. 이러한 투쟁에서 모든 자연적 존재는 자신의 특정한 자리와 특정한 과제를 갖는다. 인간이 두 개의 근본적인 힘 사이에서 결단해야만 하는 것처럼, 개별적인 자연력들도 둘 중 한쪽의 편에 서게 되며, 유지하거나 파괴하는 작업 가운데 하나에 참여하는 것이다. 한낱 물리적인 형태나 물리적인 힘이 아니라 이러한 기능이야말로 개별적인 자연력들에게 종교적 의미를 부여하는 것이다. 여기서는 자연의 신성이 단적으로 박탈될 필요는 없다. 여기서 자연이 신적인 존재의 직접적인 **모상**으로 해석되어서는 안 될지라도, 자연 자체는 신의 의지와 신의 의지의 최종 목표에 직접 **관계하고** 있기 때문이다. 자연은 신의 의지에 적대적인 태도를 취함과 동시에 한낱 악령적인 것으로 전락하거나 신과 동맹관계를 맺거나 둘 중 하나다. 자연은 그 자체로는 선하지도 악하지도 않으며, '신적인' 것도 '악령적인' 것도 아니다. 그러나 종교적 사유가 자연의 내용을 단순히 존재요소와 존재요인으로서가 아니라 **문화적인 요소로서** 고찰하고 이와 함께 도덕적—종교적 세계관의 영역 안으로 수용하는 한에서, 종교적 사유는 자연을 이러한 것[신적인 것이거나 악령적인 것]으로 만든다. 자연은 아후라 마즈다가 아흐리만과 투쟁하면서 동원하는 '천상의 군대'에 속해 있으며 그러한 것으로서 숭배할 만한 것이다. 숭배할 만한 것들의 이러한 영역('야자타[Yazata] 신들')에는 모든 문화와 인간적인 질서와 예절의 조건으로서 불과 물이 속해 있다. 한낱 **물리적인** 내용이 이렇게 특정한 **목적론적 내용으로** 변화되는 것은, 페르시아 종교의 완성된 신학 체계가 모든 자연적인 것 고유의 속성으로 여겨지는 선과 악에 대한 무관심성을 분명하게 제거하려고 세심하게 노력하고 있다는 점에서 특히 명료하게 나타난다. 예를 들어 이러한 신학은 불과 물에서 비롯되는 유해하거나 치명적인 영향들은 불이나 물 자체에 의한 것으로 보아서는 안 되며, 기껏해야 이것들에 간접적으로 속하

는 것이라고 가르친다.[7]

여기서 다시 분명하게 인식될 수 있는 것은, 다른 모든 종교들과 마찬가지로 이란 종교의 근저에 존재하는 순수하게 신화적인 요소들은 단적으로 구축(驅逐)되는 것이 아니라 그 의미가 점차적으로 변형되어간다는 사실이다. 이로부터 자연적인 힘과 정신적인 힘 간의, 사물적−구체적 존재와 추상적인 힘 사이의 주목할 만한 상호 침투와 특유의 병존(竝存) 그리고 상호관계가 생겨난다. 『아베스타』의 몇몇 곳에서 불과 선한 생각(Vohu Manah[보후 마나, 대천사])은 구원하는 힘으로서 함께 등장한다. 여기서는 악령이 선한 정신의 창조를 방해했을 때 보후 마나와 불이 이를 수호하기 위해 개입하여, 더 이상 강의 흐름이나 식물의 성장을 저해하지 못하도록 악령을 퇴치했다고 이야기된다.[8] 추상적인 것과 형상적인 것의 이러한 상호 침투와 상호 이행이 페르시아 종교 교리의 본질적이고 특수한 성격을 형성한다. 여기서는 최고의 신이—자신의 적대자를 퇴치하고 파괴하기 때문에—근본적으로는 일신교적으로 사유되지만, 다른 한편 그는 자연의 힘들과 순전히 정신적인 힘들이 속하는 위계질서의 정점일 뿐이다. 이 신과 가장 가까이에 있는 것이 여섯의 '죽지 않는 신성한 존재들(Amesha Spenta, 아메샤 스펜타)'이지만, 그 명칭('선한 생각' '최상의 정의' 등)은 뚜렷하게 추상적−윤리적

---

7) 이에 대한 상세한 내용은 Victor Henry, *Le Parsisme*, Paris 1905, 63쪽.
8) 야슈트(Yasht)[『아베스타』 제4부] 13, 77.

특성을 보여준다. 이 뒤를 따르는 것이 야자타스(Yazatas)라는 마즈다 종교의 천사들로서 이것들에는 한편으로는 진리 · 성실 · 순종과 같은 윤리적 힘과 다른 한편으로는 불과 강과 같은 자연의 요소가 인격화되어 있다. 따라서 여기서는 인간의 문화라는 매개 개념을 통해서, 즉 문화질서를 종교적 구원의 질서로 파악함으로써 자연 자체가 종교적으로 분열된 이중적 의미를 갖게 된다. 자연은 실로 특정한 영역 안에서 **보존되지만**, 보존되기 위해서 동시에 자연은 **파괴되어야만** 하기 때문이다. 즉 자연은 자신의 한낱 사물적–물질적인 규정성으로부터 벗어나 신과 악이라는 근본적인 대립과 관련을 맺게 됨으로써 전적으로 다른 차원에서 고찰되어야 한다.

종교의 언어는 실재에 대한 종교적 의식의 이렇듯 미세하고 유동적인 이행을 나타내기 위해 논리학이나 순수한 이론적 인식의 개념적 언어에서는 거부되는 특유의 수단을 갖고 있다. 개념적 언어에게는 '현실'과 '가상' 사이에, '존재'와 '비존재' 사이에 어떠한 중간항도 존재하지 않는다. 여기서는 파르메니데스의 양자택일, 즉 ἔστιν ἢ οὐκ ἔστιν[존재하는가 존재하지 않는가]라는 결정이 타당하다. 그러나 종교적 영역에서는, 특히 종교적 영역이 한낱 신화적인 것의 영역으로부터 벗어나기 시작하는 단계에서는 이러한 양자택일은 무조건적으로 타당하지 않으며 구속력을 갖지도 않는다. 종교가 그 전에 의식을 지배했던 특정한 신화적 형태들을 부정하고 배척하더라도, 이러한 부정은 그것들이 전적으로 무로 돌아간다는 것을 의미하지는 않는다. 신화적 형성물들은 그것들이 극복된 후에도 결코 모든 내용과 힘을 잃어버리지 않는다. 오히려 그것들은 저급의 악령적 힘으로서 존속한다. 그것들은 신적인 것에 대해 무력한 것으로 나타나고, 이런 의미에서 '가상'으로서 인식된 후에도 그것들은 여전히 실체적이며 어떤 의미에서는 본질적인 가상으로서 두려움의 대상이 된다. 종교적 언어의 발전은 종교적 의식이 통과하는 이러한 과정에 대해 특징적인 증거를 제공한다. 예를 들어 『아베스타』의 언어에서 아리아계의 빛의 신과 하늘의 신을 가리키는 오래된 이름은 결정적인 **의미 변화**를 겪었다. deivos나 devas가 『아베스타』의 daêva가 되었으며, 이것은 아흐리만을 추종하는 악한 힘, 즉 악령을 가리킨다. 여기서 우리는 종교사상이 자연에 대한 신화적 숭배라는 초보적인 단계를 넘어섬으로써 이 단계에 속하는 모든 것이 정반대의 성격을 갖게 된다는 사실을 볼 수 있다.[9] 그럼에도 불구하고 그것[신화적 숭배라는 초보적인 단계에 속하는 것]은 이렇게 변화된 의미와 함께 존속한다. 악령의 세계, 즉 아흐리만의 세계는 미망과 가상 그리고 기만의 세계다. 아후라 마즈다가 싸울 때 아샤(Asha), 즉 진리와 정의의 편에 서는 것처럼 아

---

9) 이러한 언어상−종교상의 의미 변화에 대해 상세한 것은 L. v. Schröder, *Arische Religion* I, 273쪽 이하 및 Jackson, *Grundriß der iranischen Philologie* II, 646을 참조할 것. 이 경우 '언어상의 우연(un accident de language)' 이상의 것이 문제가 되고 있다는 사실이 다르메스테터(Darmesteter)에 반(反)하는 Victor Henry(*Le Parsisme*, 12쪽 이하)에 의해 강조되고 있다.

흐리만은 거짓 왕국의 지배자이며 더 나아가 몇몇 곳에서는 거짓과 전적으로 동일시된다. 이것은 그가 거짓과 왜곡을 자신의 무기로 사용한다는 것뿐 아니라 그 자신이 가상과 비진리의 영역 안에 사로잡혀 있다는 것을 의미한다. 그는 **맹목적이고** 바로 이러한 맹목성, 즉 이러한 무지로 인해서 그는 아후라 마즈다와 싸울 수밖에 없으며, 그는 이 싸움에서 아후라 마즈다가 이미 알고 있는 바대로 종말을 맞게 된다. 그는 자신의 비진리성으로 인해 몰락한다. 그러나 이러한 몰락은 단번에 일어나는 것이 아니라 '시간이 끝날 때에야' 비로소 일어난다. 이에 반해 그는 인간의 역사와 인간의 문화 발전이 진행되는 시간 동안, 즉 '투쟁의 시간' 동안에는 아후라 마즈다 옆에서 그에 대항하면서 자신의 힘을 발휘한다. 이스라엘 예언자들의 종교적 의식은 물론 여기에서도 한 걸음 더 나아간다. 그것은 저급의 악령의 세계를 절대적인 **무**로서 증명하려고 한다. 이러한 무에게는 표상에서도 신앙에서도 그리고 두려움이란 감정에서도 간접적인 '실재성'조차 인정될 수 없다. 「예레미야서」는 이렇게 말하고 있다. "왜냐하면 이방인들의 관습은 전적으로 헛된 것이기 때문이다. (…) 그것들[이방인들이 섬기는 우상들]은 사람들에게 화를 주거나 복을 줄 수도 없으니 너희들은 그것들을 두려워해서는 안 된다. (…) 그들의 우상은 거짓된 것이고 아무런 생명도 갖지 못한다. 그것들은 헛것이며 망령되게 만든 것이다."(「예레미야서」 10장 3절 이하) 여기서 선포되고 있는 새로운 신적 생명은 자신에 대립되는 모든 것을 단연코 비실재적이고 기만적인 것으로 천명하지 않고서는 자기 자신을 표명할 수 없다. 그러나 여기서도 그렇게 철저하면서도 선명하게 분리를 수행할 수 있는 사람들은 종교적인 천재, 위대한 개인일 뿐이며, 종교사의 일반적인 전개는 다른 길을 취하고 있다. 여기서는 신화적 상상이 만들어내는 형상들은 자신의 본래적 생명을 상실하고 한낱 꿈과 그림자의 세계가 된 후에도 거듭 반복해서 몰려온다. 영혼에 대한 신화적인 신앙에서 죽은 자가 그림자로서 여전히 작용하고 존재하는 것처럼, 신화적인 형상세계도 종교적 진리의 이름 아래 그것의 존재와 본질이 부정되더라도 오랜 세월에 걸쳐서 자신의 오래된 힘을 발휘한다.[10] 여기서도 모든 '상징형식들'의 발전에서와 마찬가지로 빛과 그림자가 함께 속한다. 빛은 자신이 던지는 그림자와 함께 자신을 알리고 드러낸다. 순수하게 '예지적인' 것은 감성적인 것을 자신의 대립자로 가

---

10) 종교적 의식 특유의 이러한 중간상태와 부유상태는 신화적 세계, 즉 '보다 낮은' 악령의 세계에 부여되는 **언어상의 지칭**에서 아직도 직접 명료하게 나타나는 일이 잦다. 예를 들어 『아베스타』의 아흐리만은 거짓(druǰ)의 지배자로 불리는데, 이 말에 포함된 인도-게르만어의 어근 dhrugh(산스크리트어로는 druh)은 게르만어의 어근 drug에서 재현되면서 독일어에서 Trug[기만]과 Traum[꿈]이라는 단어로 전개된다. 악령과 유령을 가리키는 게르만어의 단어들(고대 노르만어 draugr=유령, 옛 고지(高地)독일어 troc, gitroc 등)도 이것에 속한다. 이러한 연관에 대해 상세한 내용은 W. Golther, *Handbuch der germanischen Mythologie* 85쪽 및 Kluges, *Etymologisches Wörterbuch der deutschen Sprache* 안의 항목 'Traum'과 'Trug'을 볼 것.

지며, 이러한 대립자는 동시에 순수하게 '예지적인' 것의 필연적인 상관항을 형성한다.

종교적 사유와 종교적 사변이 진보해감에 따라 신화적 세계가 어떤 식으로 점차 헛된 것이 되어가고 이러한 과정이 신화의 형상들로부터 **경험적**–감각적 존재의 형상들로까지 [어떤 식으로] 확대되어가는지를 보여주는 세 번째 위대한 예는 **우파니샤드**의 교설에 담겨 있다. 이러한 교설조차 **부정**의 길을 통해 자신의 궁극적이고 최고의 목표에 도달하며, 이 부정은 그러한 교설에게는 종교적 근본 범주가 된다. 절대자에게 최종적으로 남는 유일한 명칭, 유일한 지칭은 부정 자체다. [참으로] 존재하는 것은 아트만이지만, 이것이 의미하는 것은 '아니다, 아니다'이다. '따라서 그것은 존재하지 않는다'라는 것 위에는 아무것도 존재하지 않는다.[11] 불교가 이와 동일한 부정의 과정을 객관으로부터 주관으로 확대할 경우 이는 이러한 길에서 마지막 걸음을 내딛는다는 것을 의미한다. 예언자적–일신교적 종교에서는 종교적 사유와 종교적 감정이 한낱 사물적인 모든 것으로부터 분명하게 벗어날수록 신과 인간 사이의 상호관계가 더 순수하고 강력하게 드러나게 된다. 상으로부터의 해방과 상의 대상성으로부터의 해방은 이러한 상호관계를 명료하면서도 선

---

11) 이것에 관한 상세한 내용은 Oldenberg, *Die Lehre der Upanishaden und die Anfänge des Buddhismus*, 63쪽 이하 및 Deussen, *Philosophie der Upanishad's*, 117쪽 이하, 206쪽 이하를 참조할 것.

명하게 드러내는 것 이외의 목표를 갖지 않는다. 따라서 [신화적 형상에 대한] 부정은 그것[예언자적—일신교적인 종교]에서는 공고한 한계에 부딪히게 된다. 그 경우 부정은 종교적 관계의 중심인 인격과 그것의 자기의식은 그대로 남겨두기 때문이다. 대상적인 것이 몰락하고 신적인 것에 대한 충분하고 적합한 표현으로서 나타나지 않게 될수록 새로운 형식의 형태화작용, 즉 의지와 행위에서의 형태화작용이 그만큼 더 분명하게 부각된다. 그러나 불교는 이러한 마지막 한계도 넘어선다. 불교에서 '자아'의 형식은 다른 한낱 사물적인 형식과 마찬가지로 우연하고 외적인 것이다. 불교의 종교적 '진리'는 사물들의 세계뿐 아니라 의욕과 작용의 세계조차 넘어서려고 하기 때문이다. 불교에서는 작용과 의욕이야말로 인간을 항상 새롭게 **생성**의 원환 안에 붙들어매는 것, 인간을 '윤회전생'에 빠지게 하는 것이다. 행위(**카르마**)야말로 끊임없는 윤회전생에 인간을 빠지게 하는 것이며 이와 함께 인간에게 고통의 고갈되지 않는 원천이 된다. 따라서 사물들의 피안뿐 아니라 무엇보다 행위와 욕망의 피안에 참된 해방이 존재한다. 이러한 해방을 성취한 자에는 자아와 세계의 대립뿐 아니라 그에 못지않게 나와 너의 대립도 소멸한다. 즉 그에게는 인격성도 더 이상 핵심이 아닌 껍데기에 지나지 않으며, 유한성과 형상성의 영역에 남은 마지막 잔재일 뿐이다. 인격성은 지속성도 고유의 '실체성'도 전혀 갖지 않으며 자신의 직접적인 현재성(Aktualität) 내에서만 살고 있고 존재한다. 즉 인격성은 계속 새로워지는 다양한 존재요소들의 오고 감 그리고 생성과 소멸 속에서만 살고 있는 것이다. 따라서 자아조차, 그것이 설령 정신적인 자아일지라도 흘러 퍼지고 사라져버리는 형상들의 세계, 즉 삼카라(samkhāra, 행)의 세계에 속해 있으며, 이러한 세계의 궁극적 원인은 무명(無明, 무지)에서 찾아야 한다.[12] "숲에서 덤불 속을 여기저기 쏘다니는 원숭이가 나뭇가지를 붙잡았다가 놓고 다른 나뭇가지를 붙잡는 것처럼, 정신이라든가 사유나 인식이라 불리는 것은 밤낮으로 끊임없이 바뀌면서 생겼다가 사라진다." 따라서 인격, 즉 자기는 우리가 무상한 존재 내용들의 복합체에 부여하는 **이름** 이상의 것이 아니다. 이는 마차가 단지 멍에와 차체(車體), 마차의 손잡이와 바퀴들의 전체를 가리킬 뿐이지 이것 외에 그 자체로 존재하는 어떤 특수한 것을 가리키지 않는 것과 마찬가지다. "여기에는 어떤 **실체**(Wesen)가 존재하지 않는다." 이러한 귀결에서도 다시 종교적 사유의 어떤 보편적인 근본 방향이 특별히 간결하면서도 명확하게 보이고 있다. 모든 존재, 즉 사물의 존재와 자아의 존재, 내부세계와 외부세계의 존재는 여기서는 단지 그것들이 종교적 과정 및 그 중심과 관계를 갖는 한에서만 존립하고 의미를 갖는다는 사실이 이러한 사유의 특징을 이룬다. 종교적 과정의 중심만

---

12) 불교의 교설에서 행(行)의 개념이 차지하는 지위에 대해서는 특히 Pischel, *Leben und Lehre des Buddha*, Leipzig 1906, 65쪽 이하를 참조할 것. 또한 Oldenberg, *Buddha* 4판, 279쪽 이하도 참조.

이 근본적으로 유일하게 실재하는 것이며, 이에 반해 다른 모든 것은 허망한 것이거나 이러한 종교적 과정 내의 **계기**로서 파생적인 존재, 부차적인 존재만을 가질 뿐이다. 종교적 과정에 대한 견해가 역사상의 종교들 각각에서 상이하게 형성되고 이러한 종교들에서 종교적 가치의 강조점이 바뀜에 따라 그 종교들에서 상이한 요소들이 부각되고, 플라톤적으로 말하자면 '존재의 인장을 부여받게' 된다. 이 점에서 행위의 종교[예언자적-일신교적인 종교]는 수동적으로 받아들이는 종교[불교]와는 다른 길을 밟으며, 문화종교는 자연적 종교와는 다른 길을 밟을 수밖에 없다. 궁극적으로 종교적 견해와 사유에서는 그것들의 고유한 중심으로부터 빛을 받는 내용들만이 '존재하는' 것으로 불리며, 중심적인 종교적 결단에 대해서 아무래도 좋은 것, ἀδιάφορον(아디아포론)인 다른 모든 것은 무의 어두움 속으로 가라앉는다. 불교에서는 자아도, 즉 개인과 개인적 '영혼'도 이러한 무의 영역에 속하는 것으로 간주되어야 한다. 그것들은 종교적 근본문제에 대한 불교적 견해에 들어설 수 없기 때문이다. 이는 불교는 그 본질적인 내용과 목표 면에서는 순수한 구원종교라 할지라도, 그것이 추구하는 구원은 개인적 자아의 구원이 아니라 개인적인 자아로부터의 구원이기 때문이다. 우리가 영혼이나 인격이라고 부르는 것 자체는 실재하는 것이 아니라 가장 통찰하기 어렵고 극복할 수 없는 환상일 뿐이며, 우리가 이러한 환상에 사로잡히는 것은 '형상과 이름'에 집착하는 경험적인 표상 때문이다. '형상과 이름'의 이러한 영역을 완전히 극복한 자에게는 자립적인 개체성이라는 가상도 힘을 잃게 된다. 그리고 실체적인 영혼과 동시에 이것의 종교적 상관자이자 상대자(Gegenbild)인 실체적 신성도 사라져야 한다. 부처는 민간신앙의 신들을 부정하지는 않았지만, 부처에게 그것들은 모든 개별자들과 마찬가지로 소멸의 법칙에 복속되어 있다. 그 자신들이 생성의 원환에 사로잡혀 있으며, 이와 함께 고통의 원환에 사로잡혀 있는 신들은 인간에게 어떠한 도움도 줄 수 없고 고통으로부터의 해방도 가져다줄 수 없다. 이 점에서 불교는 '무신론적 종교'의 유형에 속하지만, 이는 불교가 신들의 존재를 부정한다는 의미에서가 아니라 신들의 존재가 불교의 핵심적이고 주요한 문제와 관련해서는 중요하지 않으며 무의미하다는, 훨씬 더 깊고 훨씬 더 철저한 의미에서 그렇다. 그러나 사람들이 이를 근거로 하여 불교가 종교라는 사실을 부정하고 그 대신에 불교를 하나의 실천적 윤리설에 불과한 것으로 간주하려 한다면, 이는 종교라는 개념을 자의적으로 협소하게 만드는 것이 된다. 어떤 교설의 **내용**이 아니라 **형식**만이 어떤 것이 종교에 속하는지 아닌지를 결정할 수 있는지를 판별할 수 있는 척도가 되기 때문이다. 즉 어떤 **존재**를 주장하는 것이 아니라 어떤 특수한 '질서', 특수한 **의미**를 주장하는 것이야말로 교설에 종교적이라는 각인을 부여한다. 종교적 '의미 부여'라는 일반적인 기능만이 유지되고 있을 경우에는 모든 임의적인 존재요소는 부정될 수 있다. 불교는 이를 보여주는 중요한 예 가운데 하나다. 여기서 종교적 '종합'의 근본 작용은, 궁극적으로는 사건 자체만이 파악되고 특정하게 해석되지만 이러한 사건의 근저에 있는 이른바 실체는 모두 점차 해체되면서 최종적으로는 무로 가라앉아버리는 방향을 가리킨다.

그리스도교도 그것의 전체적인 전개 과정 속에서 동일한 투쟁을 벌이고 있다. 즉 그리스도교도 종교적 '실재'에 대해 자신에게 적합하고 특유한 규정을 확보하기 위한 투쟁을 벌이고 있는 것이다. 그리스도교에서는 신화적 형상세계로부터 벗어나는 것은 더 어려운 것으로 나타난다. 이는 특정한 신화적 직관들이 그리스도교의 고유한 근본 교설 안에, 즉 그것의 교의 내용에 깊이 뿌리를 내리고 있어서 그러한 직관들이 그리스도교로부터 제거될 경우에는 이러한 교의 내용 자체가 위태롭게 되기 때문이다. 셸링은 이러한 역사적 사정에 입각하여 이것으로부터, '자연종교'는 모든 '계시종교'에 대해 필연적인 전제로서 존재하고 필연적인 전제로 존속할 수밖에 없다는 결론을 끌어낸다. "그것[계시종교]은 자신을 표현하는 재료를 스스로 창출하지 않고 자신으로부터 독립해 존재하는 것으로서 발견한다. 계시종교의 형식적 의미는 한낱 자연적이고 자유롭지 않은 종교를 극복하는 데 있지만, 바로 그 때문에 계시종교는 자연종교를 포함한다. 이는 지양하는 것이 지양된 것을 자신 안에 포함하고 있는 것과 마찬가지다. (…) 만일 우리가 이교를 계시된 진리의 왜곡으로 볼 수 있다면, 역으로 그리스도교에서 올바르게 교정된 이교로 볼 수밖에 없다. (…) 그러나 양자에 공통된 외적 운명이 존재한다는 사실에 양자의 친족성이 이미 드러나 있다. 이러한 외적 운명이란, 사람들이 양자(신화와 계시)의 형식과 내용 그리고 본질적인 것과 한낱 시대에 부합되는 외피를 전적으로 동일한 방식으로 구별함으로써 합리화하려 한다는 것, 즉 이성적이거나 대부분의 사람들에게 이성적인 것으로 보이는 의미로 환원하려 한다는 것을 가리킨다. 그러나 이교적인 것을 배척해버리면 이와 함께 그리스교도 모든 실재성을 잃게 될 것이다."[13] 셸링이 여기서 말한 것은 그 자신이 거의 예상할 수 없었을 정도로 그 후의 종교사적 연구에 의해 입증되었다. 오늘날에는 이러한 연구를 근거로 그리스도교의 신앙세계와 표상세계의 모든 특징 각각에 대해서, 그리고 그리스도교의 비유나 상징에 대해서 신화적-이교적 대응물이 제시될 수 있다고 말할 수 있다.[14] 따라서 그리스도교 교의사의 전체적인 전개 과정에서 우리는 그것이 처음 시작되었을 때부터 루터와 츠빙글리에 이르기까지 '상징들'이 갖는 역사적인 근원적 의미—이러한 근원적 의미에 따라서 그 상징들은 지금도 여전히 전적으로 '성사(聖事)'라든가 '비의(秘儀)'로서 나타난다—와 그것

---

13) Schelling, *Einleitung in die Philosophie der Mythologie*, S. W., 2부, I, 248.
14) 이에 대해서는 이러한 연관을 모든 면에서 추적하고 조명한 최근의 연구를 참조하도록 권하는 것으로 만족하고자 한다. Eduard Norden, *Die Geburt des Kindes*(Studien der Bibl. Warburg, Nr. III), Leipzig 1924.

들의 파생적이고 순수하게 '정신적인' 의미 사이의 지속적인 투쟁을 볼 수 있다. 여기서도 '이념적인 것'은 사물적인 것, 실재하는 현실적인 것으로부터 출발하면서 아주 점진적으로만 형성된다. 특히 세례와 성찬식은 처음에는 전적으로 이러한 실재적인 의미에서, 즉 그것 고유의 직접적인 효력에 입각하여 이해되고 평가된다. 하르낙은 초기 그리스도교에 대해 이렇게 말한다. "상징적인 것은 그 시대에는 객관적이고 실재적인 것과 대립되는 것으로 여겨질 수 없었다. 상징적인 것은 자연적인 것, 세속적으로 명백한 것과 대립되는 비밀로 가득 찬 것, 신이 작용한 것(μυστήριον, 뮈스테리온)이었다."[15] 이러한 종류의 사고방식에는 신화적 사고의 궁극적인 뿌리로까지 거슬러올라가는 하나의 구별[세속적인 것과 비밀로 가득 찬 성스러운 것의 구별]이 나타난다.[16] 바로 그리스도교의 이러한 한계 안에 그리스도교가 가졌던 역사적 힘의 대부분이 포함되어 있다. 그리스도교가 만일 자신의 이러한 신화적 '토착성'을 소유하지 않았고 그것을 변형하려는 온갖 시도에도 불구하고 그것을 끊임없이 관철하지 않았더라면, 그리스도교는 고대 말기의 특징이라 할 수 있는 세계 지배를 둘러싼 동방(오리엔트) 종교들 사이의 싸움에서 아마도 패배했을 것이다. 그리스도교 제례들의 여러 요소들 속에

---

15) Harnack, *Lehrbuch der Dogmengeschichte* 3판 I, 198.
16) 이 책 218쪽 이하 참조.

서 이러한 연관은 세부에 이르기까지 추적되고 입증될 수 있다.[17] 따라서 여기서도 그리스도교를 특징짓는 새로운 종교적 경향, 즉 μετάνοια(메타노이아, 회개)의 요구에서 나타나는 새로운 의미 부여는 직접 표현될 수도 없고 또한 관철될 수도 없다. 이러한 새로운 형식은 여기서 이를테면 심리적-역사적 '소여(所與)'가 되고 있는 신화적 소재들에 의거하여 표현되고 성숙될 수밖에 없다. '교의'의 전개는 이러한 두 계열의 조건에 의해 규정된다. 모든 교의는 사람들이 순수한 종교적 의미 내용을 어떤 표상적 내용과 존재 내용으로서 언표하려고 할 경우에 그러한 의미 내용이 취하는 틀이기 때문이다.

그리스도교에서도 경험적-감각적 존재와 감성적 형상세계 그리고 표상세계라는 '다른 것'이 개입하는 것을 전적으로 배격하면서 종교 자체의 순수한 의미를 확보하려 시도하는 것은 **신비사상**이다. 신비사상에서는 고정되어 있고 외적인 모든 소여를 벗겨버리고 폐기하려고 노력하는, 순수하게 생동하는 종교적 감정이 작용하고 있다. 인간의 영혼이 신에 대해 갖는 관계는, 경험적이거나 신화적인 직관의 형상언어에 의해서도, '사실적인' 존재나 경험적-실재적 사건의 권역에 의해서도 적절하게 표현될 수 없다. 자아가

---

17) 이것에 대해서도 여기서는 상세하게 살펴볼 수 없다. Dieterich가 그의 *Mithrasliturgie* 제2부(92쪽 이하)에서 행하고 있는 몇 개의 '전례도상(典禮圖像)'에 관한 치밀한 분석을 상기하는 것으로 충분하다.

이러한 권역으로부터 완전히 물러나 자신의 본질과 근거 안에 거주하고 그곳에서 형상을 매개로 하지 않고 신의 단순한 본질에 의해서 접촉될 경우에만, 인간의 영혼이 신에 대해 갖는 관계의 순수한 진리와 순수한 내면성이 자아에게 개시된다. 따라서 신비사상은 신앙 내용에 포함된 신화적 요소들과 마찬가지로 역사적 요소들도 배척한다. 신비사상은 교의를 극복하려고 하는데, 그 이유는 교의가 순수하게 사상적으로 표현되는 경우에조차 형상적인 계기가 여전히 그것을 지배하고 있기 때문이다. 교의는 어떠한 것이든 분리시키고 한정하는 성격을 갖기 때문에, 그것은 역동적인 종교적 삶 내에서만 파악될 수 있고 의미를 갖는 것을 규정적인 **표상**과 이 표상의 확고한 '형성물'로 변화시킨다. 따라서 신비사상의 견해로 보면 형상과 교의, 즉 종교의 '구체적' 표현과 '추상적' 표현은 동일한 차원에서 움직이고 있는 것이다. 신이 인간이 되는 것은 더 이상 신화적이거나 역사적인 **사실**로서 파악되어서는 안 되며, 이제 그것은 인간의 **의식** 속에서 항상 새롭게 수행되는 과정으로서 파악된다. 여기서 일어나는 것은 그 자체로 존재하는 대립적인 두 개의 '자연물'이 나중에 합쳐져서 하나가 되는 것이 아니다. 오히려 여기서는 신비사상에 잘 알려져 있는 근원적 소여인 통일된 종교적 **관계**로부터 이러한 관계의 두 **요소**가 출현한다. 마이스터 에크하르트는 이렇게 말하고 있다. "아버지는 끊임없이 자식을 낳는다. 그뿐 아니다. 그는 자신의 자식인 나를 낳을 뿐 아니라, 더 나아가 나를 자신으로서, 자신을 나로서 낳는 것이다."[18] 순수한 상관관계로 해소되려 하면서도 양극성으로서 유지되어야만 하는 양극성이라는 이러한 근본 사상이 그리스도교적인 신비사상의 성격과 길을 규정하고 있다. 이러한 길은 다시 '부정신학'의 방법을 통해서 규정되지만, 신비사상에서 이러한 방법은 직관과 사유의 모든 '범주'를 관통하면서 수미일관하게 수행된다. 신적인 것을 파악하기 위해서는 그 전에 '어디서', '언제' 그리고 '무엇'과 같은 유한하고 경험적인 존재의 모든 조건이 제거되어야 한다. 에크하르트와 주조(Henry Suso)에[19] 따르면 신은 어떤 특정한 장소에 존재하지 않는다. 신은 "그 중심이 모든 곳에 있고 원주는 어디에도 없는 하나의 원환이다." 이와 마찬가지로 시간의 모든 구별과 대립, 과거, 현재 그리고 미래가 신 안에서 소멸해버렸다. 신의 영원성이란 시간에 대해서는 아무것도 알지 못하는 현재의 지금이다. 신에게는 오직 '이름을 갖지 않는 무(無)'와 '형상을 갖지 않는 형상'만이 남아 있다. 그리스도교적인 신비사상도 이러한 무와 무내용성이 존재와 마찬가지로

---

18) Meister Eckhart, Ausgabe von Fr. Pfeiffer, *Deutsche Mystiker des 14. Jahrhunderts* II, 205.

19) [역주] 마이스터 에크하르트의 탁월한 제자로 1300년에 태어나 1366년에 죽었다. 실제 이름은 폰 베르그(Von Berg)였으나, 그의 어머니가 신성한 여인으로 유명했기 때문에 어머니의 가족명인 주조라는 별명이 더 널리 알려졌다. 13세 때 도미니코 수도원에 들어갔으며, 나중에 수도원장이 되었다. 그는 자주 놀라운 현시(顯示)를 보았고 황홀경을 경험했다.

자아조차 장악해버릴 위험에 계속해서 봉착한다. 그러나 여기서는 불교적인 사변과는 달리, 넘어서기 어려운 장벽이 남아 있다. 왜냐하면 개체적인 자아, **개별적 영혼의** 문제가 중심이 되는 그리스도교에서는 자아**로부터의** 해방은 항상 동시에 자아**를 위한** 해방을 의미하는 식으로만 사유될 수 있기 때문이다. 따라서 에크하르트와 타울러[20]가 불교적 열반의 경계에까지 다가가는 것으로 보이는 경우에조차, 즉 그들이 자기를 신 안에서 소멸하게 하는 경우에조차, 그들은 이러한 소멸 자체에 여전히 자신의 개인적인 형식을 보존하려 한다. 자아가 바로 그 자신의 이러한 폐기를 **알고 있는** 하나의 지점, 하나의 '작은 불꽃'이 남아 있는 것이다.

여기서 다시 신화적―종교적 의식의 전개 과정 전체를 관통하는 저 변증법이 특히 선명하게 나타난다. 신화적 사유양식의 근본 특징으로서 드러난 것은, 신화적 사유는 두 항 사이에 하나의 특정한 관계를 설정할 경우 이러한 관계를 항상 **동일성의** 관계로 변화시킨다는 점이다. 여기서는 필연적으로 항상 되풀이하여, 종합에 대한 요구가 결합되어야 하는 요소들의 합치, 즉 직접적인 '유착'을 낳는다.[21] 통일성에 대한 요구가 취하는 **이러한** 형식은 종교

---

20) [역주] 타울러(Johann Tauler, 1300년경~1361년)는 슈트라스부르크 도미니코 수도회 수사로서 마이스터 에크하르트와 하인리히 주조와 함께 라인란트의 대표적 신비주의자였다.
21) 이 책 195쪽 이하 참조.

적 감정과 종교적 사상이 자신들의 시원적인 신화적 제약을 넘어서는 곳에서도 항상 거듭해서 잔향(殘響)을 남긴다. 신과 인간 사이의 차이가 사라진 경우에야 비로소, 즉 신이 인간이 되고 인간이 신이 된 경우에야 비로소 구원의 목표가 도달된 것으로 나타나는 것이다. 그노시스파에서도 직접 신이 되는 것, 즉 아포테오제(Apotheose, 신격화)가 이미 본래적인 최고의 목표로 간주되고 있다. τοῦτό ἐστι τὸ ἀγαθὸν τέλος τοῖς γνῶσιν ἐσχηκόσι θεωθῆναι[신이 되는 것, 이것이야말로 인식을 소유한 사람들을 위한 선한 목표다](Poimand. 1, 22).[22] 여기서 우리는 신화적-종교적 견해를 보다 좁고 엄밀한 의미에서 종교**철학적인** 견해와 나누는 경계에 서 있다. 종교철학적 견해는 신과 인간의 통일을 실체적인 것으로서가 아니라 오히려 진정한 **종합적** 통일로서, 즉 상이한 것들의 통일로서 사유한다. 따라서 종교철학적 견해에서는 분리가 통일 자체의 수행을 위한 필연적 계기이자 조건으로 남아 있다. 이러한 사실은 플라톤에서 고전적으로 간결하게 언표된다. 플라톤의 『향연』에 나오는 디오티마의 말에 따르면 신과 인간의 관계는 에로스에 의해 맺어지는데, 에로스는 위대한 매개자로서 신들에게는 인간들에게서 비롯되는 것을, 인간들에게는 신들에게서 비롯되는 것을 전달

---

22) 이 책 100쪽 이하 참조. 상세한 것은 Reitzenstein, *Die hellenistischen Mysterienreligionen* 2판, 38쪽 이하. 또한 Norden, *Agnostos Theos*, 97쪽 이하를 참조할 것.

하고 통역하는 일을 맡고 있다. 에로스는 양자의 중간에 존재하면서 둘 사이의 대립을 해소하기 때문에 모든 것은 에로스에 의해 결합된다. "왜냐하면 신은 인간과 직접 섞이지 않기 때문입니다. 신과 인간 사이의 모든 결합과 교류는 깨어 있는 상태에서든 잠들어 있는 상태에서든 에로스를 통해서 일어납니다."[23] 신과 인간이 섞이는 것을 이렇게 거부함으로써 플라톤은 변증법적 사상가로서 신화도 신비사상도 수행할 수 없는 선명한 단절을 이루었다. 인간이 신이 되는 것 대신, 즉 신과 인간의 동일성 대신 이제는 인간의 행위 속에서만, 즉 선 자체를 향한 지속적인 진행 내에서만 실현될 수 있는 ὁμοίωσις τῷ θεῷ(신과 닮는다)라는 요구가 들어서지만, 이 경우 선 자체는 '존재의 피안(ἐπέκεινα τῆς οὐσίας)'에 머물러 있다. 여기에서 고지되고 있는 것은—플라톤은 신화적인 형상 자체를 거부하지 않으며 또한 **내용 면에서** 특정한 신화적 근본 표상에 근접하고 있지만—신화를 원칙적으로 넘어서서 가리키는 새로운 **사유 형식**이다. 공관(共觀, Synopsis)은 더 이상 σνμπτῶσις[쉼프토시스, 합생(合生)]로 이끌지 않고, 이데아에 대한 직관의 통일이 된다. 이러한 통일은 다름 아닌 결합과 분리의 폐기될 수 없는 상관관계에 의

---

23) θεὸς δὲ ἀνθρώπῳ οὐ μίγνυται, ἀλλὰ διὰ τούτου πᾶσά ἐστιν ἡ ὁμιλία καὶ ὁ διάλεκτος θεοῖς πρὸς ἀνθρώπους, καὶ ἐγρηγορόσι καὶ καθεύδουσι["그런데 신은 인간의 삶에 직접 개입하지는 않습니다. 신들과 인간 사이의 교제와 대화는—인간이 깨어 있건 잠들어 있건 간에—모두 이 신령(神靈)을 통해 일어납니다."](『향연』 203 A)

해 구성된다.

이에 반해 종교적 의식은 그것이 자체 내에 포함하고 있는 순수한 의미 내용과 이 내용의 형상적 표현 사이의 갈등이 결코 해소되지 않고 그 전개의 모든 단계에서 항상 새롭게 출현한다는 특징을 갖는다. 이러한 두 극단 사이의 화해는 끊임없이 추구되지만 결코 완전히 실현될 수는 없다. 신화적인 형상세계를 넘어서 나아가려 하면서도 바로 이러한 형상세계와 불가분하게 결합되어 있고 이것에 의해 사로잡혀 있다는 것 속에, 종교적 과정 자체에 속하는 하나의 근본 계기가 존재한다. 종교에서 일어날 수 있는 최고의 정신적 승화에서도 이러한 대립은 소멸될 수 없다. 그러한 최고의 정신적 승화는 이 대립을 보다 선명하게 드러내면서 이 대립의 내적 필연성을 **이해하는** 데 도움이 될 뿐이다. 이 점에서 우리는 다시 종교의 길과 **언어**의 길을 비교하지 않을 수 없게 된다. 이러한 비교는 서로 멀리 떨어져 있고 내용 면에서 서로 다른 정신적 영역들을 인위적으로 매개하려 하는 한낱 주관적인 반성이 아니다. 우리는 오히려 그러한 비교에 의해 다음과 같은 연관, 즉 종교적 사변이 자신의 고유한 전개 과정 속에서 그것[연관]에 의해 계속 이끌린다는 것을 알았으며 자신 고유의 개념수단과 사유수단에 의해 항상 새롭게 지칭하고 규정하려 시도했던 연관을 파악한다. 보통의 '세속적' 세계관에게는 직접적으로 주어진 '사물들'의 현실성으로서 나타나는 것을 종교적인 견해는 '기호'의 세계로 변화시킨다. 종교 특유의 관점은 바로 이러한 전환에 의해서 규정되어 있다. 자연적이고 물질적인 모든 것, 모든 존재와 모든 사건은 이제 비유가 된다. 즉 어떤 정신적인 것에 대한 구체적이고 형상적인 표현이 되는 것이다. '형상'과 '사태'가 분화되어 있지 않은 소박한 상태, 즉 신화적 사유에 존재하는 것과 같은 양자의 내재성이 이제 사라지기 시작한다.[24] 그 대신—존재론적인 용어를 써본다면—어떤 '초월'의 형식이 갈수록 더 첨예하면서도 명료하게 부각되는데, 이러한 초월의 형식에서는 종교적 **의식**이 이제 자기 자신 안에서 경험한 새로운 분리가 표명된다. 어떠한 사물도 사건도 더 이상 단적으로 자기 자신을 의미하지 않으며 '다른 것', '피안의 것'을 지시하는 것이 된다. '모상적인' 존재와 '원형적인' 존재를 이렇게 엄밀하게 분리함으로써 종교적 의식은 비로소 자신에게 고유하고 특유한 이념성으로 육박하게 된다. 이와 동시에 여기서 종교적 의식은 철학적 사유가 전혀 다른 길과 다른 전제 아래 점진적으로 개척해나가는 어떤 근본 사상과 접하게 된다. 역사적인 작용 면에서 볼 때 이제 이념적인 것의 두 형식[종교와 철학]이 직접적으로 서로 개입할 수 있게 되었다. 플라톤이 선의 이데아가 존재의 피안에 있다고 설파했을 때, 그리고 그가 이에 따라서 선의 이데아를 인간의 눈으로는 직접 볼 수 없고 오직 반영된 것에서만, 즉 물에 비친 영상(映像)으로만 볼 수 있는 태

---

24) 이 책 135쪽 이하 참조.

양에 비유했을 때, 이것으로 그는 종교적인 형식언어를 위해서도 하나의 전형적이고 영속적인 표현수단을 창조한 셈이 되었다. 그리스도교의 역사에서 이러한 표현수단이 발전하고 계속 형성되면서 종교적으로 심화되어가는 과정은 신약성서부터 중세의 교의적이고 신비적인 사변까지, 더 나아가 18세기와 19세기 종교철학에 이르기까지 추적될 수 있다. 바울로부터 에크하르트와 타울러에 이르기까지 그리고 이들로부터 하만이나 야코비에 이르기까지 이 점에서 종교적 사상은 중단되지 않고 서로 연결되어 있다. 그리고 종교의 문제는 기호라는 결정적인 매개 개념에 의해 거듭 언어의 문제와 연결된다. 하만은 라바터에게 이렇게 썼다. "당신에게 진심으로 말씀드리자면 나의 그리스도교는 온전히 기호(記號), 즉 물과 빵과 포도주라는 요소들에 대한 애호입니다. 여기에는 굶주림과 갈증을 채워주는 것이 있습니다. 그것은 율법처럼 **미래의** 재보(財寶)가 그림자를 드리우지 않고, 이러한 재보들이 하나의 거울에 의해 신비롭게 나타나며 지금 현재 직관될 수 있기 때문에 사물의 닮은 모습 자체(αὐτὴν τὴν εἰκόνα τῶν πραγμάτων)를 주는 것입니다. τέλειον(텔레이온, 온전함)은 피안에 있기 때문입니다."[25] 에크하르트의 신비주의

---

25) Hamann an Lavater(1778), *Schriften*, hg. von Roth, V. 278. 하만의 '상징적' 세계관과 언어관에 대한 상세한 내용은 특히 Rudolf Unger, *Hammans Sprachtheorie im Zusammenhang seines Denkens*, München 1905; *Hamann un die Aufklärung*, Jena 1911.

적 근본 사상에서는 모든 피조물이 '신의 말씀'으로 간주되는 것처럼,[26] 여기서도 창조 전체, 모든 정신적－역사적 사건과 마찬가지로 모든 자연적 사건은 창조자가 피조물에게 피조물을 통해 끊임없이 **말을 건네는 것으로** 간주된다. "왜냐하면 하루는 그것을 다음 날에 말하고 밤은 그것을 다음 밤에 전하기 때문입니다. 그것들의 구호(口號)는 모든 지역을 통해 세계의 끝까지 전해지며, 사람들은 그것들의 소리를 어떠한 방언으로도 들을 수 있습니다."[27] 야코비는 자신의 사상에서 하만의 형이상학적－상징적 세계관의 근본 요소들을 칸트적 요소들과 융합하려 하지만, 여기서 열리는 객관적 연관은 야코비에 의해 주관적인 것, 즉 심리적－초월론적인 것으로의 전환을 겪게 된다. 언어와 종교는 하나의 동일한 정신적 근원에서 비롯된다는 사실에 의해 서로 연관되어 있으며 서로 내밀하게 결합되어 있다. 언어와 종교는 초감성적인 것을 감성적으로, 감성적인 것을 초감성적으로 파악하는 심정의 상이한 능력들이다. 인간의 '이성'은 모두 수동적 인지(認知, Vernehmen)이기 때문에 감성적인 것의 도움

---

26) 예를 들면 Eckhart, Pfeiffer 판, II, 92 등을 비교할 것.

27) Hamann, *Aesthetica in nuce, Schriften*(Roth) II, 26. 신비사상에서 비롯되는 이러한 근본 사상 자체가 근대의 인식론에도 여전히 얼마나 강하게 영향을 미치고 있는지는 무엇보다 버클리의 예에 의해 입증된다. 버클리의 심리학적·인식론적 이론은, 감성적 지각의 세계 전체가 신의 무한한 정신이 유한한 정신에게 자신을 전달할 때 사용하는 감각적 기호의 체계라고 보는 사상에서 정점에 달하고 있다(I권, 79쪽 이하).

에 의지한다. 따라서 인간의 정신과 사물의 본질 사이에는 항상 그리고 필연적으로 형상과 기호의 세계가 매개자로서 개입하게 된다. "우리와 참된 본질 사이에는 항상 어떤 것이, 즉 감정과 형상과 말이 존재한다. 우리는 도처에서 숨겨져 있는 것만을 볼 뿐이다. 그러나 우리가 숨겨진 것으로서 보고 **느끼는** 것은 동일한 것이다. 보이고 감지된 것에 우리는 그것을 가리키는 기호로서, 즉 살아 있는 기호로서 말을 배정한다. 이것이야말로 말이 갖는 존엄성이다. 말 자체는 계시하지 않는다. 그러나 말은 계시를 입증하고 고정시키면서 그렇게 고정된 것이 전파되도록 돕는다. (…) 직접적인 계시와 해석이라는 이러한 선물이 없었다면, 인간들 사이에서 언어는 사용될 수 없었을 것이다. 이러한 선물**과 함께** 인류 전체는 처음부터 동시에 언어를 발명했다. (…) 모든 종족은 자신들의 언어를 형성했다. 어떤 종족도 다른 종족의 언어를 이해할 수 없지만 모든 사람들이 말을 한다.―모든 사람들이 말을 하는 이유는, 모든 사람들이 동일한 정도로는 아니지만 유사한 정도로 이성과 함께 선물을 받았기 때문이다. 이러한 선물은 내적인 것을 외적인 것으로부터, 숨겨진 것을 드러나 있는 것으로부터, 볼 수 없는 것을 볼 수 있는 것으로부터 이해하고 인식하는 능력이다."[28]

이러한 방식으로 종교철학적 고찰과 언어철학적 고찰이 양자가

---

28) Jacobi, *Über eine Weissagung Lichtenbergs*(1801), Werke III, 209쪽 이하.

겹치는 한 점을 가리키고 있으며, 이 한 점에서 언어와 종교가 이를테면 정신적 '의미'라는 유일한 매체 속에서 서로 통일된다면, 이 사실로부터 상징적 형식의 철학에게는 새로운 문제가 하나 생겨나게 된다. 이러한 철학은 물론 언어와 종교가 서로에 대해 갖는 특수한 차이를 어떠한 근원적 통일성 속으로 해소하는 것을 지향하지 않는다. 이러한 통일성이 객관적인 것으로 파악되든 주관적인 것으로 파악되든, 즉 사물들의 신적인 원근거(原根據, Urgrund)로서 규정되든 '이성'의 통일이라는 인간 정신의 통일로서 규정되든 말이다. 상징형식의 철학은 **근원**의 공통성이 아니라 **구조**의 공통성을 문제 삼기 때문이다. 그것은 언어와 종교 사이에서 근거의 숨겨진 통일성을 찾는 것이 아니라 전적으로 자립적이고 독특한 형성물인 양자 사이에서 **기능** 면에서의 어떤 통일성이 입증될 수 있는지를 탐구해야 한다. 이러한 통일성이 성립한다면 그것은 오직 상징적 표현 자체의 근본 방향 속에서, 즉 상징적 표현이 발전되고 전개되는 내적인 규칙 속에서 찾아져야 할 것이다. 우리는 언어에 대해 고찰할 때, 단어와 음성언어가 자신의 순전히 상징적인 기능을 파악하기 이전에 어떤 식으로 일련의 중간 단계들을 통과하는지를 추적하려 했다. 이러한 중간 단계들에서 단어와 음성언어는 '사물'의 세계와 '의미'의 세계 사이의, 이를테면 부유하는 중앙에 존재한다. 음성언어는 그것이 지향하는 내용을 '지시할' 수 있기 위해서는 어떠한 방식으로든 내용에 동화되어야 하고 내용과 직접적으로 '유사하거나' 간접적으로 일치해야만 한다. 기호가 사물의 세계에 대한 표현으로 기능하려면, 사물세계와 어떤 방식으로든 융합해야 하고 사물세계 자체와 동일한 종류의 것이 되어야 한다. 종교적 표현조차 그것이 처음으로 출현했던 형태에서는 감각적 존재에 대한 이 직접적인 근접성에 의해 특징지어진다. 종교적 표현은 이러한 방식으로 감성적–사물적인 것에 강하게 결합되어 있지 않다면 존재하지 못했을 것이며 계속 존재할 수도 없었을 것이다. 물론 아무리 '원시적인' 형태의 종교적 정신이라 할지라도 그것에서는 음성언어에서와 유사하게 이미 분리의 경향, 즉 그것에서 일어나게 될 미래의 '위기[분리]'에의 **경향**이 인식될 수 있다. 종교적인 것의 가장 초보적인 형태들에서도 항상 '신성한 것'의 세계와 '세속적인 것'의 세계 간의 어떤 분리가 수행되기 때문이다. 그러나 두 세계의 이러한 분리는 두 세계 간의 지속적인 이행, 즉 끊임없는 상호작용과 철저한 상호 동화를 배제하지는 않는다. 오히려 신성한 것의 힘은 바로 다음과 같은 점에, 즉 신성한 것이 제한되지 않는 힘과 직접적이고 감성적인 힘에 의해 모든 개별적인 자연적 존재와 모든 특수한 자연적 사건을 지배하고, 이러한 존재나 사건 속으로 침입하여 그것을 기꺼이 자신을 위한 도구로서 사용한다는 점에서 나타난다. 여기서는 아무리 개별적이고 우연적이며 감각적이고 특수한 것이라도 동시에 고유한 주술적–종교적 '의미'를 가지며, 더 나아가 바로 이러한 특수성과 우연성 자체야말로 그것을 통해 사물이나 사건이 일상성의 권역에서 벗어나 신성한 것의 권역으로 옮겨지는 두드러진 징표가 된다. 주술과 희생의 기술은 '우연적인 것들'의 이러한 혼란에 일정한 확고한 형태를 부여하려 하면서 특정한 분절화와 일종의 '체계적' 질서를 도입하려고 한다. 예를 들어 점술사는 새가 나는 것을 관찰하면서, 천체 전체를 자신이 특정한 신성한 영역으로서 이미 알고 있고 또한 명칭을 부여한 여러 구역으로, 즉 각각의 신성이 거주하고 지배하는 구역들로 나눈다. 그러나 '보편성'으로 향하는 최초의 단초를 보여주는 이러한 확고한 도식들 바깥에 존재하는 것들도 아무리 고립되고 분리된 것일지라도 언제나 상징의 기능을 가질 수 있다. 단지 존재하고 일어나기만 하는 것일지라도 동시에 그것은 주술적-종교적 복합체에, 즉 의미와 선(先)의미[전조(前兆)]의 복합체에 속해 있다. 따라서 모든 감성적 존재는 바로 그러한 감성적 직접성의 형태로 동시에 '기호'가 되고 '기적'이 된다. 기호와 기적이라는 양자는 고찰의 이러한 단계에서 아직은 필연적으로 공속하며 동일한 사태에 대한 상이한 표현일 뿐이기 때문이다. 개별적인 것도 그것이 단순한 시간적·공간적 존재라는 면에서 고찰되지 않고 악령적이거나 신적 힘의 표현가(表現價, Ausdruckswert)로서, 즉 신적인 힘의 표현으로서 간주되자마자 기호와 기적이 된다. 여기서 종교적인 근본 형식으로서의 기호는 모든 것을 자신과 관련짓고 모든 것을 자신으로 변화시킨다. 그러나 여기에는 동시에 기호 자체가 감성적-구체적인 존재의 전체 안으로 들어가 이것과 내적으로 융합되고 결합된다는 사실이 포함되어 있다.

언어의 정신적 발전이 언어가 감성적인 것에 집착하면서도 이것을 넘어 나아가려고 하는 것에 의해서, 즉 한낱 '모방적인' 기호라는 협소한 차원을 넘어 나아가려는 것에 의해서 규정되어 있듯이, 종교의 권역에서도 동일한 특징을 갖는 근본 대립이 보인다. 여기서도 그러한 이행은 직접 일어나지 않으며, 양 극단 사이에는 이를테면 정신의 중간적 태도가 존재한다. 이러한 태도에서 감성적인 것과 정신적인 것은 더 이상 일치하지 않지만 그럼에도 불구하고 양자는 끊임없이 서로를 지시하고 있다. 그것들은 서로 '유비'의 관계로 존재하며 이러한 관계에 의해 양자는 서로 분리된 동시에 서로 연관되어 있다. 종교적 사유에서 이러한 관계는 감성적인 것의 세계와 초감성적인 것의 세계, 정신적인 것과 물체적인 것의 세계가 선명하게 분리되면서도 다른 한편으로 두 세계가 서로를 반영함으로써 구체적인 종교적 형태를 갖게 되는 곳에서는 항상 나타난다. 따라서 이러한 '유비'는 항상 '우의(寓意, Allegorie)'의 전형적인 특징을 띠고 있다. 현실에 대한 모든 종교적 '이해'는 현실 자체로부터 흘러나오는 것이 아니라, 현실이 어떤 '타자'와 결부되고 그러한 타자 속에서 현실의 의미가 인식된다는 점에 구속되어 있기 때문이다. 무엇보다 중세적 사고에서 우리는 우의화라는 이러한 정신적 과정이 진행되는 모습을 명료하게 볼 수 있다. 이러한 사고에서 모든 현실적인 것은 종교로부터 특수한 '의미 부여'를 받는 정도에 따라 자신의 직접적인 존재 의의를 상실한다. 현실적 것의 자연적인 내용은 그것의 배후에 정신적인 의미가 숨어 있는 외피이자 가면에 불과하다. 이러한 의미를 해석하는 것이 중요하지만, 이러한 해석은 사중(四重)의 형식으로 이루어진다. 즉 중세의 문헌들은 역사적·우의적·윤리적(tropologisch)·비유적 해석의 원리에 따라 해석한다. 첫 번째 해석에서는 특정한 사건이 그 순수하게 경험적인 사실성의 측면에서 파악되는 반면, 나머지 세 해석에서는 그것의 참된 내용, 즉 그것의 윤리적–형이상학적 의미가 밝혀진다. 단테조차 그의 신학뿐 아니라 그의 시학도 뿌리내리고 있는 중세의 이러한 근본적 사고방식을 여전히 견지하고 있었다.[29] 이러

---

29) 단테, 『향연』(Trattato secondo, cap. 1). "쓰여 있는 것은 주로 네 가지 의미로 이해될 수 있고 설명될 수 있다. 첫째는 문자적인 의미라고 불리며 문자 자체의 의미를 넘어서지 않는 것이다. (…) 둘째는 우의라고 불리는 의미로서 이야기의 겉옷 속에 숨어 있는 몸과 같이 아름다운 허구 아래 숨어 있는 진리다. (…) 셋째는 교훈적인 의미라고 불린다. 이것은 말하는 사람이 이야기를 하면서 그 이야기에서 자신과 듣는 사람에게 도움이 될 의미를 주의 깊게 찾아낼 때의 의미다. 예를 들어 복음서에서 그리스도가 변용을 위해 산에 올라갈 때 열두 제자 중 세 사람만 데리고 갔다고 하는데, 이 경우 이 세 사람만 데리고 갔다는 것에 주목할 수 있다. 넷째 의미는 신비적(anagogico), 즉 '위에 덧붙여진 의미'다. 이것은 쓰여 있는 것이 영적으로 해석되었을 경우의 의미다. 이때 성서는 문자 그대로의 의미로도 참이지만, 지상의 일을 통해 영원한 영광으로 빛나는 천상의 일을 나타내는 것이다. 예를 들어 예언자의 찬가는 이집트로부터 이스라엘 민족이 탈출함으로써 유대(Judaea)가 신성한 존재가 되었고 자유롭게 되었다고 말한다. 이것은 문자적인 의미로도 참이지만, 영적으로 해석해도 그에 못지않게 참이다. 즉

한 우의적 표현형식에서 현실에 대한 새로운 특징적인 '시점(視點)', 현실에 대한 새로운 원근(遠近)관계가 나타난다. 종교적 정신은 이제 현실, 즉 개별적이고 사실적인 것에 사로잡히지 않으면서도 그것에 몰입할 수 있다. 종교적 정신이 현실에서 통찰하는 것은 직접적인 현실 자체가 아니라 이것에서 간접적으로 표현되고 있는 초월적 의미이기 때문이다. 이제 기호 자체가 속해 있는 세계와 그러한 기호를 통해 표현되고 있는 세계 사이의 긴장이 전적으로 새로운 폭과 강도를 얻게 되며 이와 함께 또한 기호가 [이제까지와는] 다른 고양된 방식으로 **의식**된다. 고찰의 첫 번째 단계에서 기호와 기호에 의해 지시된 것은 이를테면 아직은 동일한 차원에 속해 있다. 즉 감성적 '사물', 경험적 사건이 다른 것을 지시하며 다른 것의 상징 및 전조가 된다. 이에 반해 여기서는 더 이상 그러한 직접적인 관계가 아니라 오직 반성에 의해 매개된 관계만이 지배하고 있다. '비유적' 사유의 형식은 모든 존재를 비유로, 즉 은유(Metapher)로 변형시키지만, 이러한 은유를 해석하기 위해서는 종교적 '해석학' 특유의 기술이 필요하며 중세적 사고는 이것의 고정된 규칙을 정하려고 한다.

이러한 규칙을 확립하고 그것을 적용하며 관철하기 위해서는 물론 다음과 같은 **하나의** 지점, 즉 정신적인 초월적 '의미'의 세계와

영혼은 죄에서 벗어났을 때 성스럽게 되며 자유롭게 된다는 것이다."

경험적-시간적 현실의 세계가 그것들 사이의 내적인 차이와 대립에도 불구하고 서로 접촉할 뿐 아니라 양자가 직접 서로를 관통하는 지점이 필요하다. 모든 우의적-비유적 해석은 구원이라는 근본문제 그리고 이와 함께 고정된 중심으로서의 구원자의 역사적 현실성과 관련되어 있다. 모든 시간적 생성, 모든 자연적 사건과 모든 인간적 행위는 이것으로부터 비로소 자신의 빛을 받게 된다. 그것들은 종교적 '구원계획' 내의 필수적인 항으로서 나타나고 이러한 계획에 합목적적으로 편입됨으로써 유의미한 우주라는 질서를 갖게 된다. 이 유일한 정신적 중심으로부터 점차 해석의 범위가 확장된다. 텍스트의 어떤 구절이나 특정한 사건이 갖는 최고의 의미, 즉 '신비적(anagogisch)' 의미가 발견되는 것은 그것들에서 초지상적인 것 혹은 초지상적인 것의 직접적인 역사적 현상인 **교회**에 대한 암시가 성공적으로 발견되는 순간이다.[30] 여기서 우리가 볼 수

---

30) "우의라는 것은 어떤 사실을 통해서 다른 것이 이해되는 것과 마찬가지로 문자와 정신이 각기 서로 다른 것을 의미할 때 성립한다. 만일 정신에서 의미되는 것이 보이는 것일 경우 그것은 ἀλληγορία(알레고리아, 우의적 해석)이다. 만일 성신에서 의미되는 것이 보이지 않는 천상의 것일 경우 그것은 ἀναγωγή(아나고게, 신비적 해석)라 불린다. 그리스도의 임재나 교회의 성사(聖事)가 말이나 신비스러운 사물로 나타났을 경우가 그렇다. 아나고게라 불리는 것은 미래의 인과응보와 미래와 삶에 관해 말하면서 보이는 것으로부터 보이지 않는 것, 즉 고차원의 것인 교회에로 이끌어가는 이해다. (…)" Guilelmus Durandus, *Rationale divinorum officiorum*(1286), Prooem. fol. 2 a.(Sauer, *Symbolik des Kirchengebäudes*, 52쪽에서 인용).

있는 것은, 자연적 존재에 대한 극히 포괄적인 모든 정신적 해석, 자연적 존재의 모든 정신화는 로고스 자체가 감성적 세계로 하강했으며 이것 안에 일회적으로 '육화(肉化)되었다'라는 전제 및 근본 주제에 구속되어 있다는 사실이다. 그러나 중세의 신비사상에서는 이미 우의의 이 형식에 대해서 그리스도교 교의의 근본 상징들이 갖는 다른 새로운 의미가 대립되고 있다. 우의의 이 형식은 시간적인 일회성을 영원성 안으로 지양하며, 종교적 과정으로부터 그것이 단순히 역사적 내용으로서 포함하고 있는 모든 것을 제거했다. 구원의 과정은 자아의 깊은 곳, 즉 영혼의 심연에 존재하는 것으로 간주되며, 거기서 구원의 과정은 그 어떤 외부의 것이 개입하지 않지 않고 자아와 신, 신과 자아가 직접 관계함으로써 수행된다.[31] 여기서 이제 모든 종교적 근본 개념의 의미는 그러한 개념들 내에 살아 있는 상징표현(Symbolik)의 특성과 방향에 달려 있다는 점이 분명해진다. 신비사상에서 일어나는 이러한 상징표현의 새로운 방향 설정이 이제 모든 개별 개념에 새로운 내용을 부여하고 이를테면 다른 정조(情調)와 색조를 부여하기 때문이다. 모든 감성적인 것은 기호이자 비유이며 계속 이러한 것으로 존재한다. 그러나 사람들이 만일 '기적'의 성격을 그것의 특수성에서, 즉 초감성적인 것의 개별적이고 특수한 계시에서 본다면, [신비사상에서] 기호는 더 이

---

31) 이 책 512쪽 이하를 참조.

상 '기적'과 같은 성격을 갖지 않는다. 참된 계시는 이제 더 이상 개별적인 것에서 일어나지 않으며 전체 속에서, 즉 세계의 전체와 인간 영혼의 전체 속에서 일어난다.[32]

이와 함께 우리는 다음과 같은 근본적 사고방식, 즉 그것의 완전한 발전과 형성이 종교적 영역의 한계를 넘어서는 근본적인 사고방식에 직면한다. 신비사상에서 출현한 '상징'에 대한 새로운 견해는 근대의 철학적 관념론에서 비로소 완전히 사상적으로 형성되었다. 라이프니츠가 모든 개별적 존재는 '신의 발자국'이라는 에크하르트의 말을 [자신의 사상의] 실마리로 삼고 있는 것은 명백하다. 그는 「참된 신비주의 신학에 대해서(Von der wahren Theologia mysitca)」라는 논문에서 이렇게 말하고 있다. "우리의 '자기'가 갖는 본질에는 전지전능한 신의 무한성, 그의 발자국, 그와 동일한 형상이 깃들어 있다."[33] 이로부터 라이프니츠에게는 '조화'의 세계

---

32) Albert Görland, *Religionsphilosophie als Wissenschaft aus dem Systemgeiste des kritischen Idealismus*, 263쪽 이하를 볼 것. "이러한 종교에게는 모든 '사물'이 자아로 향하는 '신의 발자국'이 되고, 신에게로 향하는 자아의 발자국이 된다. 따라서 '세계'는 '신의 임재'가 일어나는 길이다. 종교적 용어로서의 '세계'는 이러한 관계를 의미한다. 자아와 신의 관계가 영원이고 자아와 세계의 관계는 시간이라면, 신과 자아의 중간에 있는 전체로서의 세계는 시간 속에서 영원을, 영원 속에서 시간을 발견하는 것을 의미한다. (…) 모든 종교 가운데서도 가장 명료한 형태로 (…) 에크하르트의 독일 신비사상에서는 세계의 총체적인 신성화에 대한 요구가 종교적 체험의 가장 깊은 근거로부터 솟아오른다는 증언이 보이고 있다."

33) Leibniz, *Deutsche Schriften*, hg. von Guhrauer, Berlin 1838, I, 411.

상, 즉 어떠한 형식의 인과적 영향에도 개별 존재자들의 상호작용에도 근거하지 않고 그것들의 근원적 상호 '일치'에 근거하는 '조화'의 세계상이 형성되는 것이다. 모든 모나드는 그 자체로 전적으로 자립적이며 완결되어 있다. 바로 이러한 고유성과 완결성을 갖는 존재로서 모나드는 각각의 특수한 시점(視點)으로부터 우주를 표현하는 살아 있는 '우주의 거울'이다. 여기서 일종의 상징표현이 형성되는데, 이러한 상징표현은 모든 존재와 사건의 철저하고 빈틈없는 **법칙성**이라는 사상을 배제하지 않고 포함할 뿐 아니라 본질적으로 바로 이러한 사상에 근거한다. 기호는 모든 특수성과 우연성을 자신으로부터 결정적으로 털어버리고 보편적 질서의 순수한 표현이 되었다. 보편적인 조화의 체계 속에는 더 이상 어떠한 '기적'도 존재하지 않지만, 그러한 조화 자체가 모든 개별적 기적들을 자신 속으로 지양하고 이를 통해 '흡수해버리는' 지속적이고 보편적인 기적을 의미하는 것이다.[34] 더 이상 정신적인 것이 감성적인 것 안으로 침투하여 자신을 현시(顯示)하는 개별적인 모상이나 유사물을 창조하는 것이 아니라, 감성적인 것의 **전체**가 정신적인 것이 자신을 계시하는 참된 장이다. 라이프니츠는 보쉬에(Bossuet)에게 이렇게 쓰고 있다. **"자연 전체가 기적으로 가득 차 있습니다. 그러나**

---

34) Leibniz, *Réponse aux réflexions de Bayle*(Philos. Schriften, hg. von Gerhardt, IV, 557). "가장 보편적인 것은 가장 특수한 것을 이를테면 정지시키고 흡수한다. 보편은 특수의 근거가 되기 때문이다."

이것은 이성의 기적입니다."[35]) 이렇게 해서 여기서는 '상징적인 것'과 '합리적인 것' 사이에 하나의 새롭고 독자적인 종합이 수행되었다. 우리가 모든 존재와 사건을 합리적인 것으로 보는 **동시에** 상징적인 것으로 보는 관점으로 고양되어야만 비로소 우리에게 세계의 의미가 개시된다. 라이프니츠의 논리학도 '보편적인 기호론(allgemeine Charakteristik)'에 관한 사상을 통해 상징적인 것에 대한 그 자신의 견해와 극히 내밀하게 결부되어 있으며 이것에 의해 관통되어 있다.

그 후 이러한 근본 견해는 근대의 종교철학에서 슐라이어마허에 의해 계승되어 체계적으로 전개되고 정초되었다. 슐라이어마허의 『종교에 대한 연설(Reden über die Religion)』은 이 문제를 라이프니츠가 그것에 부여한 것과 정확히 동일한 방식으로 수용하고 있다. 슐라이어마허의 '우주' 종교가 한낱 자연주의적인 '범신론'을 넘어서 나아갈 수 있었던 것은 바로 이러한 이념적 · 정신사적 연관 덕분이다. 슐라이어마허에 따르면 모든 개별적인 것을 전체의 일부로서, 모든 제한된 것을 무한한 것의 표현으로서 받아들이는 것이 종교다. 그러나 공간과 물질이 세계를 형성하지는 않는다. 따라서 그것들은 종교의 소재가 아니며 그것들에서 무한성을 찾는 것은 유치한 사유방식이다. "외부세계에서 실제로 종교적인 의미를

---

35) *Oeuvres*, publ. par Foucher de Careil, I, 277.

갖는 것은 그것을 이루고 있는 물질이 아니라 그것의 법칙이다." 바로 이러한 법칙이야말로 기적의 진정하고 참된 의미와 본래적으로 종교적인 의미를 포함하고 있는 것이다. "기적이란 도대체 무엇인가? 그것이 하나의 기호, 하나의 암시가 아니라고 말하는 언어가 있다면 나에게 말해보라. (…) 저 모든 표현들은 현상이 무한한 것, 우주와 직접적인 관계가 있다는 것을 의미한다. 그렇다고 이것이 현상이 유한한 것이나 자연과 직접적인 관계가 있다는 것을 배제하는가? 기적이란 사건에 대해 종교가 부여한 이름이다. 모든 사건은 가장 자연스러운 사건조차, 그것에 대한 종교적 견해가 지배적인 것이 되는 데 합당하다면 하나의 기적이 된다."[36] 여기서 우리는 상징적인 것이 객관적으로 실재하는 것, 직접 신에 의해 작용된 것, 하나의 신비를 의미한다고 보는 저 근원적인 견해에 대한 하나의 대극(對極)에 서 있게 된다.[37] 어떤 사건이 갖는 종교적 의의는 더 이상 그것의 내용이 아니라 순전히 그 형식에 달려 있기 때문이다. 즉 그 사건이 어떤 사건이며 무엇으로부터 직접 비롯되는가가 아니라 그것이 취하는 정신적인 양태, 그것이 종교적 감정과 사유에서 갖게 되는 우주에 대한 '관계'가 그것에 상징으로서의 성격을 부여하기 때문이다. 이러한 두 가지 근본 견해 사이에서 오가

---

36) Schleiermacher, *Reden über die Religion*, Zweite Rede, Jubil.−Ausg. von Rudolf Otto, Göttingen 1899, 33쪽, 47쪽, 66쪽.
37) 이 책 510쪽 이하를 볼 것.

고 활발하게 동요하는 가운데 종교적 정신의 운동이 성립하는 것이며, 이러한 운동에서 종교적 정신의 고유한 형식이 정지해 있는 **형태**로서가 아니라 독자적인 **형태화**의 방식으로서 구성된다. 여기서 '의미'와 '상' 사이의 저 상관관계와 상징적 표현과 감성적—형상적 표현 일반의 본질에 깊이 근거하고 있는 두 견해 사이의 갈등이 분명해진다. 한편으로는 가장 낮은 차원의 형태화, 즉 가장 원시적인 신화적 형태화도 이미 의미의 **담지자**라는 것이 분명하다. 그러한 형태화는 '신성한 것'의 세계를 '세속적인 것'의 세계로부터 부각시키면서 이것과 분리하는 저 근원적인 분할의 기호 안에 이미 존립하기 때문이다. 다른 한편으로 종교적인 것의 최고 '진리'조차 감성적인 존재에—사물들과 형상들의 존재에—구속되어 있다. 진리는 자신의 궁극적인 '예지적' 목적에 따라, 자신으로부터 배척하고 구축(驅逐)하고 있는 이러한 존재 속으로 끊임없이 반복하여 가라앉아야 한다. 종교적 진리는 이러한 존재 속에서만 표현될 수 있고 이와 함께 자신의 구체적인 현실성과 효과를 가질 수 있게 되기 때문이다. 플라톤이 개념들, 즉 이론적 인식의 세계에 대해 여기서는 하나가 여럿으로 분해되고 여럿이 하나로 복귀하는 것에 시작도 끝도 없으며 오히려 그것[하나가 여럿으로 분해되고 여럿이 하나로 복귀하는 것]은 우리의 사유와 언어의 '불멸의 노쇠하지 않는 사건'으로서 항상 있었으며 지금도 있고 앞으로도 있을 것이라고 말하고 있듯이, '의미'와 '형상'의 상호 융합과 상호 대립은 종교적인 것의 본질적 조건에 속한다. 이러한 상호 융합과 상호 대립 대신 순수하고 완전한 균형이 언젠가 들어설 수 있다면, 이와 함께 '상징형식'으로서의 종교의 의미가 근거하고 있는 종교의 내적 긴장도 사라지게 될 것이다. 따라서 이러한 균형의 요청은 다른 영역을 지시한다. 우리가 신화적인 형상세계와 종교적인 의미의 세계로부터 예술과 예술적 표현의 영역으로 시선을 향할 때에야 비로소, 종교적 의식의 전개를 지배하는 대립이 사라지지는 않는다 해도 이를테면 진정되고 완화되어 나타나게 된다. 바로 상이 순수하게 **그 자체로서** 인정되며 자신의 기능을 실현하기 위해 자신과 자신의 내용 가운데 아무것도 포기할 필요가 없다는 점이야말로 미적인 것의 근본 방향을 규정하기 때문이다. 신화는 항상 상 속에서 실체적인 현실의 한 단편, 즉 사물세계 자체의 일부를 함께 보며 이러한 부분은 실체적 현실이나 사물세계와 동일하거나 보다 높은 힘을 갖고 있다. 종교적 사유방식은 이러한 최초의 주술적 견해로부터 출발하면서 점점 더 순수한 정신화를 향해 나아간다. 그러나 종교적 사유방식도 그 의미 내용과 진리 내용을 향한 물음이 대상들의 현실성에 대한 물음으로 전환되는 지점으로, 즉 대상들이 정말로 존재하는가라는 문제가 가혹하고 냉혹하게 제기되는 지점으로 거듭 이끌리고 있음을 깨닫는다. 미적인 의식이야말로 비로소 이 문제를 극복할 수 있다. 미적인 의식은 애초부터 순수한 '관조'에 자신을 내맡겼기 때문에, 즉 모든 형식의 작용과 구별되고 대립되는 관조의 형식을 형성했기 때문에, 의식의 이러한 태도에서 구상되는 상조차 이제 비로소 순수하게 내재적인 의의를 획득하게 된다. 이러한 상들은 자신이 사물의 경험적−실재적 현실성에 대해서 '가상'이라고 고백한다. 그러나 이러한 가상은 자신의 고유한 진리를 갖고 있다. 그것은 자신의 고유한 법칙성을 갖고 있기 때문이다. 이러한 법칙성으로 귀환함과 동시에 의식은 새로운 자유를 획득한다. 이제 상은 더 이상 자립적인 사물로서 정신에게로 소급해서 작용하지 않고, 정신에게 고유한 창조력의 순수한 표현이 된 것이다.

이 책은 1925년에 발간된 카시러의 『상징형식의 철학, 제2권: 신화적 사유(*Philosophie der Symbolischen Formen, Zweiter Teil: Das Mythische Denken*)』의 완역이다. 번역은 1994년에 Wissen-schaftliche Buchgesellschaft(Darmstadt)에서 발간된 *Philosophie der Symbolischen Formen, Zweiter Teil: Das Mythische Denken*를 토대로 했다.

『상징형식의 철학(*Philosophie der Symbolischen Formen*)』은 카시러가 1923년에서 1929년에 걸쳐서 저술한 대작으로, 제1권 언어(Erster Teil: Die Sprache), 제2권 신화적 사유(Zweiter Teil: das Mythische Denken), 제3권 인식의 현상학(Dritter Teil: Phäno-menologie der Erkenntnis)으로 구성되어 있다. 본인은 이미 『상징형식의 철학, 제1권: 언어』를 번역하여 2011년에 아카넷 출판사를 통해 출간한 바 있으며, 그때 번역서 말미에 붙인 해제에서 제2권과 제3권에 대한 번역도 완성할 것이라고 약속한 바 있다. 이제 제2권에 대한 번역을 마침으로써 그 약속의 절반은 지킨 셈이다. 그 약속의 절반만 지켰다고 말한 이유는 아직 남아 있는 제3권이 거의 1권과 2권을 합한 분량에 해당하기 때문이다.

카시러는 자신이 이 책에서 시도하고 있는 신화적 사유의 분석을 신화적 의식 비판이라고도 부르고 있다. 신화적 의식 비판이라는 말을 사용할 때 카시러는 칸트의 순수이성 비판을 염두에 두고 있다. 칸트는 순수이성 비판을 통해 우리가 경험하는 대상을 가능하게 하는 이성의 활동방식을 드러냈다. 이 경우 이성의 활동이란 우리에게 일차적으로는 무질서한 감각들로서 주어지고 있는 외부세계에 질서를 부여하는 이성의 형태화작용을 가리킨다. 이와 마찬가지로 카시러는 신화적인 의식 비판을 통해서 신화적인 형상세계를 성립시키는 의식 활동을 분석하는 것을 과제로 삼는다. 다시 말해 카시러는 무질서한 감각들로서 주어지는 외부세계를 신화적인 의식이 어떤 식으로 분절하고 조직하는지를 분석하고 있는 것이다.

이와 같이 다양한 신화들 각각의 구체적인 내용보다는 그것들의 근저에 있는 통일적 사유형식을 드러내려고 한다는 점에서 카시러는 자신의 연구를 그동안 종교학이나 종교사 혹은 민족학과 같은 개별 과학에 의해 수행된 신화연구와 구별하고 있다. 신화에 대한 과학적 연구는 주로 특정한 신화들의 내용을 분석하는 데 몰두함으로써 이루어졌다. 이러한 연구에 의해 그동안 수많은 신화가 분석되고 그에 대한 풍부한 자료가 축적되었다. 그러나 이렇게 이질적이고 다양한 신화들의 통일성에 대한 연구는 그러한 과학적 연구에서는 시도되지 않았다. 민족학이든 비교신화학이든 종교사든 경험과학은 자신의 고찰 범위를 확대하면 확대할수록 어떤 특정한 신화적 내용들이 세계 도처에서 동일하게 나타나고 있다는 사실, 즉 신화 형성의 '평행성(Gleichläufigkeit)'을 드러내고 있지만, 그것은 그 내용들의 통일성이라는 문제를 제기하는 데 그치고 있을 뿐이다.

카시러는 이러한 통일성이라는 문제를 다양한 신화들의 근저에 존재하는 통일적 사유형식을 드러내는 방식으로 해결하려 한다. 특히 카시러는 이러한 통일적 형식이 갖는 특징을, 신화적 사유방식과 무엇보다 근대 과학의 사유방식을 대조하면서 드러내고 있다. 또한 카시러는 이 책에서 이러한 신화적 사유의 통일적 형식을 드러냄과 함께, 신화가 어떤 식으로 그리스도교나 불교와 같은 고등 종교로 변화하게 되는지를 분석한다. 다시 말해서 신화의 사유방식에 대한 분석과 함께 현대인들이 여전히 신봉하고 있는 종교들의 유래와 그것들의 본질적 특성을 드러내려 하는 것이다. 이 점에서 카시러의 신화 분석은 단지 태곳적의 사고방식에 대한 호기심에서 비롯된 것만은 아니며, 궁극적으로는 우리의 현재를 이해하고 우리에게 열려 있는 길이 어떠한 성격을 갖는지 이해하는 것을 목표로 한다고 할 수 있다.

이 책은 내용이 방대하고 다루는 주제가 다양하기 때문에 독자들은 자칫 카시러가 전개하는 논의의 큰 줄기를 놓쳐버릴 수 있다. 이 해제에서 역자는 첫째로 카시러의 신화 분석 방법이 갖는 특색과, 둘째로 카시러가 드러낸 신화적 사유구조의 핵심적인 내용, 셋째로 신화적 사유방식이 그리스도교나 불교와 같은 고등 종교로 나아가는 과정에 대한 카시러의 분석의 핵심 내용을 간략하게 정리하고자 한다. 해제를 먼저 읽고 난 후 책을 읽으면, 카시러의 분석을 훨씬 더 명료하게 이해할 수 있을 것이다.

1. 비판적 현상학으로서의 카시러의 신화 분석 방법

카시러는 신화적 사유형식에 대한 자신의 분석을 칸트의 비판철학 방법론을 발전적으로 계승하는 것이라고 보면서, 다른 한편으로 자신의 분석을 현상학적인 분석이라고도 부르고 있다. 그는 자신의 분석이 신화에 특유한 사유구조를 있는 그대로 드러내는 것을 목표로 할 뿐, 신화를 어떤 형이상학적인 이론에 입각해 해석하거나 모든 인간에게 공통된 심리 법칙 및 특정한 사회구조로 환원하여 설명하려는 환원주의적인 시도와는 전적으로 다르다는 점에서 현상학적이라고 표현하고 있는 것이다.

카시러는 신화의 구체적 내용을 분석하기 이전에 신화에 대한 기존의 분석 방법들을 비판하면서 신화에 대한 타당한 분석 방법으로서 비판적 현상학적 분석 방법을 제시하고 있다. 따라서 여기서도 우선 카시러가 기존의 분석 방식들을 어떻게 비판하는지 고찰하면서 그의 분석 방식 고유의 특성을 보다 분명히 드러내려고 한다. 카시러가 비판하고 있는 분석 방법으로는 심리학주의적인 분석, 사회학주의적인 분석, 우의(寓意, Allegorie)적인 분석, 셸링식의 형이상학적 분석을 들 수 있다.

1) 심리학주의적인 분석에 대한 비판

심리학주의적 신화 해석의 대표주자는 포이어바흐나 프로이트의 종교 해석이라고 할 수 있다. 이들은 신이란 관념을 비롯한 신화의 모든 관념들은, 자연을 지배하는 기술이 발달하지 못한 원시 상태에서 인간이 자연에 대해 느끼는 공포를 극복하기 위해 만들어낸 허구로 본다. 인간은 전지전능한 존재로서의 신과 같은 관념들을 만들어내고 이러한 허구적 관념에 의지함으로써 자신이 삶에서 경험하는 무력감과 불안을 극복하려 한다는 것이다. 이러한 심리학주의적 신화 해석을 카시러는 다음과 같은 점에서 비판하고 있다.

첫째, 심리학주의적 신화 해석은 인간을 역사를 통틀어서 불변적인 심리적 법칙에 의해 지배되는 동일한 인간으로 간주하지만, 카시러는 인간이 불변적인 존재가 아니라 역사적으로 변화해가는 존재라고 본다. 인간이 사는 방식과 사유하는 방식도 시대에 따라 매우 다른 양상을 보인다. 이러한 변화를 규정하는 것은 심리적인 법칙이 아니라 오히려 그때마다의 시대를 규정하는 신화나 종교 혹은 철학이다. 심리학주의적 신화 해석은 인간이 자신의 불변적인 심리 법칙에 따라서 신화나 종교 그리고 철학을 만들어낸다고 보지만, 어떤 특정한 시대의 인간이 어떤 삶을 살고 어떤 식으로 사유하느냐는 오히려 이러한 신화나 종교 그리고 철학에 의해 좌우된다. 어떤 시대의 인간도 아무런 생각 없이 사는 것이 아니라 항상 자신과 세계에 대한 전체적인 이해 안에서 사는 바, 이러한 이해는 그 시대를 규정하는 신화나 종교 혹은 철학적 사유에 의해 주어지기 때문이다.

둘째, 카시러는 이러한 심리학주의적 신화 해석으로는 신화가 지닌 독특한 사유구조가 해명될 수 없다고 본다. 즉 신화가 나타나는 심리적 동기를 드러내는 것만으로는 신화를 지배하는 독특한 사유형식은 전혀 해명되지 않는다. 심리학주의적 신화 해석에 따르면 결국 신화란 주관적 환상에 불과한 것이고 인간이 제멋대로 만들어낸 상상에 불과한 것이지만, 이러한 신화이해로는 신화적인 내용들의 다양성에도 불구하고 그 근저에 존재하는 통일적인 인간이해와 세계이해가 해명될 수 없다. 신화의 세계는 순전히 '꾸며낸' 또는 '고안된' 세계가 아니라 독자적인 필연성과 실재성을 갖는 것이다.

이런 맥락에서 카시러는 신화는 언어와 마찬가지로 인간이 임의로 창조한 것이 아니라 인간에게 어떤 의미에서 주어진 것이라고 말하고 있다. 어떤 민족이 언어를 임의로 선택할 수 없는 것과 마찬가지로 그 민족은 어떤 특정한 신화를 받아들이거나 거부할 수 있는 자유로운 선택권을 갖지 않는다. 따라서 신화를 특정한 개인들에 의해 고안된 것으로 보는 것은 어떤 민족의 언어가 그 민족에 속하는 개인들의 노력을 통해 생겼다고 보는 것과 마찬가지로 터무니없는 것이다. 언어가 그 민족을 규정하는 것과 마찬가지로 신화도 그 민족을 규정한다. 따라서 신화는 그 민족의 역사 자체이며 그 민족의 운명이다. 신화를 통해서 인간을 지배하는 힘은 인간의 의식이 마음대로 할 수 없는 힘이며 오히려 인간의 의식을 장악해버린 힘이다.

신화를 믿는 인간은 신화적으로 이해된 세계를 현실세계로 생각하면서 산다. 신화적인 세계는 그 세계를 사는 사람들에게는 주관적으로 해석된 세계가 아니라 우리가 지금 눈앞에 보고 있는 세계 못지않게 현실적인 것이다. 우리는 오늘날 일상적으로는 세계가 '사물'과 '속성'으로 이루어져 있다고 보면서 그러한 세계에서 살고 있다. 그러나 신화적 의식의 단계에서는 신화적인 활력(Potenz)과 힘, 악령이나 신으로 이루어진 세계를 세계의 참모습으로 간주하면서 그러한 세계 안에서 슬퍼하고 기뻐하면서 산다.

이 점에서 신화는 인간의 공상이 만들어낸 환상과 같은 것이 아니라 인간이 그 안에서 사는 하나의 삶의 형식이다. 각 시대마다 다르게 나타나는 삶의 형식은 주관과 객관의 분리를 넘어서 있는 것이며 오히려 이러한 삶의 형식이 어떤 것이냐에 따라 주관과 객관의 관계가 그때마다 다르게 조정된다. 신화라는 삶의 방식에서는 아직 주관과 객관이 분화되어 있지 않지만, 근대 이후 사람들이 살고 있는 삶의 방식에서 세계는 자유로운 주체가 마주하고 있는 대상으로서 나타난다.

신화를 이렇게 파악할 때 이른바 신화적 세계의 '비실재성'에 입각하여 신화의 의의와 진리를 부정하려는 모든 논의는 타당성을 상실하게 된다. 물론 신화적 세계는 '단순한 표상'으로 이루어진 세계이며 이러한 세계로 남아 있다. 현대의 과학도 그것의 내용과 그것의 단순한 소재에서는 '단순한 표상'으로 이루어져 있다. 과학은 자연을 규정하는 법칙을 우리의 표상 배후에 있는 초월적 대상을 포착함으로써 드러내는 것이 아니라, 표상의 질서와 계기(繼起)를 규정하는 어떤 규칙을 표상 자체 내에서 또한 표상 자체에 입각해서 발견함으로써 드러낸다. 우리가 표상에게서 우연성을 제거하고 그로부터 어떤 보편적인 것, 어떤 객관적–필연적인 법칙을 드러냄으로써 표상은 우리에게 대상적인 성격을 갖게 된다. 신화와 관련해서도 객관성에 대한 물음은 우리가 신화에 내재하는 규칙, 즉 신화에 고유한 '필연성'을 인식할 수 있는가를 탐구하는 방식으로만 답해질 수 있다.

어떤 시대의 인류가 자신의 특수한 자기의식과 특수한 대상의식을 갖게 되는 길 중 하나를 보여주는 것인 한, 신화적 사유 전체는 고유한 내적 '진리'를 자체 내에 포함한다.

2) 사회학주의적 분석 방법에 대한 비판

뒤르켐과 같은 사람은 신화를 특정한 사회구조의 반영으로 보면서 사회구조로부터 신화가 갖는 내용을 설명하려 했다. 그러나 하나의 사회구조도 인간이 자신과 세계에 대해서 갖는 전체적 이해와 무관하게 단순히 주어지는 것이 아니라 그러한 이해에 의해 철저하게 규정되어 있다. 그런데 앞에서 이미 본 것처럼 신화는 그것이 지배하는 시대를 사는 인간의 자기이해나 세계이해를 반영하는 것이 아니라 오히려 이것들을 형성한다. 따라서 어떤 시대의 사회구조도 신화에 의해 규정된다. 신화를 통해 개인과 공동체 사이의 특정한 관계와 공동체 자체의 구조가 산출되는 것이다.

토테미즘에서 보는 것처럼 사람들이 자신의 조상을 동물이나 식물로 보고 모든 것들과의 막연한 통일성에 대한 느낌 속에서 사는 것도 특정한 신화에 의해서 규정되는 것이며, 인간이 이러한 통일성에 대한 느낌에서 벗어나 독자적인 인격성에 대한 의식을 갖게 되는 것도 신화가 새로운 내용을 획득함으로써 가능하게 된다. 따라서 신화의 정신적 구조가 사회의 특정한 구조를 단순히 반영하는 것이 아니라, 오히려 사회의 특정한 구조가 신화가 갖는 특정한 정신적 내용에 의해 규정된다.

3) 우의적 해석에 대한 비판

심리학주의적인 해석이나 사회학주의적인 신화 해석이 근대에 등장한 해석인 반면, 전통적으로 가장 자주 행해져온 신화 해석은 우의적 해석이다. 이러한 해석은 신화를 문화적으로 발전된 시대 의 철학적 진리나 종교적 진리를 암시하고 준비하는 것으로 본다. 다시 말해서 신화는 하나의 합리적인 인식 내용이나 발달된 종교 적 관념을 자신의 본래적인 핵심으로 갖고 있으면서, 그것을 신화 적 형상을 통해 비유적으로 표현하고 있다는 것이다.

이러한 우의적 해석은 신화가 문화적으로 발전된 시대와 본질적 으로 다른 사유방식이나 인간이해 및 세계이해를 가지고 있지 않 다고 보면서, 신화를 문화적으로 발전된 시대에 발견된 철학적 진 리나 종교적 진리 혹은 과학적인 진리나 윤리적 통찰로 환원하여 설명하려고 한다. 우의적 해석은 심리학주의나 사회학주의와 마찬 가지로 신화의 독자성을 인정하지 않고 신화를 신화보다 더 근본 적인 것으로 환원하여 설명하려고 한다는 점에서, 이러한 심리학 주의적 해석이나 사회학주의적 해석 못지않게 환원주의적인 관점 에 사로잡혀 있다고 할 수 있다.

548

4) 셸링식의 형이상학적 해석에 대한 비판

신화 해석에서 전통적으로 지배적인 지위를 점했던 이러한 우의적 해석을 극복하고 모든 종류의 환원주의적 설명을 극복한 인물로 카시러는 특히 비코와 셸링을 들고 있다. 이들은 신화를 인식, 윤리 그리고 예술과 마찬가지로 자립적이고 자기완결적인 '세계'로 간주하며 인간의 정신이 세계를 형성하는 독자적인 방식이라고 본다. 따라서 신화는 신화 이외의 것에서 가져온 낯선 가치척도와 현실척도에 입각해서 평가되고 해석되어서는 안 되며, 신화에 내재하는 구조 법칙성에 의해 파악되어야만 한다. 카시러는 신화적 사유에 대한 자신의 분석을 비코와 셸링의 이러한 이념을 계승하고 발전시키는 것으로 본다.

그러나 카시러는 셸링의 신화 분석이 갖는 형이상학적 전제는 받아들이지 않는다. 셸링은 인간의 의식에서 일어나는 신화적 표상에서 출발하면서도, 이러한 표상의 운동과 전개가 내적인 진리를 갖기 위해서는 그것에 객관적인 생기(Geschehen)가, 즉 절대자 자체 내에서의 필연적인 전개가 상응해야만 한다고 본다.

이런 의미에서 셸링은 신화들의 전개 과정은 신들의 발생 과정(ein theogonische Prozeß)이라고 말한다. 즉 그것은 신 자체가 생성되는 과정이며 신이 자신을 참된 신으로서 단계적으로 산출해나가는 과정이다. 이러한 과정은 애매모호한 통일자로서의 신으로부터 출발하여 다신론이라는 형태로 자신을 분화하면서 최종적으로는 자기 자신을 하나의 통일자로서 인식하게 되는 참된 하나의 신, 즉 존재할 뿐 아니라 그 자체로서 인식된 하나의 신으로 나아간다.

5) 비판적 현상학의 방법

카시러는 신화에 대한 자신의 분석 방법도 심리학주의적인 분석 방법이나 셸링의 분석 방법과 마찬가지로 신화의 수행 주체를 인간의 의식으로 보면서 이것에서 출발한다고 말하고 있다. 그러나 카시러는 이 경우 인간의 의식에 대한 경험적–심리학적인 분석이나 형이상학적인 분석을 넘어서는 제3의 분석 방식이 있다고 본다.

그는 이러한 제3의 분석 방식의 존재 가능성을 근대의 인식 비판이 보여준다고 말한다. 근대의 인식 비판, 즉 인식의 법칙과 원리에 대한 분석은 형이상학의 전제로부터도 심리학주의의 전제로부터도 점점 더 분명하게 해방되어왔다. 특히 카시러는 인식 비판과 관련하여 논리학상의 법칙을 심리적 법칙으로 환원하여 설명하려는 심리학주의는 후설의 현상학에 의해 철저하게 비판되었다고 본다. 그런데 카시러는 논리학에 대해서 타당한 것은 그에 못지않게 정신의 모든 자립적인 영역들에 대해서도 타당하다고 본다. 정신의 자립적 영역들 모두에서 그 순수한 내용을 규정하는 것은, 그것들의 경험적 생성과 심리학적 발생조건을 탐구하는 것과는 무관하며 그것은 이러한 심리학적 발생조건을 통해서는 해명될 수 없다는 것이다. 다시 말해, 정신의 자립적 영역들의 '본질'에 대한 물음은 경험적–발생적인 물음으로 전환하는 것에 의해서는 해소될 수 없다.

카시러는 신화의 본질은 신화적 의식이 감각적인 인상들을 분절하고 조직하는 특수한 방식, 즉 신화적 의식 특유의 형태화작용을 통해서만 드러난다고 본다. 또한 이렇게 신화적 의식이 작용하는 방식을 파악하는 것은 칸트의 비판철학 이념을 계승하면서 발전시키는 것으로 보고 있다. 신화에 대한 비판철학적 분석은 심리학적–귀납적 방법과 마찬가지로 항상 '주어진 것'으로부터, 즉 경험적으로 확정되고 확인된 문화의 사실들로부터 출발해야 한다. 그러나 신화에 대한 비판철학적 분석은 단순히 주어진 것으로서의 문화의 사실들에 머물 수는 없다. 그러한 분석은 사실의 현실성으로부터 '사실의 가능성의 조건들'로 소급해서 묻는다. 그러한 분석은 이러한 조건들을 드러냄으로써 다양한 신화들의 근저에 존재하는 독특한 사유구조를 드러내려 한다.

이런 의미에서 신화에 대한 비판철학적 분석은 신화적 의식의 '형식'에 대해서 묻는 것이며 신화적 의식의 심리적·역사적·사회적 원인을 탐색하는 것이 아니다. 오히려 비판적 현상학의 분석방법은 정신의 모든 특수한 형성물들을 이것들 사이의 모든 차이와 엄청난 경험적 다양성에도 불구하고 궁극적으로 지배하고 있는 정신적 원리의 통일성을 탐구한다.

카시러는 셸링식의 신화의 형이상학은 '신들의 생성 계통(Theo-gonie)'에 입각해 있고, 심리학은 '인간의 생성 계통(Anthropogonie)'에 입각해 있다고 말한다. 셸링은 신화적 의식의 전개 과정에는 절대자의 동일성이 근저에 깔려 있다고 본다. 민족심리학은 절대자의 이러한 동일성 대신에 인간 본성의 동일성을 확신하면서 이 인간 본성의 동일성이야말로 항상 그리고 필연적으로 신화의 동일한 '기본적 관념'을 산출한다고 본다.

그런데 민족심리학이 인간 본성의 불변성과 통일성에서 출발하면서 이것을 모든 설명 시도의 전제로 격상시킬 경우, 민족심리학은 궁극적으로는 '선결문제 요구의 오류'에 빠지게 된다. 민족심리학은 신화의 근저에 존재하는 정신의 통일성을 자신의 분석에 의해 드러내고 그것을 분석의 결과로서 확보하는 대신, 그것을 오히려 그 자체로 존립해 있고 그 자체로 확실하게 주어진 것으로서 취급하고 있기 때문이다.

그러나 신화적 의식의 통일성은 처음부터 상정되어야 하는 것이 아니라 신화적 의식에 대한 분석을 통해 비로소 드러나야만 한다. 이 때문에 현상학적 고찰방식에서는 미리 존재하는 혹은 전제된 형이상학적 기체나 심리학적 기체의 통일성으로부터 신화를 규정하는 사유형식의 통일성을 추론할 수 없다. 이러한 통일성은 신

552

화 자체가 제공하는 구체적인 내용에 입각하여 분석되지 않으면 안 된다. 신화의 구체적 내용들의 온갖 변화에도 불구하고 비교적 동일하게 존재하는 '내적 형식'이 발견될 경우, 이러한 형식으로부터 소급하여 정신의 실체적 통일성을 추론해내서는 안 된다. 오히려 이러한 실체적 통일성이야말로 바로 '내적인 형식'에 의해 구성되고 특징지어지는 것이다.

이와 관련하여 카시러는 신화가 신을 인간과 유사한 것으로 보는 의인관(擬人觀)에 사로잡혀 있다는 견해도 비판하고 있다. 인간은 완전하게 형성되어 있는 자신의 고유한 인격을 단순히 신에게 전이하면서 신에게 자신 고유의 자기감정과 자기의식을 빌려주는 것이 아니라, 오히려 신들의 모습에서 비로소 이러한 자기의식을 발견한다. 토테미즘식으로 신을 생각하느냐 아니면 그리스도교식으로 생각하느냐에 따라 인간의 자기이해는 달라지는 것이다. 이 점에서 신화를 신에 대한 의인관적인 설명이라고 보는 견해는 정당성을 갖기 어렵다.

카시러는 신화에 대한 자신의 분석 방법을 비판적인 현상학이라고 부르고 있다. 비판적인 현상학은 한편으로 칸트가 과학적 인식에 대한 비판에서 사용한 철학적인 방법을 계승하면서도, 과학적 인식 못지않게 언어나 신화 그리고 종교와 예술과 같은 상징형식들도 독자적인 법칙과 필연성을 갖고 있다고 보는 현상학적 통찰을 수용한다. 이러한 상징형식들에 대한 비판적인 현상학은 형이상학적인 근원적 사실로서의 신성으로부터도 그리고 경험적인 근원적 사실로서의 인간성으로부터도 출발해서는 안 된다. 비판적인 현상학은 문화 과정의 주체, 즉 '정신'을 단지 그것이 있는 그대로, 즉 그것의 다양한 형태화 방식에 있어서 파악하고 이러한 형태화 방식들 각각이 따르고 있는 내재적 규범을 규정해야 한다.

언어나 신화 그리고 종교와 예술 같은 상징형식들이 수행하는 본질적 기능은 외부세계를 내부세계에 모사하거나 완성된 내부세계를 외부세계에 투사하는 데 있지 않다. 오히려 그러한 상징형식들을 통해서 그리고 그것들을 매개로 하여 '내부'와 '외부', '자아'와 '현실'의 두 계기가 비로소 규정되고 서로 경계지어진다. 따라서 그러한 상징형식들 각각이 자아와 현실의 정신적 '대결'을 자체 내에 포함하고 있을 경우, 이것은 자아와 현실 양자가 이미 주어진 양으로서, 즉 이미 완성된 형태로 독립적으로 존재하는 '절반들'로서 간주된 뒤 나중에야 비로소 하나의 전체로 결합된다는 의미로 해석되어서는 안 된다. 오히려 각 상징형식의 결정적 기능은 자아와 현실 사이의 경계를 이미 결정적으로 확정된 것으로서 전제하는 것이 아니라 이러한 경계 자체를 비로소 정립하는 데, 그리고 모든 근본 형식이 이러한 경계를 상이하게 정립한다는 데 있다.

상징형식 일반에 대한 이러한 체계적 고찰로부터 우리는 이미 신화도 자아나 영혼에 대한 어떤 완성된 개념으로부터 출발하지 않으며, 객관적 존재와 사건에 대한 어떤 완성된 상으로부터도 출발하지 않는다고 추정할 수 있다. 오히려 신화는 양자를 비로소 획득해야만 하고 자기 자신으로부터 비로소 형성해야만 하는 것이다.

2. 신화적 사유의 구조

카시러는 문화가 상당히 발전된 단계에서 인간의 정신이 알고 있는 다양한 분화를 모른다는 것을 신화적 사유구조의 특색으로 꼽는다. 신화는 인간이 만든 형상과 현실적인 사물을 구별하지 않으며, 인간과 세계 사이의 분화도 알지 못한다. 이와 관련하여 카시러는 신화의 근본을 이루고 있는 직관은 분명한 신 개념도 또한 분명한 영혼 개념도 인격 개념도 알지 못한 채, 아직 전적으로 미분화된 상태로 있는 주술적인 힘에 대한 직관에서 출발한다고 말하고 있다.

1) 꿈과 각성 상태 그리고 생과 죽음의 미분화

신화적 의식의 최초의 단계들에서는 자아의 정동(情動)에 작용을 미치는 것을 통해서만, 즉 자아 안에 희망이나 두려움, 욕망이나 공포, 만족이나 실망이라는 특정한 정동을 불러일으키는 것을 통해서만 사물들은 자아에게 '존재하는' 것이 된다.

인간 정신이 발전하는 최초의 단계에서는 세계 전체가 특정한 고정된 형태들로 분해되기 이전에 인간에게 막연한 느낌 속에서 하나로 나타난다. 전체에 대한 이러한 막연한 느낌으로부터, 인간에게 강렬한 인상을 주는 특별한 것들이 분리된다. 이러한 특별한 것들에 대응하는 것이 최초의 신화적 '형상들'이다. 이러한 신화적 형상은 특정한 대상을 객관적으로 고찰하면서 이것들의 지속적인 특징들이나 불변적인 본질특성을 확보하려는 지적 노력의 산물이 아니라, 일회적이며 아마도 동일한 형태로는 반복되지 않는 의식상태의 표현으로서 의식의 순간적 긴장과 이완으로부터 생긴다.

따라서 우리는 신화에 나오는 자연신과 자연의 정령은, 보편적인 자연력과 자연 과정을 인간과 유사한 것으로 파악하는 의인화의 산물이 아니라 오히려 강렬한 인상들의 신화적 객관화에서 생긴 것으로 보아야 한다. 이러한 강렬한 인상들이 파악하기 어려운 것일수록, 또한 그것들이 '자연적' 사건의 전체 과정에 편입되지 않는 특별한 것으로 나타날수록, 그리고 그것들이 의식을 불의에 직접적으로 엄습할수록 이러한 인상들이 의식에 행사하는 힘도 그만큼 더 커진다.

오늘날에도 민간에 퍼져 있는 신앙은 이러한 신화적 표상방식이 여전히 사람들을 강하게 지배하고 있다는 사실을 보여준다. 들과 전답, 덤불과 숲에 깃들어 있는 자연의 정령들에 대한 신앙은 바로 그러한 신화적 표상방식에 뿌리를 내리고 있다. 나뭇잎들이 살랑거리는 소리, 바람 소리, 규정될 수 없는 무수한 소리와 음향, 빛의 유희와 깜박임, 이 모든 것에서 신화적 의식은 숲의 생명을 감지한다. 즉 그것들은 숲에 거주하는 무수한 자연적 정령들, 숲의 남자들과 숲의 여자들, 요정과 요마(妖魔), 나무의 정령과 바람의 정령이 직접 나타난 것으로 느껴지는 것이다.

이 경우 사물들은 근대 과학이 드러내는 자연의 규칙과 필연적인 법칙의 도식 안에 구속되는 대신, 신화적 의식을 강렬하게 자극하고 사로잡으면서 자기 자신에게만 속하는 것, 비할 바 없이 독자적인 것으로서 나타난다. 사물들은 이를테면 개성적인 분위기 안에서 살고 있다. 사물들은 일회적인 것이며, 이러한 자신의 유일성에서만, 그의 직접적인 지금과 여기에서만 파악될 수 있다.

따라서 신화적 의식은 직접적 인상 속에 존재하고 이것에 자신을 맡길 뿐이며, 그러한 인상의 전후 연관을 헤아리면서 그것이 생겨나게 된 근거를 묻지 않는다. 인상은 신화적 의식에게는 단순히 상대적인 것이 아니라 절대적인 것이다. 인상은 다른 어떤 것을 통해서 존재하지 않고 그것의 조건이 되는 다른 것에 의존하지도 않는다. 인상은 그것의 존재가 갖는 단순한 강렬함으로 자신을 주장하면서 의식에 육박해온다.

과학적 사유가 사물들을 자신 앞에 존재하는 대상으로 간주하면서 사물들이 현상하는 방식을 곰곰이 따져 묻는 것에 반해, 신화적 의식은 사물들을 그렇게 자신이 눈앞에 객관적으로 보는 것으로서 대상화하지 않는다. 오히려 신화적 의식은 대상에 의해 압도되는 방식으로만 대상을 갖는다. 신화적 의식은 대상을 자립적인 것으로 구성해가는 방식으로 대상을 소유하는 것이 아니라, 대상에 의해 단적으로 사로잡히는 것이다. 신화적 의식에는 대상에 대한 소박한 감동만이 존재한다.

이렇게 신화적 의식은 단순히 거기에 존재하는 강렬한 인상에 사로잡혀 있기 때문에, 이 의식은 지금 여기에 주어진 것의 존재를 의심할 가능성을 갖지 못한다. 따라서 신화적 의식은 꿈도 우리에게 강렬하게 나타날 경우에는 현실로 본다. 현실의 필연적인 연관에서 벗어나 있더라도, 꿈이 강렬한 인상을 줄 때는 현실 못지않게 현실적인 것으로 간주되는 것이다.

신화적 사유와 신화적 경험에서는 꿈의 세계와 객관적 현실의 세계가 끊임없이 서로 이행한다. 특정한 꿈의 경험들은 깨어 있을 때 체험되는 것들과 동일한 정도의 힘과 의미를 가지며, 간접적으로 동일한 정도의 '진리'를 갖는다. 많은 자연민족의 생활과 활동 전체는 세부에 이르기까지 그들의 꿈에 의해 규정되고 인도된다.

꿈과 각성 상태 사이에 확고한 구별이 없는 것과 마찬가지로, 신화적 사유에서는 생의 영역과 죽음의 영역도 선명하게 구별되지 않는다. 꿈 속에서 우리가 사랑과 공포 등의 감정을 느끼면서 죽은 자와 관계하고 있다는 사실은, 순간의 강렬한 인상에 빠져 있는 신화적 의식에서는 죽은 자가 죽음 후에도 계속해서 영속하고 있다는 식으로만 설명될 수 있다. 이러한 관점에서는 신체조차도 죽는 순간에 갑자기 파괴되지 않고 단지 그 무대를 바꿀 뿐이다. 죽은 자들은 살아 있는 자들과 마찬가지로 자신을 유지하기 위해서 식량과 옷과 소유물을 필요로 한다. 죽은 자는 더 이상 감성적인 육신을 갖지 않는 한낱 그림자 같은 존재로 나타날 경우에조차 '존재하는 것이다'.

삶과 죽음 사이의 관계는 존재와 비존재 사이의 관계와 같은 것이 아니라, 동일한 존재가 갖는 동질적인 부분으로 보아야 한다. 신화적 사유에서는 생이 죽음으로 죽음이 생으로 이행하는, 명확히 한정된 특정한 순간은 없다. 신화적 사유는 탄생을 귀환으로 생각하는 것과 마찬가지로, 죽음을 영속이라고 생각한다.

2) 상(像)과 현실 사이의 미분화

신화적 의식도 실로 그것을 둘러싸면서 지배하는 사물의 세계에 대해 자신의 자립적인 신화적 형상세계를 창조하면서 사물의 세계에 대립시킨다. 그러나 이러한 창조는 아직 자유로운 정신적 행위라는 성격을 띠지 않는다. 신화적 정신의 단계에서는 아직 자립적이고 자기의식적인 자아, 상징들을 자유롭게 만들어내는 자아가 존재하지 않는 것이다. 이와 함께 신화의 모든 시작, 특히 모든 주술적인 세계 파악은 언어나 상 그리고 기호의 객관적 존재와 객관적인 힘에 대한 신앙에 의해 지배된다. 이 경우 인간은 언어나 상 그리고 기호를 자신에게서 비롯된 것으로 보지 않고 자립적인 주술적 힘을 갖는 것으로 생각한다.

예를 들어 어떤 사물에 대한 단어와 이름은 단순한 표시 기능만을 갖는 것이 아니라 그 사물 자체와 그것의 실재적 힘들을 자신 안에 포함하고 있다. 따라서 신화적 의식은 달과 태양 혹은 폭풍우의 이름을 부르는 것만으로도 그것들에 효과를 미칠 수 있다고 믿으며, 일식과 월식을 막기 위해 달이나 태양의 이름을 큰 소리로 외쳐 부른다.

각 개인의 고유한 이름도 인격과 분리된 것이 아니라 인격과 하나로 용해되어 있다. 이름과 마찬가지로, 어떤 인물이나 사물의 상도 그 인물이나 사물과 분리되어 있지 않다. 어떤 인간의 이름과 마찬가지로 그 상도 또한 그 사람의 또 다른 자아(alter ego)이며, 이 상에 일어나는 것은 그 사람 자신에게도 일어난다.

이렇게 상과 사물이 미분화되어 있기 때문에 주술적 표상권에서는 상을 사용하는 주술과 사물을 사용하는 주술이 명확히 구별되지 않는다. 주술이 손톱이나 머리카락과 같은 인간의 특정한 신체 부분을 주술적 수단으로 이용할 수 있는 것과 마찬가지로, 주술은 상을 이용해도 동일한 효과를 거둘 수 있다. 적의 상을 바늘로 찌르고 화살로 관통한다면, 이것은 주술에 의해 적에게도 직접 영향을 미친다.

상과 동일한 역할은 특히 인간의 그림자에게도 인정된다. 어떤 사람의 그림자에 해를 끼치면 그 사람 자신에게도 해를 끼칠 수 있다. 어떤 사람의 그림자를 밟는 것이 금지되는 것은 이러한 행위가 그 사람에게 병을 초래할 수 있기 때문이다.

이와 같이 신화의 세계에서는 사물적 계기(Dingmoment)와 의미 계기 양자가 미분화된 채로 용해되어 하나의 직접적인 통일을 형성한다. 신화적인 의식에서는 한갓 '표상되었을 뿐인 것'과 '현실적인' 지각 사이의, 소원과 성취 사이의, 상(像)과 사물 사이의 모든 확고한 구별이 결여되어 있는 것이다. 신화적 의식에서 자아는 자신이 만들어낸 기호나 상징을 자신에게서 비롯된 것으로 보지 않고 의식 자체에게 '객관적인' 현실로서 주어진 것으로 보게 되며, 이와 함께 신화적 의식이 정립하는 형태와 형상은 그것에 대해 구속력을 갖게 된다. 이 때문에 정신을 자연의 속박으로부터 해방시키는 듯 보였던 것이 정신을 이제 새롭게 속박하는 것이 된다. 여기서 정신이 경험하는 힘은 한낱 자연적인 것이 아니고 그 자체가 이미 어떤 정신적인 힘이기 때문에 그러한 속박은 그만큼 더 끊어 버리기 어렵다.

3) 소원과 성취의 미분화

주술적 세계관은 인간의 소원이 전능하다는 믿음에 근거한다. 주술은 그것의 근본 형식으로부터 볼 때 소원을 충족시키는 원시적 '기술'이다. 자아는 주술을 통해 모든 외적 존재를 자신에게 복속시키고 그것을 자신의 권역 안으로 끌어들일 수 있다고 믿는다. 존재하는 것들은 어떠한 자립적 존재도 갖지 못하기 때문에 인간은 주술을 이용하여 심지어 신들까지 부릴 수 있으며, 자연조차도 주문을 외워 운행궤도에서 벗어나게 할 수 있다. '주문은 달을 하늘에서 끌어내릴 수도 있다'는 것이다.

근대인들은 소원을 이루기 위해서는 많은 중간 조치가 필요하다고 생각하는 반면, 주술적 세계관은 그러한 중간 조치들이 필요 없다고 보며 소원과 성취가 직접적으로 유착(癒着)해 있다고 본다. 예를 들어 우리는 대학에 합격하기 위해서는 초등학교부터 고등학교까지 정해진 과정을 다 마쳐야 한다고 생각하는 반면, 주술적 세계관에서는 주문을 외우거나 부적 하나를 소지하는 것으로 충분하다고 생각하는 것이다.

4) 전체와 부분의 미분화

신화적 의식에서는 어떤 사람의 이름이나 그림자 혹은 거울에 비친 상이나 손톱·발톱·머리카락과 같이 어떤 인간의 극히 사소한 부분이라도 자기 것으로 만든 자는 이와 함께 그 사람을 소유하게 된 것이며 그 인간을 지배하는 주술적 힘을 획득한 것이 된다. 이와 같이 신화적 의식에서는 전체와 부분들이 미분화되어 있다.

전체는 부분을 '갖지' 않고 부분들로 분할되지도 않으며 각 부분은 직접적으로 전체이며 전체로서 작용하고 기능한다. 이에 반해 현대인들의 경험적인 사유방식에서 전체는 그 전체와는 다른 부분들로 '이루어져 있다'.

5) 공동체와 개인의 미분화

전체와 부분이 미분화되어 있는 것처럼 신화적 의식에서 개인은 자신이 생각하고 느끼는 모든 것, 능동적으로 행하고 수동적으로 겪는 모든 것에서 공동체와 결합되어 있다고 생각하며, 공동체 또한 개인과 결합되어 있다고 생각한다. 어떤 공동체 내의 한 개인이 다른 사람을 살해했을 경우, 살해된 자의 영혼이 행하는 복수는 살인자에게서 끝나지 않고 그와 직·간접적으로 접촉하고 있는 집단 전체에 미치게 된다.

6) 공간의 미분화

신화적 사유에서는 모든 종류의 유사성은 근원의 공통성, 본질의 동일성을 증언하는 것으로 간주된다. 신화적인 사유에서는 세계가 4개의 방위로 이루어져 있고 인간이 사지를 갖고 있기 때문에 양자 사이에는 본질적인 동일성이 존재한다고 보며, 세계와 인간은 하나의 동일한 진리를 서로 다른 차원에서 표현하는 형식들에 지나지 않는다. 따라서 인체의 특정한 부분을 세계의 특정한 부분과 동일시하는 독특한 '주술적 해부학'이 성립하게 되며, 대지의 구조를 인간의 신체구조와 동일한 것으로 보는 신화적 지리학도 성립한다. 신화적 사유의 이러한 독특한 원리에 의해 공간적인 거리는 끊임없이 부정되며 폐기된다. 세계처럼 가장 광대한 것도 신체처럼 가장 가까운 것에서 어떠한 방식으로든 '모사될 수 있는' 한, 세계와 신체는 서로 융합하게 되는 것이다.

7) 공간과 사물의 미분화

신화적 사유에서는 어떤 사물과 그것이 존재하는 위치 사이에 근대인들이 생각하는 것처럼 '외적인' 우연적 관계만 존재하는 것이 아니다. 위치 자체가 그 사물의 존재 가운데 일부이며 따라서 그 사물은 자신의 존재를 유지하기 위해 어떤 특정한 위치에 존재해야 한다는 것이다.

예를 들어 토테미즘에서는, 각 씨족에게 특수한 공간적 방향과 특정한 지역이 속해 있다. 어떤 씨족에 소속된 사람이 죽으면 시체는 그 씨족에 속하는 공간 내의 특정한 방향에 안치되어야만 한다. 아울러 동서남북 각각에는 고유의 특수한 존재와 특수한 의의, 어떤 내적인 신화적 생명이 내재한다. 각각의 특수한 방위는 근대인들의 의식에서처럼 추상적—이념적인 관계로서가 아니라 고유한 생명이 부여되어 있는 자립적인 '형성물'로서 간주된다. 이러한 사실은 방위들 각각이 특별한 신으로 높여지고 있다는 것에서도 분명하게 드러난다. 신화적 사유의 비교적 낮은 단계들에서도 이미 고유한 방위신들, 즉 동쪽의 신과 북쪽의 신, 서쪽의 신과 남쪽의 신, 하계(下界)의 신과 상계(上界)의 신이 나타나고 있다.

8) 시간의 질적인 성격

시간에 대한 신화적 견해는 공간에 대한 신화적 견해와 마찬가지로 전적으로 질적이고 구체적으로 표현되며, 근대 과학에서처럼 양적이고 추상적으로 표현되지 않는다. 의례에서는 특정한 신성한 행위가 특정한 시간에 행해져야만 한다. 어떤 의례를 정해진 시간에 하지 않으면 그것은 신성한 힘을 잃게 된다. 아울러 '신성한 시간', 즉 축제의 시간은 사건의 동질적인 진행을 중단시키면서 이러한 진행에 일정한 분리선을 도입하게 된다. 따라서 시간의 국면들은 과학적인 인식에서처럼 결코 단일하고 동질적이며 순전히 외연적인 계열을 형성하지 않으며 그것들 각각은 내적으로 충만해 있다. 이 때문에 그것들은 서로 유사하거나 유사하지 않으며, 일치하거나 대립하며, 우호적이거나 적대적으로 존재한다.

아울러 신화적 사유에서는 기원이라는 시간의 출발점이 특별한 의미를 갖게 된다. 신화적 세계의 모든 신성함은 궁극적으로는 기원의 신성함으로부터 유래한다. 어떤 내용이 갖는 신성함은 그것에 직접 부착되어 있는 것이 아니라 그것의 유래에 존재한다. 인간 특유의 존재방식인 풍습, 관습, 사회적 규범과 제약만이 신화적인 태고와 시원의 규약으로 소급됨으로써 신성한 것으로 간주되는 것이 아니라 존재 자체, 즉 사물들의 자연적인 본성 자체도 그것들의 기원으로 소급해서 이해될 때 비로소 참으로 이해된 것이 된다.

9) 원인과 결과의 미분화와 시간의 미분화

신화에서는 일체의 동시성이 이미 그 자체로 어떤 실재적·인과적인 '연속관계'를 포함하고 있다. 모든 시간적 접촉이 그대로 원인-결과의 관계로 간주되는 것이다. 어떤 계절에 출현하는 동물이 그 계절을 가져오는 자, 그 계절의 창시자라는 생각이 신화적 사유에서는 흔히 보인다. 신화적 사유방식에서 여름을 가져오는 것은 제비다. 아울러 주술적 사유방식은 어떤 사람이 화살에 맞아서 부상을 입었을 때 이 화살을 차가운 장소에 걸어두거나 그것에 연고를 바르면 통증이 사라지거나 완화될 수 있다고 믿는다. 이런 종류의 '인과관계'는 근대인들에게는 극히 기묘하게 보일지라도, 각각 '원인'과 '결과'에 해당하는 화살과 상처가 여기서는 아직 전적으로 미분화된 하나의 사물로 여겨진다는 사실을 고려해보면, 그러한 인과관계도 쉽게 이해될 수 있다.

신화적 사유에서는 어떤 사건을 구성하는 개개의 시간적 계기가 인과적인 의의에 따라 서로 명확히 구별되지 않으며, 신화적 시간은 과거, 현재, 미래라는 선명하게 구분된 단계들로 나뉘지 않는다. 신화적 의식은 끊임없이 시간들 사이의 차이를 없애고 이러한 차이를 궁극적으로는 순수한 동일성으로 변화시킨다.

특히 주술적인 사고방식은 '부분이 바로 전체'라는 자신의 원리를 공간에 제한하지 않고 시간에까지 적용한다. 주술적 사고방식에서는 물리적·공간적 의미에서 각각의 부분이 전체를 대표할 뿐 아니라 각 부분이 그대로 전체인 것처럼, 주술적인 작용연관은 모든 시간적인 차이와 분리선도 넘어선다. 주술상의 '지금'은 결코 단순한 지금, 다른 시점들로부터 분리된 단순한 현시점이 아니다. 모든 시간계기들의 이러한 독특한 질적 '상호 포섭'을 가장 분명하게 보여주는 것은 점술이다. 점술은 미래에 일어날 일이 이미 과거에 다 포함되어 있다고 본다.

이에 반해 근대 과학은 어떤 사건의 시간적 경과를 추적하면서 이것을 명확히 구별되는 여러 '국면들'로 분해한다. 이러한 인과관계는 과학적 인식의 진보와 함께 갈수록 더 복잡하고 간접적인 것이 되어간다. 과학적 인식에서는 '그' 화살이 단적으로 '그' 상처의 원인으로 인정될 수 없다. 과학적 인식에서는, 그 화살은 어떤 일정한 순간(t₁)에 신체에 파고 들어가 신체에 일정한 변화를 야기하며 그러고 나서 이 변화에 다시 (계속되는 순간 t₂, t₃등에서) 다른 변화계열, 즉 신체 유기조직에서의 특정한 변화들이 이어지는 것으로 사유되고, 이러한 변화계열이 전체로서 상처가 생기기 위한 필수적인 부분적 조건들로 사유되는 것이다.

신화도 주술도 이러한 부분적 조건들, 즉 인과관계의 작용연관 전체 내에서 일정한 상대적 가치밖에 갖고 있지 않은 조건들로의 구분을 결코 행하지 않기 때문에, 신화와 주술에게는 시간의 각 시점을 나누는 특정한 경계도 근본적으로 존재하지 않는다.

10) 실체화하는 사유방식

신화적 사유는 모든 변화와 작용을 실체화하는 방식으로 파악한다. 예를 들어 인간의 병은 경험적인 일반적 조건들 때문에 신체에서 일어나는 것이 아니라 그 사람을 소유하게 된 악령에 의해 일어난다. 이렇게 신화적 상상은 모든 것에 생명과 혼을 불어넣고, '정령화(Spiritualisierung)'하는 방향으로 나아간다.

이러한 정령적인 힘은 세계 도처에 퍼져 있다. 그러나 힘을 갖는 소수의 인물, 즉 주술사라든가 성직자, 우두머리와 전사의 경우에는 그 힘이 농축되어 나타난다. 이러한 힘의 저장소로부터 다시 개별 부분들이 분리되며, 이것들은 접촉하는 것만으로도 다른 사람에게 전이될 수 있다. 성직자 혹은 우두머리에 속해 있는 주술적인 마력은 개개의 주체로서의 그들에게 구속되어 있는 것이 아니라 다른 사람들에게 전달될 수 있는 것이다.

따라서 신화적 힘은 근대적인 인식에서 말하는 힘처럼 인과적인 요인과 조건이 서로 관계하고 작용을 미친 결과로서 생기는 것이 아니라 독자적인 실체적 존재로서 파악되며 이러한 것으로서 어떤 장소로부터 다른 장소로, 어떤 주체로부터 다른 주체로 이동해간다. 예를 들어 근대 의학에서는 어떤 사람이 세균에 감염되어 병이 들었을 경우, 병을 일으키는 힘은 세균 자체에 이미 존재하는 것이 아니라 그 사람의 신체적 조건과 세균이 가지고 있는 특정한 성질 사이의 인과적인 연관에서 비로소 생기는 것이라고 본다. 이에 반해 신화적 사유에서는 병을 일으키는 힘은 특정한 악령에게 존재한다고 보는 것이다.

신화와 달리 어떤 사건에 대한 과학적─인과적 분석은 주어진 것을 그것을 구성하는 세부적인 과정들로 분해한다. 이러한 과정 하나하나를 우리는 관찰할 수 있고 그것들 사이에 성립하는 규칙성을 파악할 수 있다. 과학적인 인과 분석은 '사물'로부터 '조건'으로, '실체적인' 직관에서 '함수적인' 직관으로 나아간다. 이에 반해 신화에서 어떤 사건을 구성하는 계기들은 자립적이고 구체적인 실체로서의 성격을 보유하고 있다.

과학적 사유가 잇달아 일어나는 사건들의 계열을 '원인'과 '결과'

로 분해하면서 이것들 사이에 성립하는 항상성과 규칙성에 주목하는 반면, 신화적인 설명은 단지 과정의 시작과 종말을 서로 명확히 구별하는 데 만족한다. 과학적 인식이 진보할수록 그것은 생성이 일어나는 '방식', 즉 생성의 법칙적 형식을 묻지만, 신화는 오직 '무엇'이 '어디서부터' '어디로' 일어나는가를 묻는다. 신화는 '어디서부터'와 '어디로'를, 이것들이 완전한 실체적 규정성을 갖는 상태로 자신의 눈앞에서 보려고 하는 것이다.

따라서 과학적–인과적 사유가 '변화'를 하나의 보편적 법칙으로부터 이해하려고 하는 곳에서, 신화적 사유는 단순한 변신(Metamorphose)밖에 알지 못한다. 과학에서 어떤 변화는 항상 어떤 보편적인 법칙이 적용되는 예로서 나타나는 반면, 신화적 '변신'은 항상 개별적인 사건에 대한 보고이며, 어떤 개별적이고 구체적인 실체로부터 개별적이고 구체적인 실체로 이행하는 사건에 대한 보고다. 예를 들어 신화에서 대지는 거대한 동물의 신체나 물에서 떠다니는 연꽃에서 생긴다. 태양은 돌로부터 생기고, 인간은 바위 혹은 나무로부터 생긴다.

11) 우연의 부정

이렇게 실체화하는 사고방식과 우연을 부정하는 사고방식은 밀접하게 연관되어 있다. 과학적 관점에서는 '우연'으로 간주되는 것에 대해서도 신화적 의식은 어디까지나 하나의 '원인'을 요구하며, 각각의 개별적 사례에 대해 원인을 상정한다. 예를 들어 자연민족의 사유에서는 어떤 사람의 토지에 생긴 재난이나 어떤 사람에게 일어난 병과 사고와 같은 것도 결코 '우연한' 사건이 아니며, 그것들은 항상 어떤 악령이나 신에 의한 주술적 작용에서 비롯된 것으로 간주되는 것이다. 특히 죽음은 결코 '자연히' 일어나는 것이 아니라 반드시 외부로부터의 주술적 작용에 의해 일어난다고 본다.

이런 의미에서 카시러는 신화적 사유에서는 무법칙적인 자의가 지배한다고 볼 수 없고 오히려 역으로 인과관계를 감지하는 '본능'과 인과적 설명에 대한 요구가 과도하게 지배하고 있다고 보고 있다. 신화적 세계관에서는 세계에는 우연에 의해 일어나는 것은 아무것도 없고 모든 것이 어떤 의도에 의해 일어난다.

근대 과학과 신화 사이에 존재하는 차이와 대립은 신화가 인과 개념을 모른다는 것이 아니라 인과적 설명이 그것들 각각에서 다르게 나타난다는 데 근거한다. 과학은 어떤 사람에게 일어난 사건을 보편적 법칙의 특수한 예로서 파악할 수 있게 되면 만족하며, 그 사건이 왜 하필이면 이 사람에게 지금 여기서 그리고 왜 그런 방식으로 일어났는지에 대해서는 더 이상 묻지 않는다. 이에 반해 신화는 '왜'라는 물음을 바로 이 특수한 것, 개별적이고 일회적인 것에 제기한다. 그리고 신화는 이러한 개별적 사건을 악령이나 신의 특정한 의지작용에 의한 것으로 '설명한다'. 자유로운 활동으로서의 의지작용은 그 이상 설명될 수 없거나 그 이상의 설명을 필요로 하지 않기 때문이다.

과학은 모든 자유로운 행위조차 일의적인 인과질서에 의해 규정되어 있기 때문에 이미 결정되어 있는 것이라고 간주하는 경향이 있지만, 신화는 역으로 모든 사건이 자유로운 행위에서 비롯되는 것으로 본다.

12) 수의 실체화

어떤 사물들을 구성하는 부분들의 수가 '동일한 수'로서 나타날 경우, 논리적 사유는 이러한 수의 동일성을 순수하게 이념적인 관계로 보는 반면 신화는 이러한 동일성을 그 사물들이 어떤 신화적 '본성'을 공유하고 있다는 데서 찾는다. 동일한 수를 지닌 것들은 그것들의 감각적인 모습이 아무리 달라도 신화적으로 '동일한 것'이 된다. '하나의' 본질이 극히 상이한 현상형식들 안에 숨겨져 있을 뿐이라는 것이다. 신화적 사유를 지배하는 실체화 경향은 이렇게 수도 자립적인 힘을 갖는 자립적 존재로 격상시키는 데서도 나타난다. 논리적 사유에서 수는 어떤 보편적 기능과 어떤 보편타당한 의미를 갖지만, 신화적 사유에서 수는 그것 아래 포착되는 모든 것에게 자신의 본질과 힘을 나누어주는 근원적인 '실체'로 간주된다. 예를 들면 3과 같은 수는 신성한 힘을 지닌 수로 간주된다.

13) 유와 개체의 미분화

신화적 사유에서는 유(類)를 사물을 분류하는 논리적 개념으로 보지 않고 특수한 개체 안에 직접적으로 현전하며 그 안에서 살고 작용하는 것으로 본다. 예를 들어 토테미즘이 지배하는 곳에서 원시인들은 자신들이 동물을 조상으로 가질 뿐 아니라 동물종 자체, 즉 수서동물 혹은 재규어 혹은 빨간 앵무새라고 믿는다. 신화적 사유는 일반적으로 우리가 종 또는 유에 대해 하나의 '사례'가 갖는 관계, 즉 논리적 포섭관계라고 부르는 관계를 알지 못하고, 그러한 관계를 항상 실제의 작용관계로 만드는 것이다.

14) 인간과 동물 그리고 식물의 미분화

신화적 사유에서 종은 여러 생물들 사이의 감각적인 유사성이나 그것들 사이의 생식관계에 의해 정해지지 않는다. 종의 구별은 전혀 다른 유래, 즉 주술적인 유래를 갖는다. 직접적인 지각의 관점에서 보면 서로 전혀 유사하지 않은 것, 또는 '합리적인' 인식의 관점으로부터 보면 서로 전혀 동질적이지 않은 것들도 그것들이 하나의 동일한 주술적 복합체에 소속되는 것으로 간주되면 '유사한 것' 또는 '동일한 것'으로 간주된다. 이 경우 동일성은 결코 단순히 '추론되는' 것이 아니라 주술적으로 체험되고 느껴지는 것이다.

원시인들의 직관에서 동물은 다른 어떠한 존재자들보다 특별한 주술적 힘을 갖는 것으로 나타난다. 말레이인들은 코끼리, 호랑이, 무소와 같은 큰 동물들에게 초자연적인 주술적 힘이 있다고 믿는다. 또한 원시인들에게는 특정한 계절에 나타나는 동물들이 대부분의 경우 그 계절을 낳고 가져오는 자로 여겨졌다. 제비는 주술적 힘에 의해 여름을 가져오는 것으로 간주되는 것이다. 그리고 동물이 자연과 인간에게 행사하는 작용이 전적으로 이렇게 주술적 의미로 이해되는 것처럼, 또한 동물에 대한 인간의 모든 형태의 능동적−실천적 관계도 주술적으로 이해된다. 이러한 주술적 관계에 따라 토테미즘이 지배하는 곳에서 사람들은 자신을 동물과 동일한 것으로 보면서, 자신을 수서동물이나 빨간 앵무새라고 자랑하게 되는 것이다.

더 나아가 인간은 자신이 주술적인 관계를 통해 동물뿐 아니라 식물과도 결합되어 있다고 본다. 토테미즘에서 동물과 식물은 결코 선명하게 나뉘지 않는다. 개개의 부족은 토템동물에 대해서 가지고 있는 것과 동일한 외경심을 토템식물에 대해서도 갖는다. 토템동물의 살해를 금하거나 일정한 조건을 준수하고 일정한 주술적 의식을 행한 후가 아니면 허용하지 않는 금령(禁令)은 토템식물을 먹는 것에 대해서도 적용된다. 더 나아가 인간은 자신이 특정 종류의 식물에서 비롯되었으며 인간이 식물로 그리고 식물이 인간으로 변할 수 있다고 생각한다.

15) 영혼과 육신의 미분화

형이상학, 특히 '합리적 심리학'은 영혼을 통일성과 불가분성 그리고 비물질성과 영속성이라는 성격을 갖는 하나의 실체로 본다. 이에 반해 신화에 이러한 영혼 개념은 존재하지 않는다. 신화에는 신체로부터 분리된 자립적이고 통일적인 '실체'로서의 '영혼'은 없으며, 영혼이란 신체에 내재하면서 신체와 필연적으로 결합된 생명 자체일 뿐이다. 이러한 '내재성'은 공간적으로도 명확한 규정과 한계를 갖지 않는다.

생명은 미분화된 전체로서 신체의 전체 안에 살고 있는 것처럼 신체를 구성하는 부분들 각각에도 존재하고 있다. 따라서 심장, 횡격막, 신장 등의 중요한 기관들만이 아니라 손톱이나 발톱, 타액이나 머리카락과 같은 신체의 임의적인 모든 구성부분이 비록 신체 전체와 '유기적으로' 결합되어 있지는 않더라도 생명 전체의 담지자로서 사유될 수 있다. 따라서 어떤 사람의 타액, 배설물, 손톱, 잘라진 머리카락에 가해지는 모든 작용이 그것들이 속하는 생명 전체에 직접 타격을 가하면서 생명 전체를 위험에 빠뜨린다.

신화에서 모든 존재와 사건은 주술적–신화적 활동에 의해 침투되어 있다. 이러한 활동에서는 '물질적인 것'과 '정신적인 것', '물리적인 것'과 '심리적인 것'이 아직 구별되어 있지 않다. 주술적–신화적 활동의 내부에서는 우리가 '영혼의 세계'와 '물질'의 세계

로 구별하는 두 영역 간의 지속적인 이행과 끊임없는 교환이 일어
난다.

3. 신화적 의식에서 종교적 의식으로

카시러는 신화적 의식으로부터 고등 종교의 종교적 의식으로의
도약이 어떤 식으로 일어나는지를 종교적 의식 속에서 시간과 자
아 그리고 신화적 형상에 대한 새로운 이해가 어떤 식으로 형성되
는지를 고찰하면서 보여준다. 그러나 여기서는 종교적 의식에서
독립적이고 자유로운 통일적 인격으로서의 자아라는 개념이 어떤
식으로 형성되며 신화적 형상이 그것이 가리키는 신 자체와 어떤
식으로 분리되는지를 살펴보는 것에 한정한다.

1) 종교적 의식의 출현과 자아의식의 각성

주술적 세계관에서 소원과 성취는 미분화되어 있기 때문에 인간
이 현실에 대해 거의 무제한적인 지배를 행사하며 모든 현실을 자
기 자신 안으로 끌어들이는 듯 보인다. 그러나 주술적 세계관에서
보이는 이러한 과도한 자아감정은 사실은 인간이 아직 참된 자기
가 되지 않았다는 사실을 보여준다. 인간은 주술적인 힘을 통해 사

물들을 자신의 뜻대로 하려고 하지만, 바로 이러한 시도를 통해 인간은 자신이 만들어낸 신화적 형상들에 의해 완전히 지배되고 완전히 사로잡히게 된다.

여기서는 단어나 언어와 같은 관념적인 것들조차 자아에 낯선 것으로서 외부로 투사되면서 주술적 힘을 갖는 존재의 모습으로 나타난다. 이와 함께 신화적 의식은 자신이 만들어낸 형상들을 낯선 것으로서 두려워하고 그것들에 의해 지배당하는 것이다. 주술적인 세계상에서는 외관상으로는 인간이 자연적인 존재와 사건에 대한 전능한 힘을 갖는 것처럼 보이지만, 사실은 더욱더 확고하게 물리적 존재의 영역에 사로잡히고 이것의 운명 안으로 얽혀 들어가게 된다.

인간이 이러한 상태에서 벗어나자면 주관과 객관, 자아와 세계의 분화가 일어나야 한다. 인간이 진정한 주체가 되려면 자신을 세계와 대치시키고 세계에 대해 직접 자유롭게 작용을 가하는 것으로 생각해야 한다. 카시러는 신화가 고등 종교로 발전하는 과정에서 비로소 '주관'과 '객관', '자아'와 '세계'의 점진적인 분리도 일어나며 이러한 분리 과정에 의해 의식은 몽롱한 혼돈 속에 있던 상태로부터, 즉 단순한 존재와 감각인상과 정동(情動)에 사로잡혀 있던 상태로부터 벗어나게 된다고 본다.

신화적 사유의 초기에 '영혼'은 사물로서, 즉 물리적 존재처럼 극히 잘 알려져 있고 손으로 붙잡을 수 있을 정도로 가까운 것으로 나타난다. 그러한 사물적인 것에, 갈수록 더 풍부해지는 정신적 의미 내용이 귀속되면서 궁극적으로 영혼은 정신성 일반의 독특한 '원리'가 된다. 정신의 진보가 계속 이루어지면 '영혼'이라는 신화적 범주로부터 자아라는 새로운 범주, 즉 '인격'과 인격성이라는 관념이 생겨나게 된다.

카시러는 이러한 과정은 신화적 의식이 단순한 자연신화에서 문화신화로 나아가는 전개 과정에서 가장 명료하게 나타난다고 보았다. 자연신화에서는 기원에 대한 물음이 세계나 개별적인 자연사물들의 기원에 대한 물음으로 나타났던 반면, 문화신화에서 기원에 대한 물음은 점점 더 인간 고유의 영역을 향하게 된다. 즉 신화는 불이나 문자와 같이 인간에 의해 만들어진 문화재의 기원을 설명하게 되는 것이다. 물론 이러한 설명조차 신화적 사유에 머무르는 한 문화재가 인간의 힘과 의지에 의해서 만들어진 것이 아니라 인간에게 주어진 것이라는 견해에 머무른다. 불의 사용, 특정한 도구의 제작, 농사 혹은 사냥의 도입, 개별 치료제에 대한 지식과 문자의 발명, 이 모든 것은 그것들을 관장하는 특수한 신들이 인간에게 준 선물로서 나타나는 것이다.

인간은 이 경우에도 자신의 행위를 자신으로부터 분리하여 외부로 투사함으로써 비로소 이해한다. 이러한 투사로부터 신은 이제 더 이상 단순한 자연력으로서 나타나지 않고 인격을 갖춘 문화적 영웅으로서, 빛과 구원을 가져다주는 자로서 나타나게 된다. 이

러한 구원자의 형상이야말로 각성하고 진보해가는 문화적 자기의
식에 대한 최초의 신화적−구체적 표현이다. 신화적 감정과 신화적
사유가 이러한 길에서 나아가면 갈수록, 최고 창조신의 모습이 한
낱 장인(匠人)들의 신, 농경의 신, 혹은 불의 신이라는 특수신들의
권역으로부터, 또한 잡다한 다신론적 개별 신들로부터 보다 분명
하게 부각되어 나오게 된다.

　이러한 창조신에서 행위의 모든 다양성은 하나의 정점 안으로
결집되어 나타난다. 신의 창조작용은 창조신 자체와 마찬가지로
하나의 것으로서 파악되고 이렇게 해서 신화적−종교적 의식은 갈
수록 더욱 강력하게 창조의 통일적 주체에 대한 견해가 되는 것이
다. 이러한 신은 더 이상 자연적−물질적인 것에 붙들려 있지 않고
순수하게 정신적인 성격을 갖는다. 이러한 신의 모습에 비추어 인
간은 자신도 행위의 모든 다양한 방향들을 서로 결합하고 응집시
키는 자기동일성을 갖는 구체적 통일체로서 파악하게 된다.

　신에 대한 직관이란 매개를 통해서 인간은 행위하는 주체로서의
자기 자신을 행위의 단순한 내용과 그것의 물질적 성과로부터 분
리하게 된다. 따라서 순수한 일신교가 궁극적으로 도달하게 되는
'무로부터의 창조'라는 사상, 즉 창조라는 범주가 비로소 참으로 철
저한 형태로 표현되는 이러한 사상은 종교적 관점에서 볼 때는 궁
극적이면서 최고의 것을 의미한다. 순수한 의지의 존재와 순수한
행위의 존재에 도달하기 위해 사물의 존재를 폐기하고 파괴해야

하는 종교적 정신의 강력한 추상력이 이러한 사상에서 자신의 힘을 완전히 발휘하고 있기 때문이다.

동시에 카시러는 이러한 자기동일성을 갖는 구체적인 통일체로서의 자아는 영혼이 삶의 현상들의 단순한 담지자 내지 원인으로 사유되지 않고 윤리적 의식의 주체로 파악될 경우에도 일어난다고 말한다. 인간이 자신을 윤리적 주체로 파악함으로써 인간은 자아의 통일성을 더 이상 물질적 혹은 반쯤 물질적인 영혼의 통일성으로 보지 않게 되는 것이다. 윤리적인 길을 통한 자아의 이러한 각성도 종교를 통해서 준비된다. 이러한 사태는 무엇보다 구약성서의 예언자들의 종교에서 가장 극명한 형태로 나타난다. 구약성서의 예언자들은 신을 윤리적 존재로 생각하면서, 인간도 신의 상을 섬기는 것에 의해서가 아니라 윤리적 행위를 통해 구원을 받을 수 있다고 보는 것이다.

이렇게 윤리적인 행위가 결정적 지위를 점하게 되자마자 인간은 또한 자신이 만들어낸 신화적 형상에 사로잡힌 상태에서 벗어나게 된다. 이제야 비로소 인간은 미지의 것들에 대한 두려움에서, 즉 주술적인 힘을 갖는 여러 정령들에 대한 두려움에서 벗어나게 되었다. 왜냐하면 그는 자신의 자기, 즉 자신의 내면이 더 이상 그러한 것들에 의해 지배된다고 느끼지 않고 자신의 윤리적 행위에 의해 결정된다고 믿는 것이다.

2) 신화적 형상과 초월적 존재의 분리

신화적 세계관과 종교적 세계관 사이의 근본적 차이 중 하나를, 카시러는 신화적 의식은 신화적 상과 기호에 사로잡혀 있었지만 종교적 의식은 그것들을 사용하면서도 그것들과 자유로운 관계를 맺고 있다는 데서 찾는다. 종교적 의식은 신화적 의식처럼 상이나 기호를 신 자체로 보지 않고, 신 자체 내지 궁극적 존재가 그것들을 초월해 있다고 보는 것이다.

물론 카시러는 신화적 의식과 종교적 의식 사이의 분리는 극히 점진적으로 일어날 뿐 아니라 발전된 종교적 의식에서도 여전히 신화적 의식의 잔재가 보인다고 말한다. 특히 종교적 의식이 시작되는 시점으로 올라갈수록 그것은 신화적 의식으로부터 분리되기 어렵다. 양자는 서로 얽혀 있고 결합되어 있어서, 현실적으로 분명하게 서로 분리되기 어렵다.

신화와 종교의 내용들은 이렇게 서로 떨어질 수 없게 얽혀 있음에도 불구하고 양자의 형식은 전혀 동일하지 않다. 종교적 의식에 의해 개시된 새로운 정신적 '차원'은 '의미'와 '기호' 사이의 대립을 신화의 영역 안으로 처음으로 끌어들이게 된다. 종교는 신화 자체에게는 낯선 절단을 수행하는 것이다. 종교는 감성적 형상과 기호를 이용하면서 동시에, 이것들을 한낱 형상과 기호로서 알게 된다. 즉 종교는 형상과 기호가 어떤 특정한 의미를 개시하더라도 그것들이 사실은 이러한 의미에 못 미치는 표현수단이며, 이 의미를 '가리키기는' 하지만 이것을 결코 완전히 파악하고 길어낼 수는 없다는 것을 알게 된다.

모든 종교는 그것이 발달하는 과정에서 자신의 신화적 근거와 지반으로부터 벗어나지만, 이러한 이탈은 여러 종교들에서 동일한 방식으로 행해지지 않는다. 오히려 바로 이 점에서 각각의 종교는 특수한 역사적·정신적 고유성을 갖는다.

카시러는 몇 개의 고등 종교를 예로 들어 기호와 의미의 분리가 어떤 식으로 일어나고, 이러한 분리가 일어나는 독특한 방식에 따라 각각의 종교가 또한 어떤 식으로 독자적 특성을 갖게 되는지 살펴보고 있다.

(1) 구약성서의 예언자들의 종교적 의식

구약성서의 예언자들이 가졌던 종교적 의식에서는 신과 인간 사이에 '너'에 대한 '나'의 정신적-윤리적 관계만이 존재하며, 이러한 기초적인 관계에 속하지 않는 모든 것은 종교적인 가치를 상실하게 된다. 순수한 내면성의 세계를 발견하면서 종교적 의식이 외적인 세계, 자연적 존재의 세계로부터 벗어나는 순간, 자연적 존재는 이를테면 자신의 혼을 상실하고 죽은 '사물'로 격하되어버린다. 이와 함께 자연의 영역에서 취해졌던 모든 상은 이제까지처럼 정신적인 것과 신적인 것의 표현이 되지 않고 오히려 이것들에 대한 대립물이 되고 우상이 되어버린다.

이 점에서 구약성서의 예언자들은 철저한 우상파괴자들이라고 할 수 있다. 그러나 많은 고등 종교들에서 신화적 형상들은 그것들이 극복된 후에도 결코 모든 내용과 힘을 잃어버리지는 않는다. 그것들은 고등 종교에서는 저급의 악령적 힘으로서 존속한다. 그것들이 신적인 것에 대해 무력한 것으로 전락하고 이런 의미에서 '가상'으로서 인식된 후에도 그것들은 여전히 실체적이고 어떤 의미에서 본질적인 가상으로서 두려움의 대상으로 남아 있다. 그런데 이스라엘의 예언자들은 이러한 저급한 악령들조차 절대적인 무로서 증명하려고 한다.

그러나 이렇게 형상과 의미를 철저하면서도 선명하게 분리할 수 있는 사람들은 종교적인 천재, 위대한 개인들일 뿐이며, 종교사의 일반적 전개는 다른 길을 취하고 있다. 여기서는 신화적 상상이 만들어내는 형상들은 자신의 본래적인 생명을 상실하고 한낱 꿈과 그림자의 세계가 된 후에도 거듭 되풀이하여 몰려온다.

(2) 우파니샤드와 불교의 종교적 의식

우파니샤드는 종교적 사유와 종교적 사변이 진보해감에 따라 신화적 세계가 어떤 식으로 점차 헛된 것이 되어가는지를 보여줄 뿐 아니라, 이러한 과정이 어떤 식으로 신화의 형상으로부터 경험적─ 감각적 존재의 형상으로까지 확대되어가는지를 보여주는 위대한 예다. 우파니샤드는 부정의 길을 통해 자신의 궁극적이고 최고의 목표에 도달한다. 즉 우파니샤드는 브라만과 아트만이라는 참된 실재가 어떠한 경험적이고 무상하며 유한한 형상에 의해서도 파악될 수 없다고 보는 것이다. 아트만과 브라만이라는 절대자에게 최종적으로 남는 유일한 명칭은 부정 자체다.

불교는 이러한 동일한 부정의 과정을 객관으로부터 주관으로까지 확대한다. 구약성서의 예언자적–일신교적인 종교에서는 종교적 사유와 종교적 감정이 모든 한낱 사물적인 것으로부터 분명하게 벗어날수록 신과 인간 사이의 상호관계가 그만큼 더 순수하고 강력하게 드러난다. 상으로부터의 해방과 상의 대상성으로부터의 해방은 이러한 상호관계를 명료하면서도 선명하게 드러내는 것 이외의 목표를 갖지 않는다. 따라서 부정은 구약성서의 예언자적–일신교적인 종교에서는 공고한 한계에 부딪힌다. 부정은 종교적 관계의 중심인 인격과 그것의 자기의식을 그대로 남겨두기 때문이다.

그러나 불교는 이러한 마지막 한계도 넘어선다. 즉 불교에게 '자아'는 다른 사물들과 마찬가지로 우연하고 외적인 것이다. 우리가 영혼이나 인격이라고 부르는 것 자체는 실재하는 것이 아니라 가장 통찰하기 어렵고 극복할 수 없는 환상일 뿐이며, 우리가 이러한 환상에 사로잡히는 것은 '형상과 이름'에 집착하는 경험적인 표상 때문이다. 따라서 불교에서는 자아도, 즉 개인과 개인적 '영혼'도 무의 영역에 속하는 것으로 간주되어야 한다. 불교도 인간의 구원

을 목표로 하지만 불교가 추구하는 구원은 개인적 자아'의' 구원이
아니라 개인적인 자아'로부터의' 구원이다.

그리고 실체적인 영혼과 동시에 이것의 종교적인 상관자이자 상
대자(Gegenbild)인 실체적 신성도 사라져야 한다. 부처는 민간신앙
의 신들을 부정하지는 않았지만, 이것들은 모든 자연사물과 마찬
가지로 소멸의 법칙에 복속되어 있는 것으로 보았다. 생성의 원환
에, 그리고 이와 함께 고통의 원환에 사로잡혀 있는 신들은 인간에
게 아무런 도움도 줄 수 없으며 고통으로부터의 해방도 가져다줄
수 없다. 이 점에서 불교는 '무신론적인 종교'의 유형에 속하지만,
이는 불교가 신들의 존재를 부정한다는 의미에서가 아니라 신들의
존재가 불교의 핵심적이고 주요한 문제와 관련해서는 중요하지 않
으며 무의미하다는 훨씬 더 깊고 훨씬 더 철저한 의미에서 그렇다.

(3) 그리스도교 신비사상의 종교적 의식

그리스도교도 그것의 전체적인 전개 과정에서는 불교와 유사한
투쟁을 벌이고 있다. 즉 종교적 '실제'에 적합하고 특유한 규정을
확보하기 위한 투쟁을 벌이고 있는 것이다. 그러나 그리스도교에
서는 신화적 형상세계로부터 벗어나는 것은 더 어려운 것으로 나
타난다. 이는 특정한 신화적 직관들이 그리스도교 고유의 근본 교
설 안에, 즉 그것의 교의 내용에 깊이 뿌리를 내리고 있어서 그것
들이 그리스도교로부터 제거될 경우 교의 내용 자체가 위태로워지

기 때문이다.

특히 세례와 성찬식은 그리스도교에서 처음에는 전적으로 주술적인 의미에서, 즉 그것들에 고유한 직접적인 효력에 입각하여 이해되고 평가되었다. 사실 그리스도교의 이러한 한계 안에 그것이 가졌던 역사적 힘의 대부분이 포함되어 있다. 그리스도교가 만일 자신의 이러한 신화적 '토착성'을 보존하지 않았더라면 그리스도교는 고대 말기의 특징을 이루는 세계 지배를 둘러싼 동방(오리엔트) 종교들 사이의 싸움에서 아마도 패배했을 것이다.

그러나 그리스도교에서도 신비사상은 경험적–감각적 형상세계가 개입하는 것을 전적으로 배격하면서 종교 자체의 순수한 의미를 확보하려 시도한다. 인간의 영혼이 신에 대해서 갖는 관계는 경험적이거나 신화적인 직관의 형상언어에 의해 적절하게 표현될 수 없다. 자아는 이러한 형상들로부터 완전히 물러나 자신의 본질과 근거 안에 거주하고, 그곳에서 형상을 매개로 하지 않고 신의 단순한 본질에 접촉해야 한다. 따라서 신비사상은 신앙 내용에 포함된 신화적 요소들과 마찬가지로 역사적인 요소들도 배척한다.

신이 인간이 되는 것은 더 이상 신화적이거나 역사적인 사실로서 파악되어서는 안 되며, 이제 그것은 인간의 의식 속에서 항상 새롭게 수행되는 과정으로 파악된다. 여기서 일어나는 것은, 그 자체로 존재하는 대립적인 두 개의 '자연물'이 나중에 합쳐져서 하나가 되는 것이 아니다. 오히려 여기서는 신비사상에게 잘 알려져 있는 근원적 소여(所與)인 통일된 종교적 관계로부터 이 관계의 두 요소가 출현하는 것으로 여겨진다. 이와 관련하여 카시러는 마이스터 에크하르트의 말을 인용한다. "아버지는 끊임없이 자식을 낳는다. 그뿐 아니다. 그는 자신의 자식인 나를 낳을 뿐 아니라, 더 나아가 나를 자신으로서, 자신을 나로서 낳는 것이다."

이와 함께 신비사상은 그리스도교의 교의마저도 극복하려 한다. 교의는 어떠한 것이든 분리시키고 한정하는 성격을 갖기 때문에 교의는 역동적인 종교적 삶 내에서만 파악될 수 있으며 의미를 갖는 것을 규정적인 표상으로 변화시킨다. 따라서 신비사상의 입장에서 볼 때는 형상과 교의, 즉 종교의 '구체적인' 표현과 '추상적인' 표현은 동일한 차원에서 움직이고 있는 것이다.

신비사상은 이렇게 모든 유한한 형상을 배격하려 하기 때문에 '부정신학'의 방법을 받아들인다. 신적인 것을 파악하기 위해서는 '어디서', '언제' 그리고 '무엇'과 같은 유한하고 경험적인 존재의 모든 조건이 제거되어야 한다. 신은 어떤 특정한 장소에 존재하지 않는다. 이와 마찬가지로 시간의 모든 구별과 대립, 과거, 현재 그리고 미래가 신 안에서는 소멸해버렸다. 신의 영원성은 시간에 대해서는 아무것도 알지 못하는 현재의 지금이다. 신에게는 오직 '이름을 갖지 않는 무(無)'와 '형상을 갖지 않는 형상'만이 남아 있다.

그리스도교적인 신비사상은 이러한 무와 무내용성이 존재와 마찬가지로 자아조차 장악해버릴 위험에 계속해서 봉착한다. 그러나 그리스도교적 신비사상에는 불교적인 사변과는 달리 넘어서기 어려운 장벽이 남아 있다. 개체적인 자아, 개별적인 영혼의 문제가 중심이 되는 그리스도교에서는 자아'로부터의' 해방은 항상 동시에 자아'를 위한' 해방을 의미하는 식으로만 사유될 수 있기 때문이다. 따라서 에크하르트나 타울러와 같은 신비가들이 불교적 열반의 경계에까지 다가가는 듯 보이는 경우에조차, 즉 그들이 자기를 신 안에서 소멸하게 하는 경우에조차, 그들은 여전히 자신의 개인적인 형식을 보존하려고 한다. 자아가 바로 그 자신의 이러한 폐기를 알고 있는 하나의 지점, 하나의 '작은 불꽃'이 남아 있는 것이다.

4. 나가면서

『상징형식의 철학, 제1권: 언어』를 번역하면서도 그랬지만 이 책을 번역하면서 본인은 카시러의 박학다식함과 종합적인 통찰력에 감탄하지 않을 수 없었다. 이 많은 문헌들을 언제 다 읽었을까라는 의문이 들 정도로, 카시러는 신화와 종교에 대한 철학적 연구서뿐 아니라 종교사와 민족사에 관한 수많은 자료를 섭렵하고 있다. 아울러 카시러는 이러한 자료들이 제공하는 정보를 독자적으로 종합하면서 신화가 지닌 본질적인 구조를 드러내며, 또한 신화와 종교의 전개 과정에 대한 탁월한 통찰을 제시한다. 이 책은 신화와 종교를 연구를 하는 데 있어서 앞으로도 계속 연구되고 참조되어야할 고전으로 남을 것이다.

끝으로, 오역을 피하기 위해 기다 겐(木田 元)에 의한 일본어역『シンボル形式の哲學, 弟二卷 神話的 思考』(岩派書店, 2006)과 Ralph Manheim에 의한 영역 *The Philosophy of Symbolic Forms, Volume 2: Mythical Thought*(New Haven and London: Yale University Press, 1955), 심철민 역의 『상징형식의 철학 II: 신화적 사고』(도서출판 b, 2012)를 참조했음을 밝혀둔다.

박찬국(朴贊國)

서울대학교 철학과를 졸업하고, 동대학원에서 석사학위를,
독일 뷔르츠부르크 대학교에서 철학박사학위를 받았다.
현재 서울대학교 철학과 교수로 재직하고 있다.
니체와 하이데거의 철학을 비롯한 실존철학이 주요 연구 분야이며
최근에는 불교와 서양철학을 비교하는 것을 중요한 연구과제 중의 하나로 삼고 있다.
『원효와 하이데거의 비교연구』로 2011년 제5회 청송학술상을 받았으며,
『니체와 불교』로 2014년 제5회 원효학술상을 받았다.
저서로는 『들길의 사상가, 하이데거』 『하이데거는 나치였는가』 『내재적 목적론』
『들뢰즈의 《니체와 철학》 읽기』 『에리히 프롬의 《소유냐 존재냐》 읽기』
『에리히 프롬 읽기』 등이 있고, 역서로는 『니체 I, II』
『니체 전집 16: 유고(1882년 7월~1883/84년 겨울)』 『아침놀』 『비극의 탄생』
『안티크리스트』 『상징형식의 철학』 등 다수가 있다.

상징형식의 철학

제2권: 신화적 사유

대우고전총서 036

1판 1쇄 펴냄 | 2014년 8월 30일
1판 2쇄 펴냄 | 2021년 6월 23일

지은이 | 에른스트 카시러
옮긴이 | 박찬국
펴낸이 | 김정호
펴낸곳 | 아카넷

출판등록 2000년 1월 24일(제2-3009호)
100-802 서울시 중구 남대문로 5가 526 내우재단빌딩 16층
전화 6366-0511(편집) · 6366-0514(주문) | 팩스 6366-0515
책임편집 | 양정우
www.acanet.co.kr

ⓒ 박찬국, 2014

Printed in Seoul, Korea

ISBN 978-89-5733-373-0   94160
ISBN 978-89-89103-56-1   (세트)

이 도서의 국립중앙도서관 출판시도서목록(CIP)은 서지정보유통지원시스템 홈페이지(http://seoji.nl.go.kr)와 국가
자료공동목록시스템(http://www.nl.go.kr/kolisnet)에서 이용하실 수 있습니다.(CIP제어번호: CIP2014021486)